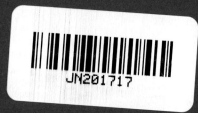

紛争・開発・安全保障

人新世の「人間の安全保障」を再考する

榎本珠良 著

晃洋書房

はしがき

1990年代以降の国際政治学や国連等での政策論議においては，既存の「安全保障」概念が見直され，「人間の安全保障」といった概念が提示された．同時に，主にグローバル・サウスにおける「新しい戦争」や暴力が問題視され，開発上の諸問題は戦争や暴力の発生リスクを高める要因と見なされた．研究や政策論議における開発と紛争予防や平和構築との境界線は曖昧化し，開発問題と安全保障問題は不可分のものと見なされていった．

安全保障研究者のうち，こうした動きを概して支持した人々は，安全保障の対象を国家だけに限定せずにコミュニティや個人にまで深化させ，人間（ないし個人あるいは人々）の「解放」（個人やグループが自由に選択し実行することを妨げる物理的・人的制約から自由になること）を安全保障の中心に据え，軍事だけでなく経済，環境，社会等の領域にまで安全保障のテーマを拡大することの意義を肯定的に論じた．

「人間の安全保障」という概念が提起されてから，すでに30年がすぎた昨今，「人新世」――概して人間の人類の経済活動の痕跡が地球全体を覆い，そのありかたを根本から変えた事態を生んだ時代を指すが，その厳密な定義やその起点については論争がある――といった概念が溢れ，「ヒトだけを見れば済む時代の終焉」，「ノン・ヒューマンとの平和」［前田 2023］といった問題提起がなされるようになっている．こうした時代を前に，過去30年の「人間の安全保障」について，いまいちど，この概念が依拠した人間像のレベルから，この概念を掲げた現場での詳細な施策実施のレベル，この概念を掲げた条約形成やその内容・実施状況のレベルまでを振り返り，それらについて単に称賛するだけではなく批判的な視座をもって再考することが求められているのではないか．

本書では，開発と安全保障を融合させた言説や「人間の安全保障」といった概念が依拠してきた人間像，そうした言説や概念を掲げた人々が推進した開発・人道援助のありかたやイメージの使用の仕方，さらには彼らが推進した条約等の合意形成とその内容・実施状況について検討し，言説と実践との間に生じる解離やジレンマに光を当てる．そして，本書の後半では，2010年代後半以降に興隆したMe Too運動やブラック・ライヴズ・マター（BLM）運動の展開，ロシア・ウクライナ戦争やイスラエル・パレスチナの状況などを背景に生じてきた，開発と安全保障にまつわる業界に対する批判や再考の動きに焦点を当てる．なお，筆者のキャリアや専門の都合で，開発分野と融合し不可分になったとはいえ，安全保障方面よりのテーマが多いことはご容赦いただきたい．

本書の骨子は，筆者が東京大学において2022年度以降に実施してきた講座――「現代国際社会論」「統治と規範 II」「統治と規範 II」「国際社会科学特別講義 IV」「特殊講義『人間の安全保障論』」――に基礎づいている．また，本書の一部は，筆者が2000年代後半以降に執筆した「初出一覧」に掲載の論文に基づきつつ，それらに修正を加えて執筆したものである[1]．また，筆者は2003年9月から2015年8月まで国際的な非政府組織（NGO）のオックスファムに勤務し，主に人道関連部門の調査・研究・翻訳・メディアワークその他の業務を行った．その過程で軍備管理・軍縮分野の NGO 国際キャンペーンに関与し，それ以降も日本の NGO に対するコンサルタントの立場や研究者としてこの分野の国内・国際的な政策論議に関与している．それゆえ，本書における NGO の行動や国連での交渉等に関する記述のなかで，出典を明示していないものは，筆者自身による過去21年ほどの参与観察及び E メールや写真，動画，録音などの記録に基づいている．ただし，本書の考察は筆者個人に属し，関係する組織の見解や分析を示すものではない．また，本書では，上記の組織内部で共有された情報のうち，関係者以外に共有することを明確に禁じられた部外秘扱いの情報は使用していない．

なお，本書の出版に際しては，2021～2024年度 JSPS 科研費・若手研究「『人道的軍備管理』における差別的思考の分析と超克」（21K13250，研究代表者：榎本珠良）の助成を受けている．また，本書の一部の章・コラムが基づく下記の一連の論文については，庭野平和財団平成17年度研究助成（個人研究），京都大学グローバル COE プログラム「生存基盤持続型の発展を目指す地域研究拠点」次世代研究イニシアティブ研究助成，文部科学省私立大学戦略的研究基盤形成支援事業「軍縮・軍備管理と武器移転・技術移転に関する総合的歴史研究」，日本学術振興会二国間交流事業・南アフリカ（NRF）との共同研究（2017-2019，2019-2022），および JSPS 科研費25244029・16H05664・16H06318・16KT0040・16K17075・18H03606・21K13250・22H03828・22H00920・23H00031の助成を受けている．

注

1） 本リストからは，商業誌や団体刊行物における比較的短いエッセイを除いている．

初出一覧

「罪に問うべきか，赦すべきか――北部ウガンダにおける国際刑事裁判所の関与をめぐって――」『アフリカレポート』40，2005年．

「ライブ・エイドからライブ8へ――20年後のアフリカ・イメージ――」『アフリカレポート』42，2006年．

「通常兵器の移転に関する1990年代以降の規制」『アジ研ワールド・トレンド』133，2006年．

「北部ウガンダ紛争とアチョリ地域における共同体浄化儀式」『アジ研ワールド・トレンド』134，2006年．

「北部ウガンダ紛争とアチョリの「伝統的」儀礼――可能性と限界――」『アジ研ワールド・トレンド』137，2007年．

「『アチョリの伝統的正義』をめぐる語り」『アフリカレポート』44，2007年．

「北部ウガンダ紛争と国際刑事裁判所」『海外事情』57(5)，2009年．

「セラピー統治とその脆弱性――北部ウガンダ・アチョリ地域における『平和構築のための伝統』――」『Kyoto Working Papers on Area Studies』107，2010年．

"Revival of Tradition in the Era of Global Therapeutic Governance: The Case of ICC Intervention in the Situation in Northern Uganda," *African Study Monographs*, 32(3)，2011年．

「通常兵器の移転に関する国際規制の歴史と現状――冷戦終結後の進展とその限界――」『軍事史学』48(2)，2012年．

「『反政府ゲリラ』LRA（神の抵抗軍）とその歴史――『非合理』を理解するために――」，吉田昌夫・白石壮一郎編『ウガンダを知るための53章』明石書店，2012年．

「アチョリの伝統的正義――『正義』として語られる実践――」，吉田昌夫・白石壮一郎編『ウガンダを知るための53章』明石書店，2012年．

「武器貿易条約（ATT）交渉における対立・摩擦と条約構想の限界」『軍縮研究』5，2014年．

"Governing the Vulnerable Self at Home and Abroad: Peace and Justice in Northern Uganda and 'KONY 2012'," *African Study Monographs*, Suppl., 50, 2014年．

『冷戦終結後の開発・安全保障言説における人間像――小型武器規制・通常兵器移転規制の事例から――』（東京大学大学院総合文化研究科博士論文），2015年．

「武器貿易をどう規制するか――第一回武器貿易条約（ATT）締約国会議に向けて――」『世界』873，2015年．

「北部ウガンダにおける『伝統』をめぐって」，遠藤貢編『武力紛争を超える――せめぎあう制度と戦略のなかで――』京都大学学術出版会，2016年.
「武器移転規制と軍備の削減・制限をめぐる歴史」，榎本珠良編『国際政治史における軍縮と軍備管理――19世紀から現代まで――』日本経済評論社，2017年.
「冷戦終結後の通常兵器移転規制の進展と限界」，榎本珠良編『国際政治史における軍縮と軍備管理――19世紀から現代まで――』日本経済評論社，2017年.
“Controlling Arms Transfers to Non-State Actors: From the Emergence of the Sovereign-State System to the Present,”『国際武器移転史』3，2017年.
「西欧近代とアフリカ――非国家主体への武器移転規制の事例から――」『アフリカレポート』55，2017年.
“Giving Up the Gun?: Overcoming Myths about Japanese Sword-Hunting and Firearms Control”，『国際武器移転史』6，2018年.
「軍縮交渉と市民社会――武器貿易条約の事例に見る多様なアクターの参加と疎外――」『世界』914，2018年.
「『グローバル市民社会』から切り離されたエージェンシー――北部ウガンダ・アチョリ地域の事例から――」『文化人類学』83(2)，2018年.
「武器貿易条約（ATT）第3回および4回締約国会議の論点」『国際武器移転史』7，2019年.
“History of Arms Transfer Control and Challenges Facing the Arms Trade Treaty,”『国際武器移転史』8，2019年.
「武器の入手可能性と暴力――日本の武器所持・携帯・使用規制の事例から――」，日本軍縮学会編『軍縮・不拡散の諸相』信山社，2019年.
『武器貿易条約――人間・国家主権・武器移転規制――』晃洋書房，2020年.
「『地雷危機』の構築と地雷のパーリア化」，榎本珠良編『禁忌の兵器――パーリア・ウェポンの系譜学――』日本経済評論社，2020年.
「『レジリエンス』概念の拡散とアフリカ研究」『多文化社会研究』6，2020年.
「中国による武器貿易条約（ATT）加入に関する分析」『RIHGAT Research Notes』1，2020年.
“Overcoming the Dichotomy Between Africa and the West: Norms and Measures for Arms Transfers to Non-State Actors (NSAs),” in Endo, M., Neocosmos M. and Onoma, A. K. eds., *African Politics of Survival Extraversion and Informality in the Contemporary World,* Bamenda: Langaa RPCIG2, 2021.
「人道支援をめぐる日本のアフリカ研究――傾向と課題――」『アフリカ研究』100，2021年.
“Racism in the Development and Humanitarian Aid and Advocacy Sector,”『国

際武器移転史』14，2022年.

「ロシア・ウクライナ戦争をめぐる言説における人種主義――歴史的・政治的背景と危険な帰結――」『海外事情』70(4)，2022年.

「人道的軍縮の限界――なぜ惨禍を防げなかったのか――」『世界』979，2024年.

「開発・人道支援分野におけるレジリエンスの系譜学――可能性と問題点――」，湖中真哉・グレタ センプリチェ・ピーター D. リトル編『レジリエンスは動詞である――アフリカ遊牧社会からの関係 / 脈絡論アプローチ――』京都大学学術出版会，2024年.

「軍備管理・軍縮におけるジェンダー主流化の経緯と課題」『国際安全保障』52(3)，2024年.

目　　次

凡　例

本書では，次のような表記・引用方法を用いている．

1．固有名詞等の略語表記は，基本的に，初出の際に日本語及び略語を記し，2回目以降は略語のみを記す．ただし，章や節が離れていたり一般的にあまり広く知られていない固有名詞であったりする場合はこの限りではない．
2．日本語の人名は，基本的に，初出の際に姓名を記し，2回目以降は姓のみを記す．ただし，章や節が離れるなどしている場合はこの限りではない．
3．外国語の人名は，基本的に，初出の際にカタカナ表記の姓名を記し，2回目以降はカタカナで姓のみを記す．ただし，章や節が離れるなどしている場合はこの限りではない．
4．人物の肩書は当時のものを用いる．
5．国際連合（United Nations：UN）は，条約名称の日本語訳や直接引用以外では「国連」に統一する．国連の文書記号が付いた文書については，注において「UN Doc.」と記した後に文書番号及び英文タイトルを記す．
6．条約等の国家間の合意文書については，初出の際に注に英文正式名称を記す．
7．国際会議における各国の声明や新聞記事等に関しては，注に情報を記し，文末の引用文献一覧には含めない．
8．エックス（X，旧ツイッター）の投稿に関しては，注に投稿者名とURLを記し，文末の引用文献一覧には含めない．

第1章
開発と安全保障の融合

はじめに

1990年代以降の国際政治学や国連等での政策論議においては，主にグローバル・サウスにおける「新しい戦争」や暴力が問題視され，開発上の諸問題は戦争や暴力の発生リスクを高める要因と見なされた．研究や政策論議における開発と紛争予防や平和構築の領域の境界線は曖昧化し融合していき，「開発と安全保障の融合」などと呼ばれるようになった［Duffield 2001］．本章では，まず第1節において，1990年代に登場した「新しい戦争」論の展開について解説する．ただし，開発と安全保障の双方の政策論議の接近と融合は，その一方の安全保障をめぐる論議の変容のみが生じさせたものではなかった．その背景には，融合することになったもう一方の政策領域――開発――での論議において20世紀後半を通じて徐々に生じた中心軸の移行があった．つまり，1990年代以降のGSにおける武力紛争の問題と解決策に関する特定の認識が自明のものとして定着するとともに，そうした潮流が20世紀後半の開発をめぐる政策論議の展開と交わりあうことによって，「開発と安全保障の融合」が生じていったのである．本章では，1990年代以降の戦争や安全保障をめぐる言説の変化と，同時期における開発論とがいかに重複し融合していったのかを示す．そのうえで，このような「開発と安全保障の融合」が生じたからこそ，1990年代以降に「人間の安全保障」やレジリエンスといった概念が登場し広く流通するようになったことを論じる．

なお，先行研究においては，「グローバル・サウス」ないし「南」（global south ないし south），「途上国」（developing countries），「低開発国」（underdeveloped countries），「ボーダーランド」（borderland）等と示される領域やアクターと，それと対照される「グローバル・ノース」ないし「北」（global north ないし north），「西」（West），「先進国」（developed countries），「メトロポリタン」（metropolitan）等と示される領域やアクターの呼称がみられる．本書では，地球規模の権力関係により生じた格差に対する意識がより強くかつ2024年現在の日本で比較的広く流通しつつある「グローバル・サウス」(以下，GS) と「グローバル・ノース」(以下，GN) という用語にある程度統一する．ただし，「南北問題」や「南北間」などのすでに一定程度定着した用語についてはこれらの用語を使用し，GN 全体よりも欧米諸国や欧州諸国を指したいときには「欧米諸国」,「欧州諸国」といった用語を使用する．なお，本書においては，GS や GN といったカテゴリーは必ずしも固定的な地理的ラベルとしてではなく，また，国民総所得 (GNI) などの数値で厳密に切り分けられる区分としてでもなく，それぞれの時代と文脈において想像され構築される領域として捉える．

第1節　新しい戦争論

1990年代に「新しい戦争」と見なされたのは，主に GS の武力紛争であった．そして，それらは国家間紛争に限定されず，冷戦期の代理戦争とも様相を異にしており，平和な状態と戦争状態とを区別することの難しい，形態や性質の面で「新しい」武力紛争だと論じられ[1]，これらの紛争を考察するために「新しい戦争」(new wars)［Kaldor 1999],「複合的危機」(complex emergencies)［Munslow and Brown 1999],「複合的政治危機」(complex political emergencies)［Cliffe and Luckham 1999；Goodhand and Hulme 1999］といった認識概念が提示された (以下では,「新しい戦争」に統一する)．そのうえで，そのような武力紛争を引き起こす要因としては，貧困，欠乏，社会的排除，国家の脆弱性・失敗・破綻，エスニック間の対立，資源をめぐる競争，汚職，エリートによる国家の利用や人々の扇動など，GS の開発問題を含む内的諸問題に焦点が当てられた[2]．また，暴力や武力紛争がそれを経験した人々の心に傷を残し，心理的問題がさらなる暴力や武力紛争のリスクを高める「悪循環」が懸念された．こうした言説において，暴力や武力紛争は，直接的な身体的・物質的被害を生むものとしてだけでなく，GS の社会や経済に悪影響を与え,「人間の安全保障」を脅かし，ひいては将来の暴力や武力紛争を再生産して国際の平和と安定に悪影響をもたらしうるものとしても危険視された．

概して，このような議論においては,「新しい戦争」は内戦や地域内の紛争である場合が多く，国家は必ずしも人々の安全を保障しないどころか不安全 (insecurity) を引き起こす要因になることもあり，宗教や民族，部族などに関連する既存の亀裂に沿った形態で表面化する傾向があり，往々にして政治的なビジョンというよりも個人やグループの貪欲さ（greed）に起因し維持され，民間人に対して残忍・残虐な行為が遂行され，多数の難民や国内避難民を生み，貧困や病気の蔓延，社会の混乱につながり，自然災害に対する脆弱性をもたらし，武器，麻薬，石油，ダイヤモンド，希少金属などの闇取引ネットワークの形成と拡張を伴い，それが紛争を物質的に可能にするとともに紛争をビジネス化するために，一部の人々が紛争から利益を得る状況を生み出し，さらにはテロ，組織犯罪，過激なイデオロギーを世界に拡散させることが論じられた［DFID 1997：67-68；Kaldor 1999：69-111］．そして，紛争を引き起こす背景になりうるものとしては，貧困，欠乏，社会的排除，国家の脆弱性・失敗・破綻，エスニック間の対立，資源をめぐる競争，汚職，経済的利益を追求するエリートによる国家の利用や人々の扇動などが挙げられた［Collier and Hoeffler 2000：2, 12, 14；Commission for Africa 2005：157-173；Kaldor 1999：69-111］[3)]．

今ではこのような議論を当たり前だと思う人もいるかもしれない．しかし，冷戦期の国連等での議論においては，GS の紛争や政治的不安定の原因を国家や個人の内的問題に求める主張は，主流の位置を占めておらず，むしろ厳しい批判の対象となっていた．そのような言説は，植民地解放運動や非同盟運動，社会主義国によって批判され，国際的な場では劣勢に立たされていたのである．

宗主国から独立した直後のアジア・アフリカ諸国をはじめとする国々は，1955年のアジア・アフリカ会議や1961年の第1回非同盟諸国首脳会議などを通じて連携を強化し，全ての国の主権，領土保全の尊重と内政不干渉を掲げた．また，1960年代には，旧植民地国と旧宗主国の間の従属的な経済構造を「南北問題」として批判する論が国際社会において一定の正当性を得た．こうした状況のなか，植民地解放運動は，暴力や武力紛争の根源を個人の心理に求める主張は植民地支配に対する武力闘争の正当性を奪おうとする企てだと反発した［Pupavac 2004：153］．宗主国からの独立を果たした国々も，そうした主張は民族自決への挑戦であり，他の主権国家の人々の心理を問題視して平和的な存在に変えるべく介入する行為は内政干渉的であり植民地主義的だと批判した［Pupavac 2004：153］．また，GS の国々は，独立後の不安定な政治情勢や紛争の根本原因は，植民地主義の遺産，グローバルな不平等，世界システムにおける搾取といった外的・国際的・構造的問題にあると訴えた［Pupavac 2004：153］．

ロバート・ジャクソンが論じるように，第2次世界大戦後から1960年代にかけて，国際社会の基本ルールが，国家を維持することができ国内統治能力がある（すなわち「文明の基準」を満たしている）という意味での「積極的主権」に基づくゲームから，外部による干渉を受けないという意味での法的な「消極的主権」に基づくゲームへと転換した［Jackson 1998：25-29］．「積極的主権」のゲームの時代は，主権獲得のためには国内の統治を確立すること等により「文明の基準」を満たしていることを示し，「文明国」であると欧米諸国を中心とする「国際社会」から認知される必要があった．しかし，1960年に国連総会で採択された「植民地と人民に独立を付与する宣言[4]」は，植民地主義を即座かつ無条件に終結させる必要があるとしたうえで，全ての人民は自決の権利を有し，この権利に基づいて政治的地位を自由に決定し経済的・社会的地位及び文化的発展を自由に追求すべきこと，政治的・経済的・社会的・教育的水準が不十分なことをもって独立を遅延する口実にしてはならないこと，全ての国家は国内問題への不干渉・人民主権・領土保全の尊重に基づき国連憲章等を遵守すべきことを示した．そして，国際社会のルールが「消極的主権」に基づくゲームへと移行するにつれ，「文明の基準」を充足しているか否かを国家性の要件と捉える見方は正当化されなくなり，無条件の民族自決の権利に基づいて独立を遂げた国々は，「文明の基準」の充足如何にかかわらず平等な主権国家として扱われるようになった．この状況において，宗主国から独立して新たに主権国家となった国々をはじめとする非同盟諸国の人々の心理などを問題視する議論は，国際社会において支持を得難かった．

スティーヴン・クラズナー［Krasner 2001］は，国家主権概念を，国内の権威構造と国家の実効支配という意味の「国内的主権」，国境を越えて移動する商品，資本，人などを管理する公的権威の能力という意味の「相互依存的主権」，政治的権威の外部アクターからの自律性や国外からの介入の排除（内政不干渉）という意味の「ウェストファリア的／ヴァッテル的主権」，条約の締結が可能な政体として国家承認されているという意味の「国際法的主権」の4つに分類した．遠藤貢が論じるように，ジャクソンが指摘する「消極的主権」に基づく国際社会のルールが形成されるなかで出現した国々は，基本的に「国際法的主権」という外との関係に関わる論理のもとで創られ，「ウェストファリア的／ヴァッテル的主権」の保全を主張した［遠藤 2007：110］．

加えて，ソ連も国連の場で，個人の攻撃性の問題は平和の追求はパワーと政治の現実に関わるものであり，個々人の攻撃性の問題とは関係ないと主張した［Hoggart 1978：96］．そして，非同盟諸国と社会主義国も，戦争や暴力の原因は「第1世界」の行為にあるという主張を支持した［Pupavac 2004：153］．このような見解が国際社会において優勢になるなかで，西インド諸島のマルティニーク島出身でアルジェリアの独立運動に関与したフランツ・ファノンによる1961年の『地に呪われたる者』[Fanon 1961] は，西洋の人種主義的な心理学においては非西洋の人々の精神は本質的に病的であると見なされていると批判し，病の根源を植民地的あるいは新植民地的関係に求める議論を展開して反響を呼んだ.

当時も，GS の武力紛争，暴力，社会不安，革命などの要因を個人の内的問題に求める論もあった．しかし，そのような論を GN の国々による GS に対する政策に実際に活かそうとすることについては，GS だけでなく GN においても批判的ないし懐疑的な見方が強かった．例えば，第3章で詳説するように，アメリカ陸軍は，1960年代前半に，GS の数十カ国について，武力紛争や共産主義革命，社会崩壊の社会的，文化的，心理的兆候とそれらの予防や鎮圧の可能性を体系的に分析すべく，多数の心理学者，人類学者，社会学者らを動員して社会構造や文化，価値観などに関する研究を実施するという趣旨の「キャメロット計画」を立ち上げた [Solovey 2001]．しかし，この計画に関する情報が漏れると，研究対象とされた地域の政府だけでなく，アメリカ国内の研究者やメディアなども，このような計画は内政干渉的であり植民地主義的だと批判し，この計画は中止に追い込まれた [Hunt 2007 : 27-29 ; Navarro 2011 ; Solovey 2001].

しかし，暴力や武力紛争の源泉を人間の心理に帰するアプローチは，次第に国際的な場でも強く主張されるようになった [Pupavac 2004 : 154-156]．この変化をもたらした要因としては，国際関係における GS の国々の影響力低下を挙げることができる．1980年代の累積債務問題（次節で詳説）を境に低減していた GS の国々の影響力は，冷戦が終結に向かい東西両陣営にとって GS の国々の戦略的価値が低下するとさらに弱まり，それに伴い，暴力や武力紛争の源泉を個人の心理状態に求めるアプローチに反対する声も，相対的に小さくなっていった．そして，ソ連が崩壊し，それに伴い非同盟諸国の影響力がさらに低下した1990年代になると，GS の暴力や武力紛争の原因を個人の心理に求めるアプローチが，GN の政府の政策文書や国連等における政策論議のなかで顕在化していくことになる.

そして，冷戦期とは対照的に，1990年代以降には，紛争の背景として南北間の不平等な関係などを問題視する論は影を潜め，代わって GS の内的問題を紛争の根本原因と見なす見方が主流になり，「リスク（の高さ）」という概念を通じて，GS の貧困，低開発や「政府の統治能力」の低さが危険視されるようになった [Duffield 2001 : 22-30]．かくして，2005年に「アフリカ委員会[5]」が発表した報告書における，「紛争はアフリカにおける典型的な悪循環である．平和なくして開発はありえないが，開発なくして平和はありえない」［Commission for Africa 2005：17］という論に集約されるように，開発問題と平和（安全保障）問題の解決は相互に不可欠なものと見なされるようになった．また，「新しい戦争」の根本原因に対処するためには，貧困を削減し，戦闘集団に加わる以外の方法でGSの人々が生計を立てられるようにし，人権，相互尊重，ジェンダーの問題等についてGSの人々を啓発し，暴力的ではない平和的な方法で争議を解決し社会変化を生み出すパートナーへと変容させることが必要だと考えられた［Kaldor 2007］．

こうした議論においては，政府が人々の安全を保障しないどころか貧困問題を放置したり不安全を引き起こしたりする可能性や，貪欲・狂信的な指導者が人々を扇動し紛争に動員する可能性が問題視され，人間ないし個人の「安全保障」の担い手としての国家の正当性が疑問視された．とりわけサブサハラ・アフリカ諸国に関しては，弱い国家，脆弱国家，失敗国家，崩壊国家などと様々に呼ばれる状況が論じられた［Helman and Ratner 1992；Kaplan 1994；Rotberg ed. 2003；Zartman ed. 1995］[6]．そして，貧困や低開発，政府の統治能力の欠如は，暴力や武力紛争に結び付く「リスク」ないし可能性を高めるものとして問題視された．このような認識は，極度の貧困や社会的・経済的格差が存在し，不満を解消するための信頼性ある制度が欠如している社会よりも，社会的・経済的資源のバランスや配分が適切で「人間開発指数」（HDI）が高い社会のほうが，概して緊張を制御することができるといった，経済協力開発機構（OECD）の開発援助委員会（DAC）による主張や［OECD DAC 1997：19］，貧しい国々あるいは極めて不平等・不公平な形の経済発展下にある国々や，政治・法・行政機関に社会的緊張を管理する十分な能力が欠如している国々，広範な人権侵害が行われている国々，武器が簡単に手に入る国々では概して武力紛争が起こる可能性が高いという，非政府組織（NGO）のセイファーワールドによる主張［Saferworld 1999：68］に端的に表れていた．こうした認識に基づき，暴力や武力紛争の「リスク」を低減させるためには，政府内部の個人や組織の意思や能力を育成し，「適切」な統治能力を有し社会的緊張を管理することができる政府を形成・維持することが必要だとの議論が，広範にみられるようになった．

このような言説において，個人は暴力に加担する可能性ないし「リスク」を抱える存在であり，必ずしも「正しい」指導者の側に付くとは限らず，カリスマ的・狂信的な指導者に扇動される可能性があると捉えられている．そして，貧困や社会的排除，社会規範の弱体化などの諸問題に直面している人々については，暴力に加担する可能性ないし「リスク」が高いことが懸念される．すなわち，そうした人々は，ほかに収入の道がないゆえに戦闘集団の誘いに乗ったり国際犯罪組織の活動に関わったり，不満な感情が集団的闘争心に変化して暴走したり，希望を失い絶望して自暴自棄になったり，扇動されて他者を憎んだり残酷になる可能性が高いものとして想像されている7)．

さらに，武力紛争を経験した人々については，暴力に加担する「リスク」がとりわけ高いものとして問題視された．まず，武力紛争はそれを経験した人々に「トラウマ」などの心理的影響をもたらし，紛争時の記憶は何世代にもわたって人々の心のなかで燻り，平和に共生しようとする力に悪影響を与えるものと見なされた［Commission for Africa 2005：152；国際協力機構課題別指針作成チーム 2003：52；人間の安全保障委員会 2003：14, 118］．元国連難民高等弁務官の緒方貞子と経済学者のアマルティア・センを共同議長とした「人間の安全保障委員会」が，「専門家による援助や伝統的な対処の知恵がないと，悲惨な経験をした人々は深い羞恥心や絶望感，不信感を感じ，それは往々にして犯罪や家庭内暴力，ジェンダーに基づいた暴力の増加につながる」［人間の安全保障委員会 2003：118］8)と論じたように，紛争を経験した人々の心のなかに暴力に結びつく要因が見出され，個人の心に対する介入が正当化されていった．さらに，紛争は個人の心だけでなく家族やコミュニティにおける信頼関係も破壊し，社会の結束力を蝕むために［人間の安全保障委員会 2003：121］，人々が急進的な指導者によって扇動される可能性が高まり，新たな武力紛争や暴力につながりかねないという議論が広範にみられるようになった［喜多 2001；人間の安全保障委員会 2003：121-122］．したがって，個人の心理的治療とカウンセリングだけでなく，家族や地域社会の絆を回復して共存と和解を促進する必要性が論じられた［人間の安全保障委員会 2003：118］．そして，このような認識に基づき，大規模な人権侵害の後の「移行期正義」（transitional justice）を通じて復讐心や「トラウマ」による暴力の連鎖を阻止し［国際協力機構課題別指針作成チーム 2003：25-26；人間の安全保障委員会 2003：122］，人権や平和的な争議の解決方法に関する啓発によって人々の平和的共生を促し［人間の安全保障委員会 2003：121-124］，元兵士に職業訓練，平和教育，カウンセリング等を施して他の人々との和解を促し社会復帰させ，コミュニティにおける社会的関係を再構築する必要性が謳われた［人間の安全保障委員会 2003：228］．こうした議論において，GSの人々は，暴力に加担する「リスク」が高いという意味で潜在的に危険な存在と見なされる一方で，単なる犠牲者（victim）でも根本的に危険な悪人・狂人でもなく，「適切」な保

護と「エンパワーメント」を通じて安定状態に導きうる存在として描かれていると言えよう.[9)]

以上のような紛争の原因と帰結及び政策的対処に関する議論は，1997年に世界銀行とカーター・センターが共同で発表した報告書『内戦から市民社会へ』［World Bank and Carter Center 1997］に如実に反映されている．この報告書は，紛争から平和への道程に欠かせない5つの要素として，① 暴力から平和的紛争解決への行動の変容，② 戦争のメンタリティから平和のメンタリティへの移行，③ 脅迫や暴力によらない平和的な方法による生計の追求，④ 敵対集団間における，平和で繁栄した未来という共通の目的に向かう同じ社会のメンバーとしての認識の共有，⑤ ①から④に挙げた平和的転換を可能にするような構造や制度（structures and institutions）の変化を挙げている［World Bank and Carter Center 1997：3-4］．平和構築のためには，人々の心や社会的関係のレベルの変化を積み重ねるとともに，社会全体の変容をもたらすことが必要と見なされるようになったのである．

各国の援助組織のプロジェクトも，このような言説に基づいて形成されるようになった．例えばカナダ国際開発庁（CIDA）が「アフガニスタン平和教育プログラム」の一環として実施した「メディアと平和教育プロジェクト」（2000年から2001年まで）においては，子ども用の平和教育カリキュラムの開発，平和のメッセージを含めた子ども用の本の制作，平和のためのジャーナリズムに関するワークショップの開催などが行われたが，これらの活動にあたっては，暴力のサイクルを絶ち，平和的な生活を促進し，暴力的な紛争を防止することを通じて人々が平和を構築する能力を高めることが謳われた［国際協力機構課題別指針作成チーム 2003：付録13］．また，同じプログラムの枠組みのなかで実施された「平和的社会の構築プロジェクト」（2002年から2003年まで）においては，現地のグループや個人（政府職員，部族，地方議会，コミュニティ機関，政治集団等）に平和教育（アフガン紛争の解決，憎悪や偏見の解消，敵意の心理社会的側面，和解へのアプローチなどに関する教育）を施す活動や，現地のパートナー組織に平和教育の能力強化を施す活動が行われたが，これらの活動についても，NGOと教育機関の平和構築能力を強化し，平和と和解のためのパートナーシップを促し，平和な社会生活を促進することが目標として掲げられた［国際協力機構課題別指針作成チーム 2003：付録13］．これらのプログラムの形成は，アフガニスタンにおける平和構築のためには，個人の心や社会的関係，集団間関係のレベルからの根本的な変容が必要だとする見方に依拠していたと言えよう．

「新しい戦争」の原因と帰結及び防止や紛争後の対処をめぐる政策論議が展開されていくなかで，いわゆる平時と紛争時及び紛争後の政策課題の境界線は曖昧化していった．1992年に発表されたブトロス＝ガーリ国連事務総長の報告書『平和への課題』[10]においては，平和構築という言葉には常に「紛争後」という言葉が付けられ，「紛争後の平和構築」（post-conflict peace-building）として扱われていた［武内 2008：18-19］[11]．つまり，この報告書においては，「平和構築」活動の時期は停戦・和平協定締結を経た「紛争後」の段階が想定されていたのである．ところが，その6年後の1998年のアナン国連事務総長報告書『アフリカにおける紛争原因と恒久的平和及び持続可能な開発の促進』は，紛争予防のためには人道援助と復興・開発のための援助を効果的に連動させることが必要であり，開発援助機関の役割が重要であると論じた[12]．さらに，2000年の『国連平和活動に関するパネル報告書』（通称「ブラヒミ・レポート」[13]）は，紛争が完全に収束していなくても平和活動が必要になる場合があることや，「平和構築」を紛争後に限定すべきではないことを強調した［武内 2008：19］．また，世界銀行の事務局内に1997年に設置された「紛争後ユニット」（Post-Conflict Unit）の規模やマンデートが拡大され，2001年に「紛争予防と復興ユニット」（Conflict Prevention and Reconstruction Unit）が設置された背景にも，紛争予防から紛争後の復興支援・紛争の再発防止までを一連の政策課題と見なす認識があった［Bouta, Frerks, and Bannon 2005：7］．

つまり，紛争下や紛争後においても，一見して紛争のない状態においても，平和を構築するための絶え間ない取り組みが必要であるとする見方が主流になり，各時点での政策課題が重複し相互に関係するものとして捉えられるようになったのである．そして，このような認識の形成は，世界の武力紛争の数が1992年の50件をピークにして2003年には29件に減少したというデータが示されても［Human Security Centre 2005：22-25］，政策課題としての平和構築の重要性が低減しないことを意味した．

また，2001年9月11日のアメリカ同時多発テロ事件以降，貧困，低開発，経済的格差，社会的差別，国家の脆弱性や崩壊状態などがテロリズムの温床となっており，「テロとの戦い」のためにはこれらの問題に取り組むことが有効であるとの主張が，政策論議において頻出するようになった．例えば，2006年に日本の外務省は「テロを生み，これを助長している背景に存在する諸問題へ対処するため，途上国における政治経済改革，教育問題等の解決，紛争の平和的解決，平和の定着，開発途上国の持続的成長，貧困削減等の支援を行う」

［外務省 2006］と表明した．ただし，貧困や低開発がテロリズムの土壌となり，テロ防止のために貧困削減等の取り組みが必要であるという論理は，1990年代に開発と安全保障が融合した言説が形成されるなかですでに定着していた．したがって，この論理は，アメリカ同時多発テロ事件以降に新たに考案されたというよりも，開発と安全保障を結びつける認識が浸透し，「テロとの戦い」という文脈において表出したものと言えよう．

加えて，先述のように，「新しい戦争」をめぐる言説においては，安全保障の担い手としての国家の正当性が疑問視された．そして，1990年代後半から2000年代前半には，紛争等によって個人の安全が脅かされているときに，国家が保護する責任を果たす意思及び能力が欠如している（と見なされた）場合には，国際社会がそれに代わって保護する責任を果たすべきといった「保護する責任」論が台頭し［川西 2007；望月 2012］，国連における委員会の報告書や合意文書において，この問題が扱われるようになった．例えば，国連の「脅威，挑戦及び変革に関するハイレベル委員会」が2004年に発表した報告書『より安全な世界：私たちに共通の責任』は，自国の人々を保護し，隣人を害さないという責任を政府が果たさない場合には，この責任の一部を国際社会が国連憲章や世界人権宣言に則った形で担うべきであるとした[14]．そして，この報告書は，「主権国家の政府が，ジェノサイドや他の大規模殺人，民族浄化，あるいは国際人道法の重大な違反を防ぐ能力あるいは意思に欠ける場合，国連安全保障理事会が最終手段として軍事介入を承認した際には，保護をする集団的・国際的責任（collective international responsibility to protect）があるという，形成されつつある規範（emerging norm）を支持する」とした[15]．そして，この報告書のアプローチは，2005年の国連総会首脳会合（世界サミット）に向けてコフィ・アナン国連事務総長が発表した報告書『より大きな自由を求めて――すべての人のための開発，安全保障及び人権――』においても支持された[16]．

このような論においては，GSの政府や集団による暴力は道徳性や正当性が否定される一方で，「保護する責任」を果たせない国に代わってその責任を果たすために決定され遂行される（と見なされる）武力行使には，少なくとも潜在的には正当性が認められるものとして認識されている．ただし，その後，2008年のミャンマーにおけるサイクロン・ナルギスによる被害に対する援助を拒否するミャンマー政府に対して，フランスが「保護する責任」を持ち出して国連安全保障理事会で取り扱おうとして中国やロシアによる反対を受けたり［沖田 2009］，ジョージア（グルジア）軍が同国内で自治権を主張するオセットの人々を攻撃したことに対してロシアが「保護する責任」を理由に軍事介入したりなど［新沼 2012］，個別事例におけるこの概念の使用をめぐっては論争が生じ，この概念が大国による差別的・恣意的・一方的な介入につながるという批判も生まれていった［清水 2009］．しかしながら，こうした概念の登場や国連における政策課題化は，「適切」な統治を通じて「人間」を保護するためのGSの政府の意思と能力を疑問視し，そうした国家のありかたを問題視しさらには国際秩序に対する脅威を見出す見方が，GNの国々や国際機関，NGO等のなかで強まった結果と言えよう［石田 2009］．

第2節　開発論の変遷

それでは，戦争論ないし安全保障をめぐる議論と融合した開発論とは，具体的にどのようなものであったのだろうか．ここで気を付けなければいけないのは，融合した開発論は「1990年代以降の」開発論であり，それ以前の開発論とは様相を異にする点である．この点を確認するため，本節では，20世紀半ば以降の開発論の変遷を外観したうえで，1990年代及びそれ以降の開発論の特徴を明らかにしていく．

開発論が戦争や安全保障をめぐる議論と融合するようになる半世紀前の1946年，世界保健機関（WHO）憲章は，「到達しうる最高基準の健康」の享受は，「人種，宗教，政治的信念，経済的または社会的条件の差別なく，すべての人が有する基本的権利の1つ」であると謳った［WHO 1946］．その背景として，科学と近代医療が最終的にGS国々と人々を近代化するという考え方が広く受け入れられていたことが挙げられる［Pupavac 2008］．1950年代から1960年代にかけて西側諸国で主流であった開発論においては，近代化という前提が自明視されていた．当時，開発は経済発展や国内総生産（GDP）の増大などと同一視されており，都市化，工業化，教育の普及，自由民主主義の浸透などが生じることにより，前近代社会は近代社会に変容するだろうと想定されていた．資本が蓄積され経済が成長すればその恩恵が国家全体にゆき渡り貧困も削減されるという「トリクル・ダウン」（trickle down）仮説が支持され，開発（経済発展）を制約する主要因は資本蓄積・技術革新の欠如や一次産品輸出に頼る経済構造などに求められ，資本蓄積による輸入代替工業化及びそのための政府主導の経済政策が重視され，実際に開発援助を通じたインフラへの大規模投資が試みられた［Aghion and Bolton 1997；Pieterse 2009：45-46］．また，同時期に，東側諸国も政府主導の計画経済のもとで工業化を支持し［Gilman 2003］，東西両陣営とも政府主導の経済開発援助を，とりわけ自陣営に近い政権に選択的に援助を推進して，それぞれの影響力を拡大しようとした［Gilman 2003］．開発の一義的な目的が経済発展に置かれるなかで，教育や医療は，経済開発のための人的資源を育成するといった文脈のなかで理解される傾向があった［Pupavac 2008］．

しかし，経済発展という意味での開発の恩恵の「トリクル・ダウン」を前提にして，国民所得の向上や，近代化を通じた国家建設や，政府主導型の工業化を目指す論は，1960年代後半から1970年代には現実との乖離が指摘されるようになった．GN と GS の格差が縮まらない状況を前に，GS の国々は南北間の不平等な関係を克服すべきだと訴え，1974年に国連資源特別総会で「新国際経済秩序の樹立に関する宣言」が採択され，国際貿易，国際金融，技術移転などの分野において世界秩序の根本的な再編が必要性である旨が盛り込まれた[17]．一方，西側諸国や世界銀行などは，経済成長至上主義の開発戦略だけでは貧困が削減できないため，インフラだけでなく人的資本に対する投資も重要であり，保健教育，栄養，安全な水，住居などの「ベーシック・ヒューマン・ニーズ」（BHN）を充足するような開発援助が必要だとの論を支持するようになった［Kapoor 2008：156-158］．

第３章で詳説するように，当時の西側諸国においては，近代社会，工業化，そしてそれらによる生態系への悪影響に対する批判が高まり，構造主義やポスト構造主義がさまざまな研究分野に根を下ろしたことで，研究者らは近代の概念を批判的に分析するようになった．例えば，化学物質が生態系に与える影響を訴えたレイチェル・カーソンの『沈黙の春』［Carson 1962］や，物質主義や大量消費，科学万能主義を批判し，石炭や石油の枯渇の可能性を指摘したエルンスト・フリードリヒ・シューマッハーの『スモール・イズ・ビューティフル』［Schumacher 1973］は，大きな反響を呼んでいた．

こうした近代性への懐疑と環境問題への注目を背景に，開発プロジェクトとは，物質的な発展や都市のインフラ整備のために GS の政府に援助を提供する形ではなく，農村ないしコミュニティを直接的に援助の対象にし，人々自身の資源と能力を活用して BHN を充足させることに主眼を置くものであるべきだと論じられるようになった［Delgado 1995：4-5］．GN における経済発展の悪影響を論じ，非物質主義的な「仏教的」経済と個人のスピリチュアルな発展を提唱したシューマッハーも，GS の工業化のための援助は西洋の物質主義的な誤った価値観を植え付けるものであると論じ，農村を対象にした非物質的な援助を支持した［Pupavac 2010：137］．

また，援助の実施にあたっては，高度な医療施設の建設や関連物資・技術の提供よりも，地域資源を活用したプライマリ・ヘルス・ケア（PHC）[18]の確保が必要と見なされ，実施主体としての「草の根」のNGOの重要性が論じられるとともに，PHCのための「伝統医療」や「代替医療」の可能性が模索されるようになった［Pupavac 2008］．例えば，1977年にWHOの総会で採択された「伝統医療のトレーニングと調査の促進・発展」決議は，GSのPHCのために伝統医療が果たしうる役割を認識し，WHO加盟国が伝統医療に関する調査活動などを促進することをWHOが援助する旨が盛り込まれた[19]．そして，WHOは，同年末に「伝統医療の向上と発展」と題した会議を主催し［WHO 1978］，「伝統医療」ないし「代替医療」の可能性を追求すべく人類学者などとの連携を進める方向性を示した．

さらに，GNの国々にとって，1973年及び1979年の石油危機は，GSの経済発展に伴って天然資源をめぐる競争が激化したり，天然資源が枯渇したりする可能性を意識させるものとなった．ヴィリー・ブラント西ドイツ元首相を委員長とする「国際開発問題に関する独立委員会」（通称ブラント委員会）が1980年に発表した報告書『北と南――生存のための戦略――』［ICIDI 1980］は，GNとGSが相互補完的な関係にあるとして南北間の対話を提案するとともに，先進工業諸国のモデルを全世界が模倣すべしとする思考に異議を唱えた．

その後，1980年代には，累積債務問題への対応が喫緊かつ最重要の開発課題と見なされ，GSの政府の介入政策が市場を歪め開発の足枷になっているとの批判が高まり，市場メカニズムと民間活力の導入の必要性を訴える主張が影響力を強めると，BHNは脇に置かれることになった．1973年の第1次石油危機後，GNの民間銀行に預託された産油国の石油収入資金は，GNにおける景気後退を背景に途上国へと向かった．しかし，1980年代になると，世界的な高金利や，石油や農産物などの1次産品価格の低迷により途上国の資金繰りが悪化し，アルゼンチン，ウルグアイ，エクアドル，チリ，ブラジル，ベネズエラ，ペルー，ボリビア，メキシコなどの中南米諸国やフィリピンで累積債務問題が発生した［Tammen 1990］．また，サブサハラ・アフリカでも，コートジボワールやナイジェリアをはじめとする多くの国々が累積債務問題に直面した．そして，この問題に対応するべく国際通貨基金（IMF）や世界銀行が推進した構造調整政策（融資のコンディショナリティとして債務国に提示された，緊縮財政・金融政策を通じたマクロ経済の安定的運営から市場重視の国内経済政策体系への転換に至る包括的改革）が，開発援助の中心を占めるようになった［Paloni and Zanardi 2006：2-3］．また，累積債務問題を契機に，国際政治におけるGSの政治的影響力や結束力が低下していくなかで，開発課題としての「新国際経済秩序の樹立」も影を潜めた．

しかし，1980年代後半には，構造調整にもかかわらずGSの経済成長が回復せず貧困も削減されず，むしろ教育や保健への財政支出削減により貧困層が打撃を受けていると批判されるようになった．1987年から1988年には，国連児童基金（UNICEF）の『人間の顔をした構造調整』［Cornia, Jolly and Stewart eds. 1987；1988］報告書が，初期の構造調整は脆弱な人々への悪影響を軽視しているとして，脆弱な人々に対して配慮する必要性を論じた．世界銀行も，『世界開発報告1990』［World Bank 1990］のテーマを貧困問題にするなど，単に被援助国に構造調整を求めるだけではなく，開発目標の最上位に貧困削減を据える姿勢を打ち出した．そして，UNICEFは，『人間の顔をした構造調整』のために，構造調整下という危機的状況のなかで人々（とりわけ子ども）の生存率を高めるために最低限必要な活動を重視するという「選択的プライマリ・ヘルス・ケア」のアプローチを提示した［Pupavac 2008］．ただし，このアプローチは，当時の危機的状況におけるサバイバルを主眼に置いており，先述の1948年のWHO憲章が謳った「到達しうる最高基準の健康」の追求からはほど遠く，1970年代のPHCよりもさらに選択的で低いレベルの目標を設定することを意味した．

経済成長を中心に据えた開発認識や，構造調整下での貧困問題に対する批判は，地球規模の環境問題への関心とも絡まり合っていった．環境と開発に関する世界委員会（通称ブルントラント委員会）[20]は1987年に報告書を発表して，来世代のニーズを満たす能力を損なわない形で現在世代のニーズを充足させるような開発として，「持続可能な開発」概念を提唱した［World Commission on Environment and Development 1987］．同報告書では，経済・社会的開発の目標をその持続可能性に鑑みて定義することや，消費レベルを環境と両立可能な範囲内にとどめるような価値観を促進すること，意思決定への市民参加を可能にする政治システムを推進することなどが，持続可能な開発のために必要であると論じた．単に経済成長を追求したり，貧困層への影響を鑑みずに経済政策を推し進めたりするのではなく，貧困層に配慮しつつ長期的に持続可能な形で開発を進めることが必要だという認識が広まったのである．

物質的発展，工業化，経済成長を中心とする開発政策への批判はその後も続き，冷戦終結後にはさらに強まった．1990年代前半には新制度派経済学[21]の影響を受けて，政府の経済政策を正すだけで市場が機能するわけではなく，政府が小さく介入が少なければよいというものでもなく，政府は適切に役割を果たすべきであり，市場を機能させ貧困を削減するためには，国家の司法・立法制度改革や法整備，民主化，公的機関で働く者の能力の向上，汚職防止，「良い統治」などの制度的側面を担保する必要があるという見方が，GN の政府や国際機関，NGO，研究者などに浸透した．これはすなわち，それまでの構造調整の「失敗」の原因が，その大枠の方向性ではなく，被援助国側の制度に求められたことも意味した．

このような被援助国の制度への注目の背景としては，ソビエト社会主義共和国連邦（以下，ソ連）の崩壊と冷戦終結により，欧米諸国が民主主義を普遍的価値のあるものとして提唱することが可能になったという要素も挙げることができる．当時の欧米諸国は，開発援助が効果を発揮するためには被援助国の民主化が不可欠であるとして，民主主義的選挙や複数政党制をはじめとする民主化を2国間援助の条件（コンディショナリティ）とすることによって，被援助国の民主化を促そうとした［Singer 1994；杉浦 2007；津田 2003］．

世界銀行も，政治的分野には介入しないとするマンデート[22]を有するにもかかわらず，被援助国の政府内部に変革をもたらすための法整備や行政改革などのテーマに積極的に関与するようになった［井上 2006：69-70］．世界銀行が1992年に発表した報告書『ガバナンスと開発』は，ガバナンスを「開発のための国家の経済的・社会的資源の管理について権力が行使される形態」と定義した［World Bank 1992：1］．そして，この意味におけるガバナンスとはあくまで資源配分や貧困削減という認識のなかに位置付けられるものであるために「政治的」ではないとする立場を示した上で，ガバナンスの分野に関与する方針を打ち出した．この報告書に続いて，世界銀行は1997年に汚職と闘うための戦略を策定し［World Bank 1997a］，『世界開発報告1997』［World Bank 1997b］では変容する世界における国家の役割をテーマにしたほか，2000年には公共部門改革とガバナンス強化のための戦略を策定し［World Bank 2000a］，『世界開発報告2002』［World Bank 2002］では市場のための制度構築をテーマにした．この時代の世界銀行は，市場の失敗に対処し公平性を改善するための国家の役割を認識した上で，法整備，司法制度改革，汚職防止策等に取り組むことによって援助の有効性を確保し貧困を削減するという方向性を示したと言えよう．

こうしたなかで，被援助国が自発的にオーナーシップを発揮して各国の状況に適した形で貧困削減政策を策定・実施する意思と能力を持つことが必要だと見なされるようになった．例えば，1996年にOECDのDACが採択した「21世紀に向けて：開発協力を通じた貢献」〔OECD DAC 1996〕は，2015年までに絶対的貧困を半減させるという開発目標を策定して，そのためには，途上国の「オーナーシップ」や，多様な分野での様々なアクターによる包括的な取り組みが必要であるとした．また，IMF・世界銀行は，1999年9月のIMF・世界銀行合同開発委員会及び暫定委員会における合意に基づき，援助の条件としてドナーが提示した経済政策を被援助国が受け入れるという形ではなく，被援助国が自国の貧困状況やその要因及び貧困削減のための戦略等を盛り込んだ3年間の「貧困削減戦略ペーパー」(PRSP) を作成し，その作成やモニタリングの過程に援助国，国際機関，市民社会，民間セクター等が関与する方法を採ることとした．さらに，GNの国々や国際機関においては，ガバナンスの程度やPRSPの内容及び実施状況が良好で援助効果が上がっている国々に対象国を絞って選択的に援助を実施したり，対象国の状況に応じて援助方法を変えたりといった，「セレクティビティ」と呼ばれる方針が採られるようになった〔Hout 2007〕．

しかし，グラハム・ハリソン〔Harrison. G. 2004〕が論じたように，1990年代を通じた制度への注目や「オーナーシップ」や「パートナーシップ」を重視する論は，被援助国の政府に政策の方向性や中身を完全に自律的に決定する権限を与えるべきとするものではなく，司法・立法制度改革や法整備，省庁改編，汚職防止策等を実施させ，その過程において新自由主義的な改革に積極的な個人や省庁を育成したり優遇したりといった方法で政府内の人々の価値観や行動や個人間・組織間の関係性を変容させ，政府内の意思決定過程に援助機関や外部の「専門家」を深く埋め込む制度を形成させるとともに，そうした外部者が被援助国政府の一部と化した状態で策定された戦略を被援助国政府が「オーナーシップ」をもって効果的に実施しているか否かに関して，内外の諸アクターがモニタリングを行うことが前提になっていた．そして，被援助国には，指示・命令された政策を実施するのではなく，内外の諸アクターとの「パートナーシップ」のもとで「適切」な政策を策定し実施することが求められ，そうした意思や能力を示した国々に選択的・優先的に援助が行われるべきとされたのである〔Duffield 2001：34；Rojas 2004：107-108〕．

さらに，開発のための制度への注目は，GSの国々の司法・立法・行政だけでなく社会全体に及ぶものとなった．1998年には，世界銀行の上級副総裁及びチーフ・エコノミストのジョセフ・ステイグリッツ［Stiglitz 1998：3］が，「開発の戦略・政策・プロセスのための新しいパラダイムに向けて」と題した講演において，過去に特定の経済政策をGSに導入しようとした際には，狭すぎる開発概念に基づいた政策だったために失敗したのであり，これからの新しい開発パラダイムは「変革の触媒となり社会全体の変容をもたらすこと」（catalysing change and transforming *whole* societies：斜体は原文のまま）を目指すものでなければならず，制度の変容や新たな能力の創造が必要であると論じた．同年に，世界銀行総裁のジェームズ・ウォルフェンソン［Wolfensohn 1998：.11］も，次のように述べている．「グローバル経済において重要なのは，1つの国における変容の全体性（totality of change in a country）である．開発とは単に構造改革を意味するのではなく，また，単に健全な国家予算や財政運営，あるいは教育や保健を意味するのでもない．開発とは単なる技術的な修正ではない．……開発とは，全体を構成する全ての要素を，それらが1つに調和するように配置することである（Development is about putting all the component parts in place- together and in harmony）」．

そして，こうした議論においても，外部者がGSの人々に社会全体の変容を強制しようとするのは効果的ではないとされ，GSの人々による参加や彼らの「コンセンサス」や「オーナーシップ」の重要性が強調された［Stiglitz 1998：16］．とりわけ，GSの「市民社会」には，単に構造調整下の福祉危機に対応するだけでも，市場を機能させるだけでもなく，脆弱な人々の声を掬い上げ，参加型の政策形成を可能にし，「コンセンサス」や「オーナーシップ」を確保することが期待された．そして，あらゆる段階においてGSの人々を「エンパワー」し，彼らの参加と「オーナーシップ」のもとで個人の心や行動のレベルから社会全体を変容させることが，開発のための主要課題の1つと見なされるようになった．

国連開発計画（UNDP）も，GSの個々人の心，態度，行動，関係性を開発の要として位置づけた．UNDPが1990年に発行を開始した年次の『人間開発報告書』［UNDP 1990］は，アマルティア・センによる「ケイパビリティ」の概念［Sen 1992］[23] に依拠して，人間開発を人々の選択肢が拡大していくプロセスと定義し，開発の目標を経済成長や単なる基本的ニーズの充足ではなく選択肢の拡大にするべきであると論じた．また，この報告書は，1人当たりGNPなどの経済的な指標から開発を捉えた上で経済開発を補完するものとして人間開発を位置付けるのではなく，人間開発自体を開発の目標とすべきだと主張し，その達成度合いを測るための指標として，平均寿命，就学年数，1人あたり国民所得に関する統計を合成した「人間開発指数」(HDI) を提案した．そして，UNDP は，人間開発のためには，人間の潜在的な能力を活かしつつ，それぞれの社会の状況に鑑み，能力を活用できるような社会的環境を整えることが重要であるとの立場をとった．

1995年に開催された国連の世界社会開発サミットは，貧困，失業，社会的疎外の3つを社会開発の主要課題として扱い，宣言及び行動計画を採択した．宣言は，異なる宗教・価値観・文化に配慮しつつ人々の能力を開発することが，経済的・社会的に最も生産的な政策と投資であるとして[24]，社会開発を最優先の開発課題として位置付けた．そして，社会開発はそれが行われる文化的，生態的，経済的，政治的及び精神的環境と切り離すことができず，民主主義と「責任ある統治」は社会と人間を中心に据えた持続可能な開発の基盤であるという認識を示した[25]．また，行動計画を実施する一義的な責任は各国政府にあるものの，完全な実施のためには国際協力と援助が不可欠であり，他国政府，国際機関，NGO 及びその他の組織，地方機関，メディア，家族及び個人を含むアクターが「パートナーシップ」をもって協力して取り組むことが肝要であるとした[26]．

その後，2000年9月の国連ミレニアム・サミットで採択された「ミレニアム宣言」に依拠して取り纏められた「ミレニアム開発目標」(MDGs) は，2015年までの達成目標として8つの目標を掲げ，ここでも多様なアクターの協調を呼びかけた．その目標とは，極度の貧困と飢餓の撲滅，初等教育の完全普及の達成，ジェンダー平等推進と女性の地位向上，乳幼児死亡率の削減，妊産婦の健康の改善，HIV／エイズ，マラリア，その他の疾病の蔓延の防止，環境の持続可能性確保，開発のためのグローバルなパートナーシップの推進であった．そして，MDGs は政府，国際機関，NGO 等に概して支持され，貧困削減は開発に関する政策議論の中心になっていった．ただし，ヴァネッサ・プパヴァック [Pupavac 2008：183-184] が指摘しているように，前述の1946年の WHO 憲章は「到達しうる最高基準の健康」が基本的人権であると宣言したのに対して，MDGs のアプローチは，構造調整下という危機的状況における人々（とりわけ子ども）の生存を確保するための最低限のレベルとして考案された先述の「選択的プライマリ・ヘルス・ケア」を人権と見なす認識に基づいて，GS の人々の社会的な「エンパワーメント」を強調する側面がみられた

こうして，1990年代以降，開発分野の論議における中心課題は，GDP の増

大や物質的な近代化でも，単なるマクロ経済の安定でも，世界秩序の根本的な再編成でもなくなった．開発のためには，各国において法を整備するとともに，様々な公的機関のなかでの力関係やそこで働く人々の価値観や行動や関係性を変容させることによって，貧困を削減し社会・経済的格差を是正できるような「適切」な政策に関して，外部アクターとの「パートナーシップ」を確保しつつ，「オーナーシップ」をもって策定・実施するための各国政府の意思と能力を育成・維持させるべきであり，そうした過程に内外の諸アクターが関与すべきであるという見解が広く共有されるようになったのである．それとともに，個人やコミュニティのレベルに関しては，心理や行動や関係性などの変容を通じて，貧困を削減し，各世帯が食料安全保障や当面の社会福祉ニーズを満たすに足る資源を管理して持続可能な形で生計を維持し，危機に対応・適応できるようにするための施策が必要であるという見方が主流化した．

このような変容は，開発をめぐる政策論議においてGDP概念の意義が完全に失われたり，物質的な改善に関して一切顧みられなくなったりすることを意味するわけではない．しかし，その中心軸は「ガバナンス」改善，「エンパワーメント」，能力育成，思考や価値の変容といった非物質的な要素に移行していった．そして，このような非物質的な要素を重視する言説においては，GSの個人の心や社会的関係から公的機関の能力等に至るまでの領域に対して外部アクターが切り込むことが正当化された．

加えて，1990年代のケイパビリティや人間開発といった概念には，経済的豊かさだけではなく個人の価値観や主観に基づく豊かさ・幸福・充足を重視する側面があったが，2000年代に入ると，そうした主観的側面が強調されたり，主観的側面を加味した指標の形成が試みられたりした．例えば，世界銀行が2000年に発表した報告書『貧しい人々の声』［Narayan, Chambers, Sha and Petesch 2000：21］は，世界の貧しい人々にとって「富（wealth）とウェル・ビーイング（well-being）とは別物であり，相反しさえする」として，「ウェル・ビーイングとイル・ビーイング（ill-being）は心（mind）と存在―人生（being）の状態である．ウェル・ビーイングには，精神状態の平衡，幸福，安らぎといった，心理的側面やスピリチュアルな側面がある」と論じて，開発の目標を富ではなく「ウェル・ビーイング」に置くことの重要性を謳った．また，2000年代にOECDはGDPに代わって「ウェル・ビーイング」を測るための指標の作成を進め，2011年の報告書［OECD 2011］において「より良い暮らし指標」（Better Life Index）として発表した．この指標は，住居，収入，雇用，教育，環境，健康，市民の政治参加とガバナンス，個人の安全（殺人件数など），ワーク・ライフ・バランスなどとともに，共同体（困ったときに頼れる親戚・友人がいると回答した人の割合）や主観的な幸福度（生活の満足度の自己評価）を含めた11分野で「より良い暮らし」の度合いを比較するものであり，翌2012年には，ジェンダーや社会・経済的格差に関するデータも，この指標に含まれるようになった．

また，2011年の国連総会決議「幸福——開発の総体的アプローチに向けて——」[27]も，「国内総生産（GDP）指標そのものは，ある国の人々の幸福とウェル・ビーイングの測定を意図して設計されていないため，それらを適切に表わしていない」と論じた．そのうえで，この決議は，「持続不可能な生産と消費のパターンは持続可能な開発を妨げる恐れがある」として，「持続可能な開発，貧困根絶，すべての人々の幸福とウェル・ビーイングを促進するより包摂的で，公平で，バランスの取れた経済成長アプローチの必要性」を認識した．この決議はまた，自国の人々の「幸福とウェル・ビーイング」を測定しその結果を公共政策に活かすことを国連加盟国に対して奨励した．

こうしたことを背景に，2012年には，国連の「持続可能な開発ソリューション・ネットワーク」（SDSN）の支援を受けたコロンビア大学の研究者らが，年次の『世界幸福度報告書』［Helliwell, Layard and Sachs eds. 2012］の発刊を開始した．そして，この報告書では，1人あたり対数GDP，出生時の健康寿命（自立した活動的な生活を維持できる期間），社会的サポート（困ったときに頼れる人がいるか否か），人生の選択を行う自由に関する主観的認識，汚職のレベルに関する主観的認識，寛大さ（generosity：最近チャリティーへの募金をしたか否か）に基づき，各国の「幸福度」が測られるようになった．この報告書は2024年現在に至るまで毎年刊行されており，日本でも刊行の度に日本の人々の幸福度の相対的低さや北欧諸国などの国々の幸福度の相対的高さなどが注目されるなどしている[28]．

さらに，グローバルな持続可能性に関する国連事務総長ハイレベル・パネルによる2012年の報告書にも，国際社会は持続可能な開発に関するGDPを超えた新しい指標を作成すべきだとする提言が盛り込まれた［United Nations Secretary-General's High-Level Panel on Global Sustainability 2012：7；14；63；85］．これを受けてUNDPは，HDIを見直して，より包括的な指標を開発することに対して，前向きな姿勢を示した［Clark 2012］．こうした動きは，MDGsの目標達成期限である2015年が近づくにつれて，「ポスト2015年開発アジェンダ」に関する議論とも共鳴し，前述の8つのMDGsよりも幅広いテーマを含む目標が検討され，その結果，2015年9月の「国連持続可能な開発サミット」において

2030年までの目標として「持続可能な開発目標」(SDGs) が採択された[29].

これまでに見たように，1990年代までには，GDP成長率や物質的近代化，マクロ経済の安定や世界秩序の根本的再編が開発分野における言説の中心を占めることが次第にみられなくなってきた．開発のためには，政府は貧困と社会・経済格差を削減する「適切な」政策を策定・実施しながら，そうした政策のオーナーシップを明確に示しつつ，国内外のアクターとのパートナーシップを確立する意思と能力を開発・維持すべきとする見方が，広く共有されるようになった．それとともに，貧困を削減するには，個人とコミュニティのレベルでの心，行動，関係性の変容が必要であるとされ，個々の世帯には食料確保や目下の社会福祉ニーズを満たせるだけの資源をやりくりして，持続可能な方法で生計を維持することが期待されるようになった．ただし，こうした変容は，開発に関する政策議論でGDPの概念がその重要性を完全に失ったことを意味するのでも，物質的な改善がまったく顧みられなくなったことを意味するのでもない．政策議論における支配的主張として，ガバナンスの向上，エンパワーメント，能力構築，価値観と行動の変容といった非物質的な要素が注目されるようになった一方で，保健医療に関する人権の認識の変化にみられるように，GSの人々に対して想定される物質的水準が低下したにすぎない．

個々人の心，行動，関係性の変容を重視する言説は，2010年代以降も続いている．例えば，スウェーデンなどが中心となり，欧米の大学の研究者やグーグル，イケアなどの企業も参加したうえで，SDGsを実現するためには私たち一人ひとりの内面成長が必要不可欠であるなどとして，「内面の成長目標」(IDGs：Inner Development Goals) が掲げられ，2024年には「IDGsサミット」がスウェーデンなどで開催されている[30]．この目標には，自分のありかた (being)，考える (thinking)，繋がりを意識する (relating)，協働する (collaborating)，行動する (acting) の5つのカテゴリーと23のスキルが提示されている[31]．そして，例えば日本でも，「人が輝く世界を創り出すために，IDGsのフレームワークに沿って，セミナやワークショップ，イベントを実施し，人々の意識と行動に変容を起こしていくことを目的に設立したIDGs公式コミュニティー」として「IDGs Japan Human Radiance Network」が形成されるなどしている[32].

また，第1節で述べたように，1990年代以降，貧困，低開発，ガバナンスの欠如は，暴力や武力紛争のリスクや可能性を高める主要要素として問題視されるようになり，貧困を削減し，GSの国々と人々を，平和的に社会変革を創り上げていくパートナーに変容させることは，GSの暴力と紛争の根本原因に対処するのに不可欠であると広く主張された.

『世界開発報告2000/2001』〔World Bank 2000b〕も，開発と平和の問題を結びつけて，GSの人々及び政府が，その価値観や能力を変容させていくことを目指すような開発という考え方を支持した．同報告書は，貧困との闘いを主要テーマに据えて，機会とエンパワーメントと安全保障という3つの側面において貧困と闘う方針を定めた．この報告書においても，物質主義的な開発ではなくエンパワーメントと機会の拡大を貧困との闘いの中心に置き，それらを安全保障に結びつけるというロジックが明確に表明されている．同様のロジックは，英国国際開発省（DFID）による2005年の報告書〔DFID 2005〕にもみられる．同報告書は，「貧困削減に対する国家の最も重要な機能は，領土管理，安全と治安（safety and security），公的資源の管理運営能力，ベーシック・サービスの提供，最も貧しい人々が自らを養うすべを保護し支える能力である」と述べている〔DFID 2005：7〕．さらに，国民の大多数に対してこれらの中核的機能を提供する能力または意思がない「脆弱国家」は，政情不安や長期の地域紛争に陥る可能性が高いとも主張されている〔DFID 2005：7；10〕.

このように，1990年代を通じて，「平時」と紛争中・紛争後の政策課題が重複・相関していると見なされるようになり，開発援助と人道援助と政治的政策の境界が曖昧になっていった．そして，人道援助は平和や持続可能な開発などの期待される成果に寄与するように，開発援助や他の政策と連携・協調しながら計画・実施されるべきであると主張されるようになった．また，第4章で詳述するように，中立，公平，独立といった人道援助に関する既存の原則に基づく人道援助は，期待される成果の達成に悪影響を及ぼす可能性があるとすら主張された〔Curtis 2001〕．人道援助は期待される成果の達成を損なわないように，最大の熟慮と配慮を持って提供すべきであり，成果の達成を損なう可能性がある場合は実施を控えるべきであるとする新人道主義が，主要な援助機関や援助ドナー国の支持を得るようになっていった〔Curtis 2001〕．今や人道援助には，潜在的に危険なGSの人々，コミュニティ，国家をエンパワーして，平和的な社会変革を引き起こすパートナーに変容する役割を担うことも期待されるようになり，開発援助と人道援助と政治的政策の境界も曖昧になっていった.

第3節　「人間の安全保障」概念の登場とレジリエンス，「人新世」

こうして，GNの政府，国際機関，NGO，研究者などのなかでは，いわゆる平時と紛争時及び紛争後の全ての段階において，GSの政府の意思や能力の育成や個人の内的変容を重視すべしという論が主流になった．そして，GSの個人の心や社会的関係，公的機関の能力に対する外部者による介入が正当化されるとともに，開発援助，人道援助，政治的・軍事的政策・行動の調和や調整の必要性が論じられるようになった．ただし，GSの人々の心や社会的関係などに介入することが正当化される一方で，「トップ・ダウン」の介入によって外部アクターがGSの人々に社会全体の変容を強制しても効果的ではないとされ，GSの人々の「オーナーシップ」や彼らとの「パートナーシップ」に基づいて政策や施策を決定し実施すべきだと論じられた［OECD DAC 1996；Stiglitz 1998：16］．そして，あらゆる段階においてGSの人々を「エンパワー」し，彼らの参加と「オーナーシップ」のもとで個人の心や行動のレベルから社会全体を変容させることが，開発と安全保障のための主要課題の1つと見なされるようになった．

安全保障と開発の政策論議が融合していくなかで，双方に跨る包括的概念として登場したのが，「人間の安全保障」である．この概念は，1994年にUNDPが『人間開発報告書1994』［UNDP 1994］で特集を組んで以降，注目を集めるようになった．報告書は，「国家安全保障」という狭い意味での安全保障概念から，個々の人間を中心に据えた「人間の安全保障」という，より包括的な安全保障概念への転換を説いたうえで，「人間の安全保障」とは「欠乏からの自由」（freedom from want）と「恐怖からの自由」（freedom from fear）に跨るものであるとしつつ，「欠乏からの自由」により焦点を当てた．そして，報告書は，「人間の安全保障」への脅威を，経済安全保障（失業，劣悪な労働条件，貧困など），食糧安全保障（食料へのアクセスの欠如など），健康安全保障（病気，衛生状態など），環境安全保障（環境破壊など），個人の安全保障（身体的拷問，戦争，エスニック間の緊張，犯罪，強かん，家庭内暴力，児童虐待，自殺，麻薬の使用など），コミュニティ安全保障（女子割礼など伝統に依拠した抑圧，伝統的な扶助関係の崩壊，エスニック間の衝突，先住民に対する抑圧など），政治的安全保障（人権侵害，政治的抑圧など）の7要素に分けたうえで，それらの要素が相互に連関していると論じた［UNDP 1994：24-33］．さらに，グローバルな「人間の安全保障」を脅かすものとしては，抑制なき人口増加，経済機会の不均衡，移民・難民，環境破壊，麻薬生産・取引，国際テロリズムなどを列挙した［UNDP 1994：24-37］．この報告書においては，貧困，犯罪，人権侵害，自殺といった多様な問題が「安全保障」上の課題として扱われているのである．

UNDP やアメリカのフォード財団・マッカーサー財団などによる資金提供を受けて1992年に設置された「グローバル・ガバナンス委員会」が1995年に発表した報告書も「人間の安全保障」概念に言及し，人間や社会の安全保障のために貧困，暴力，紛争，武器貿易等の問題に取り組む責任を多様なアクターが共有するというグローバルな倫理を体現するような国際規範を形成し，そうした規範に国家主権や自決権といった既存の規範を適合させるべきだと論じた［Commission on Global Governance 1995］．また，2000年の国連ミレニアム・サミットに向けてのアナン国連事務総長の報告書[33]も，より人間を中心に置いた新しい安全保障概念が形成されているという認識を示して，国連の目的は何よりもまず「恐怖からの自由」と「欠乏からの自由」の双方の達成にあるとした[34]．そして，この報告書には，1990年代以降に主流となった議論――貧しい国々は豊かな国々よりも武力紛争に陥る可能性が高い一方で武力紛争は開発に悪影響を及ぼすという論や，紛争予防，紛争後の平和構築，人道援助と開発政策をより効果的に統合する必要があるという論――が盛り込まれた[35]．国連のみならず，カナダや日本をはじめとする政府も「人間の安全保障」概念を支持し，NGO や研究機関，メディアなどもこの概念を多用するようになった［福島 2007］．

以上のような開発と安全保障をめぐる言説においては，必ずしも GN の人々や政府の価値観や能力等が問題視されていないわけでも，GN における貧困削減が全く必要と見なされていないわけでもない．例えば，前節で述べた OECD の「より良い暮らし指標」は，OECD 加盟諸国やブラジル，ロシアなどを対象にして「より良い暮らし」に関わると思われる各指標について統計を示すものである．2011年の国連総会決議は，全ての国連加盟国に対して，自国の人々の「幸福とウェル・ビーイング」を測定しその結果を公共政策に活かすことを奨励しており，2030年までの目標として2015年に合意された SDGs も，全ての国連加盟国が目指すべきものとして合意されている．また，第 3 章で詳述するように，開発と安全保障をめぐる言説の融合は，1990年代までに GN において浸透した人間像が GS に投影されたからこそ可能になったものと言える．その一方で，この言説においては，個人の安全を保障する GS の国家の意思や能力がとりわけ懐疑され，そうした国家の状態や GS の個人の心や社会的関係に紛争状態に陥る「リスクの高さ」が見出されるがゆえに，GN の政府や国際機関，NGO 等を含む多元的なアクターによる，GS の国々の経済政策や選挙制度等だけでなく個人の心のありかたや社会的関係や公的機関の能力などを変容させるための介入が正当化され，多様なアクター間の調整と連携の必要性が論じられる．

そして，GSの人々に対して想定される物質的水準は大幅に低下すると同時に，GSにおいて貧困を削減するだけでなく暴力と紛争を防止するために，GSの人々が社会全体を変容させていくことが必要と見なされるようになり，開発援助と人道援助と政治的政策の境界が曖昧になり始めたまさにこのとき，レジリエンス（resilience）概念が開発・人道援助分野において広く流通し始めた．

1990年は，脆弱性が防災に与える影響に注目した「国際防災の10年」（IDNDR）の始まりでもあった．IDNDRの科学技術委員会の最終報告書は「レジリエンス」という語に触れなかったが，1999年に開催されたフォーラムでは，国際防災戦略（ISDR）が採択され，2002年に発表された仮報告書〔ISDR 2002〕と2004年に発表された最終版の報告書〔ISDR 2004a；2004b〕のなかで，「レジリエンス」という語を何度も使用した．そして，最終版では，「レジリエンス／レジリエント」は以下のように定義された．

> ハザードに曝露される可能性のあるシステム，コミュニティ，または社会が，機能及び構造の受容可能な水準に達し，それを維持するために抵抗または変化することで適応する能力．社会システムが将来のよりよい保護のために過去の災害から学び，リスク低減策を改善するために，どの程度自己組織化できるかによって決定される〔ISDR 2004a：16-17；2004b：6〕．

そして，2005年，防災世界会議で合意された「兵庫行動枠組2005―2015――災害に強い国・コミュニティの構築――」は，2004年のISDRの最終報告書で採用されている定義に言及した[36]．それ以来，これらの定義や，これらと同様の定義は，開発・人道援助分野の政策界隈で広く用いられており[37]，多数の政策・学術文書が，人間開発，貧困削減，防災，平和構築，人道援助の提供などの問題に取り組む際に，レジリエンスを重要概念として取り扱ってきた．例えば，UNDPの『人間開発報告書2014――人間の進歩の持続――脆弱性を低減させレジリエンスを構築する――（*Human Development Report 2014: Sustaining Human Progress: Reducing Vulnerabilities and Building Resilience*）』においては，レジリエンスは人間開発を確保し持続させるためのあらゆるアプローチを下支えすると記された〔UNDP 2014：5〕．同報告書は，「何億人もの貧しく，周縁化されるか，そうでなければ不利な状況に置かれている人々」の脆弱性を問題視して，「人々が脆弱性から守られないのは，不適切な政策と不十分または機能していない社会制度の結果である」〔UNDP 2014：16〕として，より対応力のある政府の確立，より適切な公共政策の策定，社会規範の変革を通じて脆弱性を低減させる必要性を呼びかけ，「対応力のある制度と効果的な政策介入が，人間のエージェンシー（主体性）を強化する個人の能力と社会環境を高める持続可能な推進力を生み出しよりレジリエントな個人と社会を実現することができる」［UNDP 2014：10］と論じた．

さらに，1997年に京都で開催された国連気候変動枠組条約第3回締約国会議（COP3）で採択された「京都議定書」[38]が2005年に発効して以降，気候変動問題に「危機」という言葉を伴わせ「気候危機」を喫緊の課題だと謳う議論が2000年代後半から2010年代を通じて過熱していき，「気候変動問題の安全保障化」とも呼ばれるようになった［Diez, Lucke and Wellmann 2016；Lucke 2020］．このような地球環境問題や気候問題への関心が高まるなかでも，個人やコミュニティーなどの「レジリエンス」の重要性が強調された．同時に，厳密な定義や起点について論争を生みつつも，概して人間の人類の経済活動の痕跡が地球全体を覆い，そのありかたを根本から変えた事態を生んだ時代，「気候危機」を生んできた時代として「人新世」といった用語が使用されるようになり，この時代の人間だけでなく地球の生態を含む安全保障が必要だと唱えられるようになっている［Hardt et al. eds. 2023］．

おわりに

本章で示したように，1990年代以降のGSの武力紛争の根本原因と帰結及び対処方法をめぐって，GNの政府や国際機関，NGOや研究者による政策論議のなかで主流化した言説においては，概して1990年代以降のGSの武力紛争の「新しさ」が強調され，「新しい戦争」の根本原因は国家や個人の内的問題にあるとされ，政府内部の個人及び組織の意思や能力の育成や，個人の心や社会的関係の変容が必要であると見なされた．そして，この言説には，GSの政府が「良い統治」を通じて人々を保護するための意思や能力に対する懐疑や，貧困・低開発が紛争の「リスク」を高める一方で紛争が貧困・低開発をもたらすという論が自明の前提として組み込まれた．また，この言説においては，「平時」と紛争時及び紛争後の政策課題の境界線や，開発援助と人道援助及び政治的・軍事的な政策の境界線は曖昧化した．

安全保障と開発をめぐる政策論議の相互接近と融合を可能にしたもう一方の不可欠の要素は，20世紀後半に開発の政策論議の中心軸が徐々に移行したことであった．20世紀後半に，開発の中心課題とされるものは，GDPの増大や物質的な近代化からマクロ経済の安定へと移行し，さらには人々の心や社会的関係，公的機関のなかでの力関係といったレベルから社会全体を変容させることへと移り変わった．それに伴って，開発の政策論議において，GSの国々がGNと同様の物質的レベルに達するという前提ないし目的は後退し，エンパワーメントや能力育成，格差是正といった要素が重要であると論じられるようになった．

そして，開発をめぐる政策論議の中心軸が移行する一方で，1990年代以降の「新しい戦争」をめぐる政策論議において個人やコミュニティも安全保障の対象だと論じられるようになり，安全保障のために必要と見なされるようになった施策と，開発のために重要視されるようになった施策が相互接近し，両者に跨る包括的概念として「人間の安全保障」が登場していった．また，「人間の安全保障」をめぐる言説においては，GSの個人の心や社会的関係から政府の統治能力に至るまでに懐疑の眼差しが向けられ，それらに対する介入が正当化され，そのための様々なアクターによる調整と協働が必要と見なされていった．このような，開発援助と人道援助と政治的政策の境界が曖昧になり始めたまさにこのときに広く流通し始めたもう1つの概念が，災害などに人々が柔軟に対応・適応し，ダメージから回復することを可能にする「レジリエンス」であった．フランク・フレディ［Furedi 2007：180-183］やプパヴァック［Pupavac 2012］が論じるように，この概念も，個人やコミュニティが可能な限り自らの力で事態に対処することができるよう，人々の価値観，文化，社会的関係といったレベルに働きかけることを重視していると言えよう．また，2010年代以降に広く流通するようになった「人新世」といった用語を用いた問題提起も，概して1990年代以降の開発と安全保障をめぐる議論の延長線上にあると捉えることもできるだろう．

注

1）例えば，DFID［1997：67-68］，Kaldor［1999：69-111］．

2）例えば，Collier and Hoeffler［2000：2, 12, 14］，Kaldor［1999：69-111］．国連の文書では，例えば，UN Doc. A/55/305-S/2000/809, Report of the Panel on United Nations Peace Operations, para. 29.

3）前掲注2，UN Doc. A/55/305-S/2000/809, para. 29.

4）UN Doc. A/RES/15/1514, Declaration on the Granting of Independence to Colonial Countries and Peoples.

5） 2005年にイギリスで開催されたG8サミットに向けて，2004年にイギリス首相のトニー・ブレアが自らを委員長として設立した委員会であり，ヒラリー・ベン国際開発担当相やミシェル・カムデシュ元IMF専務理事を含む17名の委員で構成された．

6） 弱い国家や失敗国家等の概念については，遠藤［2007］を参照．

7） 例えば，Carnegie Commission on Preventing Deadly Conflict［1997：29-30；43-44］，人間の安全保障委員会［2003：15-16；76；269］．

8） 同様の主張は，Commission for Africa［2005：152］にもみられる．

9） この点に関する指摘は，Duffield［2001：126-128］を参照．

10） UN Doc. A/47/277-S/24111, An Agenda for Peace: Preventive Diplomacy, Peacemaking and Peace-Keeping, Report of the Secretary-General Pursuant to the Statement Adopted by the Summit Meeting of the Security Council on 31 January 1992.

11） 前掲注10，UN Doc. A/47/277-S/24111.

12） UN Doc. A/52/871-S/1998/318, The Causes of Conflict and the Promotion of Durable Peace and Sustainable Development in Africa, Report of the Secretary-General.

13） 前掲注２，UN Doc. A/55/305-S/2000/809.

14） UN Doc. A/59/565, para. 29.

15） UN Doc. A/59/565, para. 203. ただし，この報告書においては，国連安全保障理事会の承認を得ずに「保護する責任」を果たすべく軍事的な介入を行うことの是非に関しては明記されていない．

16） UN Doc. A/59/2005, para. 135.

17） UN Doc. A/RES/S-6/3201, Declaration on the Establishment of a New International Economic Order.

18） 1978年のWHOとUNICEFによる合同会議においては，PSCは次のように定義された．「実践的で科学的に信頼がおけ，社会的に受け入れられる手段と技術にもとづいた基本的なヘルスケアであり，自助と自己決定の精神のもとでコミュニティと国家が発展の各段階において維持することが可能であり，コミュニティにおける個人と家族の全面的な参加のもとで，普遍的に享受できるもの」［WHO and UNICEF 1978：3］．

19） WHO Doc. WHA 30. 49. Promotion and Development of Training and Research in Traditional Medicine.

20） この委員会は1983年の国連総会決議に基づき設立され，ノルウェーの政治家であるグロ・ハーレム・ブルントラントが委員長を務めた．

21） 新制度派経済学は一般的に，人間の合理性は不完全であり（限定合理性），人間は情報を収集，処理，伝達する能力が限られていながらも，それに基づいて現実世界を主観的に認識して行動すると考えて，こうした認識や行動を支える社会規範などの制度的側面に着目している．例えば，ダグラス・ノースら［North, Wallis and Weingast 2009］は，社会規範や社会制度的枠組みは個人の行動や思考を形成する際に重要な役割を果たし，経済発展は民主主義が機能するような社会規範や社会制度的枠組みと相関関係にあり，貧困国はなぜ貧しいままなのかという問題に関してこの相関関係を検証する必要があると主張している．

22）IBRD Articles of Agreement, Article IV, Section 10 (Political Activity Prohibited).

23）センはケイパビリティを，人間が経済的，社会的，及び個人的資質のもとで達成できる多様な「状態」(being) と「行動」(doing) を表す一連の選択的機能と見なし，貧困とはケイパビリティが欠如した状態であり，開発とは個人のケイパビリティを拡大することであると主張した．

24）UN Doc. A/CONF. 166/9. Report of the World Summit for Social Development. Chapter I, Annex I, para. 7.

25）前掲注24，UN Doc. A/CONF. 166/9. Chapter I, Annex I, para. 4.

26）前掲注24，UN Doc. A/CONF. 166/9. Chapter I, Annex II, para. 82.

27）UN Doc. A/RES/65/309. Happiness: Towards a Holistic Approach to Development.

28）フォーブス・ジャパン「世界幸福度ランキング，若者の間に広がる『中年の危機』を報告」2024年3月21日 (https://forbesjapan.com/articles/detail/69844/, 2024年11月26日閲覧)；プレジデント・オンライン「『長寿の国』なのに幸福度はダントツの世界51位…消化試合のように人生を生きる『不幸な日本人』が失ったもの」2024年11月13日 (https://president.jp/articles/-/87888, 2024年11月26日閲覧).

29）UN Doc. A/RES/70/1. Transforming Our World: The 2030 Agenda for Sustainable Development

30）Inner Development Goals "IDG Summit 2024: The Space in Between," (https://innerdevelopmentgoals.org/events/summit2024/，2024年11月26日閲覧).

31）IDGs Japan Human Radiance Network「IDGs とは」『IDGs Japan Human Radiance Network』(https://idgs-jp.net/, 2024年11月26日閲覧).

32）前掲注32.

33）UN Doc. A/54/2000, We the Peoples: The Role of the United Nations in the Twenty-First Century, Report of the Secretary-General, para. 239.

34）前掲注34，UN Doc. A/54/2000, paras. 10, 65, 194-195, 254.

35）前掲注34，UN Doc. A/54/2000, paras. 48, 70, 88, 201.

36）UN Document. A/CONF. 206/6. Report of the World Conference on Disaster Reduction. Kobe, Hyogo, Japan, 18-22 January 2005, Resolution 2, Hyogo Framework for Action 2005-2015: Building the Resilience of Nations and Communities to Disasters, p. 9.

37）例えば，「兵庫行動枠組2005-2015」の後継である「仙台防災枠組2015-2030」は，次のように若干異なるレジリエンスの定義を用いている．「ハザードに曝露されたシステム，コミュニティ，または社会が，不可欠な基本的機構及び機能を保持・回復するなどして，適時かつ効率的にハザードの悪影響に抵抗し，それらを吸収・受容し，またそれらから復興する能力」．UN Document. A/CONF. 224/L. 2. Sendai Framework for

Disaster Risk Reduction 2015-2030, p. 2.

38) Kyoto Protocol to the United Nations Framework Convention on Climate Change, December 10, 1997.

第2章
批判的安全保障研究と開発・安全保障言説

はじめに

前章で詳説したように，1990年代以降，GNの国家，国際機関，NGO，研究者をはじめとするアクターのなかで，開発と安全保障が融合した言説（以下，開発・安全保障言説と記す[1]）が共有されるようになった．そして，この言説の形成に対しては，同時期の国際関係論及びその一領域である安全保障研究の動向も，一定の影響を及ぼしていた．

1980年代以降の国際関係論においては，マックス・ホルクハイマーとテオドール・アドルノ［Horkheimer and Adorno 1947］，ユルゲン・ハーバーマス［Habermas 1968］といったいわゆるフランクフルト学派やアントニオ・グラムシ［Gramsci edited and translated by Hoare and Smith 1971］らによる批判理論（Critical Theory）の影響を受けた批判的国際関係論の立場をとる論者が，「主流」と見なされていたネオリアリズムやネオリベラリズムの前提に異議を唱えるようになった［Burchill and Linklater 2005；Devetak 2005；Held 1980］．概して批判理論は，理論を展開する主体とその対象となる客体とは不可分であり，社会における事象は人間が社会的に構成したものであるとして，事象の構成過程を自省しようとした．

この影響を受けた批判的国際関係論も，初期の代表的な論者であるロバート・コックス［Cox 1981：128］による「理論とは常に誰かのためにあり，何らかの目的のためにある」（Theory is always *for* someone and *for* some purpose，斜体は原文のまま）という言葉に象徴されるように，理論は主体から独立したものではありえず，すでに存在している価値観や利益に対して主体が省察する余地があると論じた．そして，一般に批判的国際関係論は，「主流」の国際関係論を国家中心主義や実証主義を前提にしているとして批判し，「主流」の国際関係論の理論化過程を自省することを通じて[2]，「既存の世界秩序」の変革を導こうとした［Devetak 2005；Linklater 2008］．

例えばコックス［Cox 1981：128-129］は，国際関係のアナーキー性，勢力均衡，覇権安定等を前提と見なすネオリアリズムは，「既存の世界秩序」を固定化・正当化し，そこに内在する不平等や権力関係を覆い隠し，「既存の世界秩序」をスムーズに機能させるための「問題解決に奉仕する知識」（problem-solving knowledge）になっていると主張した．また，アンドリュー・リンクレイター［Linklater 1982；1998］は，国民国家の「市民」であることに規定された市民概念には一国家の市民と見なされない人々の疎外が含意されていることや，一国家の「市民」としての義務が人間としての全人類的な道義的義務とは必ずしも一致しないことを指摘し，国民国家の「市民」と見なされない人々を疎外しないような市民概念や，人間中心のコスモポリタン的倫理・価値を実現するような国際関係論を追求すべきと論じた．そして，概して批判的国際関係論者は，「主流」の国際関係論においては重視されなかった，間主観的に形成される規範や，国家を超えたトランスナショナルなアクターにも焦点を当て，規範や構造は人間によって構成されるものであり，それゆえ変容も可能であると主張した[3)]．

批判的国際関係論は安全保障研究の分野にも大きな影響を与え，批判的安全保障研究（Critical Security Studies ないし critical security studies）と呼ばれる研究が展開された［Krause and Williams 1997a］．ただし，どのような研究を批判的安全保障研究と見なすべきかについては諸論ある．例えば，後述するケン・ブース［Booth 2007］は，批判的安全保障研究を頭文字が大文字の Critical Security Studies と表記した上で，先述の批判理論（Critical Theory）に根差して人間の「解放」（emancipation）を志向する研究を指すものとして狭く定義している[4)]．日本語では，重政［2006］は，批判理論の影響を受けて人間の解放を志向する研究に限定した形で批判的国際関係論及び批判的安全保障研究を解説している．

その一方で，キース・クロウスとマイケル・ウィリアムズ［Krause and Williams 1997a］は，批判的安全保障研究を頭文字が小文字の critical security studies と表記して，その範囲をより広く捉え，安全保障研究における「主流」の外側に位置し，「主流」において前提と見なされる既存の社会的関係や権力関係の源泉を問い，変容の可能性を考察する研究を包含するとしている．また，クリストファー・ブラウニングとマット・マクドナルド［Browning and McDonald 2013］も小文字表記を採用し，ブースの定義よりも幅広い意味で批判的安全保障研究を捉えた上で，それに含まれうる研究の特徴として，① 国家を安全保障の対象と見なす伝統的な安全保障研究における存在論・認識論を批判するものであること，②安全保障とは社会的に構築された政治的な力を有する概念であるとの認識に基づき，集団のアイデンティティを規定したり，特定の政策を可能にしたり，特定のアクターに安全を保障する者としての正当性を与えたりする上で，安全保障に関する表象・言説・知がどのような機能を果たすのかを検討するものであること，③安全保障の倫理や善（good）の定義を考察するものであることの３点を挙げている．コロンバ・ピープルズとニック・ヴォーン・ウィリアムズ〔Peoples and Vaughan-Williams 2010〕も，批判的安全保障研究の頭文字を小文字で表した上で，批判理論に基づく安全保障研究，フェミニスト及びジェンダー・アプローチ，ポストコロニアルな視点，ポスト構造主義及び国際政治社会学，安全保障化（securitization）理論のアプローチに分けて解説を試みている．このほかにも，アベリストウィス学派（Aberystwyth School），パリ学派（Paris School），コペンハーゲン学派（Copenhagen School）といった地名の付いた学派ごとの分類や〔Wæver 2004〕[5)]，アイデンティティ，トラウマ，人間の安全保障，解放といったテーマごとの解説〔Fierke 2015〕，アプローチ，争点と事例に分けた解説〔南山・前田 2022〕など，いずれも批判的安全保障研究の範囲を広く認識した上で，多様な研究に一定の整理を行う試みがみられている．

このように，批判的安全保障研究の英語表記法や範囲については論争があり，とりわけ広く定義する場合には，多種多様な研究が批判的安全保障研究に含まれることになるため，その全体像を描く作業は容易ではない．本書では，批判的安全保障研究を幅広い研究を包含するもの（すなわち，頭文字が小文字の critical security stories）として捉えつつ，ニック・ハイネックとデイヴィッド・チャンドラー〔Hynek and Chandler 2013〕による世代分類を用いることによって，1990年代以降の開発・安全保障言説との関係性という視点から先行研究に一定の整理を行う．ただし，批判的安全保障研究の略称はCSSと大文字で記し，ハイネックとチャンドラーの論文に含められていない研究の一部も，筆者の判断によって各世代に分類する．それにより，1990年代に登場した開発・安全保障言説を支えた学術研究の動向を明らかにするとともに，そうした動向及びCSSへの批判論も紹介する．

なお，CSSを分類する上で，ハイネックとチャンドラーは「世代」（generation）という表現を用いているが，各世代に分類される論文や書籍を完全に時系列に並べるべきものとして提示してはいない．もちろん，本節で述べるように，例えば第３世代の議論には第１世代及びそれに影響を受けた政策論議に対する批判という側面があり，第4世代は第1世代に対する反論や批判を乗り越えうる「オルタナティブ」として自身の論を提示する傾向があるため，第1世代の議論が前提になって第3世代の議論が成り立ち，第3世代までの議論を前提にして第4世代の議論が展開されているとも言える．しかし，第3世代の批判を受けて第1世代の主張を含む論文が発表されなくなったわけではなく，次の世代の研究が登場するまでに10年単位の年月がかかっているわけでもない．したがって，ハイネックとチャンドラーの分類方法の「世代」という表現には，これまでの研究を完全な時系列として示そうとする意図はみられない．なお，彼らの2013年の分類においては，ハイネック［Hynek, 2011］とチャンドラー［Chandler 2007a；2007b；2008；2009；2010a；2010b；2010c；2011a；2011b；2012；2013a；2013b］自身は分類の対象となっていない．そして，例えばチャンドラーは第3世代の論者による議論を批判する論も展開している［Chandler 2007a；2008；2009；2010c］．ただし，ハイネックとチャンドラーの研究の方向性や問題意識自体は，あえて分類しようとすれば第3世代の研究に比較的近いものと捉えることもできるだろう．

第1節　批判的安全保障研究　第1世代

ハイネックとチャンドラーの分類法においてCSSの第1世代とされているのは，ブースが主張する批判的安全保障研究（頭文字が大文字のCritical Security Studies）と重複する研究であると言える．この世代に含められるアレックス・ベラミー［Bellamy 2004］，キャロライン・トーマス［Thomas 2000］，クロウス［Krause and Williams 1996；1997a；1997b］，ブース［Booth 1991；1994；1995；1997；2005；2007］，ティム・ダン［Dunne and Wheeler 2004］，ニコラス・ウィーラー［Dunne and Wheeler 2004］，ウィリアムズ［Krause and Williams 1996；1997a, b］，メアリー・カルドー［Kaldor 1999；2003a；2003b；2007］，リチャード・ウィン・ジョーンズ［Wyn Jones 1999］，R. B. J. ウォーカー［Walker 1997；2007］らは，概して安全保障の対象（referent object）を国家だけに限定せずにコミュニティや個人にまで深化（deepening）させ，「人間」（ないし個人あるいは人々）の「解放」を安全保障の中心に据え，軍事だけでなく経済，環境，社会等の領域にまで安全保障のテーマを拡大（broadening）することの意義を肯定的に論じた.[6)]

例えばブース［Booth 1991：318-319］は，個人やグループが自由に選択し実行することを妨げる物理的・人的制約から自由になることとして「解放」（emancipation）を定義した上で，そのような制約には他国による侵略や国家間の戦争だけでなく，国家経済の破綻，貧困，自国政府による政治的抑圧や人権侵害なども含まれると主張した．そして，ブース［Booth 1991：319-320］は，パワーや秩序ではなく「解放」こそが「真の安全保障」をもたらすのであるから，安全保障とはすなわち「解放」を意味するのであり，国家はその手段でこそあれ目的ではないと論じた．ウィーラーとダン［Wheeler and Dunne 2004］も，安全保障の対象を国家から人類全体を構成する個人へとシフトさせることによって，国民国家に規定された市民概念を超えた道徳的地平を広げるべきであり，排他的な「我々と彼ら」という認識を変容させ，国際連合憲章の前文に示されるような国際主義的あるいはコスモポリタン的な「われわれ人民」（we the peoples）という認識を醸成すべきと提唱した．

また，概して第1世代は，とりわけGSの国々において個々の「人間」の安全が必ずしも保障されず，むしろしばしば自国政府によって脅かされるにもかかわらず，「主流」の（ネオリアリズムなどの）安全保障研究はこの問題を軽視してきたと批判し，これからの研究はこのような問題に向き合い，「人間の解放」への制約を取り払うことに貢献すべきだと論じた．例えばブース［Booth 1991：322］は，安全保障を「解放」として位置付けることによって，低開発や抑圧の問題に目を向けるような，GSの視点によるボトム・アップの「包括的安全保障」（comprehensive security）観に基づく研究が可能になると説いた．ベラミーとウィリアムズ［Bellamy and Williams 2004］も，安全保障研究は貧しい者，恵まれない者，声なき者，代表・代弁されない者，力のない者の安全保障を起点にすべきだと主張した．

このような，第1世代が説く「人間の解放」としての安全保障（以下では「安全保障＝解放」と記す）を追求する上での重要なアクターの1つとして第1世代が期待したのが，NGOをはじめとする非国家の主体によって構成される「グローバル市民社会」であった[7]．例えばブース［Booth 1991：326］は，国家だけでなく「グローバル市民社会」も「安全保障＝解放」をもたらしうると指摘した．また，カルドー［Kaldor 2003a：591；2003b；2007］は，「グローバル市民社会」がGNのアクターに独占される不均衡な領域であるとしても，その興隆は個人の「安全保障＝解放」をもたらす可能性を秘めていると論じた．とりわけ，アムネスティ・インターナショナル，オックスファム（Oxfam），ヒューマン・ライツ・ウォッチ（HRW）といったNGOが主導する国際キャンペーンは，「グローバル市民社会」の関与のもとでの「グローバルな規範」[8]の形成を通じた

「安全保障＝解放」を実践し，コスモポリタンな世界秩序への移行に寄与するものとして，第1世代の期待を集めた．

例えば，ウィーラーとダン［Wheeler and Dunne 2004］は，国際刑事裁判所に関するローマ規程[9]や対人地雷禁止条約[10]の形成において生じたような，「啓蒙された国家指導者たち」（enlightened state leaders）と「グローバル市民社会」の協働による，トップ・ダウンとボトム・アップの両側面からのアプローチの可能性を論じた．ネイル・マクファーレンとユエン・フォン・コン［MacFarlane and Foong Khong 2006］も，規範を形成して安全保障の対象を国家から「人間」へ再定義するために，国家，国連と「グローバル市民社会」が協働しうるとした．カルドー［Kaldor 2003a：588］も，1990年代以降の国境を越えた「グローバル市民社会」の隆盛が，国家主権を超越する人道的な規範の構築や人権意識の強化をもたらすことを期待し，「グローバル市民社会」を含むアクターによる「人道レジームと呼びうるマルチラテラルな規則」の形成を支持した．そして，実際に国際社会においてNGOをはじめとする非国家アクターが一定の影響力や役割を有していると認識されるにつれて，国際関係論全般においても「グローバル市民社会」概念ないし類似概念への注目が高まった[11]．

さらに，第1世代は，批判を通じて「人間の解放」に向けた変容を導くことを重視する立場に基づいて，研究者自身が国家や国際機関などに対する政策提言や国連等における規範形成に積極的に関与することを推奨する傾向がみられた．例えばウィン・ジョーンズ［Wyn Jones 1999：154-159］は，グラムシ［Gramsci edited and translated by Hoare and Smith 1971］の有機的知識人（organic intellectuals）概念を用いて，研究者は「解放」の実践にコミットし，批判的社会運動に与する有機的知識人となるべきであり，もし批判的社会運動が存在しない場合は自らその形成を推進すべきであると論じた．また，ブース［Booth 1991：326；1997］も，研究者自身も，研究の対象や教育の仕方，会議のアジェンダなどを選びとり，具体的な政策を提言し，アムネスティ・インターナショナル，オックスファム，グリーンピースといった「グローバルなコミュニティと一体化したグループ」を支持・支援することを通じて，「解放という真の安全保障」を追求すべきと提唱した．

そして実際に，1990年代後半に，ウィーラーとダン［Wheeler and Dunne 1998］はイギリスの労働党政権による「倫理的外交政策」（ethical foreign policy）を後押しし，2000年代には，イラク戦争後のイギリスにおいて「倫理的外交政策」が後退したとしてその復活・強化を論じるにあたって，当時アムネスティ・インターナショナルやオックスファム等のNGOによるキャンペーンが提唱していた武器貿易条約（ATT）構想をイギリス政府が支持し推進すべきと訴えるなど［Wheeler and Dunne 2004］，実際の政策論議にコミットした研究を行った．

また，カルドー［Kaldor 1999］は，1990年代以降のGSにおける武力紛争の「新しさ」や根本原因，対処方針に関する論――第1章で紹介した「新しい戦争」論――を展開したが，この議論はGNの国々やNGOの政策論議にも影響を及ぼした．そして，カルドーは，欧州連合（EU）の事務局長による要請のもとに，当時のEU安全保障戦略に沿って2004年に「EUの人間の安全保障ドクトリン」［Human Security Study Group 2004］を取り纏めたが，この活動はEUの安全保障政策の形成に影響を与えたといわれている［Hynek and Chandler 2013：51-52］．

さらに，第1世代のなかには，国連等における政策論議や合意形成の過程に，より直接的に関与する者もみられる．例えば，第1世代の代表的論者であるスイスのジュネーヴ高等国際・開発問題研究所のクロウスは，各国政府関係者や国連職員，NGO等の実務者のなかでは，この研究所に拠点を置く「スモール・アームズ・サーヴェイ」（Small Arms Survey）が発刊する年鑑のディレクターとして知られていた．そして，後述するように，スモール・アームズ・サーヴェイによる分析や政策提言は概して信頼性があるものとして実務者のなかで認知されており，この研究所に所属する研究者は，1990年代以降に小型武器・計兵器規制や通常兵器移転規制の論議において，NGOの関係者として政策提言を行ったり，国連のコンサルタントとして国家間の合意文書の取り纏めを担ったりしてきた．

そして，1990年代以降，第1世代の研究に一定の影響を受けつつ，政府（とりわけGNの政府），国際機関，NGO，研究者等による政策論議において，安全保障の対象が実際に深化しテーマが拡大した．それとともに，この動きは開発に関する政策論議の中心軸の移行と共鳴することになった．第1章で述べたように，1970年代から1980年代にかけて，開発に関する政策論議の焦点は，GDPの成長率，物質的な発展と近代化の追求，政府主導の開発戦略から，マクロ経済の安定及びそのもとでのベーシック・ヒューマン・ニーズ（BHN）の充足へと移行し，さらに1990年代には，個人の内面や社会的関係の変容を通じた，GSの国々の政府及び個人やコミュニティの「オーナーシップ」に基づくローカルな文脈に適した貧困削減に移っていった．こうした動きに対して，第

1世代の論者には，開発も国家ベースの経済成長ではなく「人間の解放」に重点を置くべきであるとして概して歓迎し，ローカルな人々との「パートナーシップ」や人々による「オーナーシップ」に基づく，多様な文化や価値観を尊重した参加型の開発実践を支持する傾向がみられた．

このような，開発と安全保障の双方の政策領域における変容に伴って，両領域の政策論議の境界線は曖昧になり，「欠乏からの自由」と「恐怖からの自由」を包摂するものとしての「人間の安全保障」概念が，政府（とりわけGNの政府），国際機関，NGO，研究者等により推進され幅広く使用されるようになった[12)]．そして，第1世代の研究者が政策論議に関与し，政府，国際機関，NGO等の政策や行動に一定の影響を及ぼすに至って，彼らの理論は抗ヘゲモニーというよりも，むしろヘゲモニーとして位置付けうるものとなった．

第2節　批判的安全保障研究　第2世代から第3世代

次に，ハイネックとチャンドラーがCSSの第2世代に分類するのが，所謂コペンハーゲン学派にあたる研究である．この世代に分類しうるオーレ・ヴェーヴァー［Wæver 1995；2000；2004］，バリー・ブザン［Buzan 1991；2004］，ホルガー・シュトリッツェル［Stritzel 2007］らは，脅威は必ずしも実体に基づいて認識されるのではなく，「言語（発話）行為」（speech act）を通じて間主観的に構成されると論じ，保護の対象や脅威・敵となる対象が創りだされる「安全保障化」（securitization）のプロセスを分析する一方で，個人を安全保障の中心に据えて「解放」を追求すべきという第1世代の主張に対しては，概して懐疑的な立場をとった[13)]．

例えばブザン［Buzan 1991；2004］は，安全保障を軍事だけでなく政治，経済，社会，環境のセクターを包摂するものとして分析し，個人が安全保障の分析レベルになりうるとしつつも，個人の安全保障の延長線上に国家の安全保障を位置付けることはできないと論じたり，安全保障の対象を際限なく広げると分析概念として意味をなさなくなると指摘するなどした．ヴェーヴァー［Wæver 1995：47］も，安全保障の客体を個人と見なすことによって，脅威として認識される問題が無制限に拡大して無意味化することを懸念した．また，概してこの世代は，特定の問題が安全保障化してその問題に重大性や緊急性が付与されることによって，通常の政治から「非常事態モード」（emergency mode）に移行し，通常であれば許容されないような例外的措置をとることが正当化される可能性やその潜在的な危険性を指摘して，問題を「脱安全保障化」(desecuritization）して通常の政治領域に戻すことを志向する傾向にある[14)].

このように，第2世代には，安全保障の対象の深化やテーマの拡大による「人間の解放」という第1世代の主張に対する一定の懐疑がみられたが，この傾向は，ハイネックとチャンドラーがCSSの第3世代に分類する研究において強められることになった．そして，概してCSSの第3世代は，「人間」を安全保障の対象と見なして多種多様な領域に安全保障のテーマを拡大しようとする第1世代の研究や，それに一定の影響を受けて形成された開発・安全保障言説が社会的に構築された過程や，それらにおいて前提とされる価値観を省察しようとした．

この世代に分類しうるイェンス・スティルホフ・セーレンセン［Sörensen 2012；Sörensen and Söderbaum 2012[15)]］，プパヴァック［Pupavac 2000；2001a；2001b；2001c；2002；2004a；2004b；2005；2006；2008；2010；2012；Pupavac and Pupavac 2020］，ジュリアン・リード［Dillon and Reid 2009；Reid 2005；2012；2024］，タラ・マコーマック［McCormack 2008[16)]］，マーク・ダフィールド［Duffield 2001；2005a；2005b；2007；2009；2010；2019；Duffield and Waddell 2004；2006］，マーク・ドゥーセ［De Larrinaga and Doucet 2008；Doucet 2017］，マイケル・ディロン［Dillon 2004；Dillon and Reid 2009］，ニコラス・ワデル［Duffield and Waddell 2004；2006］，ミゲル・デ・ラリナガ［De Larrinaga and Doucet 2008］，リタ・エイブラハムセン［Abrahamsen 2004；2005[17)]］をはじめとする人々は，概して第1世代による理論及び開発・安全保障言説について，GSないし「途上国」，「ボーダーランド」等として特定の領域を想像し，その領域への介入を正当化するものとして論じた．また，第1世代の研究者には，GNの政府，国際機関，GNのNGOが主導する「グローバル市民社会」や第1世代の研究者自身が「人間の解放」に寄与しうると考え，それらのアクターが謳う「解放」の普遍性を疑問視しない傾向がみられたが，第3世代はそうした前提に挑戦した．

例えば，第3世代の代表的な論者であるダフィールド［Duffield 2005b：3-5］は，開発・安全保障言説や「人間の安全保障」概念について，GNの国々を中心とする国際社会がGSの国々を「理解」し介入することを可能にする一連の「言説的実践」(discursive practices）として考察すべきだと論じた．そして，ダフィールドは，2001年の著作『グローバル・ガバナンスと新しい戦争：開発と安全保障の融合』［Duffield 2001[18)]］において，1990年代に形成された開発・安全保障言説は，GNの政府や国際機関，NGO，研究者等を含む統治のネットワークがGSの国々の経済政策や選挙制度にとどまらずGSの個人や集団間の行動，態度，価値観，心理状態や社会的関係までをも変容させるべく介入を行うことを，正当化するものだと論じた．そして，ダフィールド［Duffield 2001］は，開発・安全保障言説においては，そのような介入を通じて持続可能な開発に資する安定的な個人や社会を形成するとともに政府による「良い統治」（good governance）を確保することが「真の安全保障」に寄与すると見なされているが，これはGNの新自由主義的なアジェンダと共鳴・共犯の関係にあると指摘した．

また，エイブラハムセン［Abrahamsen 2004］は，開発・安全保障言説におけるオーナーシップ，市民社会の育成，能力育成（capacity building），パートナーシップ，良い統治とは，新自由主義的な価値観を内面化させることを通じてGSの人々や政府を規律することを意味し，それは直接の占領や押し付けの形をとらない代わりに，行動や政策選択を監督するための多種多様な活動が際限なく続くことになると論じた．マコーマック［McCormack 2008］は，開発と安全保障の融合は既存の不平等な国際関係を反映しており，解放とエンパワーメントの枠組みとして謳われる「人間の安全保障」は，国際社会においてパワーの弱い国家とその市民との関係性を問題視する一方で，パワーの強い国家や国際機関が透明性や説明責任に欠けるにもかかわらず，それらアクターによる介入を道徳的な義務として正当化し脱政治化することによって，介入される側の国家の市民をさらにディスエンパワーするものであると主張した．

さらに，2000年代前半から半ば以降の第3世代の研究においては，ミシェル・フーコーの生権力（biopower）・生政治（biololitics）[19] 概念を手掛かりにして，1990年代以降の開発・安全保障言説を考察する論もみられるようになった．例えば，ダフィールドとワデル［Duffield 2007；2010；Duffield and Waddell 2004；2006］は，安全保障の対象として認識されるものが国家から「人間」へと深化するにつれて，グローバルな統治のための生政治的なアッセンブリッジ（assemblage）[20] による，「ボーダーランド」の「保障されていない生」（non-insured life）の人口の管理が試みられるようになったとして，そうした生を安定的に保つことで，「メトロポリタン」の「保障された生」（insured life）への脅威を封じ込めるとともに，実際に脅威となった場合は武力行使等をもって懲罰的に対処する形のグローバルな統治がなされているとする論を展開した[21]．また，リード［Reid 2012］は，2000年代に入ってから開発や安全保障をめぐる政策論議においてレジリエンス（人々が災害等に適応し，対処し，そこから回復する能力）概念の重要性が高まったことに着目した．そして，リード［Reid 2012］は，レジリエンス概念を通じて，国家経済ではなく生物圏（biosphere）を開発の対象として，「生の能力」（capacity of life）を促進すること――とりわけ，貧しい者の思考や行動を変容させ，危機（hazard）状況に適応して生き延びることができるレジリエントな主体に変えること――が推進されているが，これは災禍をもたらす世界に対して人々が抵抗するのではなく適応することを提唱するものであり，ナチス・ドイツの強制収容所において適応と無抵抗を促す論理に類似していると論じた．

これらのほかにも，2000年代以降は，フーコーの生権力・生政治概念や統治性（governmentality）概念をグローバルなレベルに応用することを試みた数多くの研究が発表された[22)]．そして，そうした研究には，フーコーの統治性概念――人口を権力の主要な標的とし，政治経済学を主要な知の形式とし，安全保障装置を主な技術的手段とするような複雑な形態の権力を行使して人々の行動を導くことを可能にする諸制度・手続・分析・考察・計算・戦術から成る総体[23)]――をグローバルな文脈に投射ないし応用することにより，現代世界における多元的・多層的な権力のありかたを捉え，そこにおいて統治の対象とされるものに関する特定の表象や知や真理の創造が，統治の実践と不可分な関係にあることを論じる傾向がみられた．

また，同時期に，第3世代の研究において，開発・安全保障言説と19世紀から20世紀にかけての植民地期[24)]の言説との類似性や連続性を指摘する論も顕著になった．例えばダフィールド［Duffield 2005a；2007；2009；2010］は，開発・安全保障言説における「持続可能な開発」概念は，1960年代の開発政策の主軸であった物質的発展や近代化の追求とは根本的に異なっており，GSの人々に，低い物質的レベルにおける安定状態を自助（self-reliance）によって維持させ，災害や紛争などの事態に柔軟に対応・適応することを可能にするレジリエンスを獲得・保持させようとすることに主眼を置いていると指摘し，このような「開発」によって脅威を封じ込めようとする開発・安全保障言説は，19世紀末から20世紀前半にかけてのアフリカなどにおける「間接統治」（indirect rule）及び「原住民による行政」（native administration）を復活させるものであると論じた．また，開発・安全保障言説には，文明を破壊する脅威であり排除されるべき対象とされる「野蛮人」（barbarians：戦争へと人々を扇動しようとする者やテロリストなど）と戦うために，自助によって暮らすべきとされる「未開人」（savages）に倫理を習得させ包摂しようとする論理がみられると指摘して，これも「間接統治」や「原住民による行政」の論理に通じるものであるとした［Duffield 2005a；2009］．そして，ダフィールド［Duffield 2005a］は，GSにおける物質的レベルが低いままでの安定状態とレジリエンスの追求が，実際には永続的な危機状態を生み出すからこそ，GSの人々が地下経済や非合法なネットワーク（麻薬や武器の取引など）に頼る状況が生まれるが，グローバルな統治のアッセンブリッジは，そのような危機状態及び非合法ネットワークの存在を根拠として，さらなる「災害マネジメント」（disaster management）や封じ込め・規制のための介入を正当化する，という循環がみられると論じた．

プパヴァック［Pupavac 2001b；2002］も，開発・安全保障言説には西洋の心理学的な知識が浸透しており，それが19世紀末の植民地主義を擁護した「白人の責務」の復権をもたらしていると論じた．そして，このほかにも，ヴァーノン・ヒューイット［Hewitt 2009］，エイプリル・ビキューム［Biccum 2005；2009］，サイモン・スプリンガー［Springer 2009］，ステファン・グラハム［Graham 2011］，デイヴィッド・ウィリアムズ［Williams and Young 2009］，トム・ヤング［Williams and Young 2009］らの研究をはじめ，開発・安全保障言説やそれに依拠したとされる実践について，19世紀から20世紀前半にかけての植民地期の言説や実践との連続性を指摘したり，植民地主義的な言説や実践に新たな装いを施したものとして論じたりする研究が盛んになった．

加えて，第3世代の多くは，2001年9月11日のアメリカ同時多発テロ事件以降の「テロとの戦い」とは，GSの個人や集団の行動，態度，価値観等に介入し安定的で「レジリエント」な主体を創出する試みと相互補完的に結びついているという認識を示した．例えばダフィールド［Duffield 2005a］は，1990年代以降の開発・安全保障言説に内包されていた，「援助に値する人々」とそうでない「危険な人々」を区別した上で前者を包含し後者を排除する論理（本書第4章で詳述）が「テロとの戦い」に表出していると論じた．そして，ダフィールドとワデル［Duffield 2005a；Duffield and Waddell 2004］は，「テロとの戦い」とは，開発・安全保障言説の対極に位置したりするものでも，グローバルな統治のための生政治的なアッセンブリッジから「後退」して大国の国家安全保障を追求しようとするものでもなく，同じアッセンブリッジにおける重点国・地域や重点問題のシフト，諸アクターの役割（民間軍事・警備会社の役割の増加など）やアクター間の関係性の変容をもたらすものであるとする解釈を示した．また，ダフィールドとワデル［Duffield 2005a；Duffield and Waddell 2004］は，すでに1990年代には，援助と政治とを結び付け開発と安全保障とを融合させる論理がGNの国々だけでなくNGOによっても支持されていたことを指摘し，人々がテロリズムに引き付けられることを防ぐために貧困問題に対処し倫理的価値を重視した教育を推進するといった発想は，1990年代に形成された開発・安全保障言説の延長線上にあると主張した．

ディロン［Dillon 2004］も，グローバルな統治における生政治的な「生の促進」を通じては，常にそれに値する生と値しない生が分類され，後者に対する暴力的な差別が「生の促進」という名のもとで行われることになると論じ，その分類にあたって旧来の人種主義的ドグマの使用が慎まれているとしても，グローバルな人口の繁栄という名のもとに新しい「文明化の基準」（civilising standards）が適用されている点は人種主義と共通しているとした．

リード［Reid 2005］も，「テロとの戦い」は大国の「主権権力」の時代への逆行や「後退」を意味するのではないと主張し，「テロとの戦い」を可能にする権力の戦略においては，2001年9月11日より前からの生政治的な脱領土的アッセンブリッジが不可欠な役割を担っていると論じた．また，デ・ラリナガとドゥーセ［De Larrinaga and Doucet 2008］も，「人間の安全保障」をめぐる言説は，生政治的なテクノロジーを受容する従順な生のありかたを想定することによって同時にその「例外」を設定するため，「生権力」の行使だけでなく，「例外」に対して「人間の生の保障」の名のもとに国際的な介入を行う形で「主権権力」を行使することも可能にしたという認識を示した．そして，デ・ラリナガとドゥーセ［De Larrinaga and Doucet 2008］は，生政治的なネットワークによる秩序は，「テロとの戦い」に示されるような「主権権力」の行使と一体になっていると論じた．

2000年代以降に多用されるようになった「レジリエンス」概念についても，この世代にあたる論者たちは批判を加えた．第一章で述べたように，2000年代以降にレジリエンス概念が広く用いられるようになったのは，開発・人道援助分野の政策議論における支配的主張が，GDP成長率，物質的近代化，マクロ経済の安定，世界秩序の根本的再編から，GSにおけるガバナンスの向上，エンパワーメント，能力構築，個人とコミュニティと政府の規範・価値観・行動の変容といった内的な非物質的変容に移行したためであるとも言える．「レジリエンス」概念が開発・人道援助分野に浸透し始めたのは，まさにそうした移行がすでに具体化して，南の国々の社会全体の変容が，GSの貧困削減だけでなく暴力と紛争の防止に必要であると見なされるようになったときであった．そのため，この概念への批判は，それが依拠するとされる支配的主張への批判的検証を伴うものとなった．

例えば，ダフィールド［Duffield 2005a；2007；2009；2010］は，レジリエンスの考え方は，GSの人々が自助によって低い物質的水準で安定した状態に留まり，災害や紛争などの事態に対応・適応可能なレジリエンスを獲得・維持できるようにすることを重視しており，この概念を支える反近代主義・反物質主義の考え方は，非物質的側面への過度の重視につながり，苦難の物質的原因から注意をそらす効果を持ちうるばかりか，責任を国家から個人やコミュニティに転嫁することになり，それによって，苦境に直面した人々がもたらしうるリスクを封じ込めることを重視する施策を，十分な物質的発展を確保することなく正当化する可能性をはらむものだと批判した．

また，チャンドラー［Chandler 2014a］は，レジリエンス概念は一見して人々の能力を信頼しているように見えるが，その実，この概念は人間が思考し創造し自らが暮らしている世界を変革する能力という近代の思想と制度の土台に対する根本的な懐疑に基づいていると論じた．人間のエイジェンシー（主体性）は疑問視され，政治的可能性は締め出され，物質的発展を求める（近代化の）意欲は否定され，非難されさえする．チャンドラーは，そうした「レジリエントな主体」は，環境を変容させてリスクから逃れるために判断し行動する能力を持つ政治的主体（political subject）ではなく，変えられない状況に適応して苦難を緩和させることしかできない主体と見なされていると批判し，こうした見方は，根本的に反近代主義的で虚無主義的であると論じた．

以上のような第２・第３世代やチャンドラーらの議論を通じて，初期の批判的国際関係論やCSSの第１世代がネオリアリズムに対して浴びせた批判は，ブーメランのようにCSSの第１世代に差し戻されることになった．つまり，CSSの第１世代の研究及びその影響のもとに形成された開発・安全保障言説もまた，1990年代以降の世界秩序を正当化し，その秩序に寄生し，そこに内在する不平等や権力関係を覆い隠し，「既存」の秩序をスムーズに機能させるための「問題解決に奉仕する知識」になっているのではないかという批判に直面したのである．これは，冒頭の批判的国際関係論のコックスによる「理論とは常に誰かのためにあり，何らかの目的のためにある」という指摘が，CSSに対して問われるようになったことを意味する[25)]．そして，CSSの第３世代は，CSSの第１世代及びそれに影響を受けた開発・安全保障言説が前提とする価値や知識を問い，自省することを促した．

第3節　批判的安全保障研究　第4世代

2000年代後半には，ハイネックとチャンドラーによってCSSの第4世代に分類されるオリバー・リッチモンド［Richmond 2006；2007；2008；2009；2011；2022；Richmond and Mitchell；2012］，ジョルジオ・シャニ［Shani 2008；2012］，ロジャー・マック・ギンティ［Ginty 2011；2016；2021］らの議論が注目されるようになった[26]．概してこの世代は，1990年代以降の開発や平和構築，国家建設に関する政策や実践を批判し，それに対する「オルタナティブ」を提示しようとした．具体的には，第4世代の論者は，1990年代以降の国際関係論（CSSを含む）における平和へのアプローチはあまりにも国家中心主義的で新自由主義的すぎると批判し，国家建設，新自由主義的な国家経済政策，民主主義的制度，法の支配等を中心とした「トップ・ダウン」の介入は，必ずしも新自由主義と親和的ではない人々に押し付けても機能しないことを訴え，ローカルな文化や概念を理解しNGOなどの非国家のアクターの役割を重視するような「オルタナティブ」なアプローチが必要だと論じる傾向がみられた．

例えば，リッチモンド［Richmond 2009］は，1990年代以降の平和構築は近代の理性中心主義的な啓蒙の思考に依拠して近代化と自由化を「トップ・ダウン」の形で推し進めようとするが，そこではローカルな声が無視され，文化や感情といった要素や社会福祉や正義といった側面が十分かつ適切に考慮されず，あるいはローカルな文化が考慮される場合もそれはロマンティサイズされる傾向にあると批判した．また，ギンティ［Ginty 2011］やリッチモンド［Richmond 2006；2007b；2008；2011］は，ローカル・レベルでの，そしてローカル・レベルとインターナショナル・レベルの間の社会的関係や相互作用に着目すべきであり，ローカルなアクターのなかに，隠されたエージェンシー（hidden agency）や抵抗（resistance）の可能性があると論じた．そして，ギンティ［MacGinty 2011］やリッチモンド［Richmond 2006；2007b；2008；2011］は，過度に国家中心主義的で新自由主義的な介入にローカルなアクターが抵抗したり適応したりすることを可能にするような，文化的多様性を尊重したハイブリッドな平和をもたらす「オルタナティブ」なアプローチが必要であると論じ，そのためには，人類学者や民俗学者と協力した上で，介入される社会や人々の日常（everyday life）を知悉し，社会福祉や正義といった側面を重視すべきと訴えた．

ハイネックとチャンドラーの論文において分類の対象にされていないものの，

CSS の第 4 世代として挙げられる人々の議論に近似する主張をしていたと言えるのが，ローランド・パリスとティモシー・シスク［Paris and Sisk 2009a；2009b；Paris 2011a；2009b］である．彼らの主張には，1990年代以降の平和構築や国家建設の試みについて，マクギンティやリッチモンドらよりも概して肯定的な評価をしつつ，平和構築や国家建設を現実に代替しうるアプローチの不在を指摘し，このアプローチの改革・改善を説く傾向がみられた．そして，パリスとシスク［Paris and Sisk 2009a］は，国家建設の試みは，能力のある自律した正当な政府組織の存在が紛争後の開発と安全保障の要であり，民主主義と自由市場が社会的発展と安定をもたらすという前提に基づいているが，そうした前提に抗するような社会の価値観や伝統や制度に出会った際に，必ずしも既存の社会と国家の関係や家産主義的政治を変容させて国家の正当性を高めるわけではなく，むしろ逆効果にもなりうることを主張した．そして，パリスとシスク［Paris and Sisk 2009b］は，国家建設にあたっては，ローカルなオーナーシップを確保した上で，伝統的な慣行に注意を払いつつ，伝統を国際的な規範と調合（blend）する必要があるが，それは緊張を伴うプロセスであろうと論じた．

このような議論は，2001年 9 月11日のアメリカ同時多発テロ事件以降のアフガニスタンやイラクにおける対反乱（COIN）・安定化・国家建設に関して，現地の社会構造・文化・言語・権力・権威関係の理解，文民省庁・国際機関・NGO・民間企業との緊密な協力，住民の認識・心情・行動の変容などを重視するようになったアメリカ国防総省の方向性［福田 2011］と親和的であると言えよう．また，CSS の第 4 世代の主張は，1990年代以降に安全保障研究との境目が曖昧化した開発経済学において影響力を有してきた研究者による議論とも共鳴する側面がある．例えば，世界銀行の開発研究グループのディレクター（1998-2003）を務めた開発経済学者であり，1990年代の開発・安全保障言説の形成に影響を与えたポール・コリアーは，2009年の著書［Collier 2009］のなかで，GS（とりわけサブサハラ・アフリカなどの最貧国）における民主主義的制度の導入の試みは，GS の社会において民主主義に親和的な社会構造・価値観や共通のアイデンティティ等が欠如しているために阻害され，安全保障や開発よりもむしろ不安全を生み出したと論じている．そして，コリアー［Collier 2009］は，こうした国家の主権を過剰に尊重することは問題であり，紛争後はその主権を周辺国家等のアクターと共有（sharing, pooling）する措置をとるなど，国際社会による監督のもとで「良い統治」が「自発的」に行われることを確保するための介入が必要であるとしている.[27)]

CSSの第4世代については，その「新しさ」に疑問が残る．ハイネックとチャンドラー［Chandler 2013a；2014b；Hynek and Chandler 2013］も論じているように，第4世代の議論は，GNによる介入が潜在的な「解放」の可能性を有しているという前提に基づいており，その主張が具体的な実践においてどのような変化を意味するのかが明確とは言い難く，第1世代の議論及び開発・安全保障言説において推進された多様性や文化・伝統の尊重，オーナーシップの促進，エンパワーメントといった概念やそれらを謳った実践に新しい装いを施すだけのものになっている可能性を指摘できるだろう[28]．

おわりに
——本書の位置付け——

1980年代以降の国際関係論においては，ネオリアリズムやネオリベラリズムといった「主流」の理論について，国家中心主義や実証主義を前提としていると批判し，「より人間中心」で「全人類的」な国際関係論を目指そうとする動きがみられた．こうした動きのなかで，1990年代には，安全保障研究の分野においても，CSSと呼ばれる研究が盛んになった．そして，とりわけ第1世代のCSS論者は，概して人間（ないし個人あるいは人々）の「解放」（emancipation）を安全保障の中心に据えて国家だけでなくコミュニティや個人も安全保障の対象と見なすべきであると論じ，パワーや秩序ではなく「解放」こそが「真の安全保障」をもたらすのであるとして，軍事だけでなく経済，環境，社会等の領域にまで安全保障のテーマを拡大することを支持した．また，第1世代のCSS論者には，自身の研究における批判を通じて「解放」に向けた変容を導くことを重視するなかで，政策論議に関与しようとする傾向もみられた．そして，このような研究者及びGNの政府，国際機関，NGOなどの政策論議においては，主権国家によって構成されるシステムのなかで国家がいかにして自国の安全を保障するかに焦点を当てる従来の安全保障概念ではなく，人間の「解放」に対する様々な制約を取り払うことを中心に据えた「人間の安全保障」（human security）概念が概して支持されていった．

そして，第1世代のCSS論者には，理論と実践は分離することができず，理論を構築する主体が変革の担い手になりうると捉える傾向がみられた．それゆえ，概して第1世代のCSS論者は，安全保障を「人間の解放」として定義し，安全保障の対象を深化させ，そのテーマを拡大することが，コスモポリタンな世界秩序への変容を生みだすと謳ったが，そこでは言説と実践との区別が曖昧だった．その一方で，第３世代の研究のなかには，統治の対象とされるものに関する表象や知や真理の創造が統治の実践と不可分な関係にあるとの認識に基づいて，開発・安全保障言説の形成と主流化を，統治の主体を創出しようとするグローバルな秩序の興隆を意味するものと捉えるものもあった．そして，第３世代の研究者のなかには，個人の心や社会的関係や政府の意思や能力に対して諸アクターの有機的連携のもとで介入すべきであるという，開発・安全保障言説の介入の論理を額面どおりに捉えて，実際にそうした介入が実践され，諸制度やアクターが有機的に結びつき統一体として作動するグローバルなネットワークの総体によるGSの人口の管理や「生の促進」が可能になるかのように論じる者もいる．

しかし，本書の第４章以降では，2003年以降に国際NGOに勤務するなどして開発と安全保障をめぐる領域の政策論議に関与したり関連の援助活動を行ったりしてきた経験や，ウガンダなどでの現地調査を踏まえつつ，開発・安全保障言説における介入の論理と，国際合意の形成や個々の施策における実践には乖離が生じていることを論じていく．GNの国々や国際機関，NGO，研究者等のなかで主流の言説が共有されたことは，その言説において「脆弱な人間」像に伴って正当化される介入がGSにおいて貫徹されて人々に対するグローバルな監督・管理が可能になったことも，それを可能にするような「グローバルな規範」が形成されたことも必ずしも意味しない．開発・安全保障言説の形成と主流化は，第１世代のCSS論者が志向したような，グローバルな「人間の解放」の実践を通じたコスモポリタンな世界秩序への道程を意味するものでも，第３世代のCSS論者の一部が指摘するような，統治の主体を創出しようとするグローバルな秩序の興隆を示唆するものでもない．むしろ，考察を要するのは，この言説における遠大な介入の論理と実践との乖離なのではないだろうか．

注

1） 本書においては，共通意味世界を構成する一群の意味，メタファー，表象，イメージ，ストーリー，陳述などの総体として言説を捉えている．この概念に関しては，Burr［1995］，Howarth［2000］を参照．批判的安全保障研究におけるポスト構造主義の影響や言説概念の使用については，Peoples and Vaughan-Williams［2010：62-74］を参照．
2） 例えば，Walker［1993］．
3） 例えば，Ashley［1986］．
4） 類似の立場の研究としては，Wyn Jones［1999］がある．

5）この分類方法に関する議論は，Behnke［2007］，C. A. S. E. Collective［2006；2007］，Salter［2007］，Sylvester［2007］，Walker［2007］を参照．

6）深化（deepening）や拡大（widening）の概念を直接に論じた研究としては，Krause and Williams［1996：229-230］が挙げられる．

7）使用される用語は「グローバル市民社会」（global civil society），「トランスナショナル市民社会／国境を越えた市民社会／トランスナショナル・シビルソサエティ」（transnational civil society）等と一様ではなく，その定義も論者によって様々であるが，本書では「グローバル市民社会」に統一する．市民社会概念及びそのグローバルなレベルにおける適用に関しては，遠藤［2000］を参照．「インターナショナル・シビルソサエティ」（international civil society），「トランスナショナル・アドボカシー・ネットワーク」（transnational advocacy network），「トランスナショナル市民社会／国境を越えた市民社会／トランスナショナル・シビルソサエティ」（transnational civil society），「トランスナショナル・ソーシャル・ムーブメント」（transnational social movement）といった類似の概念については，目加田［2003：1-26］を参照．

8）ここでは，当面，規範という用語を，マーサ・フィネモアとキャスリン・シッキンク［Finnemore and Sikkink, 1998］が定義するような，アクター間において適切で当然のものとして共有され定着した行動の基準としての意味で使用する．

9）The Rome Statute of the International Criminal Court, July 17, 1998. 条約の全文は，International Criminal Court［2011］を参照．

10）Convention on the Prohibition of the Use, Stockpiling, Production and Transfer of Anti-Personnel Mines and on their Destruction, September 18, 1997.

11）例えば，Florini［2000；2003］，Held［2004］，Wapner［2000］などが挙げられる．

12）CSSの第1世代に位置付けられる研究者の全てが，「人間の安全保障」概念を歓迎し支持しているわけではない．例えば，マクファーレンとフォン・コン［MacFarlane and Foong Khong 2006］は，「人間の安全保障」概念は相互に関連性のないあらゆる問題に安全保障概念を拡大しすぎるため，政策立案・分析上の有用性を失ってしまうと指摘している．

13）第1世代と第2世代の比較としては，Floyd［2007］を参照．

14）例えば，Buzan, Wæver and De Wilde［1998：4］，Wæver［2000：251］などにみられる．

15）セーレンセンは，ハイネックとチャンドラーの論文では分類の対象となっていない．

16）マコーマックは，ハイネックとチャンドラーの論文では分類の対象となっていない．

17）エイブラハムソンは，ハイネックとチャンドラーの論文では分類の対象となっていない．

18）ダフィールドは，1980年代後半にオックスファムのスーダン事務所の代表を務め，その後もコンサルタント等の立場で援助組織に関与していた．彼の1990年代の研究をまとめた本書は，そうした実務における問題意識に基づくものであった．

19）フーコー［Foucault 1976：邦訳 173］は，近代の権力は生権力であるとして，それは生に積極的に働きかけ，生を増大させ，生に管理統制と全体的調整を及ぼそうとする権力であり，個人の身体のふるまいを特定の方向へ規律化する側面と，出生率や死亡率，健康水準等を管理することで人口全体を管理する生権力の側面において行使されると論じた［ただし，後者の側面を指すものとして生権力概念が使用されることもある］．そして，この権力が，生きるべき人々を管理し生きさせる一方で，そのために逆説的に特定の人々を死の中へ廃棄することに結びつく問題を提起した［Foucault translated by Macey 2004a］．

20） ダフィールドはこの概念を特に定義していないが，ジル・ドゥルーズとフェリックス・ガタリ［Deleuze and Guattari 1980］によるアジャンスマン（agencement：英訳は assemblage）概念のような，言説，知識，制度，アクター等が有機的に結びつき統一体として作動するネットワークの総体として用いていると解釈できる．

21） フーコーの生権力・生政治概念を導入する前と後のダフィールドの議論を比較した論文としては，Chandler［2008］が挙げられる．

22） グローバルな統治性に関する代表的な研究を含めた文献としては，Barnett and Raymond eds.［2005］，Edkins, Pin-Fat and Shapiro eds.［2004］，Larner and Walters eds.［2004］，Lipschutz and Rowe［2005］，土佐［2012：44-45］が挙げられる．

23） フーコーは，「統治性」について，このほかにも，「統治＝政府」と呼ぶタイプの権力を優位に導いてきた傾向・力線として説明したり，あるいは中世の封建的な裁判国家が，規則と規律の社会に対応した行政国家となり，徐々に「統治化」され，人口集団に依拠する統治国家となったプロセスもしくはプロセスの結果を指すものとして論じるなどしている．また，統治のラテン語の語源（*gubernare*）が船を舵によって導く意味であることに言及して，風・岩礁・嵐・悪天候を考慮に入れつつ船員・船体・積荷に責を負うことに類似するものとしても「統治性」概念を説明し，統治が関わるのは人間と事物からなる複合体であり，そこでの人間とは富・資源・食料・国境に囲まれ，特徴・気候等を備えた領土からなる諸所の事物との関係・結び付き・絡み合いのなかにあり，因習・習慣・行動・思考の様式との関係のなかに捉えられ，事故や不幸といった事物との関係のなかにある人間を意味するとも論じている．Foucault［1978b；2004b］，土佐［2012：44-45］を参照．

24） 19世紀後半に欧州列強がアフリカなどに進出した際には，現地の集団の指導者から，欧州列強の「保護領」（protectorate）となる条約への合意を取り付けるなどして，「植民地」（colony）とは異なる位置付けにする例が頻繁にみられた．本書では，そのような位置付けがなされていた時期を含めて「植民地期」という表現を用いるものとする．

25） こうした問いが発せられるなかで，CSS に限らず国際関係論全体における「非西洋」の理論の可能性を検討した研究としては，Acharya and Buzan［2010］が挙げられる．

26） 第 4 世代に含めることができるであろう他の論者としては，例えば，オードラ・ミッチェル［Richmond and Mitchell 2012］，クリストファー・リデン［Lidén 2009］，デイヴィッド・ロバーツ［Roberts 2011］が挙げられる．ただし，これらは，ハイネックとチャンドラーの論文では分類の対象となっていない．

27）スティーヴン・クラズナー［Krasner 2004；2005］も，紛争後の国家においては主権の共有が「良い統治」と民主主義に資すると論じている．

28）GN の政府や国際機関，NGO など，開発・安全保障言説を共有する諸アクターには，CSS の第4世代及びシスクやパリスらの議論を受容ないし支持する傾向もみられる［Campbell 2011］．

コラム1

ライブ・エイドからライブ8へ
——アフリカ・イメージの変容——

はじめに

1984年から翌年にかけて，イギリスを始めとする国々のメディアにはエチオピア飢饉のイメージが氾濫した．アーティストらによるレコード発売やコンサート「ライブ・エイド」などを通じて「エチオピアの救済」や「アフリカの救済」がうたわれた．そして同時にこのブームは，メディアやアーティスト，NGOなどが使用する「アフリカ」イメージへの批判を触発し，この批判からイメージに関するNGOの自主規制の動きが生まれたと言われている．それから20年後の2005年，NGOなどによる国際キャンペーン「貧困と闘うグローバルなキャンペーン」（GCAP）が大々的に展開され，日本キャンペーン「ほっとけない世界のまずしさ」が国内でも注目を浴びた．同時にアーティストらはCDを発売し，コンサート「ライブ8」を開催し，キャンペーンと連携して活動した．そしてイギリスや日本などのキャンペーンやアーティストの活動においては「アフリカの貧困」に焦点が当てられた．ライブ・エイドからライブ8までの20年間，NGOやアーティスト，メディアなどが使用する「アフリカ」イメージはどのように変わり，あるいは変わらなかったのだろうか．本コラムでは，20年前あるいはそれ以前に使用されたイメージへの批判やNGO側の自主規制の動きを概観する．そして日英のGCAP及びアーティストらが用いたイメージを検証し，彼らが用いたイメージへの批判から考察しうるものを提示する．なお，本稿での「イメージ」とは，写真やグラフィック，動画などであり，NGOなどの団体ロゴは基本的には除外する．

1　エチオピア飢饉ブーム

1980年代前半，エチオピアにおける飢饉（ここでは「飢饉」の定義は問わない）は何度か報じられていたが，1984年7月にイギリスのテレビ局BBCとITVがエチオピア飢饉についてほぼ同時に報じると，イギリスでの関心は一気に高まった．さらに同年10月のBBCの報道はアメリカでも放映され，「エチオピアを救え」という声は大西洋の反対側にも広がった．この報道は世界の420以上のテレビ局で放映され，イギリスBBCとアメリカNBCには問い合わせの電話が殺到した．多くのメディアが飢饉の状況を伝え，放映から2週間足らずのうちにアメリカのNBC, CBS, ABC各局がエチオピア入りした．メディアは援助団体のリストを発表し，NGOなどには巨額の寄付金が寄せられた．イギリスでは歌手のボブ・ゲルドフの呼びかけで「バンド・エイド」が結成され，シングル「Do they know it's Christmas ?」が同年12月に発売され，イギリスのヒットチャートの1位を記録した．アメリカでも同様のグループが結成され，シングル「We are the World」は空前の大ヒットとなった．その他の欧米諸国でも類似の企画が相次ぎ，また1985年7月に米英2カ所で「ライブ・

エイド」が開催され，多額の募金が集められた．日本でもこれと同時期にいくつかのNGOが設立され，また「We are the World」がヒットチャートに上った．

2 「アフリカ」イメージ批判とNGO側の自主規制

エチオピア飢饉に関するブームは，同時にメディア，アーティストやNGOなどが使用したイメージについての論議を触発したと言われる．1980年代後半には，エチオピア飢饉の際にも使用されたタイプのイメージ，すなわち群がる蝿を振り払うこともできないほど衰弱した子ども，腹部が膨張した子どもを抱き上げる白人の大人，痩せ細った裸同然の母子，両手を前に出し物を乞う姿勢で見つめる人々，といったイメージは「飢饉ポルノ」と批判されるようになった．こうしたイメージは対象から尊厳を奪い人間性を否定する，対象を無力な被害者として描く，という批判が相次いだ．そしてこの批判からNGOは自らが使用するイメージの自主規制を行ったと言われている．このような批判とその後の自主規制の動きは主にNGOの内部から生じた．なかでもイギリスのオックスファム（Oxfam）は1980年代後半に「アフリカのイメージ」と題した調査を後援し，それまで自身を含むNGOやメディアが使用してきたイメージを見直すなど，主導的な役割を担った［Benthall 1993］．

この調査の報告書及びNGOなどによる議論によると，エチオピア飢饉ブームの際に使われたイメージのみならず，それまでNGOやメディアなどが使用してきたイメージは，アフリカを無力で受身な劣等な世界としておとしめ，西洋による哀れみと救済の対象とする植民地主義的・人種主義的なメンタリティを助長する，とされた．子どもが微笑んでいるといった写真についても，「無力なアフリカ，救済する我々，そして救われて感謝するアフリカ」といったお伽話に基づくものと批判された．そのようなイメージをNGOが多用し，資金を集め，援助を行うことによって短期的なニーズはある程度満たされるかもしれないが，ステレオタイプ化された「アフリカ」像を助長し，貧困や飢饉の背景となる構造的な問題への理解を妨げることによって，長期的に悪影響を及ぼすものであるとされた．そして，議論は開発・人道援助の対象者全般のイメージやGSのイメージ全般に及び，各NGOでガイドラインなどが作成されるようになった．

このような動きはイギリスのみならず，その他の欧米地域においてもみられた．例えば，「欧州共同体への開発NGO連絡委員会」総会は1989年に「第三世界に関するイメージやメッセージの行動規範」を採択した．この行動規範には，偏見を助長しGNの優越性を示すようなイメージを避けること，対象の尊厳が守られなければならないこと，第三世界のパートナーたちを依存的で無力な人々としてではなく，自分たちの事項に自分たちで責任を負う能力がある人々として描かなければならないこと，描かれる人の背景について十分な情報が提供されなければならないこと，貧困の原因となっている背景がメッセージにおいて明らかでなければならないこと，などが盛り込まれた．同様の内容は，イギリスやカナダなどの開発・人道援助NGOによるネットワークの行動規範にも含められた．1994年の「災害救援における国際赤十字・赤新月運動ならびにNGOのための行動規範」にも，災害被害者を希望のない弱者としてではなく尊厳のある人間として描くことが明記された．

さらにNGOのみならず，例えば「国連アフリカ特別イニシアティブ」（UN-SIA）は1997年にアフリカに関するバランスのとれたイメージを提供すべくコミュニケーション戦略を策定し，1999年には「国連開発計画」（UNDP）がメディアによって構築されるアフリカのイメージが持つ負の影響を分析した．こうした批判や自主規制の動きについてはベンソールやモウラーなど多くの研究者によって議論された［Benthall 1993；Moeller 1999］．

その後も，欧米メディアが使用するアフリカやGSのイメージには変化がなく，NGOも人道援助への資金集めなどに際して行動規範に沿わないこともあることは指摘され続けた．しかし，例えば2003年にイギリスのNGOに対して行われた調査では，回答をしたNGOの半数以上がイメージに関する明文・不文のポリシーを持つとし，多くの回答者が上記の行動規範に定められているようなイメージの使い方をしていると答えた［Clark 2003］．1980年代からの20年間で，上記のような行動規範の作成というだけでなく，少なくともイギリスなどのNGOが使用するイメージには実際に一定の変化があったと言えよう．

3　日英のGCAPとライブ8が見せた「アフリカ」

GCAPのイギリスのキャンペーンは「貧困を過去のものに」（Make Poverty History），日本のキャンペーンは「ほっとけない 世界のまずしさ」と称した．こうした日英などのGCAPは，2000年の国連サミットで採択された「ミレニアム宣言」に基づき設定された「ミレニアム開発目標」（MDGs）の達成のために，その第8の目標である「開発のためのグローバル・パートナーシップの推進」に焦点を絞り，貿易ルールの是正，開発援助の質の改善と拡充，最貧国への債務帳消しといった政策変更を求めた．そして，日英その他の国々でキャンペーンのシンボルとして「ホワイトバンド」が販売され，これを身に付けるなどの方法で政策変更を支持する意思を示すことを「市民の一人ひとり」に促した．

一方，アーティストらは「バンド・エイド20」を結成し，2004年末に「Do they know it's Christmas？」を再リリースした．翌年のG8直前にG8諸国及び南アフリカ共和国の計9カ国で開催された「ライブ8」は，GCAPに賛同したアーティストらによって，GCAPと連携する形で開催された．アフリカの貧困問題の解決のために「慈善活動への募金ではなく政策変更を求める声を」と呼びかけ，「ライブ・エイドからライブ8までの道程は我々すべてが辿らなければならない内面の旅である」と主張して「認識転換の必要性」を訴えた．

しかし，このような日英などのGCAP及びアーティストが使用したイメージは，20年前に使用されたイメージと変化のないものであった．両者とも「3秒に1人，子どもが死んでいる」という統計を前面に出した．そしてキャンペーンの資料には「ホワイトバンドを付けたGNのセレブ」のイメージが多用され，「微笑むアフリカの子ども」や「可哀想なアフリカの子ども」のイメージがしばしば使用された．ライブ8は20年前のロゴを修正したロゴ（ボディがアフリカの形をしているギターのネック部分を8の形に変形させたもの）を使用した．アーティストの演奏の合間にはビデオが流され，「アフリカの子ども」がすすり泣く声が会場に響き渡った．ライブ8のプログラム冊子には，華やかなアーティストのカラー写真とともに，裸同然の姿をした「餓死寸前のアフリカの人々」のモノクローム写真が使用された．全体として発せられるメッセージは，アフリカの子どもが置かれた状況の悲惨さ，アフリカの無力さであり，「アフリカを救う」ために立ち上がったNGOやセレブであり，「この素晴らしい活動に賛同しホワイトバンドを身に付けてアフリカを救うあなた」であった，と言えるであろう．そしてそもそも「アフリカ」は「世界のまずしさ」を象徴するもののように提示された．GCAPの提言はアフリカに限った問題を扱うものではないが，日英においては「アフリカの問題」を解決するためのものであるかのようにキャンペーンが一般に紹介され，イメージもアフリカに関するものが多用された．

4　使用されたイメージへの批判

GNのGCAPやアーティストが用いたイメージに対し，イギリスでは，慈善活動への寄付を求めるものではなく政策変更を目指し意思表示を求める活動であり，この20年でさまざまな行動規範が作成されてきたのに，20年前と同様の「無力で受動的なアフリカ」イメージを使用した，という批判がなされた．そして学者や写真家，メディア関係者，そしてキャンペーンに関与したNGOなどによる議論がみられた．日本においては，セレブも支持している慈善活動であり募金が貧しい人々に送られるものと理解してホワイトバンドを購入した人々が多かった．そして，慈善活動のように「見せかけて」ホワイトバンドを売り，政策変更を求めるキャンペーンの活動資金に利益を使うとは何事か，という，イギリスでの批判とはある意味逆転した形の批判の嵐がインターネット上や各種メディアにおいて巻き起こった．日本のGCAPに関与したNGOによってイギリスと同様の批判がなされることは少なかったものの，日本キャンペーンの実行委員会メンバーのNGO関係者からはイギリスと同様の批判がなされた．

そして両国のキャンペーン関係者とも，NGO側と広告業界・アーティスト側との意識の差が背景にあることを指摘した．つまり，キャンペーンの提言などはNGOが作成したものの，キャンペーンの広告やウェブサイト，アーティスト側のイベント資料などについては，それらの作成を担った広告業界関係者やアーティストの意向がイメージに強く反映され，結果としてNGO側にとって不本意なイメージが多用され，救済・救貧のための募金ではなく政策変更に向けた意思表示を，というメッセージが伝わりにくくなった，というものであった．筆者のインタビューに対し日本のキャンペーン実行委員会のNGO関係者の1人は，「救いようもない弱者」という貧困者像が覆され，日本の一般の人が貧困の当事者を力強く躍動的な存在として認識し，自身が当事者と一緒に行動すべき主体であるというアイデンティティが構築され認識が転換されることが望ましかったが，（インタビューが行われた2005年８月の時点では）日本のGCAPはこれを達成することができていない，と述べた．そしてその要因の１つとして使用したイメージの問題も考えられること，その背景にはアーティスト側や日本キャンペーンに関わった広告業界関係者との認識の差が埋められなかったことがある，と述べた．なお，日本のGCAPは，貧困問題に関心を持った一般の人を「行動する」段階に導くべく，使用するイメージも含めた方向転換を2005年９月以降にNGO関係者が主導して行い，11月にはウェブサイトも大幅に変更した．

5　開発，人道とイメージ

このような批判について興味深いのは，「アフリカをおとしめる人種主義的なイメージを使用した」点のみが批判されているのではないことである．批判の軸となっているのは，無力な人々への慈善ではなく，貧困の当事者とともに政策変更を目指す活動であるにもかかわらず，一般の人々に募金ではなく行動を求めるものであるにもかかわらず，そしてそのためには憐憫の情ではなく「ともに行動する」主体としての意識を喚起することが必要であるにもかかわらず，1980年代半ば以前のようなイメージを使用しており，この20年間で形成された行動規範に沿っていない，という議論である．

NGOによるイメージの自主規制の動きは，これまでは上述のように1980年代半ば以降の批判という視点から認識される傾向にある．また，規制後のイメージは「人種主義的でないもの」「対象の尊厳を奪わないもの」と認識される一方で，では規制後のイメージはどのようなもので，またどうしてそのように対象を描くのか，という議論は少ない．しかし，上述の批判には，1980年代半ば以前のイメージは無力な弱者を救済すべく一般の人々に募金を求める際に使用されたイメージであり，貧困の当事者とともに政策変更を目指し一般の人々に行動を求める活動のなかで使用されるイメージではない，という認識がみられる．このことはすなわち，開発・人道援助の対象者やアフリカ及び「途上国」などと呼ばれる地域の人々についての「無力な無名の人」から「尊厳と能力と名前を持つ人」へという描き方の変化が，開発のために何が必要かという議論やNGOによる開発・人道援助とはどのようなものであるべきかという議論の変化や，そのなかでのNGOや一般の人々，貧困の当事者などに求められる役割の変化と関連性があることを示すのではなかろうか．

第１章で述べたように，1980年代の半ばまでの開発についての議論は国家レベルの経済開発政策が軸となっていた．そして人道援助は普遍的な道徳的義務であり，短期の救援活動であるとされた．加えて，「経済開発のトリクル・ダウン的効果を享受するに至っていない」，あるいは「経済政策の負の影響を受ける人々」のニーズを満たすような救貧活動が行われた．ここにおいて開発政策の恩恵を受ける人々や救貧・救援活動の対象は，いわば漠然としたカテゴリーとして捉えられており，そのなかの１人は不特定であり無名であったと言える．NGO の役割は救貧・救援活動であり，その対象は基本的に無力な存在として構築された．そしてこのことは同時に無力（helpless）な人々を救う（help）救世主的な存在として NGO を構築した．NGO が使用するイメージにもこの構造が反映され，それを見る GN の「一般の人々」には救世主たる NGO への寄付が求められた．

しかし，第１章で詳説したように，1980年代後半以降，とりわけ1990年代半ばからは，開発の議論は単なる経済開発政策から民主主義的諸制度の構築，そして GS の国々の社会全体を自由主義的諸政策が機能するような社会に向けて個人のレベルから変容させることに至るまでの幅広いものとなった．そしてこれにより開発が可能になり，武力紛争の可能性が低減し，GS の国々及び国際社会の安全が保障されるとの認識が広まった．諸個人の潜在能力を引き出し「エンパワー」する作業が個々人自身の自主性に基づいて行われ，外部の人間や資金が引き揚げた後も持続するような「参加型」のプロジェクトが行われるようになった［Abrahamsen 2004；Harrison 2002］．また同時に，第４章で詳説するように，人道援助はかならずしも普遍的な義務ではなく，望ましい結果を目指す細心の計算の対象でなければならない，という議論［Anderson 1996］に支持が集まるようになった．人道援助と開発援助の境界は曖昧になり，「人道援助」と銘打った職業訓練活動なども行われるようになった．社会の変容を促進し，阻害要因を解決する役割は国家，国際機関，NGO，企業などさまざまな主体に求められるようになった．

このような状況において，NGO の役割は，援助対象の個々人の考え方，生き方に影響を及ぼし彼らがいわば開発の主体になることを促すことから，国家や国際機関，企業や一般の人々の意識変化あるいは認識転換を促し行動に影響を及ぼすことまで多岐にわたるようになった．同時に GN における NGO と「一般の人」の境目や役割の違いは曖昧になった．「一般の人」には，「救世主たる NGO への寄付」というよりも，NGO とともに貧しい人々による自助の手助けをするために寄付をすること，能動的に意思を示しさまざまな活動に参加することが期待されるようになった．

ここにおいて「貧しい人々」や「援助の対象者」は時として被害者ではあるが根本的に無力とは捉えられない．そのなかの１人は不特定の１人ではなく，特質と潜在能力を備えた「個人」と捉えられる．これはイメージにも反映され，能力のあることを示すイメージ，個々人が主体的に活動するイメージが使用され，しばしば被写体の名前や言葉，背景説明が添えられる．そして NGO 及び GN の「一般の人」は，「貧しい人々」や「援助の対象者」による自助の手助けをし，ともに行動する存在として構築される．1980年代後半からの使用イメージの変化は，このような言説の変化とそれに伴う役割の変化という視点からも理解が可能であると思われる．

おわりに

エチオピア飢饉ブームから20年をかけて，NGO やアーティスト，メディアらが使用する「アフリカ」や「貧しい人々」のイメージは，少なくともNGOに関しては一定の変化を遂げてきた．そしてこの変化は，1980年代半ば以前に使用されたイメージへの批判という視点から認識される傾向にある．しかし，20年後に日英のGCAPやアーティストらによって使用されたイメージに対する批判を考察すると，これまでの認識に加え，1980年代後半以降の開発や人道の言説とそのなかでの「貧しい人々」や「援助の対象者」，「NGO」「一般の人々」に求められる役割という視点からの理解も可能であると思われる．そしてそのような視点を加えることにより，自主規制後のイメージについて「人種主義的ではなく，対象の尊厳を奪わないもの」という以上の考察が可能になるのではないか．

第3章
「人間の安全保障」の「人間」とは？

はじめに

1980年代以降の批判的国際関係論やCSSの第1世代の主張には，西洋の近代的人間像や人間中心主義に対する懐疑や，国民国家や市民の概念における包含と疎外に対する問題意識，そして時として国家――とりわけGSの国家――がその国境内及び他国の人々に不安全をもたらしうるという批判があった．だからこそ，彼らは安全保障の対象を国家から「人類全体を構成する個人」にシフトさせようとした．しかし，CSSの第1世代の研究においては，国家中心的な市民概念から脱却することに重点が置かれた一方で，安全保障の対象と見なすべき「人類全体を構成する人間」とはいかなる概念であるかについて，踏み込んだ議論がなされない傾向があった．そして，人間の「解放」に対する様々な制約を取り払うことを中心に据えた「人間の安全保障」概念が形成されていったが，こうした政策論議に関与した人々も，概してこの文脈における「人間」とはどのような像であるのかを詳細に論じたわけではなかった．

しかし，その後，CSSのなかから，第1世代の研究や，その影響のもとに形成された開発・安全保障言説を懐疑ないし批判する論者が登場した．そして，第3世代以降のCSSにおいては，この言説が前提とする「人間」像について考察する研究もみられる．そうした研究のなかには，1990年代以降の開発・安全保障言説は近代の理性中心主義的な啓蒙の思考に依拠して近代化と自由化を「トップ・ダウン」の形で国家中心主義的に推し進めることを正当化しており，そこには「自律した理性的な人間」という近代の人間像が引き継がれていると論じるものもある．その一方で，開発・安全保障言説が基礎にしているのは，近代的な「自律した理性的な人間」ではなく，むしろそうした人間像への懐疑と，その懐疑に伴って形成された「脆弱な人間」像であると論じる研究もある．

本章は，開発・安全保障言説が依拠する人間像に関する先行研究を踏まえた上で，この言説及び「人間の安全保障」概念のなかで，「人間」についていかなる像が描かれているのかを検討する．そして，結論としては，この言説に表出する人間像は，近代の「自律した理性的な人間」像とは異なる「脆弱な人間」像と捉えうることを論じる．開発・安全保障言説は，この「脆弱な人間」像に依拠しているからこそ，開発（貧困）問題と武力紛争や暴力の問題を結び付け，GSの個人や国家を「リスクが高い」と見なし，GSの個人の心や社会的関係から公的機関の能力等に至るまでの広範な領域への介入を正当化することが可能になるのである．同時に，本章では，この言説は「脆弱な人間」像を普遍視する見方に基礎付けられているために，GSの人々を導くことができる「人間」を外部アクターのなかにも見出しておらず，それゆえGSの人々の「オーナーシップ」と内外の諸アクターの調整の必要性を論じることになることを指摘する．

第1節　語られてきた「人間」像

一般的に，西洋近代においては「自律した理性的な人間」像が普遍的前提とされ，この人間像が人権概念を基礎付けるとともに，国家主権概念の基盤になったといわれる［Chandler 2010b；2013b］．「自律した理性的な人間」は，譲り渡すことのできない権利を平等に有しており，自らの意思を実現すべく国家を形成するゆえに国家権力の源泉となり，そのような国家には主権があると見なされた．そして，歴史の進歩への確信もまた，この人間像——世界を認識し，市民社会を構成し，国家を形成する理性的人間——に支えられていた［Chandler 2011a］．ただし，1789年のフランス人権宣言（人間と市民の権利の宣言）における人間（*l'homme*）と市民の同一視と，それによる人権と市民権との等号関係に関しては，神聖にして不可侵の人権が，もはや一国家の市民権と見なすことができなくなった途端になんの後ろ盾も持たなくなることが指摘されてきた［Agamben 1996］．

1980年代以降の批判的国際関係論やCSSの第1世代の議論には，国民国家や市民の概念に含意される包含と疎外に対する問題意識や，時として国家——とりわけGSの国家——が人間への脅威となりうるという認識があり，それゆえに，彼らは安全保障の対象を国家から人類全体を構成する個人にシフトさせることや，市民概念を再考することなどを提唱した．

ただし，CSSの第1世代の研究においては，国家中心的な市民概念を批判・省察し，そこから脱却することに重点が置かれた一方で，自身の研究において安全保障の対象と見なされる「人間」とはいかなる概念であるかについて，詳細な議論がなされない傾向にあった．例えば，ウォーカー［Walker 1997］は，国家に結びつけられた市民概念の限界を論じ，クロウスとウィリアムズ［Krause and Williams 1997b］は，ネオリアリズムやネオリベラリズムは「自律した理性的な人間」像に基礎付けられていると論じたが，それに代わりうる「人間」像を具体的に提示したわけではなかった．

その一方で，CSSの第3世代に位置付けうるエイブラハムソンは，「オーナーシップ」や「パートナーシップ」の論理は，GSの人々を近代的な自律した市民へ変容させようとするものであると論じた［Abrahamsen 2004］．また，CSSの第4世代のリッチモンド［Richmond 2008：94；2009］は，1990年代以降の平和構築は近代の理性中心主義的な啓蒙の思考に依拠して近代化と自由化を「トップ・ダウン」の形で国家中心主義的に推し進めようとするものであり，これは理性的な人間という仮定に基づくものだとした．同じく第4世代のシャニ［Shani 2012］は，「人間開発」概念は新自由主義的な「統治性」の生政治と調和しており，自律した理性的な個人の形成を通じて人類を統治しようとするものであると，フーコーやアガンベンの論を応用する形で論じた．CSSの第4世代の立場に近いベアーテ・ジャーン［Jahn 2007a；2007b］も，国家建設，民主主義促進，人道的介入，新自由主義的経済政策や近代化の追求は自由主義的な思想に根差しており，その中心には自由で理性的な人間像があるとした上で，この思想は非自由主義的な他者に対しては介入の論理を生み出すが，そうした介入は逆効果であるとした[1)]．

これに対して，CSSの第3世代に分類しうるプパヴァック［Pupavac 2001a；2004a；2006］は，1990年代以降の開発・安全保障言説には，20世紀後半にGNにおいて浸透した，不安定で脆く，自らの利益や目的を必ずしも正しく認識できず，「トラウマ的」経験によって心理的・社会的な機能不全状態に陥りやすく，癒しとエンパワーメントを必要とする脆弱な存在として人間を捉える見方が継承されていると論じた．第3世代に比較的近い側面がみられるチャンドラー［Chandler 2007a；2010a］も，開発・安全保障言説は近代的な「自律した理性的な人間」像ではなく，むしろそのような人間像への懐疑に根差しているとした．

筆者は，後者のプパヴァックらの立場をとっており，開発・安全保障言説は近代の理性中心主義的な啓蒙の思考に基づいているわけでも，「自律した理性的な人間」像に依拠して近代化と自由化を「トップ・ダウン」の形で国家中心主義的に推進することを志向するものでもなく，むしろ，GNの社会において国家中心主義や理性中心主義を基礎付けていた近代的な人間像が瓦解して「脆弱な人間」像が定着したからこそ生み出された言説だと捉えている．開発・安全保障言説は，この「脆弱な人間」像に基礎を置いているために，個人のなかに暴力や紛争につながる「リスク」を見出し，貧困・低開発が紛争の「リスク」を高めるとともに紛争が貧困・低開発をもたらすという論を介して開発と安全保障の領域を接合し，GSの人々を「リスク」が高い「より脆弱」な状態にあると見なすこととなるのである．そして，この言説においては，「脆弱な人間」を普遍視する見方に依拠して，GSの人々――とりわけ最貧者や災害や紛争などの影響を受けた人々――の「リスクの高さ」や「高い脆弱性」が問題視されるために，彼らが合理的に自らの利益や目的を判断する能力がとりわけ疑問視される．それゆえに，彼らがいかに民主主義的に自らの代表を選出しようとも，彼らの国家の指導者の意思や能力は強く懐疑されることになり，自律した理性的な主体を前提にした主権国家の内政に対する不干渉という原則が揺るがされ，外部アクターによるGSへの介入が正当化され，幅広い政策領域に関わる多様なアクターが有機的に連携しつつGSの社会全体を変容させることが必要だと論じられるのである．

以上のように，本書は，開発・安全保障言説が「脆弱な人間」像に基礎付けられていると見る点ではプパヴァックの議論と一致しているが，次のように異なる点もある．プパヴァック［Pupavac 2001b；2002］は，開発・安全保障言説においては，19世紀末の植民地主義を擁護した「白人の責務」論が復権しており，外部者によるGSへの介入と永続的な監督が正当化されていると指摘する．そして，第2章で紹介したように，1990年代以降の開発・安全保障言説に関する第3世代の研究においては，19世紀から20世紀にかけての植民地期の言説と開発・安保障言説との連続性や類似点が注目されてきた．しかし，本書は，これらの主張とは若干異なり，開発・安全保障言説と植民地期の言説との類似点だけでなく相違点も指摘しつつ，両時代の言説における人間像の相違を浮き彫りにし，その相違が意味するものを考察していく．

列強諸国がアフリカに進出した時代の政策論議と1990年代以降の開発・安全保障言説を比較して両者の類似点などを指摘することに対しては批判もみられる．例えばパリス［Paris 2011a：41-42］は，19世紀のイギリスやフランスにおいては，自国の利益のために植民地化を進めるべしとの論があったことを挙げて，帝国主義や植民地主義とは，植民地からの物質的・人的資源の搾取を通じて帝国主義国家自身が利益を得ることを主目的とするものだと論じた上で，今日の平和構築活動はGNの国々の利害を反映してはいるものの，GSの社会から富を搾取することを主目的にしているわけではなく，むしろ援助等を通じたGNからGSへの富の移動が伴っているため，帝国主義や植民地主義とは異なっていると主張した．また，パリス［Paris 2011a：47］は，列強諸国が組織的・意図的に植民地を搾取したのに対して，今日の平和構築に関わる者による汚職や不法行為は所属組織の許可や指示を受けたものではないと論じて，植民地主義とは相違があるとした．そして，占領者の利益のために他の人々の土地を物理的に占領し政治的な管理下に置く行為は20世紀初頭には疑問視されるようになったが，このような植民地主義への倫理的批判は今日の世界でも広く共有されていると主張し，植民地主義との類推によって開発・安全保障言説及び実践を捉えることに異議を唱えた［Paris 2011a：42］．

しかしながら，今日の開発・安全保障言説と，欧州諸国がアフリカに進出した時代の言説について，パリスが主張するほどの明瞭な差異があると論じることは難しい．19世紀の列強諸国においては，アフリカへの進出が真に列強の経済的利益に資するのかという点について論争や疑念があったからこそ，本国の経済的利益に貢献するように植民地を運営すべきという主張がなされていた側面もあったし，何が列強諸国をアフリカの進出に向かわせたのかに関しては，先行研究においても論争が繰り広げられてきた［Huzzey 2012：174-176；Pash 2003；Stoler and Cooper 1997：18-19；竹沢 2001：66］．また，1880年代から1890年代にかけて，列強諸国はアフリカの分割や当地における貿易活動のルールに合意したが，これはアフリカにおける商業活動やキリスト教の布教を促進し，アフリカの人々の堕落や内部紛争を防ぎ，「非人道的」な奴隷制や奴隷貿易を撲滅し，アフリカ大陸に文明をもたらすという列強の「責務」を見出す論理にも支えられていた［榎本 2020a］．そして，そうした合意のなかでは，「文明国」の主権や保護のもとにアフリカの行政や司法などを漸進的に組織化することが謳われていた．

さらに，当時のアフリカで行われた搾取や残忍な行為については，それを通じて経済的な富を得るべく本国政府等が意図的・明示的に許可ないし指示したとは言い難い側面もあった［Hindess 2004：31］．例えば，1900年前後には，ベルギー国王レオポルド2世[2]の私有領であったコンゴ自由国の行政官による，当地の人々に対する「非人道的」な搾取行為や，欧州出身の商人に対する「不当」な行為が[3]，ベルギーを含む欧州諸国の人々や政府によって問題視された．

当時，ジョセフ・コンラッドがコンゴ自由国における英国船の船員としての自身の経験に基づいて執筆した小説『闇の奥』[Conrad 1899][4]にも，当地の人々への搾取や暴力が描かれ，これがヨーロッパ諸国で大きな反響を呼んだ．ベルギー国王は状況の改善を指示するなどした後，1908年にこの地をベルギー政府領とし，その後はベルギー政府による「人道的」な統治が目指されることになった[Geary 2003：41；Lyons 1988：114]．イギリスにおいても，アフリカにおけるイギリス商人等による土地収奪や搾取を懸念し，そうした行為から原住民を保護すべきという論は一定の支持を得ていた[Duffield 2005a]．

以上のように，列強諸国がアフリカに進出した時代の言説と開発・安全保障言説には，パリスが主張するような大きな隔たりがあるとは言い難い．しかしながら，確かに，パリスが述べるように，開発・安全保障言説においては，アフリカの人々を植民地化するなどの形で直接的・物理的な管理下に置く行為が正当化されないといった点で，植民地化の時代の言説との相違点がみられる．本章第2節では，植民地期の言説と1990年代以降の開発・安全保障言説の類似点と相違点も考察し，両言説が依拠している人間像の相違こそが，類似しつつも異なる言説を生み出していることを明らかにする．

なお，本書は，開発と安全保障をめぐる1990年代以降の政策論議に関与してきた全ての人々が，自らが「脆弱な人間」像を抱いており，それを自己や他者に投影していると明確に自覚し，政策論議のなかでその人間像自体を直接的に語り，その人間像を政策文書の文言に盛り込もうとしたのだと論じるものではない．小野塚知二[2011]は，政策思想を「政策に作用した思想」(政策形成過程や立法過程で登場し，その過程を主導した思想であり，多くの場合は明瞭な言説で語られるため，過程を丹念に追うことによって検出できることが多い思想)と，「政策に表現された思想」(政策の背後にあり暗黙のうちに前提とされている人間像や社会観であり，ある時代・社会の政策思想の基底に流れる思想であるゆえに個々の政策形成過程にも作用するが，前者の思想と同様の形では観察できないもの)の2つに大別している．本書においては，後者のような政策の背後にある前提として人間像を捉えている．

第2節　19世紀以降の「人間」像の変容

本節では，開発・安全保障言説における人間像と近代的な人間中心主義における人間像との間には隔たりがあると論じてきたプパヴァックの研究を手掛かりにしつつ，GNにおける19世紀末以降の人間像の変容の軌跡を辿る．そのうえで，次節では，20世紀後半のGNにおける近代性や物質主義への批判がGSの開発をめぐる政策論議にも影響を及ぼし，GNにおける近代の人間中心主義に対する懐疑に伴って形成された「脆弱な人間」像がGSに投影されたからこそ，第１章で述べたような開発と安全保障の双方の政策論議に変容が生じ，それらが融合した言説が成り立っていることを示す．また，開発・安全保障言説においては，この「脆弱な人間」像に依拠して開発と安全保障が結び付けられるからこそ，GSの人々が「より脆弱」で「リスクが高い」と見なされ，GSの個人の心や社会的関係から公的機関の能力等に至るまでの広範な領域への介入が正当化され，国家主権概念や国内管轄事項の範囲認識に変容がもたらされることを論じる．そのうえで，この言説は「普遍的に脆弱な人間」像に依拠するために，介入によってGSの人々を導くべきことを謳う一方で，GSの人々の幸福や利益を正しく見定める主体を，GSの人々のなかにも外部アクターのなかにも見出していないことを指摘する．

本節では，開発・安全保障言説における人間像と近代的な人間中心主義における人間像との間には隔たりがあると論じてきたプパヴァックの研究を手掛かりにしつつ，GNにおける19世紀末以降の人間像の変容の軌跡を辿る．そのう
えで，次節では，20世紀後半のGNにおける近代性や物質主義への批判がGSの開発をめぐる政策論議にも影響を及ぼし，GNにおける近代の人間中心主義に対する懐疑に伴って形成された「脆弱な人間」像がGSに投影されたからこそ，第１章で述べたような開発と安全保障の双方の政策論議に変容が生じ，それらが融合した言説が成り立っていることを示す．また，開発・安全保障言説においては，この「脆弱な人間」像に依拠して開発と安全保障が結び付けられるからこそ，GSの人々が「より脆弱」で「リスクが高い」と見なされ，GSの個人の心や社会的関係から公的機関の能力等に至るまでの広範な領域への介入が正当化され，国家主権概念や国内管轄事項の範囲認識に変容がもたらされることを論じる．そのうえで，この言説は「普遍的に脆弱な人間」像に依拠するために，介入によってGSの人々を導くべきことを謳う一方で，GSの人々の幸福や利益を正しく見定める主体を，GSの人々のなかにも外部アクターのなかにも見出していないことを指摘する．

(1) 19世紀から20世紀前半：「理性的な人間」像と大衆への懐疑

先述のように，一般的に，西洋近代においては「自律した理性的な人間」像が普遍的前提とされ，この人間像が人権概念や国家主権概念の基盤になったと

いわれる．ただし，19世紀の「文明国」の内部においても，全ての人が「自律した理性的な人間」として見なされたわけではなかった．「考える私」に内在する理性への信頼によってたつ人間像は，それが当てはまらないと見なされた人々の市民権を留保する論理にも結びついた．

例えば，アン・ローラ・ストーラー［Stoler 1995］が論じるように，19世紀中期には，オランダの民主主義の基本要素たる市民とは有徳で勤勉なブルジョワ階級に限定されており，女性，年少者，狂人，乞食，囚人，不道徳な者，そして自分の自由と精神と所有物を十分に活用しない（と見なされた）人々が市民権から排除された．その一方で，「自律した理性的で道徳的な人間」とは，当時のブルジョワ階級の人々にとっても，そうであるべく努め自己確認し続けなければならない像であり，そのために，彼らは自身の道徳感や自身の子どもに対する養育・教育環境の維持と向上に細心の注意を払わなければならなかった［Stoler 2002；Stoler and Cooper 1997］．

ただし，19世紀――とりわけ19世紀後半――の階級闘争や社会不安を背景にして，心理学者や社会学者には，理性ではなく感情に突き動かされる「大衆」を危険視し，彼らと対比した際のエリート層に対して，理性的に行動するものと期待する傾向がみられた．例えば，1890年代に社会心理学者のギュスターヴ・ル・ボン［Le Bon 1895］は，群衆（crowd）において人々の理性や自律性が後退し，操縦者の暗示にかかりやすく感情に駆られて扇動されやすくなるという「群衆心理」論を展開して大きな反響を呼んだが，その背景には当時のブルジョワ階級のなかで広まっていた，労働運動や社会不安に対する嫌悪や，迫りくる大衆民主主義の時代への恐怖と，「我々」エリート層が感情に駆られやすい大衆を誘導すべしという見方があった［Drury and Stott 2011；長谷川 1997；Pupavac 2000：3-4］[5)]．また，19世紀末に列強諸国のアフリカ進出を推進した人々の言説には，アフリカの他者を概して自らを律することができない子どもであると見なすとともに，「我々」の側は文明的・理性的で自らを律することができると捉え，「我々」が介入する責務を見出す論理がみられた．

その後，20世紀に入ると，自律した理性的な個人としての人間への信頼は，さらに揺らいでいった．1900年代から1910年代の社会心理学においては，「群れ（herd）の心理」とは理性ではなく本能にしたがうのであるとする，ウィルフレッド・トロッター［Trotter 1908；1909］による議論が注目された．また，第１次世界大戦における暴力と破壊，そして軍国主義の台頭は，近代的人間の理性に基づいた民族自決による国際秩序への期待を揺るがすことになった．そして，集団のなかの人間は必ずしも理性的・自律的に行動するとは限らず，むしろ感情に動かされるために，プロパガンダに惑わされやすく暴力に向かう傾向があり，こうしたことが暴力や軍国主義の台頭を生むのであって，ゆえに平和のためには彼らの「平和教育」や「情操教育」が肝要であるという見方が一定の支持を得た［Pupavac 2000：4］.

理性ではなく感情に動かされる大衆がもたらしうる社会不安や戦争を問題とし，それらの予防を志向するアプローチは，当時の欧米諸国の政府関係者にも急速に受容された［Pupavac 2000：4］．その一方で，大衆は感情に惑わされるという前提に基づき，その大衆の傾向をいかに商業活動や政治的動員に活用するかという視点からの研究も進められた．例えば，エドワード・バーネイズ［Bernays 1928］は，彼の叔父であったジークムント・フロイト（Sigmund Freud）の理論とル・ボンやトロッターらによる群衆ないし群れの心理に関する研究とを結び付け，非合理的で危険な大衆（集団）を知的エリートが適切に導くべきと主張するとともに，大衆を動員したりコントロールしたりするための広告（public relations）の技法を体系的に論じた．大衆の心理に暴力や戦争の芽が見出され，平和のためには大衆を導くことが必要であるとの見方が広まるなかで，国際法学者のクインシー・ライト［Wright 1942：714］も，1942年の『戦争の研究』において，戦争の原因を理解しその解決方法を提案することに最も貢献した社会科学は社会心理学であろうと論じた．しかし，他方で，広告をはじめとする社会心理学的な知と技法は，第1次世界大戦及び第2次世界大戦期のアメリカやイギリス，第2次世界大戦期のナチス・ドイツなどをはじめ，戦争に対する国民の支持を確保し動員しようとする政府によっても活用された［Geuter 1984 translated by Holmes 1992；Hoffman 1992；Keene 1994］.

この頃までの多くの研究においては，理性への懐疑が差し向けられたのは主に大衆であり，エリート層が理性的に判断し行動する能力には一定の期待ないし信頼がみられた［Pupavac 2000：3-4］．しかし，その後，ファシズムの猛威やナチス・ドイツの強制収容所の惨状は，理性に基づいた進歩への信頼をさらに揺るがすことになった．批判理論を代表するホルクハイマーとアドルノが第2次世界大戦中に執筆して戦後に出版した『啓蒙の弁証法』［Horkheimer and Adorno 1947］は，近代の理性が進歩と解放を約束するどころか，野蛮状態への落ち込みを生み出す温床となり，全体主義を招く恐れがあると論じ，欧米諸国において次第に反響を呼んだ［Jay 1973］．そして，第2次世界大戦を経た20世紀後半を通じて，理性への懐疑はより広範な人々に差し向けられるようになった．

(2) 1960年代以降：「普通の人々」と「異常者」の区別の曖昧化

1960年代には，アメリカやイギリスを中心とするGNにおいて，ベトナム反戦運動や市民権運動が盛んになり，1968年に新左翼系の学生らによる「蜂起」が頻発すると，これらを国内における社会不安や暴力の問題と見なして対処・予防しようとする動きがみられた．そして，先述のル・ボンやトロッターの研究には，人間が群衆ないし群れのなかに置かれたときに理性や自律性が後退すると論じる傾向があったが，以下に述べるように，この頃の政策議論には，群衆や群れのなかに置かれているか否かにかかわらず，暴力につながる「リスク」を個人の心のなかに見出す風潮がみられる．

例えば，アメリカで1968年に設置された「暴力の原因と予防に関する国家委員会」が翌年に取り纏めた報告書『正義の確立と国内の平穏確保』［National Commission on the Causes and Prevention of Violence 1969］は，経済成長に伴う急速な社会変化が社会的関係・規範の衰退や豊かな暮らしへの夢や期待の膨張を生むとともに，現実における富の不均衡や貧困が人々——とりわけ若者や貧困者（特に黒人貧困者）——にフラストレーションを引き起こして暴力的行動に走らせる可能性があるため，近代化が個人の態度や行動に及ぼす影響に注意すべきであると論じた．イギリスでも1973年にブラッドフォード大学が平和学のコースを創設したが，その創設者のアダム・カールは心理学的アプローチに関心を抱いており，構造的あるいは肉体的暴力だけでなく個人や小さな集団のレベルにおける平和が強調されるべきであり，平和な社会を達成するためには暴力に訴えることのない平和的な人々の形成が欠かせないと主張した［Woodhouse 2010］．そして，アメリカやイギリスなどの政府の社会政策においては，感情的な絆で結ばれた倫理的に信頼できる市民を育て，社会変革の名のもとに暴力や破壊的な行動に訴えるような事態の発生を防ぐことが重要課題と見なされ，学校での「倫理教育」や，職場におけるカウンセリングや「自尊心」（self-esteem）向上のための講習などが推進された［Pupavac 2000：7-8］．

このように，人々が感情に突き動かされて暴力や社会不安をもたらす可能性を危惧し，社会の平穏のためには人々の感情や心に働きかけることを必要と見なす議論の背後には，人々の理性に対する不信があった．そして，1960年代以降に一般的な「普通」の人々の理性が懐疑され，彼らの心のなかの暴力の芽を摘むことが社会政策の課題の1つになった一方で，それまで犯罪行為に結びつくとされ収容・隔離されていた「異常者」を解放して地域社会に戻す政策がとられるようになり，社会政策における「普通」の人々と「異常者」との区別が従来よりも不明瞭になった．

フーコーが論じるように，19世紀前半には，残虐犯罪を行いうる例外的狂人（殺人偏狂）とされた怪物的な人物像に社会への危険が見出されたのに対して［Foucault 1978a；重田 1997］，19世紀後半には，階級闘争，武力蜂起の頻発，社会不安の増大を背景にして，程度の軽重を問わず様々な犯罪行為の原因としての異常が「発見」されるようになった［重田 1997］．そして，「背徳症」，「倒錯」，「露出狂」などの用語が創出され，例外的狂人だけではなく「正常さ」からの逸脱度合いの大きさに異常性や社会への危険が見出され［重田 1997］，逸脱度合いが大きいと見なされた人々は収容・隔離という形で社会から排除された［芹沢 2007］．

これに対して，1960年代以降のGNにおける精神医療政策においては，閉鎖環境への長期にわたる隔離・監禁と規律から，社会における生活を通じて保護し指導することに主眼が移動していった．そして，この動きを隔離・監禁からの解放として捉えて歓迎する意見も存在したものの，後述するように，これは社会生活のなかでの予防的対応や保護・指導のためのソーシャル・ワークの役割を増大させ，閉ざされた空間から開かれた社会一般へと治療的な眼差しを拡散させることも意味した［小沢・中島 2004：152］．

(3) 人間中心主義への批判とベトナム反戦運動

人々の感情や心の問題への関心は，社会変革を求める運動を暴力と見なして危険視し平定しようとする思考のみに基づくものではなかった．酒井隆史が「ある装置の織り成す布置があるとき，それはある種の力関係の均衡点であり，妥協点であり，あるいは不均衡なまま組み合わさっている一つの断片である」［酒井・市野川 2007：46］とするように，こうした関心の背景には，GNの社会における人間中心主義や啓蒙思想への批判の広まりや，危険視された側——反戦運動をはじめとする当時の様々な運動——による動きも折り重なっていた．

前節で言及したように，1960年代のGNの社会においては，近代の人間中心主義や啓蒙思想を懐疑する論が注目されるようになった．例えばフーコーは，1961年の『狂気の歴史——古典主義時代における——』［Foucault 1961］のなかで，近代の理性的な人間概念の到来によって，理性と狂気の境界線が引かれ，狂気にマイナスの意味が付与され，狂気が人間によって排除ないし治療されるべき悪と見なされるようになったと論じ，1966年の『言葉と物』［Foucault 1966］では，近代的な知の中心概念として構築された「人間」は普遍的なものではなく終焉を迎えていると主張した．また，クロード・レヴィ＝ストロースの『野生の思考』［Lévi-Strauss 1962］は，「考える私」に内在する普遍的な理性に基づく歴史の進歩とは西欧の考え方にすぎないことや，「野生の思考」は「科学的」な西欧近代の思考よりも劣った非合理的なものではなく，論理的な構造を持っていると論じて反響を呼んだ．

その後も，大量消費社会における「人間」は主体的にモノを消費しているわけではなく，象徴的な記号体系における記号としてのモノを消費するよう仕向けられていると論じたジャン・ボードリヤールの『消費社会の神話と構造』［Baudrillard 1970］，国民としての主体は決して自己完結した人間ではなく，資本主義的な生産諸関係の再生産と階級支配の維持に必要なイデオロギーによる「国家のイデオロギー装置」（学校，組合，報道，家族などの社会的諸制度）を通じた「呼びかけ」に個人が応じて振り向くことによって主体化＝服従化するのだと論じたルイ・アルチュセールの論文「イデオロギーと国家のイデオロギー諸装置」［Althusser 1970］をはじめ，普遍的な「人間性」を想定する近代の人間中心主義的な思想や理論を再考する研究が展開された．

近代性への批判や，非西洋の思想や実践への関心は，物質主義を批判し自然回帰や非暴力を志向する運動や，ベトナム反戦運動などとも共振していた．例えば，1962年にアメリカのカリフォルニア州に総合宿泊研修センターとして設立された「エサレン研究所」は，心理療法，自己探求，ヨガ，瞑想，呼吸法，禅，合気道，ボディーワーク，シャーマニズムなどを通じて心や身体を解放するためのセミナーを繰り返し，当時の「ヒューマン・ポテンシャル運動」の中心となった［小池 2007：86-91；Lahood 2010］．そして，この運動は，ベトナム反戦運動が盛り上がりを見せるなかで，とりわけ若い世代の人々から一定の支持を受けた．その後，近代性や物質主義を批判し，非西洋の思想や医療を肯定的に捉え，様々な方法で精神世界を探求しようとするエサレン研究所の志向は，1970年代のニューエイジ運動にも引き継がれた［Lahood 2010］．

この頃には，第１章で紹介したシューマッハーの『スモール・イズ・ビューティフル』が，経済発展し工業化した物質主義的な社会が貪欲さと嫉妬を生み出して社会不安をもたらしていると論じて，非物質主義的で自然と融合・調和するような「仏教的」経済と個人のスピリチュアルな発展を提唱し，大きな反響を呼んだ．そして，第１章で述べたように，1970年代には，開発をめぐる政策論議においても，物質的な発展や工業化の悪影響が指摘され，非物質的な援助の重要性が論じられ，「伝統医療」ないし「代替医療」の可能性が模索されるようになった．

さらに，1970年代には，ベトナム反戦運動と，ベトナム帰還兵への補償を求める運動が結びついた［イザンベール 2011］．そうした運動は，帰還兵が戦争中の経験に起因する不眠，悪夢，怒りの爆発や鬱状態などの症状に苛まれていると主張して，政府が補償に応じるべきだと訴えた［Summerfield 1999：1450］．この問題が社会的に認知されるに伴い，ベトナムからの帰還兵は，間違った戦争の遂行においてベトナムの人々におぞましい行為を働いた加害者ではなく，補償されるべき被害者としての位置付けを与えられた［Summerfield 2001］．そして，この運動を受けて，帰還兵への障害年金の受給基準などが検討されるなかで，「心的外傷後ストレス障害」（PTSD）という診断名が形成され，1980年のアメリカ精神医学会による『精神障害の診断・統計マニュアル第3版』（DSM-III）に，主に戦争経験を想定しつつ事故や災害などの場合にも適用しうる診断名として掲載された［American Psychiatric Association 1980：236-238；Fassin and Rechtman 2009：88-93；イザンベール 2011；Young 1995］．

ベトナム戦争以前にも，例えば，第1次世界大戦時及び大戦後のイギリスにおいては，戦地におけるあるいは戦地から帰還後の兵士の「砲弾ショック」（shell shock）ないし戦争神経症が問題視された．ただし，当時は戦争を経験した兵士の一般的な回復力を前提とした上で，一部の特定の患者が本来持っていた性格などに影響されて発症するものとして戦争神経症を捉える傾向にあった［Clancy and Hamber 2008：11；Pupavac 2001c］．したがって，第1次世界大戦中から戦後にかけて，この戦争神経症に対処する方策として欧米諸国で発展したのは，個々人を徴兵するか否かを判断するための身体・心理・知能に関する適性検査の開発であり，そこでは病を発症しやすい性格・性質を持つ一部の人々を事前のスクリーニングによって予見・抽出して軍隊あるいは戦場から除外することに主眼が置かれていた［Jones and Wessely 2010］．

しかし，PTSD概念の形成後には，人々は程度の差こそあれ概して脆弱であり，戦争経験が兵士の心に影響を及ぼすことは一般的で「普通」の現象であるという認識が広まっていった［Clancy and Hamber 2008：11；Pupavac 2001c］．そして，1980年に初めて診断名として登場した後，PTSDは自然災害，交通事故，家庭内暴力，性的暴力，虐待，犯罪場面の遭遇といった様々な体験によって引き起こされるという認識が形成され，多様な症例に対してこの診断名が適用されてきた［イザンベール 2011；Summerfield 2001］.

さらに，1980年代以降のPTSD概念の定着は，犯罪被害者支援運動と結びつき，欧米諸国において「被害者学」という学問領域を発展させることとなった［斎藤 2003：63-64］．その動きのなかで，既存の司法制度を「応報的正義／司法」（retributive justice）であると捉えて，加害者の暴力を生み出した心の問題，被害者の「トラウマ」，犯罪が地域社会の関係性に及ぼす影響といった側面について，既存の司法制度においては十分に配慮されていないと批判する論もみられるようになった．また，こうした批判を受けて，加害者の心の問題や社会復帰，被害者の心の癒し，地域社会における関係修復や和解を目指す「修復的正義／司法」（restorative justice）が，既存の司法制度を代替ないし補完するものとして導入されたり，あるいは犯罪被害者支援をはじめとする，心理的な側面に重点を置いた制度が構築されるなどした［山辺 2010］．第5章で詳述するように，このような，犯罪に対して修復的・心理的対応を求める主張においては，「トラウマと暴力は連鎖する」という公式に依って，被害者が「トラウマ」に苦しむために加害者に転じる可能性があることや，加害者もまた「トラウマ」を抱えていること，「トラウマ」を癒す必要性があることが不問の前提とされた．

(4) 脱精神病院運動と治療の眼差しの拡大

以上のように，ベトナム反戦運動やベトナム帰還兵への補償を求める運動なども背景にして，精神障害を発症する原因が，特定の人物の性格・性質ではなく人間の一般的な脆弱性に求められるようになった．同時に，犯罪被害者支援運動などを通じて欧米諸国の司法制度改革が求められるようになり，刑務所への収容・隔離を中心にした「応報的正義／司法」が批判され，犯罪の根底にあると見なされた心の問題への対応や，犯罪者の地域社会への復帰の必要性が論じられるようになった．そして，このような動きは，精神病院への収容・隔離からの「解放」と地域社会への復帰を求める脱精神病院運動とも共鳴し，GNの国々の政策に影響を与えた［中島 2008］．

日本においても，1960年代以降に精神病院の開放を求める動きが精神科医のなかに広まり，メディアも精神病院における患者に対する「非人間的」な扱いを批判した［芹沢 2007］．1980年代には，日本の精神病院の実態が国連人権委員会（UNCHR）の場でも批判され，国際法律家委員会や障害者インターナショナルといったNGOの調査対象になるなど，日本国外でも問題視された［芹沢

2007：44]．その結果として，1987年には，精神障害者の人権重視や，精神障害者に対する隔離主義の放棄と社会復帰の促進などを謳った精神保健法が成立した［芹沢 2007：44]．そして，駅前などの通院しやすい場所に精神科のサテライト・クリニックを設置し，そうしたクリニックの名称を「精神科」ではなく「心療内科」や「メンタル・クリニック」にするなど，地域精神医療を促進し，精神障害者や精神科への「偏見」や抵抗感をなくすべく工夫が施されるようになった．

ただし，収容・隔離される人々を地域に戻して社会復帰を促進し，地域精神医療を普及させ，社会生活のなかで保護や指導を行い，ソーシャル・ワークの役割を増大させることは，社会一般へと医療的な眼差しを拡大していくことでもあった［中島 2008；重田 1997：170]．また，精神病院への隔離を減少させるためには予防の観点が必要であるとされ，多くの人々が早めに医療的・心理的対応を受けるよう奨励されることは［中島 2008]，人々が自他の心の小さな異常に過敏に反応することを促すものにもなった［斎藤 2003：177-180]．心の病は，隔離されるべき逸脱者・異常者による危険な行動の原因としてではなく，日常的な「メンタル・ヘルス」の問題として位置付けられるようになり，誰もがその兆候に留意すべきものとして再定義されていった［芹沢 2007]．

佐藤雅浩［2007：206］は，1970年代初頭までの日本のマスメディア報道においても，「心の病」は一部の異常者・逸脱者による事件・犯罪の原因として報道される傾向があったのに対して，1980年代以降は「心の病」を「普通」の個人の日常的な「メンタル・ヘルス」や「心の健康」の問題として位置付けて，その原因や予防法等を解説する報道が顕著になったことを指摘した．ただし，1960年代以降の欧米諸国においては精神科の病床数が減少傾向にある一方で，同時期の日本では1970年代までに急増した後に1990年代まで微増し，その後も同水準にとどまるなど，各国の精神保健医療・福祉の実践には差異がみられる［岡村 2013]．このように，実践のありかたには国による相違がみられるものの，この時代には基本的に GN において狂気と正気の境目や非理性的な狂人と理性的な人間との区別が不明瞭になり，「普通の人」の中の小さな問題因子の早期発見が必要であると見なされるようになるにつれて，従来は人間の精神活動全般にわたる病理（異常）を主に取り扱い，精神疾患の理解と治療を志向していた精神医学と，人間の心の働き全般を取り扱うことを志向していた心理学の境界線も曖昧化していった［斎藤 2003：60-62]．

さらに，このような知の定着に伴い，精神疾患は特定の性質を持つ逸脱者の問題ではなく「自分自身の問題」であり，誰もが精神疾患になりうる「脆弱な人間」であるという「正しい認識」を持ち，その認識に基づいてこれまでの態度や行動を変えるように導くことが政府の重要な政策課題であるとともに，政府だけでなく国内の多様なアクターが取り組むべき事柄だとする見方が広まった．例えば，日本の厚生労働省が2004年に発表した『心の健康問題の正しい理解のための普及啓発検討会報告書：精神疾患を正しく理解し，新しい一歩を踏み出すために』［厚生労働省 2004］は，そうした理解に基づいた方針を示すとともに，メディア・自治体・企業・保健医療福祉関係者・教育関係者などに対して，それぞれの現場における取り組みを求めるものであった．そして，この報告書に盛り込まれた「こころのバリアフリー宣言」［厚生労働省 2004：別紙1］は，「あなたは絶対に自信がありますか，心の健康に？」という問いで始まり，日本国民は精神疾患を自分の問題として捉え，ストレスを減らし，ストレスに対処し，サポートを受けられるような人間関係を構築するとともに，自分の心の不調に早期に気づき治療し，誰もが自分の暮らしている地域で幸せに生きることが自然な姿であると認識し，精神障害者が誇りを持って参画するような共生社会を生み出すために行動すべきであると謳っている．つまり，国民は「正しい認識」を持ち行動する――「脆弱な人間」として自他を認識し，自他に絶え間ない医療的な眼差しを注ぎつつ地域社会で共生する――べきであり，そうした国民の形成は，政府が資源を投入し，国内の多様なアクターが協働して取り組むべき課題であると捉える見方が，政府の報告書にもみられるようになった．

(5) 心理主義化，倫理政治，寛解社会へ

こうして，20世紀後半に心理学的な知が映画，ドラマ，小説や音楽から政策文書に至るまで極めて自明なものとして社会に定着するなかで，「トラウマ」や「心の闇」などが問題視され，抑圧された記憶の開放，癒し，心のケアといった言葉が氾濫し，人間は自己実現を心がけながらより良く生きるべきという見方が浸透した．そして，子どもと権利主体とを区別していた「理性ある人間」という前提が崩れることは，自己決定能力や権利を行使する能力のある者としての大人（親・保護者）が子どもの権利を守るという構図への信頼が揺らぐことを意味した［Pupavac 2001b］．その結果として，親は必ずしも子どもの権利を守る意思や能力を持つのではなく，親から受けた行為ないし親子関係のありかたの帰結として子どもがアダルト・チルドレン[6)]になったり暴力的になったりする可能性があるため，家庭内などの身近な社会的関係の改善や「傷」を受

けた子どもの存在に目を配り，問題に対処する必要があると論じられるようになった．

近代化による歴史の進歩，啓蒙，主知主義といった普遍的な物語に対する不信がGNの社会に蔓延した状況については，1970年代末にジャン・フランソワ・リオタール［Lyotard 1979 translated by Bennington and Massumi 1984］が「大きな物語」（meta-narrative）の終焉として論じた．そして，「大きな物語」に代わって無数の断片的な「小さな物語」が乱立し，それらを通じて自己が語られる時代において，「心理学的なものの見方，精神分析的な人間像が『公教』となりつつある」［斎藤 2003：214］状況や，「心理学や精神医学の知識の技法が多くの人々に受け入れられることによって，社会から個人の内面へと人々の関心が移行する傾向，社会的現象を社会からではなく個々人の「内面」から理解しようとする傾向，および，『共感』や相手の『きもち』あるいは『自己実現』を重要視する傾向」［森 2000：9］がみられることは，それが顕在化しつつあった1970年代以降，社会学者らによって繰り返し指摘されてきた．

例えば，リチャード・セネットは1977年の『公共性の喪失』［Sennet 1977］において，近代的な公共領域が19世紀以降に徐々に私的領域にとって代わられ，あらゆる現象が個人の心理の問題に帰せられることになったと論じ，クリストファー・ラッシュも1978年の『ナルシシズムの時代』［Lasch 1978］や1984年の『ミニマルセルフ』［Lasch 1984］のなかで，セラピー的な思考が社会生活及び家庭を浸食しており，人々は関心を自己の内へと向けて自己愛に没頭していると論じた．

その後も，例えばニコラス・ローズは，『魂の統治』［Rose 1990］において，「psy」が付く知（心理学：psychology，精神医学：psychiatry，精神分析：psychoanalysis）が，人間が自己を理解し語り自己の行動を決定する方法を形作っていると述べた．そして，1990年代以降，ローズは，20世紀後半を通じて健康と病や正常と異常の境界が消失し，フーコーが論じた意味での規律権力や生権力の時代から，個人の日常（everyday）の感情・信念・価値観といった倫理的側面に働きかけ，個人が自らをより良く変えるように導くことを主軸とする「倫理政治」（ethico-politics あるいは ethopolitics）の時代に移行してきたとする論を展開した［Rose 1999；2007］[7)]．また，日本においても，心理学的な知が単なる仮説の圏域を脱し，自己認識や行動を構成し，他者の行動や様々な現象の基本的な解読法として定着した状況は，「心理主義化」や「心理学化」として考察されるようになった［斎藤 2003；日本社会臨床学会編 2008］．

このような，自他に関する心理学的な認識方法においては，人間は理性と非理性，正気と狂気，健康と病の二項対立で割り切ることができず，誰もが普遍的に潜在的な「リスク」を抱えていることが前提になっている［大森 2005：126-127；Rose 2007：3］．アーサー・フランク［Frank 2005］が「寛解社会」（remission society）という概念によって提起するように，人間は一般的に健康でも病気でもなく，決して完治しているわけではない寛解状態（病が鎮静化して落ち着いているが完治していない状態）にあると見なされ，問題の因子や兆候を見つけようとする眼差しが常に注がれることになる．プパヴァックが論じるように，このような見方においては，一般的なモデルとしての理性的な人間像には疑問符が付けられ，人間は誰もが脆弱であり「傷」を受けることにより機能不全となる可能性を常にはらむものと見なされる．だからこそ，人間はそのような状態に陥る危険を防ぐべく自他の「リスク」の芽を敏感に察知するよう努めながら，互いに尊重しあってより良く生きるべきと謳われるのである．

第3節　「脆弱な人間」像のGSへの投影と国家主権概念

(1)　冷戦期：植民地解放運動と非同盟運動

前節で述べたように，20世紀後半のGNの社会では，近代性や物質主義や経済的発展に対する懐疑や，非西洋の思想や「医療」実践などへの関心が高まり，それは第1章で述べたような開発の政策論議にも影響を与えた．その一方で，同時期のGNの社会においては，国内の社会不安や暴力の源泉を「脆弱な人間」の心に求める見方が次第に浸透していったが，それをGSの武力紛争や暴力に適用する言説が主流になるまでには時間がかかった．

第2時世界大戦終結直後の1945年に合意された国連教育科学文化機関（UNESCO）の設立文書（UNESCO憲章）は，第2次世界大戦の原因を諸国民の無知や偏見に求め，「戦争は人の心のなかで生まれるものであるから，人の心のなかに平和のとりでを築かなければならない」（Since wars begin in the minds of men, it is in the minds of men that the defences of peace must be constructed）と謳った［UNESCO 1945］．しかし，冷戦期（とりわけ1970年代まで）には，このようなアプローチをGSの戦争に適用する言説は，植民地解放運動や非同盟運動などによって批判され，国際的な場では劣勢に立たされることになった．

植民地解放運動は，戦争や暴力の根源を個人の心に求めることは，植民地支配に対する武力闘争の正当性を奪おうとする企てであると反発した［Pupavac

2004b：153]．宗主国から独立した国々も，個人の心に戦争や暴力の源泉を見出す論は，ようやく勝ち取った民族自決への挑戦であり，他の主権国家内の個人の心を問題視して平和的な存在に変えるように試みる行為は，内政干渉的であり植民地主義的であると主張した［Pupavac 2004b：153］．また，前節で言及したように，GSの国々は，独立後の不安定な政治情勢や紛争の根本原因は，植民地主義の遺産，グローバルな不平等，世界システムにおける搾取，交易条件の悪化といった外的・国際的問題にあると訴えた．戦争や暴力の原因は個人の心理ではなく「第一世界」の行為にあるという主張は，非同盟諸国だけでなく社会主義諸国からも支持された［Hoggart 1978：96；Pupavac 2004b：153］．

また，第2次世界大戦後は，国際関係論においても国家を安全保障の対象と捉えて軍事力をその主要な手段と見なす理論が主潮となり，国家が戦争に向かう要因を人々の心理や文化に帰す論は影を潜めていた．開発をめぐる政策論議においても，1950年代から1960年代には，経済成長と工業化が社会の近代化と民主主義的な価値観の定着や安定をもたらすという議論が支持される傾向にあり，GSの個人の内面の問題には重点が置かれなかった．

もちろん，当時も，GSの武力紛争，暴力，社会不安，革命などの要因を国家内及び個人の内的問題に求める論もあった．例えば，サミュエル・ハンティントンは，1968年の『変革期社会の政治秩序』［Huntington 1968］において，文化的，社会的，政治的，精神・心理的な要素への対処が伴わないGSの物質的な開発や経済的変容は，不安定や共産主義革命をもたらしうると論じていた．しかし，このような論をGNの国々によるGSの国々に対する政策に実際に活かそうとすることについては，GSだけでなくGNにおいても批判的ないし懐疑的な見方が強かった．

例えば，アメリカ陸軍は，1960年代前半に，アジア，アフリカ，中東，ラテンアメリカを中心とする数十カ国について，武力紛争や共産主義革命，社会崩壊の社会的，文化的，心理的兆候及びそれらの予防や鎮圧の可能性を体系的に分析すべく，多数の心理学者，人類学者，社会学者らを動員して社会構造や文化，価値観などに関する研究を実施するという趣旨の「キャメロット計画」（Project Camelot）を立ち上げた［Solovey 2001］．しかし，この計画に関する情報が漏れると，研究対象とされた国々の政府は，内政干渉を企図した植民地主義的な計画であると批判して問題視した．それだけでなく，アメリカ国内の研究者やメディアをはじめとする人々のなかでも，このような計画は内政干渉的であり植民地主義的であるという倫理的な批判が沸き起こり，大きなスキャンダルに発展した結果，計画は中止に追い込まれた［Hunt 2007：27-29；Navarro 2011；Solovey 2001］．また，1968年にブルックリン心理学協会による資金提供のもとで，カーネギー国際平和財団において，戦争と暴力によるストレスについての大規模な国際会議が開催されたが，国連機関やGSの国々は会議を欠席するなど消極姿勢をとった［Harrington 2010：122；Pupavac 2004b：154］．

石田淳［2004］が論じたように，「国内問題」と「国際問題」との間の分水嶺は自明で不動のものではなく，国境の内側の空間における特定の問題を「国内問題」とするカ国際社会が関与すべき「国際問題」とするかは歴史的に一定ではなかった．GSの武力紛争の要因を社会的・文化的・心理的問題に求め，そうした問題に関連する人類学的研究を援助や外交政策等に活用することは，1990年代以降の開発・安全保障言説においては当然視され，人々の「日常」に根差した「ボトム・アップ」ないし「草の根」のアプローチとして奨励されすらしている．これに対して，キャメロット計画の事例には，1960年代当時の「国際社会」において，同様の行為を「国内問題」への不当な介入と見なし，植民地主義的であり倫理的に問題であると捉える見方が広く共有されていたことが示されていると言えよう．

しかし，個人の心理から戦争や暴力を考察するアプローチは，次第に（とりわけ1980年代以降に）国際的な場で強く主張されるようになっていった［Locke 2012；Pupavac 2004b］．この背景としては，第1章で言及したような，国際関係におけるGSの国々の結束力や影響力の低下を挙げることができる．1970年代以降，社会主義諸国や宗主国から独立した国々による経済開発政策の破綻が指摘されるようになり，彼らの開発理論の正当性が問われるようになった．そして，オイルショック，債務超過，経済構造改革，民主化，そして冷戦終結といった国際的な変化のなかで，非同盟諸国の結束や影響力が弱まり，戦争や暴力の源泉を個人の心に求めるアプローチに反対していた国々の発言力は，相対的に低下していったのである．

(2) 冷戦終結後：「脆弱な人間」像のGSへの投影

GSの武力紛争や暴力の原因として個人の心理に着目するアプローチが，実際にGNの国々や国連等の政策文書において顕在化したのは，ソ連が崩壊し，それに伴って非同盟諸国の影響力がさらに低下した1990年代になってからのことであった［Locke 2012；Pupavac 2004b］．そして，前項で示したように，この頃までには，GNの社会において，自己及び他者の基本的な解読方法としての心理学的な知が広く浸透していた［Summerfield 1999：1450］.

第1章で示したように，1990年代以降の国連などの場における政策論議では，武力紛争の背景として南北間の不平等な関係等を問題視する主張は影を潜め，代わって主潮となった「新しい戦争」論は，GSの人々の心や社会的関係，政府の意思や能力といった内的問題に紛争の根本原因を求めるようになった．この言説においては，個人は指導者を選択する際に必ずしも「適切」な判断を下すわけではなく，カリスマ的・狂信的な指導者に扇動される可能性があるが，とりわけ貧困や社会的排除，社会規範の弱体化などの諸問題に直面している人々は，十分な知識や情報を得られずに感情に流されて指導者に扇動されたり，ほかに生活する方法がなくて戦闘集団の誘いに乗ったり，収入を求めて非合法な経済活動に手を染めて国際犯罪組織に加担することになったり，不満な感情が暴走したり自暴自棄になったりして，暴力に加担したり残虐な行為を行ったりする「リスクが高い」ことが懸念される．さらに，とりわけ災害や紛争の影響を受けた社会においては，「トラウマ的」経験によって個人が心理的・社会的な機能不全状態に陥ったり，家族やコミュニティの内部での関係が破壊されたりすることにより，武力紛争や暴力が生起する「リスクが高まる」と考えられている．そして，このような認識に基づき，武力紛争の「根本原因」への対処策として，貧困を削減し，社会・経済的格差を是正し，戦闘集団に加わる以外の方法で生計を立てられるようにし，人権やジェンダーの問題について意識喚起するとともに，災害や紛争の影響を受けた個人の心をケアして癒し，家族や地域社会の絆を回復して共存と和解を可能にし，大規模な人権侵害の後の移行期正義を通じて復讐心や「トラウマ」による暴力の連鎖を阻止する必要性などが論じられる．

「新しい戦争」論においては，20世紀（とりわけ20世紀後半）を通じてGNの人々が自己に差し向けるようになった「脆弱な人間」像がGSの人々にも投射されており，そこには人間が理性的かつ道徳的に政治の主体として行動する能力に対する普遍的な——GSかGNかを問わない——懐疑がみられると言えよう．そして，開発・安全保障言説においては，人間とは普遍的に脆弱なものであるという認識を基礎にしつつ，GSの人々——とりわけ最貧者や災害や紛争などの影響を受けた人々——の「リスクの高さ」が問題視されるのである．このような論において，GSの人々は，武力紛争や暴力，テロ，越境犯罪などの国際的脅威の源泉となる「リスクが高い」存在として危険視される一方で，一般的には単なる犠牲者でも非理性的な狂人でもなく，適切な保護と「エンパワーメント」を通じて安定的な社会への転換に寄与しうる存在として描かれており，それゆえに，彼らの感情を操作し，「エンパワー」し，「良い」方向に導くための様々な介入が正当化される．そして，第5章で詳述するように，そうした介入にあたっては，前項で言及した「修復的正義」など，脆弱で「リスク」を内包する人間像に依拠してGNで考案され定着した施策を応用する試みもみられる．

また，2000年代以降には，GNの政府や国際機関，NGO，研究者らのなかで，災害などに人々が柔軟に対応・適応し，ダメージから回復することを可能にする「レジリエンス」が注目されるようになったが，フランク・フレディ［Furedi 2007：180-183］やプパヴァック［Pupavac 2012］が論じるように，この概念も，人間の脆弱性を前提にした上で，個人やコミュニティが可能な限り自らの力で事態に対処することができるよう，人々の価値観，文化，社会的関係といったレベルに働きかけることを重視している．

例えば，「人間の進歩の持続：脆弱性の低減とレジリエンスの構築」と題された2014年の『人間開発報告書2014』は，人間とは基本的には誰もが脆弱であるが，「より脆弱」な人とそこまで脆弱ではない人がいるとして［UNDP 2014：18-20］，「安全保障の概念は，肉体的・精神的な脆弱さ，強さ及び限界を包摂した人間という認識が必要であり，その限界には人間がリスクを認知する能力の限界も含まれる」［UNDP 2014：77］と論じている．このように，人間とは程度の差こそあれ基本的に脆弱であり，「リスク」を必ずしも十全に認識することができないという前提のもとで，この報告書は，進歩（progress）とはレジリエントな人間の開発なのであるとして［UNDP 2014：1］，人間それぞれが人生のなかで直面する様々なリスクに対するレジリエンスを総合的に構築すべく，基本的社会サービスの提供，雇用促進，社会的包摂，乳幼児期の発達など多岐にわたる問題に取り組むべきであると主張している．

さらに，第1章で述べたように，GSの開発をめぐる政策論議においては，すでに1960年代末以降に，近代の人間中心主義や啓蒙思想への懐疑や物質主義への批判が一定の影響を与えていた．1950年代から1960年代まで開発の主軸であった経済的・物質的開発や工業化の追求は，1960年代末になると批判されるようになり，人々自身の資源と能力を活用してBHNを充足させることに主眼が置かれるようになった．また，経済成長を中心に据えた開発認識に対する懐疑や，1980年代の構造調整下への貧困問題への批判は，地球規模の環境問題への関心とも交錯し，将来世代のニーズを満たす能力を損なわない形で現在世代のニーズを充足させるような開発として「持続可能な開発」概念が提唱された．そして，1990年代には，GSの個人の心や社会的関係から公的機関の能力等に至るまでの領域に対して外部アクターが深く切り込むことが正当化されるようになり，「エンパワーメント」，能力育成，思考や価値の変容といった非物質的な要素が開発の中心課題と見なされるようになった．こうした議論のなかで，脆弱な個人の心理状態の改善や「ウェル・ビーイング」の維持は，もはや個人的な問題ではなく，開発の中心課題として位置付けられた［Pupavac 2005］．

物質主義的な開発から人々の心や関係性の変容へという，開発の政策論議における中心軸の移行は，2000年代以降もGNの国々，国連機関やNGO等による支持を受けており，経済的豊かさだけではなく個人の心理的・主観的な幸福感や充足感を指標化する試みも広がっている．1990年代以降の開発・安全保障言説においては，単なるGDPの増大や物質的な近代化でもマクロ経済の安定でも，あるいは世界秩序の根本的な再編成でもなく，非物質的な変容に重点を置いた開発こそが，「安全保障＝解放」に資する開発であると見なされていると言えよう．

チャンドラー［Chandler 2013b］が論じるように，1990年代以降の「人間を中心に据えた」開発概念には，外的世界の理解と変造から人間の内的世界のマネジメントへという志向の変化と，その背景にある，環境を変化させ自らを「解放」し歴史を進歩させる理性的な人間から，自らの利益が何であるかを必ずしも十全に認識することができない脆弱な人間へという人間像の変化が表れているのである．そして，冷戦終結後に戦争や暴力の源泉を個人の心に求める見方がGSに差し向けられ，GSの人々の「リスクの高さ」が問題視され，開発と安全保障の双方の領域における論議が融合した．その結果として，平時と紛争時及び紛争後に必要と見なされる取り組みの境界線は曖昧化し，それらの全過程において，GSの人々の心や政府の能力などの変容が焦点となり，「レジリエンス」の構築が必要だと謳われるようになった．

序章及び本節冒頭で述べたように，開発・安全保障言説については，近代的な理性中心主義的な人間像に依拠していると見なす論もある．しかしながら，開発と安全保障の双方の概念の変容と融合は，20世紀後半のGNの社会で生じた近代性や物質主義への批判がGSの開発をめぐる政策論議に徐々に影響を及ぼし，人間中心主義に対する懐疑に伴って形成された「脆弱な人間」像をもってGSの暴力や紛争が解読されるようになったからこそ，成り立ったものであると言える．1990年代以降の開発・安全保障言説における，個人の心や社会的関係，公的機関の内部者の態度や行動等の変容に重点を置き，ローカルなアクターの「オーナーシップ」に基づく開発や平和構築を追求して人々の「レジリエンス」を構築すべしという論を基礎付けているのは，20世紀後半を通じてGNの社会において浸透した理性への懐疑や，人間を一般的に脆弱であると見なす見方であると言えよう．21世紀に入ってから急速に注目を浴びてきている「人新世」という概念――概して人間の人類の経済活動の痕跡が地球全体を覆い，そのありかたを根本から変えた事態を生んだ時代を指すが，その厳密な定義やその起点については論争がある――に対する注目もまた，環境を変化させ自らを「解放」し歴史を進歩させる近代的な理性中心主義的な人間像への懐疑と，そのような人間が生み出す「歴史の進歩」や「発展」への批判的なまなざしが根底にあると考えることもできるだろう［Wakefield, Grove and Chandler 2020］．つまり，「人間の安全保障」という概念と一見して距離があるように見えるかもしれない「人新世」という問題提起は，実際には近代的人間像や世界観への懐疑が基盤となっており，そこでは政治的主体としての人間は懐疑され，普遍的に脆い「人間」の「レジリエンス」構築が課題とされるのだ．

また，序章で紹介したCSSの第4世代は，概して，物質主義的で国家中心主義的な介入に対する，ローカルなアクターによる「隠されたエージェンシー」や抵抗の可能性があることを指摘し，「トップ・ダウン」の介入にローカルなアクターが「適切」に抵抗したり適応したりすることを可能にするような，文化的多様性を尊重しつつ平和をもたらすアプローチを重視すべきだと主張している．こうした議論においても，ローカルな「エージェンシー」や「オーナーシップ」が強調されているものの，いかなる抵抗や適応が正当で望ましいものであるかをローカルなアクターが正しく判断できるという前提に基づいていないからこそ，「適切」な抵抗や適応を可能にするような介入の必要性が論じられる．したがって，第4世代の議論は，自らの利益について合理的な判断を下すローカルなアクターの能力に対する信頼というよりも，むしろそれに対する懐疑に裏付けられている点において，1990年代以降の開発・安全保障言説の方向性を再確認し強化するものとして捉えることができよう．

(3) GSの指導者に対する不信と国家主権概念の変容

以上で論じてきたように，1990年代以降の開発・安全保障言説が依拠する「脆弱な人間」像は，20世紀後半にGNにおいて徐々に浸透していったものである．そして，この人間像は，近代の人間中心主義的な人間像とは異なっていると捉えることができる．それでは，「脆弱な人間」像の浸透は，理性的人間が自らの意思を実現するための原理であるとされた国民国家の主権の概念に対して，いかなる影響を与えているのだろうか．

先述のように，近代の「自律した理性的な人間」像は，その人間が形成する国家の唯一最高の権力である主権を基礎付けていた．そして，そのような「国民＝国家」には自決権があり政治的に独立していなければならないという原則は，18世紀末のアメリカの独立や19世紀の中南米諸国の独立を支えた［吉川 2004：58-59；篠田 2007］．

その一方で，この原則は，非理性的で自らを律することができない子どもだと見なした人々について，国家を形成する資格や能力を持たないと考える思考を伴っていた．「人間の基準を満たさず，ゆえに国家を形成して自己を統治することができない」と捉えられた集団による政治共同体は，主権を有する国家の「基準」を満たしているとは見なされなかったのである．そして，そうした人々が住む土地は国際法上の国家を構成していない「無主地」であるとする論理は，欧州等の「主権国家」が領有の意思をもって「実効支配」する「先占」を正当化した[8)]．

その後，第２次世界大戦を経ると，アフリカなどで独立の気運が高まり，1960年の国連総会決議では「植民地と人民に独立を付与する宣言」が採択された[9)]．この宣言は，植民地主義を即座に無条件で終結させる必要があるとした上で，全ての人民は自決の権利を有し，この権利に基づいて政治的地位を自由に決定し経済的・社会的地位及び文化的発展を自由に追求すべきこと，政治的・経済的・社会的・教育的水準が不十分なことをもって独立を遅延する口実にしてはならないこと，全ての国家は国内問題への不干渉・人民主権・領土保全の尊重に基づき国連憲章等を順守すべきことを示した．そして，宗主国から独立した国々は，政治的・経済的・社会的・教育的水準にかかわらず主権国家として扱われた．それとともに，新たに独立した国々の国民について，非理性的で野蛮な人々であるから国家を形成して自己を統治する能力がないと論じることや，彼らの心理・精神や価値観の「改善」や「文明化」の必要性を唱えることは，非難され否定されるべきものとなった．

ロバート・ジャクソン［Jackson 1998：25-29］が論じたように，世界の大部分が主権国家で覆われる状況が形成されるのに伴い，国際社会のルールが，政府の統治能力といった「文明の基準」を満たすという意味での「積極的主権」に基づくゲームから，外部からの干渉を受けないという意味での法的な「消極的主権」に基づくゲームへと変容したのである．そして，宗主国から独立した国々も，1955年のアジア・アフリカ会議，1961年の第1回非同盟諸国首脳会議などを通じて連携を強化し，全ての国の主権平等，領土保全の尊重や内政不干渉を訴え，軍備，政治制度，文化，個人の心理や価値観に対する介入を退けようとした．

開発・安全保障言説における国家主権認識は，このような冷戦期の国家主権に関する理解とは異なっているように思われる．例えば，1992年のブトロス＝ガーリ国連事務総長報告書『平和への課題』には，次のように記述されている．「絶対的かつ排他的な主権の時代は去った．その理論に現実が適合したことはなかった．今日の国家の指導者は，このことを理解し，良い国内統治の必要性（needs of good internal governance）と，かつてない相互依存の世界における要請との間のバランスを見出す役割を負っている[10]」．そして，この報告書にみられるような，「絶対的かつ排他的な主権の時代は去った」という認識の背景には，この報告書において役割を担うよう呼びかけられている「国家の指導者」の意思や能力に対する懐疑の高まりを指摘することができる．

開発・安全保障言説においては，「新しい戦争」に関与している国家や集団の指導者は，概して正当な政治的・合理的動機を持っているのではなく，貧しく脆弱で感情に左右される人々を扇動するなどして戦闘に参加させることが多く，非人道的で残虐な行為を指示ないし黙認し，武器・麻薬・天然資源等の非合法取引や犯罪組織のネットワークと結びついているものとして問題視される［Anderson 1996：8；UNDP 2004］．もちろん，1990年代以降のGSにおける武力紛争において，例えば，交戦集団の指導者が残虐な行為を命令ないし黙認していると推測しうる状況や，非合法取引ネットワークと結びつく現象はみられている．ただし，ここでの問題は，そうした状況や現象が事実としてみられるか否かではなく，それらが1990年代以降のGSの武力紛争の「新しさ」であると強調される点である．

ダフィールド［Duffield 2001：128-135；2003］が論じるように，「新しい戦争」論は，それに対比した際のGNの（あるいは「古い」）武力紛争を，国家間戦争であることが多く，国際人道法が（少なくとも「新しい戦争」に比べれば一定程度は）遵守され，民間人への意図的な攻撃や非合法取引との結び付きが比較的みられないものとして想像した上で，「新しい戦争」の合理性・正当性や，そうした紛争に関与する国家や集団の指導者の正当性を強く懐疑する論理を内包している．そして，そうしたGSの国家や集団とグローバルな非合法ネットワークとのつながりを断絶することや，和平プロセスが頓挫することに利益を見出すような指導者の動きを封じること，紛争後に裁判などを通じて指導者の責任を追及したりすることなどが，国際社会が取り組むべき課題だと論じられる．さらに，紛争等によって個人の安全が脅かされているときに，自国内の人々を保護する責任を果たす意思及び能力が国家に欠如している（と見なされた）場合には，国際社会がそれに代わって保護する責任を担う可能性が検討される．

加えて，国家の指導者の資質が問題視されるようになったのは，紛争時においてだけではない．前節で述べたように，開発・安全保障言説には，貧困を削減し社会的・経済的格差を是正し「人間の安全保障」を確保すべく「適切」な経済政策等を策定・実施するためのGSの政府の意思や能力に対する一般的な懐疑がみられる．そして，とりわけサブサハラ・アフリカの国家に関しては，国家の構造や国家と社会との関係が国家エリートの際限ない汚職や国家の私物化を生み出していることや，勝者が全てを支配するというルールで政治が動いているためにエリートが妥協せず，利益へのアクセスを巡って対立していることなどが問題視される傾向がみられる［Bayart, Ellis and Hibou 1999］．

ただし，石田［2007：59］が論じるように，そもそも，第2次世界大戦後のサブサハラ・アフリカにおける「疑似国家」（quasi-states）の成立とは，「治者と被治者間の相互抑制関係が，国外からの治者に対する承認と援助に依存する形で形成された」（傍点は原著）ことを意味したが，その状況はその後暫く不問に付され，問題視されなかった．したがって，ここで開発・安全保障言説に関して再考を要するのは，GSの国家の指導者に「適切」な政策を策定する意思や能力が実際に見受けられるか否かではなく，そうした国家について，弱い国家や脆弱国家等の様々な概念に当てはまる状況が観察できるか否かでもない．

2005年にハリケーン・カトリーナがアメリカ南東部を襲った際のルイジアナ州ニューオリンズにおける略奪と強かんをめぐる報告に関して，スラヴォイ・ジジェク［Žižek 2005：邦訳108］は，「すべての報告がたとえ事実において真実であったとしても……これらのお噺は依然として『病理的』であり，また人種差別的でもある」と指摘した．同様に，開発・安全保障言説において提示されるGS ――とりわけサブサハラ・アフリカ――のエリートないし指導者の性質や特徴の全てがたとえ事実において真実であったとしても，このような「お噺」が1990年代になってGSに投影され，GSの指導者の資質や治者と被治者の関係が問題視され，それらが「国際社会」が介入して調整・連携のもとに取り組むべき重要な問題であると論じられるようになったこと自体については，依然として再考を要するのである．

(4)「オーナーシップ」の重視

ダフィールド［Duffied 2001：127-128］が論じるように，開発・安全保障言説における指導者の意思や能力に対する疑惑の眼差しは，国家や集団の指導者を選出するにあたって合理的決定を行うGSの人々の能力への懐疑に基礎付けられていると思われる．先述のように，概してこの言説において，GSの人々は，心理的問題を抱えて暴走したり，指導者に容易く扇動されたり，あるいは新家産主義的なパトロン―クライエント関係のなかに置かれていたりするために，自己の利害を誤認しかねず，必ずしも合理的な判断に基づいて自らの利益となる指導者を選び取ることができるわけではないと見なされた．したがって，実際の指導者が自国の人々に一定の支持を受けていようとも，その指導者が人々の「解放」に資する「適切」な政策を推進し対立を解消するための意思と能力を有しているとは捉えられないのである．こうした言説においては，「自律した理性的な人間」が政府を組織し唯一最高の権力である主権をもつというモデルは前提になっていない．むしろ，GSの国々において「民主主義は危険」であり，GSの政府の問題は「主権の過剰であり過少ではない」とするコリアー［Collier 2009：199］の主張に表出しているように，GSの人々の自律的な意思決定は問題の源泉と捉えられる傾向すらみられた．

したがって，GSの開発をめぐる政策論議における，「オーナーシップ」や「パートナーシップ」を重視する言説へのシフトは，GSの政府が政策の方向性や中身を完全に自律的に決定すべきという考えに基づいていたわけではない［Harrison, G. 2004］．GSの国々における複数政党制選挙の導入が推進されてきたとはいえ，それらのプロセスがGSの国々のマクロ経済政策や貿易政策をはじめとする経済・政治・社会政策を選択する場としての実質的な意味を持つことは想定されていない．その一方で，過去にIMF・世銀が主導した構造調整においては国家の役割を縮小させることが良しとされたが，1990年代以降の開発・安全保障言説においては，国家の役割の縮小よりも国家の性質や能力の変容が必要であると見なされた［Duffield 2007：169］．

ハリソンが「統治国家」として論じたように，「オーナーシップ」や「パートナーシップ」とは，GSの政府内の人々の価値観や力関係を変容させ，援助機関や外部の「専門家」などが組み込まれた状態で，GSの政府が「オーナーシップ」をもって内外の諸アクターとの「パートナーシップ」を維持しながら

「適切」な政策を立案・実施する意思や能力を形成・維持するよう，諸アクターによる絶え間のないモニタリングが行われることが前提になっていたのである［Harrison, G. 2004：5-7；37；90］.

このように，人間とは普遍的に脆弱なものであるという認識に依拠した上で，GSの人々を「より脆弱」で「リスクが高い」と見なす見方は，GSの指導者の意思や能力への強い懐疑を伴い，自律した理性的な主体を前提にした民主主義を揺るがし，内政不干渉の原則を揺るがす（ないし国内管轄事項の範囲を狭める）ものであったと言える［Pupavac 2000；2001a；2001b；2001c］．そして，人々の心や社会的関係などに介入してそれらを変容させるだけでなく，GSの指導者が「適切」な政策の方向性を「自発的」に選択し，「オーナーシップ」をもって実施し「良い統治」を実現するよう導くことが，GSの開発と安全保障のために必要だと論じられた.

佐藤章［2007］が指摘したように，この時代の援助ドナー側の合意文書や報告書においては，サブサハラ・アフリカの統治者に対して，開発への責任を果たし援助ドナーと協調するような資質ある「指導者」（leader）であれと呼びかけられる現象がみられる．このような現象は，サブサハラ・アフリカの統治者に援助提供の条件を呑ませるのではなく彼らの価値観や振る舞いや行為に作用を及ぼし特定の方向に導くべしという思考を反映していると言えよう．篠田英朗［2007：22-23］が論じたように，政治体制の正当性を保障するのは，もはや民族の意思や，特定の階級の意思ではなく，「良い統治」の責任を果たす意思と能力の有無ということになった.

第１章で述べたように，1990年代までに，開発・安全保障言説における開発の焦点は，GDPの増大や近代化でも，GNとGSの物質的レベルの格差の縮小でも，単なるマクロ経済の安定でもなく，GSの人々の心や社会的関係，政府の意思や能力などの変容を通じて，持続可能な形で主観的な幸福を追求することにシフトしていった．こうした言説においては，GSの国家の領土保全は概して尊重されるものの，GSの人々の心といった内的問題までをも脱中心的・非領土的で可変的な国境を超えたネットワークに開放されることが正当化された［Duffield 2007：169］．そして，この言説においては，GSを物理的・直接的に支配することではなく，GSの経済的・政治的・社会的プロセスを調整・監督するための中心的メカニズムの１つとしてGSの国家（政府）を位置付けた上で，GSの人々の心のありかたや，価値観，文化，社会的関係等の調整と管理を通じた平定を追求することが提唱された［Chandler 2010c：148-149；Duffield

2001：34］.

第1章で言及したスティーヴン・クラズナー［Krasner 2001］による国家主権概念の4分類――「国内的主権」,「相互依存的主権」,「ウェストファリア的／ヴァッテル的主権」,「国際法的主権」――を使用すれば，1990年代以降の開発・安全保障言説においては，GSの国々の「国際法的主権」が前提とされつつも「ウェストファリア的／ヴァッテル的主権」が揺るがされ，その他の意味での主権を脱領域的なネットワークに開放することが正当化されたと捉えることもできる．ただし，開発・安全保障言説は，国際社会において制度化されてきた「国際法的主権」の安定性を覆そうとするものではない．開発・安全保障言説は，基本的には国際社会における「国際法的主権」の安定性を前提にした上で,「より脆弱」で「リスクが高い」と見なされるGSの個人の心や社会的関係から公的機関の能力等に至るまでの領域に働きかけ導くことを，正当化するものになったと言えるだろう．

開発・安全保障言説が依拠する人間像については，近代的な理性中心主義的な人間像――環境を変化させ自らを「解放」し歴史を進歩させる理性的な人間像――であるという論もみられる．しかしながら，20世紀後半のGNの社会においては，理性への懐疑が次第に広範な人々に差し向けられるようになり，狂気と正気の境目や非理性的な狂人と理性的な人間との区別が不明瞭になっていった．その過程のなかで，開発をめぐる政策領域においても，近代性や物質主義に対する批判が経済的・物質的開発や工業化の追求への批判の形で表出し，経済的・物質的な開発からGSの人々の心や社会的関係や政府の意思や能力の変容へと焦点が移行し，個人の主観的な幸福や充足が重視されるようになった．また，第2次世界大戦後の宗主国からの独立期及び独立後の時代に，GSの武力紛争や暴力の源泉を個人の心に求めるアプローチは，GSだけでなくGNの人々からも批判されたものの，その後次第に――とりわけ冷戦終結後に――「脆弱な人間」像に依拠してGSの武力紛争や暴力を論じる言説が，国連などにおける政策論議のなかで主流を占めるようになった．そして，その頃までには，GNの社会において，心理学的な知が自他や社会現象の基本的な解読法として浸透していた．1990年代以降の開発と安全保障の両領域における政策論議は，このような「脆弱な人間」像が根底に流れ，この人間像がGSに投影されるようになったからこそ，相互に接近し融合したとも言えよう．

開発・安全保障言説においては，近代的な理性中心主義的な人間像に基づいて近代化や民主化を「トップ・ダウン」の形で推進することが論じられつつも国家主権や内政不干渉といった概念が揺るがされているとは言い難い．この言説おいては，理性と非理性，正気と狂気，健康と病の二項対立で割り切ることができない，普遍的に脆弱な寛解状態の人間像がGSに投影されているからこそ，近代化が懐疑され民主主義が危険視され，国内管轄事項の範囲が再定義され，それと同時に，GSの「オーナーシップ」の確保が必要と見なされたのである．

おわりに

本章を通じて述べてきたように，開発・安全保障言説が形成された背景には，「自律した理性的な人間」像から，自らの利益や幸福が何であるかを必ずしも判断することができない「脆弱な人間」像への変化があったことが考えられる．そして，この言説においては，「脆弱な人間」像に依拠した上で，GSの「リスクの高さ」や「脆弱さ」が問題視され，自律した理性的な主体を前提にした主権国家の内政に対する不干渉という原則が揺るがされ，多様な外部アクターが浸食的な介入を行うことが正当化される．

その一方で，この言説においては，外部アクターがGSの国々において実現すべき社会のありかたを設定し，それに照らし合わせて個人の幸福の何たるかを判断し，人々の生に普遍的に関与すべく制度やシステムを構築し，効率の良い資源配分を検討して戦略的に政策を配置すべきであるとは捉えられていない［Chandler 2009］．例えば，この言説においては，近代化や進歩の概念の普遍性が疑問視され，それらの概念の代わりに人間の解放や幸福といったスローガンが繰り返されつつも，それらは主観的な概念であることが前提になっており，外部アクターがGSの人々にとっての幸福を設定するという前提があるとは言えない．

つまり，開発・安全保障言説においては，GNの国々や国際機関，NGOをはじめとする様々なアクターによる関与が正当化されるものの，そうしたアクターが「共通善」を設定するという前提はみられず，あくまでGSの人々の「オーナーシップ」を重視すべきと論じられる．しかしながら，先述のように，この言説においては，GSの人々は自らの利益や幸福を必ずしも正しく判断することができず，「リスクが高い」状態であると捉えられる．それゆえに，GSにおいて民主主義的手続きを通じて目的を設定し，その目的を達成すべく手段を選択することは「危険」であるとすら論じられる．チャンドラー［Chandler

2009］が指摘するように，この言説においては，GSの国家の指導者が「適切」な政策の方向性を「自発的」に選択し，「オーナーシップ」をもって実施し「良い統治」を実現するよう導く必要性が論じられる一方で，何が「適切」であるかの指針となる物語は提示されておらず，「適切さ」を正しく判断することができる理性的な「人間」の存在は，前提とされていないのである．

注

1） 日本の国際政治学の研究者のなかでは，例えば野崎孝弘［2002］は，「人間の安全保障」概念には人権思想と国民国家との間のズレの問題を克服する可能性があると期待しつつ，この概念における人間が本質主義に回収されて「真性な自我」と等価と見なされて「骨抜き」にされることを懸念している．清水耕介［2011］も，「人間の安全保障」言説における人間像を，リベラリズムの政治経済思想の前提をなす，近代的な自律的経済人であると位置づけている．そして，19世紀から20世紀初頭の民主化の後に大衆化した人々が熱狂的に全体主義を支持した過去を挙げ，人々が本当に自分たちの状況を理解できるのかという問題があると指摘している．

2） 1865年から1909年まで在位した，レオポルド・ルイ・フィリップ・マリー・ヴィクトル（Léopold Louis Philippe Marie Victor）第２代ベルギー国王．なお，コンゴ自由国は，1884-85年のベルリン会議の場で，レオポルド２世の私有領とすることが承認された．

3） 例えば，イギリス出身でドイツ領アフリカに居住していたチャールズ・ストークが，1895年１月にベルギー領コンゴにおいて植民地行政官によって簡易死刑（絞首刑）に処された「ストークス事件」（Stoke's affair）が挙げられる．

4） この小説は1899年に雑誌に連載され，1902年に他作品とともに一冊にまとめて書籍化された．

5） ル・ボンの議論には，身分を問わず誰もが群衆の一員となりうると論じたり，愚かな指導者を批判したりする側面があるが，そうした主張は，社会を科学的に組織する「真の」指導者への期待と，そのような指導者たらんとする人々への助言という形で展開されたことが指摘されている［長谷川 1997：114-116］．

6） 一般的に，親からの虐待などの様々な心的外傷体験によって，自己の正当な欲求を正当に表出することができなくなった人であり，自分が好きになれない，プライドが持てない，感情がコントロールできないといった問題が生じると考えられている［斎藤 2003：66-67］．

7） ローズ［Rose 1999：188］は，規律権力は個人の効用と従順さを最大化させることに焦点を置き，生権力は人口の健康と福祉の最大化に焦点を置いていたのに対して，「倫理政治」は，文化と消費メカニズムが生活やアイデンティティの管理において大きな役割を果たしつつある状況のなかで「魂の統治」（government of souls）を再構成するものであるとした．また，ローズは，2007年の著作［Rose 2007：27］においては，感情・信念・価値観といった倫理に働きかけて人間の行動を形作る試みとして「倫理政治」を説明した．ただし，ローズ［Rose 1999：173］は，規律権力や生権力の時代が消え去って「倫理政治」の時代になったのではなく，旧来の思考や行動の方法に並んで新しい方法が形作られているのであり，後者の誕生は緩慢で複雑なものであると論じている．

8） 横田喜三郎［1957：90］は，無主地について，「国際法の無主地は無人の土地だけにかぎるのではない．すでに人が住んでいても，その土地がどの国にも属していなければ無主の土地である．欧州諸国によって先占される前のアフリカはそのよい例である．そこには未開の土人が住んでいたが，これらの土人は国際法上の国家を構成していなかった．その土地は無主の土地にほかならなかった」としている．なお，19世紀後半に欧州列強がアフリカに進出した際には，「植民地」（colony）ではなく本国の「保護領」（protectorate）となる条約を現地の集団の指導者と締結する形式が頻繁にみられた．これは本国がその領域を完全に「実効支配」することなく勢力下ないし「保護下」に置くことを可能にするものであったとともに，そのような条約の多くは「保護領」の集団の指導者がその対内的な事項に関する一定の決定権を持ちながら本国に外交権を委ねるという形式をとった．ただし，これは「保護領」の人々を「自律した理性的な人間」であると捉えて彼らの集団を主権国家であると見なしたものであるとは言えない．

9） UN Doc. A/RES/15/1514. Declaration on the Granting of Independence to Colonial Countries and Peoples.

10） UN Doc. A/47/277-S/24111, para. 17.

第4章
新人道主義の登場

はじめに

第1章で詳説したように，1990年代にアフリカなどのGSの国々で生じた武力紛争については，国家間とは限らず，冷戦期の代理戦争とも様相を異にしており，平和な状態と戦争状態とを区別することが難しい，形態や性質において新しい武力紛争であるという指摘がなされ，「新しい戦争」といった認識概念が提示された．そして，武力紛争中や終結後，あるいは自然災害等の際に行われる人道援助についても多くの研究や政策論議が行われ，援助のありかたをめぐって再考が促された．すなわち，それまでの人道援助について，平和や持続可能な開発に悪影響を及ぼしうるという批判が展開された．

このような批判が生じたより広い背景としては，1990年代以降の「新しい戦争」をめぐる国際的な政策議論において，開発援助と人道援助，さらには長期的な国家建設や平和構築などの諸政策との調整や連携を求める動きが強まったことが挙げられる．当時の国際的な政策論議のなかで「新しい戦争」の根本原因と帰結及び対処方法について主流化した言説においては，GSの低開発が紛争のリスクを高める一方で紛争が低開発をもたらすという論が自明の前提として組み込まれた．そして，「平時」と紛争時・紛争後の政策課題が重複ないし相互に関係するものと捉えられるようになり，開発援助と人道援助との境界線が曖昧化していった．こうしたなかで，人道援助は開発援助や他の政策と調整・連携したうえで平和や持続可能な開発といった「望ましい結果」に資するよう計画・実施すべきであるにもかかわらず，既存の人道原則に基づく援助はそうした「望ましい結果」の達成に悪影響を及ぼしうると批判されるようになったのである．

本章では，まずは古典的人道主義について概観してから，批判論者が展開した新人道主義を紹介する．そして，1990年代に旧来の人道援助を支持する人々にも新人道主義派にも受容され開発援助や人道援助への導入が急速に進んだ活動として，「心理社会的活動」を紹介する．そのうえで，筆者が2000年代よりフィールドワークを行ってきた北部ウガンダにおける「心理社会的活動」の事例を挙げることにより，新人道主義やそれを推進した人々に支持された活動の矛盾点や，言説と実践との乖離を論じていく．

第1節　古典的人道主義の時代

人道援助とは，現在では，武力紛争，自然災害，人的災害（原発事故など）に直面した人々への援助など，危機的な被害に見舞われた人々の生命を救い，苦難を軽減することを目的にした援助といった意味で使われることも多い．ただし，人道援助について国際的に共通の定義はなく，援助組織ごとに違うことも稀ではない．なおかつ，開発援助と人道援助との区別は，とりわけ1990年代以降は曖昧になっていった．

欧州における人道援助の起源は，近世から近代にかけて欧州各国の軍隊内に組織された医療部隊であった．そうした医療部隊の活動が国境を越えた人道援助活動に発展する契機になったものとして，現在の国際赤十字・赤新月社運動の前身となった組織が1863年に創設されたことが挙げられる．すなわち，1863年2月に，赤十字国際委員会の前身である5人委員会（アンリ・デュナンやギュスタヴ・モアニエらを含む5人の委員会[1]）が発足した．そして，この委員会の呼びかけに応じて1863年10月にジュネーヴで「救護社設立」のための会議が開催され，スイス，イギリス，フランス，イタリア，スペイン，オランダ，スウェーデン，ロシア，オーストリア，プロイセン，バーデン，ババリア，ハノーバー，ヘッセ，ザクセン，ヴュルテンベルグの16カ国と4つの団体が参加し，10か条の「赤十字規約」が採択された[2]．さらに，1864年に採択された戦地軍隊における傷者の状態改善に関する条約（ジュネーヴ条約[3]）には，第1条に野戦病院・陸軍病院は中立であること，第2条に病院・野戦病院の看護人は中立であること，第3条に占領された時の看護人の職務の保証，第4条に病院の器物は病院のものであること，第5条に負傷者を保障する民家や個人は中立であること，第6条に戦場においては敵味方の区別なく傷病兵を看護すること，第7条に「白地に赤十字を描いたもの」中立標識とすることが定められた．

欧州においては18世紀以降に，中産階級による寄付に基づく博愛団体の創設が相次いだ［Hutchinson 1989：558；小菅 2002：356］．そうした団体の1つになった赤十字国際委員会（ICRC）で中心的役割を果たすことになるデュナンやモアニエは，若い頃から本国の貧困問題や労働者階級の道徳と健康の問題に対処すべく活動していた．そして，ジョン・F. ハチンソン［Hutchinson 1989：559；566-567］によれば，モアニエは，赤十字運動が欧州の軍隊（義務兵役制の普及により多数の大衆によって構成されるようになった軍隊）及び大衆一般の道徳的水準を高めるであろうと考えていた．第3章で詳述したように，19世紀後半には，「大衆」の理性を懐疑し，理性ある「我々」が「大衆」を教育・啓発すべしとする思考がブルジョワ階級のなかで広まっていた．そうしたなかで，モアニエは，赤十字運動が「文明的」な戦闘ルールについて大衆を啓発することは，徴兵された下層階級の人々が「野蛮」な戦闘を行うことを防ぎ，それにより欧州文明の水準を維持し，欧州が世界における文明化の使命を果たすことを可能にすると捉えていた［Hutchinson 1989：559；566-567］．

また，国民国家の形成期において，戦時救護は，国家にとって生かすべき個人を生命体として保護し，効率良く監視し，緻密な統計に基づいた調整と管理のもとに置き，彼らの身体からより多くの力を徴収するために必要とされた．フランス革命戦争（1792-1802年）及びナポレオン戦争（1803-1815年）を経て，欧州諸国の陸軍は，陸軍病院や野戦病院を組織するようになっていった［小菅 2002：358］．近代的兵器の取り扱いを習得し経験を積んだ兵士を回復させ戦場に戻すことは，兵士を新たに育成するよりも効率的だったため，戦地における看護婦や医師は，傷病兵を戦線復帰させるという軍事戦略上の役割も担っていた［Hutchinson 1989：561；573］．また，当時の陸軍病院や野戦病院では，病院の建築構造やシステム，人員配置のレベルから変革を行い，傷病兵を監視・管理し，良好な衛生状態を保つことが追求されるようになった．

クリミア戦争（1853-1856年）において，フローレンス・ナイチンゲール（Florence Nightingale）がイギリス軍の傷病兵に対して行ったことは，単なる献身的な傷の手当てや看病ではなかった．ナイチンゲールは，トルコのスクタリ（Scutari：イスタンブール内の一区域）に置かれたイギリス軍の兵舎病院のシステム・設備・人員配置等の変革を通じて傷病兵の管理と衛生・栄養状態の改善を追求し，戦後はその経験を活かして，本国イギリスの病院の建築構造・システムの改革や，専門職としての看護婦の養成体制の構築を，統計を駆使しつつ訴え，さらにはそうした活動を通じて統計学――数値化した尺度に基づいて人口を把握し管理するための知――の先駆者にもなった［Hammond 2005；Harrison, M. 2004：122］．戦場で生かすべき個人を保護し，調整と管理のもとに置くための経験は，平時の本国の人々を緻密な統計に基づいた調整と管理のもとに置いて生を向上させるための制度や知の発展に活かされたと考えることもできる.

さらに，18世紀以降に欧州で誕生した，戦場で個人が被る苦痛や死への感受性は，19世紀に深化し，さらに浸透していった［小菅 2002：353-357］．義務兵役制の普及によって，志願した者だけでなく徴兵された者も軍隊を構成するようになるとともに，通信技術・大衆ジャーナリズムが発達した結果，クリミア戦争（1853-1856年）の頃までには，徴兵された兵士の家族や知人に戦場の生々しい状況が伝わるようになっていた［Hutchinson 1989：561；573；小菅 2002：353-357］．徴兵された人々が被る苦痛や死に対して国民が敏感に反応するなかで，戦場で瀕死の兵士を救命し，傷病兵が被る苦痛に対処することは，国民の士気を安定させるためにも重要な課題となった［小菅 2002：353-357；373-374］．そのため，当時の赤十字運動や戦時国際法の形成を通じては，国家間の戦争において兵士が被る被害の緩和や傷病兵の保護に主眼が置かれた.

加えて，赤十字運動には，大衆の愛国心育成の観点からも期待が寄せられた［Hutchinson 1989：573］．例えば，プロイセン王国は，戦時に備えて平時から人々を訓練する赤十字運動を通じて，大衆の愛国心や軍に対する忠誠心を育成するとともに社会民主主義への傾倒者を減らすことができると期待して，その保護・育成につとめた［Hutchinson 1989：573；577-578］．赤十字運動の側も，例えばフランスにおいては，戦時に効率良く負傷兵を救援する知識と体制を整え，将来の戦争に向けて準備をする愛国的な「良き市民」像を提示して，人々を鼓舞した［Chrastil 2008；Taithe 1998］．つまり，赤十字運動は，「文明国」の人々の道徳性や文明性を維持・向上させ，「文明国」間の戦争を「人間的」なものにして非合理的で過剰な暴力を排し，生かすべき人々を保護し，国民国家を作り上げる試みの一環であった[4].

その後，1881年に創設されたアメリカ赤十字社の呼びかけにより，各国の赤十字社は，戦争による惨禍以外の災害についても援助を行うようになり，1919年には，各国の赤十字社を国際レベルで調整する機関として「赤十字・赤月社同盟」がつくられ，1991年には国際赤十字・赤月社連盟（IFRC）となった.

2024年現在，赤十字と名のつく組織は大きく分けてICRC, IFRC，そして各国の赤十字社・赤新月社の３タイプである．各組織は財政・政策の面で独立しており，この３つの活動を総称して「国際赤十字・赤新月運動」（赤十字運動）と呼ばれている.

そして，1965年にオーストリア・ウィーンで開催された第20回赤十字国際会議で「国際赤十字・赤新月運動の基本原則」（赤十字基本７原則[5]）が採択されたが，ここに「人間の生命は尊重されなければならないし，苦しんでいる者は，敵味方の別なく救われなければならない」という「人道性」（humanity）が赤十字の基本であり，他の原則は「人道」の原則を実現するために必要となるものだ，という趣旨の文言が盛り込まれた．他の原則とはすなわち，不偏性ないし公平性（impartiality），中立性（neutrality），独立性（independence）といった原則であり，こうした諸原則に則って人道援助を行うべしとする議論が，本書で「古典的人道主義」と呼ぶものである．

このようにして形成された古典的人道主義においては，人道援助とは，特定の紛争当事者に加担したり政治・人種・宗教・イデオロギーにかかわる論争に関与したりしない「中立性」，国籍・人種・政治的立場等によって差別せずに必要性にのみ基づいて援助の優先度を決定する「不偏性（ないし公平性）」，政府等による介入を受けずに援助を行う「独立性」といった原則に則って実施すべきものであった．なお，こうした人道主義については，「義務論的倫理」（deontologist ethics）に基づく人道主義とも呼ばれる［Slim 1997］．

ただし，20世紀には，赤十字系だけではなく様々な組織――例えば，国際NGOや，国連諸機関など――が人道援助を展開するようになった．そして，多様化した人道援助組織のなかには，このような古典的人道主義（とりわけ中立性原則）を受け入れないものもでてきた．例えば，1971年に設立された国境なき医師団（MSF）は，中立性原則に批判的な人々によって作られた組織である［Terry 2000：1］．

第2節　新人道主義の登場

1990年代に「新しい戦争」が問題視されるなか，アメリカの経済学者で開発コンサルタントであったメアリー・アンダーソン［Anderson 1996］をはじめとする論者は，古典的人道主義を批判するとともに，新たなアプローチを生み出した．人道援助とは「望ましい結果」の達成を害さないように緻密な計算と細心の配慮をもってなされるべきであり，それを害すると予想される場合にはたとえ生命の危機に瀕した人々がいても人道援助を行なうべきではないという新人道主義（new humanitarianism）が，「結果主義的倫理」（consequentialist ethics）に基づく人道主義として注目を浴び，GNの実務者のなかで支持を集めていったのである［Curtis 2001］．

古典的人道主義の立場をとる国際赤十字・赤新月運動と新人道主義を推進し

たオックスファムやセーブ・ザ・チルドレンなどの国際人道NGOが，交渉と妥協の末に1994年に合意した「災害救援における国際赤十字・赤新月運動ならびにNGOのための行動規範[6)]」には，当時の議論の状況が映し出されている．全10条から成る行動規範には，不偏・公平性や独立性などの用語は記されているものの，中立性という用語は一度たりとも明記されていない．第3条には，援助を特定の政治的・宗教的目的のために使用したり，政治的・宗教的な信条の支持・受容に援助を紐付けたりしない旨が記されているが，これは古典的人道主義における中立性概念（紛争当事者に加担したり政治・宗教・イデオロギーなどがかかわる論争に関与しない）と一致する表現ではない．さらに同条には，非政府の人道援助組織には特定の政治的・宗教的見解を主張する権利があるとしており，これは正義や人権などを掲げて特定の紛争当事者を支持したり，紛争下の人々への援助と並行してその紛争に関するアドボカシー活動を実施したりすることを容認するものと解釈しうる点で，古典的人道主義の中立性概念と相反しさえする．加えて，この行動規範には，人道援助を通じて長期的開発に資するようにすることといった新人道主義の結果主義的な論理が盛り込まれたり，援助地の文化や慣習を尊重すること，受益者の参加を可能にすることといった項目が含められたりするなどして，これらが不偏性や独立性などの原則を記した項目と並記された．

この行動規範について，合意から10年を記念した会議の組織委員会が委託した報告書［Hilhorst 2004：7；17-18］は，1991年以降の行動規範の起草プロセスにおいて中立性をめぐる援助組織間の見解の相違が解消されなかったため，第3条には中立性に関連する内容は挿入されたものの曖昧な表現にとどまり，中立性という用語は全く記されないという玉虫色の合意になったという経緯を解説している．さらに，この報告書は，行動規範に「アカウンタビリティー，パートナーシップ，参加，持続可能性などの，開発援助分野から流入した」［Hilhorst 2004：7］原則が含められ，不偏性や独立性といった既存の原則と並置されることとなったことが回顧されている．

既存の人道援助の原則（とりわけ中立性）に基づいた援助が平和や持続可能な開発に悪影響を及ぼしうるという主張に関しては，根拠が定かではない不安に基づくものであるとの批判もみられた［Silken and Hughes 1992；Stockton 1998］．しかし，1994年のルワンダ・ジェノサイド後に東部ザイール（現コンゴ民主共和国）の避難民キャンプで行われた人道援助を通じて，そこに流入していたジェノサイド加害者にも援助が提供されたために，さらなる暴力につながったのではないかという嫌疑は，この主張に具体的な「根拠」を与えることになった［Duffield 2001：81-82］．そして，1990年代後半には，人道援助は悪影響をもたらしうる慈善事業や施しであってはならず，望ましい結果に資するような「人権ベース」（rights based）の倫理的行為たるべきであり，より長期的な開発政策との一貫性を確保しつつ実施されるべきであるとの見方が，実務者や研究者のなかで主流を占めるようになった[7]．そして，この新人道主義は，援助と政治及び軍事の領域の一貫性を保ち，NGO，国連機関，民間軍事・警備会社，軍といった多様なアクター間による連絡・調整の緊密化が必要であるという論に結びつくものであった［Curtis 2001：9；11-22；Duffield 2001：16］．

2001年９月11日のアメリカ同時多発テロ事件以降の「テロとの戦い」については，国家安全保障の時代への逆行・退化だとの批判や，援助と政治・軍事との境界線を曖昧にさせ，NGOなどの民間の援助組織と軍との関係性（民軍関係）に関する諸課題をもたらし，中立性や独立性が疑われるようになった民間の援助組織がテロ組織の攻撃対象になる事態を生んだとの批判もみられた［Stoddard 2003］．しかし，すでに1990年代には，オックスファムや「国境なき医師団」（MSF）をはじめとする多くのGNのNGO自身が，「結果主義的」な人道援助論を検討ないし支持し，人道援助の既存の原則を切り崩していた［Vaux 2001］．そして，新人道主義における，人道援助にコンディショナリティを付し，「望ましい結果」をもたらす可能性という基準で援助に値する人間と値しない人間を線引きし，援助を提供しても平和や持続可能な開発といった「望ましい結果」に結びつく見込みがない――援助に値しない――人々を死ぬがままに任せることを正当化する論理は，個々の人道援助の文脈において恣意的に定義される「平和」や「正義」のために特定の個人や集団を排除する論理に結びつく可能性を内包するものであった．

新人道主義は，実務者や研究者のなかで大きな論争を呼んだ．そして，英語圏で新人道主義に対する批判論の先陣を切った研究者のなかには，南スーダンを調査地とする人類学者であり1980年代に同地のオックスファム事務所に勤務したダフィールド［Duffield 2001］や，ブルンジ，ルワンダ，コンゴ民主共和国を調査地としていた政治学者のデヴォン・カーティス［Curtis 2001］をはじめ，政治学や人類学を専門とするアフリカ地域研究者も多く含まれていた．例えばダフィールドは，人道援助に条件を付し，GNの援助ドナーが定義する「望ましい結果」――政治的・軍事的目的や新自由主義的な統治構想など――にかなうような人道援助を実施することを正当化し，「望ましい結果」をもたらす可能性という基準で人道援助に値する人間と値しない人間を線引きする論理であるとして，新人道主義を批判した［Duffield 2001；2007］.[8)]

こうした批判を受けつつも，新人道主義はオックスファムや国境なき医師団（MSF）をはじめとする多くの国際人道援助組織に支持された．そして，例えばオックスファムにおいては,「女性の権利を軽視する政権下で人道援助を行っても女性の意見が援助に反映されない」といった理由をもって，多くの人命にかかわる大規模な人道援助プロジェクトを打ち切るなど，古典的人道主義に基づけばなされなかったであろう判断が正当化されていった［Vaux 2001：113-136］.

第 3 節　新人道主義にみられる開発・安全保障言説の矛盾

第 3 章で述べたように，開発・安全保障言説が形成された背景には,「自律した理性的な人間」像から，自らの利益や幸福が何であるかを必ずしも判断することができない「脆弱な人間」像への変化があったことが考えられる．そして，この言説においては,「脆弱な人間」像に依拠した上で，GS の「リスクの高さ」や「より脆弱であること」が問題視され，自律した理性的な主体を前提にした主権国家の内政に対する不干渉という原則が揺るがされ，多様な外部アクターが浸食的な介入を行うことが正当化される.

その一方で，デイヴィッド・チャンドラーが指摘するように，この言説においては，外部アクターが GS の国々において実現すべき社会のありかたを設定し，それに照らし合わせて個人の幸福の何たるかを判断し，人々の生に普遍的に関与すべく制度やシステムを構築し，効率の良い資源配分を検討して戦略的に政策を配置すべきであるとは捉えられていない［Chandler 2009］．例えば，この言説においては，近代化や進歩の概念の普遍性が疑問視され，それらの概念の代わりに人間の解放や幸福といったスローガンが繰り返されつつも，それらは主観的な概念であることが前提になっており，外部アクターが GS の人々にとっての幸福を設定するという前提があるとは言えない．また，前節で述べた新人道主義においては，平和や持続可能な開発といった「望ましい結果」をもたらす可能性という基準によって援助に値する人間と値しない人間を線引きする論理がみられるとはいえ，平和や持続可能な開発といった概念自体が曖昧であり，個別の事例において何が「望ましい結果」であるのかを判断する主体は明確になっていない.

つまり，開発・安全保障言説においては，GN の国々や国際機関，NGO をはじめとする様々なアクターによる関与が正当化されるものの，そうしたアクターが「共通善」を設定するという前提はみられず，あくまで GS の人々の「オーナーシップ」を重視すべきと論じられる．しかしながら，この言説においては，GS の人々は自らの利益や幸福を必ずしも正しく判断することができず，「リスクが高い」状態であると捉えられる．それゆえに，GS において民主主義的手続きを通じて目的を設定し，その目的を達成すべく手段を選択することは「危険」であるとすら論じられる．チャンドラー［Chandler 2009］が指摘するように，この言説においては，GS の国家の指導者が「適切」な政策の方向性を「自発的」に選択し，「オーナーシップ」をもって実施し「良い統治」を実現するよう導く必要性が論じられる一方で，何が「適切」であるかの指針となる物語は提示されておらず，「適切さ」を正しく判断することができる理性的な人間の存在は，前提とされていないのである．

さらに，2000年代以降には，経済的豊かさだけではなく個人の価値観や主観に基づく豊かさ・幸福・充足・安らぎなどを加味した「目標」の形成が試みられている．しかし，こうした動きにも，特定の国々や機関が人々の利益や幸福を正しく知ることができるという認識がみられるとは言い難い．例えば，第1章で言及したように，OECD では，GDP に代わるような「ウェル・ビーイング」を測るための指標の作成が進められ，2011年には，住居，収入，雇用，教育，環境，健康，市民の政治参加とガバナンス，個人の安全，ワーク・ライフ・バランス，共同体，主観的な幸福度などの各指標に関する各国のデータを示す「より良い暮らし指標」が発表された．ただし，OECD はこの指標を一本化して各国を総合的にランク付けることは行っていない．そして，普遍的な「目標」を設定して人々に押し付けることは回避される傾向にある一方で，人々が自己の利益を十全に判断する能力は普遍的に懐疑されている．したがって，何が人々の利益であり幸福であるかを判断する者がいるとは想定されておらず，責任の所在をめぐる議論は堂々巡りになる．そして，あらゆる問題が「人間の安全保障」のために重要であるとともに複雑に関連しており，国家や国際機関から個人に至るまでのあらゆるアクターが問題の対処に関与すべきであり，何が「適切」なのかは時と場によってローカルな人々の「オーナーシップ」に基づいて諸アクターが調整して決めるべきだとの論に基づけば，政策的な優先順位は曖昧になり，際限なく広がる諸アクター間の調整は一貫性のないアドホックなものにならざるをえない．

そのようななかで，新人道主義――人道援助は，平和や持続可能な開発といった「望ましい結果」に資するような行為たるべきであり，「望ましくない結果」を生む「リスク」がある場合は援助すべきではないという論――は，「結果主義的」倫理に基づくと指摘されているものの，結局は，そもそも目指すべき平和や持続可能な開発の定義自体が曖昧である．したがって，実際の人道援助の文脈においては，新人道主義は，あらかじめ定められた「望ましい結果」に照らし合わせて援助に値する人間と値しない人間を線引きする論理というよりも，それぞれの援助にかかわる諸アクターによる場当たり的な判断に人々の生死を委ねる論理になりうる．

第4節　心理社会的活動
――北部ウガンダ・アチョリ地域の事例から――

(1)　心理社会的活動への期待

新人道主義が人道援助業界において主流化していった時期に人道援助や開発援助に盛り込まれるようになったのが，心理社会的活動（psycho-social activities）ないし心理社会的支援（psycho-social support）であった（本章では「心理社会的活動」に統一する）．この活動の定義は援助組織によって様々だが，1990年代以降に人道援助や開発援助のプロジェクトを構成する主な要素の1つになっていった．そして，心理社会的活動は，新人道主義を支持する人々からは概して「良い結果」をもたらす可能性が期待され，古典的人道主義を支持する人々からは全ての人道危機における必須サービスとして受容されていった．そして，人道援助のプロジェクトには，単に物資などを提供するだけでなく，個人の心理やコミュニティの社会的関係の変容を追求する要素が盛り込まれていった．

例えば，1990年代後半から2000年にかけて「人道援助において最低限守られるべき基準」を定めるために国際赤十字・赤新月社連盟（IFRC），オックスファム・イギリス，そしてアメリカのNGOの連合体であるインターアクション（InterAction）などが中心になって作成した『スフィア・ハンドブック』（Sphere Handbook）の2011年版［Sphere Project 2011：28, 333］[9)]は，「権利保護の原則」とする4原則の1つを「暴力や抑圧による身体的・心理的な危害から人々を保護すること」としており，メンタル・ヘルスと心理社会的活動を，全ての人道的状況における「必須保健サービス」に位置付けた．

1990年代以降の援助組織の活動において心理社会的活動と呼ばれるものは，

非暴力的な問題解決方法や自尊心（self-esteem）を身に着けさせるための教育，家庭訪問による心理カウンセリング，現地の文化や宗教に基づいた和解に関する啓発から，手工芸品の共同生産，スポーツ，ダンス，音楽などに至るまで極めて多様である［Pupavac 2001c］．一般的に，心理社会的活動には，紛争や災害等による「トラウマ」やそれによる異常行動に対処したり，個人の心理や家庭や地域といった身近な範囲の社会的関係における問題の芽を摘んだりすることで，さらなる暴力を予防することが期待されており，紛争下や災害・紛争後の人道援助だけでなく「平時」の開発援助においても，プロジェクトを構成する要素の1つとして採り入れられてきた．そして，心理社会的活動をめぐる研究や実践においては，心理学に厳密に基づいた活動のみではなく，「現地の伝統」に基づいた活動も，現地の伝統や文化に根ざしつつ同様の効果をもたらすものとして，あるいは言いかえれば同様の効果をもたらすと見なしうる限りにおいて，肯定されている．

例えば，先述の『スフィア・ハンドブック』2011年度版の「コミュニティ・ベースやその他の心理社会的支援」の項目は，「文化的に適切な埋葬，宗教行事や習慣，害のない文化的・社会的習慣などの，共同体のポジティブな対処メカニズムは支援されなければならない」とした［Sphere Project 2011：43］．ただし，スフィア・ハンドブックは，各共同体のいかなる「対処メカニズム」が害のないポジティブなものであるかを明示しておらず，その判断はそれぞれの援助の現場に委ねられることを意味した．そして，後述するように，北部ウガンダ・アチョリ地域では，「伝統」に基づいた活動のほかにも，キリスト教の教えやキリスト教的な赦しの文化の推進，心理学に基づいたカウンセリングなどの，様々な心理社会的活動が行われてきた．

もちろん，紛争下や紛争後の人々の精神状態に対する懸念自体は，新しいものではない．第2章で述べたように，第1次世界大戦時及び戦後のイギリスにおいては，戦地の兵士あるいは帰還兵が罹る「砲弾ショック」が問題視されたし，心的外傷後ストレス障害（PTSD）という概念は，1970年代にベトナム帰還兵の問題が提起されるなかで形成され，1980年代以降に定着したものである．しかしながら，人道援助や開発援助のプロジェクトに心理社会的活動が浸透したのは，1980年代後半以降，とりわけ1990年代に入ってからのことである．

例えば，1980年代半ばに紛争と飢饉がエチオピアの人々にもたらした状況が注目された際［榎本 2006a］には，彼らの極度の飢えや身体的な病による生命の危機に対処するための食糧や水などの物資や医療の提供が重視されたが，紛争と飢えによる人々の「トラウマ」をケアすべく多くの組織が活動を展開するといった状況はみられなかった．日本の援助組織による日本国内の災害被災地等での援助活動においても，1995年の阪神・淡路大震災の頃から，この類の活動が定着した［窪田 2005］．

こうした状況について，プパヴァックは，「脆弱な人間」像に依拠した論理に基づいて，人々の心を癒し統治しようとするグローバルなセラピー的統治を意味するものだと批判した［Pupavac 2005］．しかし，例えば北部ウガンダ・アチョリ地域において行われた心理社会的活動については，そのような状況が可能になってはいなかった．本節では，この地域において，プパヴァックらの予想や批判に反して，心理社会的活動の展開が，人々の心を特定の方向に導くセラピー的統治と呼びうるものとはほど遠い状況を生み出していたことを論じる．

(2) 心理社会的活動としての「伝統復興」

心理社会的活動は，筆者が2000年代半ばからフィールドワークを行ってきた北部ウガンダ・アチョリ地域でも，1990年代以降に盛んに行われるようになった．1985年7月のクーデターにより誕生したアチョリ地域出身のティト・オケロ（Tito Okello）による政権が翌1986年1月にウガンダ南部出身の現大統領ヨウェリ・ムセベニ（Yoweri Museveni）の軍に倒されて以降，アチョリ地域を中心とした北部では，オケロ政権時代の軍関係者をとりこんだ様々な反政府集団が形成された．なかでも，アチョリ地域出身のジョセフ・コニー（Joseph Kony）率いる「神の抵抗軍」（LRA）は，1980年代末から勢力を拡大し，その後，LRAとムセベニ政権側との紛争が続いた．そして，1990年代に北部住民の多くがLRAを支持しなくなるにつれ，LRAは彼らを政府の協力者だと非難し，北部ウガンダ住民を誘拐して強制的に兵士や「妻」にした上で，同じ北部住民を攻撃させるようになった．他方の政府軍も，国民を守るべく戦うと主張しながら，北部住民をLRAの協力者だと見なして暴力行為等を行った［HRW 2003］．また，1990年代後半から，アチョリの人々をLRAから守るためという名目で，政府は彼らを（時として軍事力を用いて強制的に）アチョリ地域内に点在する国内避難民キャンプに移動させた［Norwegian Refugee Council/Global IDP Project 2005：8］．

2000年代半ばには，アチョリの人口の9割前後が国内避難民キャンプに居住するようになったが［Liu Institute for Global Issues et al. 2005：1］，多くの人々が暮らす国内避難民キャンプは，LRAの格好の攻撃対象になった．避難民キャンプ間の移動は午前10時前後から午後5時前後までしか認められず，その制限時間内の移動にもLRAによる襲撃の危険が伴い，制限時間外に移動をした者は政府軍による暴力を受けることもあった．キャンプ内には耕作地も家畜もないに等しく，人々は世界食糧計画（WFP）をはじめとした援助組織による人道援助に頼らざるをえなかったが，そうした援助も戦闘が激化すると滞った．そうしたなかで，様々な援助組織が多種多様な心理社会的活動を繰り広げ，一部の援助組織はそうした活動の一環として「アチョリの伝統」の「復興」を試みていった．

「アチョリの伝統」に対する注目の直接の起爆剤となったのは，NGOのインターナショナル・アラート（International Alert）[10]とアチョリのディアスポラ組織であるカコケ・マディット（*Kacoke Madit*）[11]の委託を受けて，1997年にデニス・ペインが作成した報告書［Pain, 1997］だった．北部ウガンダの平和と開発のためと銘打たれたこの報告書は，紛争がアチョリの文化を蝕んでおり，当地域に平和と開発をもたらすためにはアチョリの文化，価値観や制度に根ざしたアプローチが必要であると主張した．そして，この報告書は，伝統的な和解や紛争解決のメカニズムとして，「マト・オプート」（*mato oput*）という儀礼―― *mato*（飲むという意味）*oput*（苦い味のする根の名称）という名称は，儀礼中にこの根を混ぜた液体を飲むことに由来する――に着目し，紛争解決のためには「マト・オプート」を含む和解プロセスが有効であり，伝統的権威を強化するための国際的な支援が必要であると論じた［Pain 1997：86］．なお，この報告書は，「人類学を学んだ聖職者がアチョリの和解について推薦した」8冊の文献を羅列しているが，出版年や著者名等がないものもあり，報告書のなかでも参照や引用はしていない．また，ペインはアチョリ出身者ではなく，1984年から1987年までオックスファムのウガンダ事務所の代表を務め，報告書の作成後は，1998年から2011年までイギリス国際開発省（DFID）で社会開発等を担当した．

この報告書は，援助ドナー国やNGOに大きな影響力を持つことになった[12]．報告書に基づき，その後2年のうちに，ベルギー政府の資金提供を受けたNGO「開発協力・調査エージェンシー」（ACORD）[13]は，紛争が首長制度に与えた影響や「伝統的な癒しとコミュニティの和解のプロセス」の実施状況について調査を行った．調査の過程で，ACORDの職員は，アチョリ地域の地方自治体の関係者やキリスト教指導者らとともに当地域を巡り，52のクランの首長や長老らを「特定」する作業を行い，アチョリ地域の平和と開発のために首長や長老らが果たすべき役割を検討した［Bradbury 1999：18］．

ACORDの調査に基づいて「特定」された首長らは，「復権」されていった．また，それまではアチョリの様々なクランをまとめる組織や全体の指導者にあたる地位は基本的に存在しなかったが，1999年にはパイラ（*Payira*）クランの首長が選挙で「大首長」（paramount chief）[14]に選ばれ，2000年に首長や長老等から成る組織「アチョリ伝統権威」（KKA）が設立された[15]．その後も2010年頃までは，外部アクターが「伝統復興」に対する援助を行うなかで，この地域における「伝統的指導者」やKKAの影響力や存在感が増大した[16]．KKAや各クランの首長・長老などが司る「伝統的儀礼」の実施に対しても資金が提供され，KKA及び様々な援助組織が「伝統的」価値観や制度に関する啓発活動を実施した．設立後のKKAは，外部からの資金をもとにテーマ毎に担当者を配置してプロジェクトを運営するなど，組織・活動形態の面ではNGOに似た側面も帯びた．また，KKAによって新たに行なわれるようになった「伝統的儀礼」もみられた［榎本 2006b］．

こうした「伝統的」儀礼の促進や「伝統」に関する啓発活動は，援助組織による対内的・対外的文書のうえでは，紛争予防や平和構築という枠のなかに位置付けられることもあれば，小型武器・軽兵器規制という枠のなかに位置付けられることもあった．そして，アチョリ地域における個々の活動は，心理社会的活動として援助プロジェクトに盛り込まれる傾向があった．

(3)　アチョリの人々の「トラウマ」への注目

「伝統復興」に関するプロジェクトにおいては，LRAの元メンバーは「トラウマ」を抱えており，「トラウマ」に起因する問題行動を起こす可能性が高いと見なされた．また，彼らはLRAのもとで暴力にさらされ，暴力に頼ってきたゆえに，問題を暴力で解決する傾向やその可能性があるとされた．LRAの元メンバー以外のアチョリの人々についても，長引く紛争下で自身や家族が被害を受けて「トラウマ」を抱えているために問題行動を起こす可能性があると考えられ，旧来のコミュニティも崩壊状態にあると見なされた．そして，外部アクターは，元LRAメンバーや周囲の人々の心理的問題に対処し，元LRAメンバーに対する周囲の人々の受容を促し，社会的関係を再構築し，和解を促進するものとして，「伝統」に期待を寄せた［Dolan 2000；Oywa and Dolan 2000］．また，アチョリの「伝統的」価値観や制度に関する啓発活動は，アチョリの人々に平和教育を施し，伝統に根ざした平和の文化の構築に貢献し，和解や紛争解決のメカニズムとしての「伝統的」儀礼の正当性を支えるものとして，援助のプロジェクトに組み込まれた.

ただし, 第5章で詳述するように, アチョリ地域における心理社会的活動の必要性の根拠とされるもの, すなわち, 外部アクターが「トラウマ」や心理的問題と見なすものは, アチョリの「伝統的」解釈では, その人あるいは家族やクランのメンバーが行った禁忌行為ゆえにとりついた霊（チェン：*cen*）の災禍とされる. その場合, 必要なのは「トラウマに苦しむ個人」をケアして癒すことではなく, 慣習に基づき, 禁忌の種類に応じた儀礼や（必要な場合は）賠償等を含むプロセスを行い, いわば霊を鎮めることであった. また, 1990年代に様々な心理社会的活動が実施された旧ユーゴスラビアに関する調査報告においても, 深刻な「トラウマ」が広範にみられる状況にはないことが論じられていた［International Rescue Committee 1999］. 同様に, アチョリ地域に関する報告書のなかでも, 深刻な「トラウマ」は観察されず, LRAの元メンバーにとって心理社会的活動は必ずしも重要な援助とは限らず, むしろ重要なのは物質的援助や生計を立てるための援助であると指摘したものもあった［Blattman and Annan 2006］.

しかしながら, 外部アクターの多くは, 次のような見方を共有していた.

> これらの地域［北部ウガンダ］の人々は, ……不安な気持ちから抜け出ず, 過度の心配と恐怖から猜疑心が強く, 悪い記憶を捨て去れない. 精神的に混乱し, 日常の業務に集中できないという人もいる. 多くの人は, 長い紛争から守られておらず, 追い込まれ, 打ちのめされ, うつ状態にある……子育ては等閑にされ, 家庭の規律は乱れ, 教育も継続されず, 婚姻の成立や家庭生活も破綻……社会は病んでいる［喜多 2005：74-75］（角括弧内は筆者補足）.

そして, このような思考に基づいて, アチョリの「伝統的和解方法」としての儀礼に対する援助や, その儀礼の正当性の基盤となる「伝統的」な価値観や制度に関する啓発活動などが, アチョリの人々の心理的問題を解決し社会的関係を再構築するための「文化的に適切な」方法として援助の対象になったのである.

こうした主張においては, 北部ウガンダの人々は非常に脆弱な状態にあり, 「トラウマ的」経験によって心理的・社会的な機能不全状態に陥っており, 彼らの社会的関係は脆くなっており, その状況が翻って社会を蝕んでいると見なされ, だからこそ心理社会的活動が必要であるとされた. そして, このような思考に基づいて，アチョリの「伝統的和解方法」としての儀礼に対する援助や，その儀礼の正当性の基盤となる「伝統的」な価値観や制度に関する啓発活動などが，アチョリの人々の心理的問題を解決し社会的関係を再構築するための「文化的に適切な」方法として援助の対象になったのである．

1990年代以降の開発・安全保障言説においては，個人の心理的・社会的な機能不全に武力紛争の根本原因の一部が帰され，とりわけ紛争や災害が起きた地域の人々の心理状態が重大な懸念事項と見なされ，早急な対策が叫ばれた．そして，個人の心や身近な社会的関係の問題に対処すること――例えば，個人の「トラウマ」を癒し「エンパワー」し，異常行動や攻撃性を抑え，家庭内関係やその他の社会的関係を改善し，個人を教育し平和の倫理を身に付けさせ，平和の文化を定着させること――は，武力紛争を予防し平和を構築するための重点課題と見なされるようになった．

こうした認識に基づけば，アチョリ地域のように長期にわたって戦闘が続いた地域において，元兵士に職業訓練や平和教育，カウンセリング等を施し他の人々との和解を促し社会復帰させ，彼らが再び戦闘に加わったり暴力的な行動をとったりするのを防ぐことは，社会的関係を再構築し，復讐心や「トラウマ」による暴力の連鎖を止めるために不可欠なものとして位置付けられることになった．また，このような見方においては，紛争のなかで加害者になった人々の暴力的傾向が懸念されると同時に，被害を受けた人々もまた，「トラウマ」に起因する暴力を再生産する「リスクが高い」存在として見なされる．したがって，LRA の元メンバーの多くは，加害者であると同時に，誘拐されて殺害行為等を強要された被害者でもあるために，二重の「リスク」を抱えた人々として認識され，彼らの「トラウマ・ケア」や周囲の人々との関係改善・和解が，重要な課題となった．LRA の元メンバー以外のアチョリの人々も，暴力の連鎖を生みかねない被害者であるとともに，加害者を受容し彼らとの安定した社会的関係を築くべき人々として，心理社会的活動の対象になった．

第3章で述べたように，開発・安全保障言説にみられるような，社会問題を心理的な機能状態の問題として解釈し，個人の心や身近な社会的関係における問題の芽を摘もうとする思考には，20世紀（とりわけ20世紀後半）を通じて GN の社会に徐々に浸透した，心理学的な知に基づく人間像が反映されている．この人間像においては，人間は脆弱であり，「傷」を受けることで統合性を失う可能性を常にはらむ存在と見なされる．それゆえ，傷をケアし，分裂や崩壊に陥らないよう常にチェックしなければならないものと考えられる．そして，人間が自律した政治の主体として理性的な判断を下す能力に疑問符が付けられ，その脆弱性に社会への脅威が見出されるために，感情を操作したり「トラウマ」をケアしたりすることを通じて「良い」方向に導くことが必要と見なされる．このような思考に基づけば，紛争や災害による影響を被った人々は，理性的な主体としての能力が極度に危うく「リスクが著しく高い」と考えられるため，外部者による介入がとりわけ正当化されることになる．アチョリ地域における1990年代後半以降の「伝統復興」の過程は，外部アクターが，本国において浸透した「脆弱な人間」像をアチョリの人々に投射し，そうした人間像を基に形成された施策を土着の実践に投影して読み解き，土着の実践を活用しようとしたプロセスとして捉えることができる．

先述のように，1990年代後半から2006年頃まで，多くのアチョリの人々は国内避難民キャンプに移されていた．食糧や水すら十分に手に入らず，下痢などが原因で死ぬ人が後をたたず，LRA の攻撃による命の危険にもさらされ，戦闘が激化すると人道援助の輸送も滞る避難民キャンプは，しばしば地域内外の論者によって強制収容所に喩えられた［Mamdani 2010］．そうした状況下で，援助組織はアチョリの人々の「トラウマ」に対処することを謳い，多種多様の心理社会的活動を展開し，その一形態として「伝統的儀礼」や踊りを推進していった．

⑷　グローバルなセラピー統治？

1990年代以降のアチョリ地域において，外部アクターは「脆弱な人間」像に基づいた施策の知をもって「アチョリの伝統」を読み解こうとした．ただし，外部アクターのなかで，「トラウマを抱えたアチョリの人々の心を癒し，アチョリの人々の社会的関係を再構築し，和解を促進し，元兵士を社会復帰させ，平和の文化を構築し，暴力の連鎖を防ぐ」ために必要な具体的な施策内容に関する認識は共有されていなかった．実際に，外部アクターがアチョリの人々の心を癒し導くためとして行った援助は，「アチョリの伝統」に関するもののほかにも，「西洋心理学」により厳密に依拠したセラピーやキリスト教の布教など多様であった［Bradbury 1999；Harlacher and Obonyo 2005；Simonse 1998］．そして，「西洋心理学」的アプローチには，「アチョリの伝統」の正当性を否定する側面があったし，アチョリのキリスト教系宗教指導者と首長・長老らの間には時として摩擦が生じ[17]，さらに一部のキリスト教系組織は，「アチョリの伝統」を「サタニック」であると論じて「伝統的」権威と対立した．

例えば，1990年代以降に，紛争の原因や結果，解決策についての心理学的な理解に基づき，霊の災禍と解しうる現象を「トラウマ」として読み込んだ援助組織のなかには，より厳密に心理学や精神医学に基づいた活動を展開する組織もあった［Bradbury 1999 : 23-24］．彼らはアチョリの人々に，LRA の元メンバーが悪夢に悩まされるのは「トラウマ的経験」によるものであり，援助組織が提供する「カウンセリング」等を通じて癒すべきであると説いた．そして，第 5 章で詳述するように，アチョリ地域においてこのような主張をすることは，禁忌を犯したためにもたらされた霊によって悪夢等の災禍が引き起こされており，それゆえに首長らが司る儀礼プロセスによって霊に対処する必要性があるという首長らの論を否定し，首長らの権威を脅かすことでもあった．

また，外部アクターのなかには，1990年代の LRA とウガンダ政府との和平交渉に貢献したキリスト教系宗教指導者に期待して資金を提供するものもあった．そうした宗教指導者は，概して「伝統的」指導者と対立関係にはなかったものの，時として「伝統復興」を支持する人々と摩擦を生んだ［Bradbury 1999 ; Simonse 1998］．さらに，「伝統」を「サタニック」と見なす傾向にある新生キリスト教系の協会や NGO も，アチョリ地域での活動を活発化させ，信者を獲得していた．彼らのなかには，LRA から帰還した人々の一時収容施設を運営し，「トラウマ・ケア」の名のもとに彼らの改宗を推進する一方で，帰還した人々に対して，「伝統」は「サタニック」であり，「伝統的儀礼」を通過すると（すなわち，首長や長老らの権威に服すと）LRA に再び誘拐されるのだと教え込もうとする組織もあった［Liu Institute for Global Issues et al. 2005 : 43］．LRA から帰還した人々の一時収容施設は，このほかにも複数の組織によって運営されており，帰還した人々の「トラウマ・ケア」や「コミュニティとの再統合」などと銘打った活動が行われていたが，その手法は組織によって異なり，「伝統」を「サタニック」であると教えて改宗を促進する組織もあれば，「グル県子ども支援機構」（GUSCO）のように，帰還した当人及びその家族やクランなどが希望すれば「伝統的儀礼」の適用を支援する組織もあった[18]．

開発・安全保障言説においては，紛争の影響を受けた人々の心理的問題に対処し，元兵士に対する周囲の人々の受容を促し，社会的関係を再構築し，和解を促進することや，人々に平和教育を施し平和の文化を構築する必要性が謳われる．しかし，前章で述べたように，相互に関係する幅広い領域に関して，様々な国の政府，国際機関，NGO，企業や個人などが介入することが正当化され，多様なアクターによる調整・連携が必要だとされるものの，追求すべき

「正しい」目的を設定する主体はどこにも見出されておらず，何が優先されるべきで，何にどれだけ資源を配分すべきなのかは自明ではない．施策の実施にあたっては，現地の人々の「オーナーシップ」を重視し，伝統文化や価値観を尊重しつつ「適切」な手法が採用されるべきと論じられるものの，個々の文脈で何が「適切」であるかについての共通認識があるわけではない．

そして，個々の施策の適切性を判断する客観的な基準が存在せず，何が適切なのかが曖昧な状況において，あらゆるアクターによって試みられる介入は，一貫性のあるものにはなりえない．例えば，「脆弱な人々」の心の問題に対処することを謳って，「アチョリの伝統」に関する啓発活動を行っても，より心理学や精神医学に厳密に依拠した活動を行っても，あるいはキリスト教への改宗促進をもって「トラウマ・ケア」であると主張しても，概してそれぞれの「適切さ」が問われることはない．このような，「脆弱なアチョリの人々の心」を癒すことを謳った，相互に対立しうるアプローチの乱立については，この地域で活動する援助組織関係者からもしばしば問題が指摘され［Bradbury 1999：23-24］，組織間の調整の必要性が常に叫ばれていたものの，実際の調整はほとんど行われなかった[19]．そして，様々なアプローチの乱立は，アチョリの人々の心や行動をそれぞれ異なる方向に導こうとすることを意味し，それゆえに組織間の反目や縄張り争いも生じることになった．そうした状況は，アチョリの人々の生を管理しその社会全体を特定の方向に変容させようとするようなグローバルな秩序の興隆という状況からは，ほど遠かった．

おわりに

1990年代になると，開発援助と人道援助との境界線が曖昧化していった．こうしたなかで，人道援助は開発援助や他の政策と調整・連携したうえで平和や持続可能な開発といった「望ましい結果」に資するものであるべきだとの論が支持を集め，新人道主義と呼ばれるようになった．そして，そうした人道主義を支持した人々は，「望ましい結果」に資する活動として心理社会的活動を行い，その活動自体は古典的人道主義者たちからも受容された．

そのような時代に，冷戦終結以前から続いていた北部ウガンダ紛争が，次第に欧米諸国やNGOなど，外部の様々なアクターの関心を呼ぶことになった．とりわけ，紛争による被害が最も大きかったアチョリ地域では，多くの外部アクターが，アチョリの人々の心や関係性にアプローチする必要性を訴え，様々な心理社会的活動を展開した．そのなかで，一部の外部アクターは，アチョリの文脈においては「長期の紛争によって危機に瀕したアチョリの伝統」を尊重し「復興」することを通じて，アチョリの人々の社会的関係を再構築し，和解を促進し，元兵士を社会復帰させ，平和の文化を構築し，「トラウマ」を抱えたアチョリの人々の心を癒して暴力の連鎖を防ぐことが必要であると論じて「伝統復興」のための援助を行い，アチョリのアクターと協力した［Bradbury 1999］.

しかし，アチョリ地域の事例では，外部アクターのなかでも，心理社会的活動に関する「適切」な手法の共通認識があったわけではなかった．そもそも，開発・安全保障言説においてはGSの人々を癒し導く必要性が論じられ，新人道主義に基づけば「良い結果」に資さなければならないが，人々を導くべき方向や，そのための戦略や手法や優先順位は明確ではなく，特定の施策を実施するにあたってどのような手法が「適切」であり，どの施策を優先すべきなのかに関しては個々の現場の判断に委ねることが前提になっていると言える．アチョリ地域においても，「脆弱な人々」の心を癒し導くためのアプローチは個々のアクターの判断に委ねられ，それぞれの外部アクターが多様なアチョリのアクター（「伝統的」指導者，NGO，宗教指導者，キリスト教系の協会，ソーシャルワーカーなど）との「パートナーシップ」に基づき援助を行ったものの，それはアチョリの人々の心や行動をそれぞれ異なる方向に導こうとすることを意味し，それゆえに摩擦や対立も生じた．しかも，こうした諸アクター間の調整は必要性は叫ばれていたが実際にはほとんど行われなかったし，そもそも相互排他的な手法同士の調整は不可能であったとすら言える．こうした状況は，外部アクターが共通の目的を設定し，そのために戦略的に制度や政策を配置し調整・連携してアチョリの人々を導こうとするような状況とは程遠く，統治の主体を創出しGSの社会全体を特定の方向に変容させようとするようなグローバルな世界秩序の興隆を意味するものでもなかった．

注

1）他の3名は，アンリ・デュフール，ルイ・アッピア，テオドール・モノアールである．

2）Resolutions of the Geneva International Conference. Geneva, 26-29 October 1863.

3）Convention for the Amelioration of the Condition of the Wounded in Armies in the Field. Geneva, 22 August 1864.

4）マイケル・バーネット［Barnett 2011：81-82］によれば，ICRCが設立された当時の同団体関係者らは，ICRCや1864年のジュネーヴ条約について，欧州のキリスト教文明に独特の価値が体現されており，この文明内部の人々（とりわけ大衆）の道徳を改善することが期待できると考えた一方で，非キリスト教文明の人々はこの価値を理解しないであろうと捉えていたが，19世紀末にかけて認識を若干変化させた．つまり，1865年にトルコがジュネーヴ条約に加入し，1886年に日本が同条約に加入すると，ICRC 関係者のなかには，キリスト教文明とは異なる文明を持つ人々や，ICRC やジュネーヴ条約によって文明社会に引き上げることができる人種が存在する可能性があるという論や，あるいはキリスト教文明の境界の外側において，野蛮な本能から未開の人々を救い出し彼らを人間らしくするような文明化のミッションの遂行に ICRC が寄与できるかもしれないという見解がみられるようになった［Barnett 2011：81-82］．ただし，こうした見解も，同条約に加入する主体は一定の「基準」を満たした国家であることが前提となっていた点に変わりはなかった．

5） Fundamental Principles of the International Red Cross and Red Crescent Movement.

6） International Federation of Red Cross and Red Crescent Societies, International Committee of the Red Cross（1994）. Code of Conduct for the International Red Cross and Red Crescent Movement and Non-Governmental Organizations（NGOs）in Disaster Relief.

7） この主張が明確にみられる1990年代後半の文献としては，Short［1998］，Uvin［1999］を参照.

8） ほかにも，新人道主義が人道援助業界で主流化していた2000年頃の時期の批判としては，Fox［2001］が挙げられる.

9） 第１版は2000年に，第２版は2004年に作成された.

10） 1985年に設立された平和構築を専門とする NGO で，ロンドンに拠点を置いている.

11） 1996年にアチョリのディアスポラによって形成された組織で，ロンドンに拠点を置いている.

12） 報告書の影響については，Allen［2005］，Bradbury［1999］を参照.

13） 1976年に，アフリカへの緊急援助のため協働すべく，NGO の連合体として設立された．ロンドンとナイロビに事務局がある.

14） アチョリの言葉では *Lawi Rwodi.* 直訳すると，「全ての首長の首長」（chief of all chiefs）や「首長の長」（head of chiefs）の意味．この地位も，長い歴史があるものではない．詳細は Liu Institute for Global Issues et. al.［2005］を参照.

15） KKA とは *Ker Kwaro Acholi* の略であり，*Ker* は権力・権威，*Kwaro* は伝統，*Acholi* はアチョリを意味する．本書では「アチョリ伝統権威」と訳す.

16） 1990年代後半以降のアチョリ地域を含むウガンダ各地域での「伝統復興」は，1995年のウガンダ新憲法の成立なしには不可能であった．この憲法の第246条により，独立後の政権によって1967年に廃止された南部の王国［ブガンダ，ブソガなど）は，文化的な存在としての地位を認められ，その他の地域でも文化的なグループ形成が認められた．アチョリ地域などのウガンダ北部においては，概して南部のような王国は形成されておらず，1995年憲法の規定は，ムセベニ政権が南部のブガンダ王国地域等での支持を固めるための譲歩策であったとも言える．しかし，1995年憲法制定後のウガンダ南部における「伝統的」権威の復権と，それら権威に対するウガンダ政府による資金面での支援は，ウガンダ北部諸地域における「伝統的」組織の形成を促した側面がある［Bradbury 1999：19］．

17）アチョリのNGO職員へのインタビュー（2006年3月28日：ウガンダ，グルにて）．

18）GUSCOの職員へのインタビュー（2006年3月28日：ウガンダ，グルにて）．

19）アチョリのNGO職員へのインタビュー（2006年3月28日：ウガンダ，グルにて）．

コラム2

日本のアフリカ地域研究と人道主義論

はじめに

1990年代以降にアフリカで生じた武力紛争をめぐる人道援助のありかたについては，主に政治学者や人類学者による研究の対象となり，実務者を交えた議論がなされてきた．筆者は，2003年から2015年まで国際NGOのオックスファムで人道部門の政策を担当していた．オックスファムは，国境なき医師団と並んで，1990年代以降の人道援助をめぐる国際的議論を牽引した団体の1つであり，とりわけ英語圏のアフリカ地域研究や人道援助研究においては分析や批判の対象になってきた．本コラムは，そのような組織の人道部門職員としての経験も交えながら，1990年代以降の人道援助をめぐる英語圏と日本におけるアフリカ地域研究の大まかな傾向を比較する作業を通じて，日本のアフリカ地域研究にみられる議論の特徴や課題を浮き彫りにする．そのうえで，2020年以降に生じている人道援助をめぐる新たな見直し論（第11章で詳述）に言及する．

1　日本の人道援助研究

1990年代以降の人道援助について，日本ではどのような研究が行われてきたのだろうか．まず，アフリカ地域研究以外の分野をみてみると，歴史学や国際政治学の分野では，人道主義をめぐる論争の歴史を辿った研究［浜田 2009］や新人道主義を巡る議論の検討を通じて人道主義と「政治的なるもの」との関係を整理する研究［山下 2014］をはじめ，1990年代以降の人道主義をめぐる論争を踏まえた研究も存在する．他方で，哲学・倫理学や地域研究の分野では，古典的人道主義が近年も国際標準であるとの前提に基づきこの人道主義を分析する研究［奥田 2013］や，同様の前提のもとに古典的人道主義と相容れない要素を持つ中国の人道援助の特質を考察する研究［廣野 2019］もみられる．

次に，アフリカ地域研究においては，政治学や人類学を専門とする研究者が，武力紛争や難民，自然災害といった問題を扱うなかで，そこで行われる人道援助を考察してきた．そして，そうした研究には，概して1990年代に生じた古典的人道主義批判については認知される［武内 2008］一方で，1990年代以降の新人道主義及びそれに対する批判については言及されない傾向がみられる．1990年代以降の古典的人道主義批判を詳細に解説している堀江の研究も，人道援助は基本的に中立性などの基本原則に基づいて行われているものとして記述している［堀江 2018：32-37］．古典的人道主義が近年も国際社会におけるあらゆる人道援助を基礎づけているとの前提に基づき，その西洋中心主義的な普遍主義を指摘し，各フィールドにおける人道援助に関する分析を通じてそのような普遍主義の限界を乗り越えようとする一連の研究もみられる［湖中ほか編 2018］．筆者の管見の限りでは，アフリカ地域研究者が古典的人道主義と新人道主義の歴史や後者に対する批判を詳細に踏まえつつ近年の人道援助を分析した研究は，ウガンダにおける南スーダン難民支援を考察した村橋［2021］による研究のみであった．

2　研究動向の背景と課題

こうした研究傾向の背景としては，日本のアフリカ地域研究の特徴とも言えるフィールド主義や「国際関係」を扱う研究の少なさ，及び日本の実務者による議論の特徴を挙げることができよう．1990年代以降の国内外のアフリカ地域研究においては，人類学者が政治経済的現象の分析に参入し，政治学と人類学が接する現象が観察されるようになっている［武内 2020：112；2021：28］．武力紛争や人道援助の研究も，そうした参入や接近がみられてきたテーマである．ただし，武内が指摘するように，日本のアフリカ地域研究においては人類学のプレゼンスが大きく，フィールドワークに高い価値を置く傾向があり，国際的な問題に関する分析は少ない［武内 2021］．こうした背景に鑑みれば，人道援助をめぐる日本のアフリカ地域研究においても，フィールドワークを通じて現地のアフリカの人々の生活感覚を共有し厚く記述することが重視される傾向がある一方で，アフリカをめぐる国際的な政策論議やそれをめぐる研究動向──例えば人道主義にまつわる論議や研究動向──を扱う研究は手薄になっていることが考えられる．

次に，日本のアフリカ地域研究者が人道援助の実務に関与する際に，最も接する機会が多いのは日本の援助関係者であろうが，彼らの議論と国際的な議論にはギャップがみられる．そもそも，1990年代の人道援助をめぐる論争は，主に欧米の研究者や大手国際 NGO の欧米オフィスの関係者により英語ベースで行われた．当時の研究や会議録には，日本の実務者がこの議論に直接深く関与した形跡はみられず，その後も日本の実務者のなかで人道援助の原則について踏み込んだ議論がなされているとは言い難い．また，欧米の国際 NGO に比べれば，人道援助を行う日本の NGO には，援助地の武力紛争について国際的な政策提言活動を展開する組織が少なく，それゆえ NGO が人道援助の対象地をめぐる政治的論争に関与してよいのかといった中立性原則をめぐるジレンマにも直面しにくい．

その結果として，日本の実務者には，人道援助とは古典的人道主義の人道原則に則って行うものだと表層的に理解し，その原則の詳細な意味内容や1990年代以降の論争については把握しない傾向がみられる．日本の NGO に対する人道援助資金の分配組織であるジャパン・プラットフォームの理事や代表理事を歴任し，日本における主要な人道援助 NGO の１つである「難民を助ける会」（AAR）の会長である長は，第４章で言及した「災害救援における国際赤十字・赤新月運動ならびに NGO のための行動規範」（1994年）──中立性という用語が明記されず，従来の中立性概念と相反する文言が盛り込まれた文書──について，中立性などの旧来の人道原則を「確認」した内容だと解説したうえで，世界各地の人道援助 NGO が最重要原則として採用している文書として紹介している［長 2017］．こうした記述からも，この行動規範が作成された1990年代の議論が日本の人道援助セクターにおいて広く共有されていないことがうかがえる．このような日本の環境も，日本のアフリカ地域研究者による人道援助研究において国際的な政策論議やそれをめぐる研究動向に関する記述が薄くなる要因になっていると思われる．

英語圏の人道援助研究において非西洋の（例えばアジアや中東などの）組織による人道援助活動やそれをめぐる議論が看過される傾向があることに鑑みれば，日本の実務者による援助活動や議論の実態を踏まえて研究を行う意義はあるだろう．しかし，日本の人道援助セクターの特殊性を看過し，近年行われている多くの（ないし全ての）人道援助が古典的人道主義に基づいているとの前提で研究を行うことには限界も伴う．まず，そうした議論は，欧米に主拠点を置く規模の大きい人道援助組織の多くが新人道主義の立場をとってきた1990年代以降の状況において，そうした団体によって実際に行われてきた人道援助及びそれが依拠する人道主義の分析としては成立しにくい．次に，古典的人道主義が近年の多くの（ないし全ての）人道援助を基礎付けているはずだと見なして批判を続けることは，本来は批判的考察の対象に含まれるべきであろう新人道主義を正当化する作用を持ちうる．

おわりに

2020年以降，人道援助をめぐって新たな批判と論争の波が押し寄せた．2020年にブラック・ライヴズ・マター（BLM）運動が盛り上がりをみせたことを契機に，ツイッター（現在の X）などのソーシャルネットワーキングサービス（SNS）を介して，開発援助や人道援助などの業界に蔓延る人種主義を問題視する声が急激に高まったのである．そして，誰に対してどのような援助を実施すべきか（あるいは実施すべきでないか）を判断する主要アクターが欧米ドナー国の政府機関や国際機関，大手国際 NGO であること，そうした組織では白人が特権的立場を占める傾向がある一方で援助地の現地採用職員は日常的に差別を受け彼らの意見や知識が軽視されていることなどが，具体的な事例とともに次々に告発された．そのうえで，このセクターに浸透している人種主義的思考や慣習，構造を乗り越える必要性が訴えられ，数多くのオンライン・イベントが開催され，英語圏などの大手メディアにも取り上げられてきた．

こうした議論においては，新人道主義に潜む西洋中心主義を批判する論者も，古典的人道主義の原則こそが西洋中心主義なのだと主張して新人道主義を支持する論者もみられ，2024年11月現在のところ，今後のあるべき人道援助に関する幅広いコンセンサスが形成されているとは言い難い．しかし，人道援助業界は1990年代と同様に大きな批判――今回は SNS を介したより幅広いアクターによる批判――に直面し，制度的・思想的な再検討のただなかにあり，何らかの変化を予期しうる状況にあると言えよう．

2024年現在のところ，こうした一連の議論が日本の人道援助の実務者や研究者に幅広く認識されているとは言い難い．SNS でも日本語の議論はあまりみられず，日本の大手メディアによる報道もみうけられない．その一方で，先述のように，主に英語でなされている国際的な議論の射程には，非西洋の議論や人道援助活動が含まれない傾向がある．また，人道援助業界をめぐる2020年以降の国際的な議論に参与しているGSないし有色の論者は，資金的基盤が比較的強固な援助組織や研究機関の関係者でありインターネットに容易にアクセス可能な環境にいる英語話者が多くを占めている．こうした議論に，人道援助が必要な状況に置かれてきた人々の知や見解が必ずしも反映されているとは限らない．今後，これまでの日本のアフリカ地域研究にみられるような人道援助の「受け手」の生活感覚を共有し厚く記述する研究に基づき，なおかつ変動し続け一枚岩ではない国内外の人道援助セクターの状況を捉える作業が可能になるとすれば，今後の人道援助のありかたをめぐって独自の智見や視角が生まれる可能性も考えられるかもしれない．

アフリカ地域研究に限らず，経済学と人類学，地域研究と国際政治学といった異なる研究領域間に生じうる摩擦や領域間の対話や協働の可能性については，これまでも多くの考察がなされている［青山 2008；大島 2017；武内 2020］．日本のアフリカ地域研究において政治学者や人類学者によって取り扱われてきた人道援助研究の事例は，領域間の対話や協働における課題や可能性を示唆するものとも言えるだろう．

第5章
移行期正義

はじめに

第4章で述べたように，外部アクターの援助のもとに「復興」された「アチョリの伝統」ではあったが，2004年に国際刑事裁判所（ICC）がウガンダの事態に関与を始めて以降は，「アチョリの伝統的な修復的正義」として語られ，2000年代を通じて論争とさらなる援助の対象となった．本章では，まず第1節において，ICC関与後にアチョリ内外（とりわけ外部）の論者のなかで，「ICCの応報的正義」と対比された「アチョリの伝統的正義」について「修復的正義であり懲罰的要素を含まない」という解釈が支配的となったことを示す．次に，第2節にでは，このような解釈は必ずしも自明ではなく，「伝統的正義」とされた概念や実践のなかに，応報的正義の説明に沿った形で理解できる要素を見出すことも不可能ではないことを論じる．そして，1990年代後半以降に，「アチョリの伝統」が，兵士の武装解除・動員解除・社会復帰（DDR），紛争後の和解促進，社会的関係の再構築，暴力の文化の撲滅と平和の文化の構築といった，修復的正義と同様の人間像に依拠し，なおかつ実践の面でも修復的正義と重複する枠組みで行われる援助を通じて「復興」されていったことが，上記のような「アチョリの伝統的正義」解釈に結びついた可能性を指摘する．

そのうえで，第3節では，列強諸国がこの地に進出した19世紀後半から1980年代までのアチョリ地域における「伝統」をめぐる様々な言説や実践と，1980年代以降の紛争との関わりを考察する．そして，こうした作業を通じて，1990年代以降の心理社会的活動や「伝統復興」及び2004年以降の「移行期正義」論争を通じて多くの外部アクターがアチョリの人々に投影した「脆弱な人間」像及びそれに基づいた紛争理解は，彼らと協力したアチョリのアクターによって必ずしも共有されておらず，外部アクターによる紛争理解は，様々なアチョリのアクターによって別様・多様に解釈され，活用され，飼い慣らされていたことを論じる．

開発・安全保障言説において必要性が論じられるような施策が試みられたアチョリ地域においては，「移行期正義」の局面においても，言説における介入の論理は実践と乖離していた．この言説においては，GSの人々を癒し導く必要性が論じられるものの，その導くべき方向を設定する「人間」は，外部のアクターのなかにもGSの人々のなかにも見出されていない．それゆえに，アチョリ地域において，GSの人々や社会を変容させる方向や，そのための戦略，手法，優先順位は明確ではなかった．さらに，この言説において前提となる「脆弱な人間」像や，それに依拠した介入の論理は，アチョリ地域で実際の施策実施を担うアチョリのアクターに必ずしも共有されていたわけでもなかった．アチョリ地域において，「脆弱な人間」像及びそれに依拠する施策は，アチョリの諸アクターによる多様でハイブリッドな観点から別様に解釈され利用されていた．したがって，1990年代以降の国際的な政策論議において開発・安全保障言説が主流化したことをもって，特定の統治の主体を創出しようとする世界秩序の興隆を意味するとは言えない．

第1節　ウガンダの「移行期正義」論争

ICCは，1998年に採択された「国際刑事裁判所に関するローマ規程」(以下，ICC規程）が2002年に発効した後，2003年に個人による重大な犯罪を国際法に基づいて裁くための常設国際刑事法廷として正式に発足した．以後2014年11月27日現在までにICCが公式捜査や訴追を行うに至った事態はアフリカのケースが比較的多く，発足後のICCの活動は，アフリカの紛争下での犯罪に対処し，法の支配を確立し，平和構築に資するためのものとして展開してきたといっても過言ではない．ウガンダの事態についても，当初はICCが関与した最初のケースとして，北部ウガンダの人々に正義をもたらし，同様の犯罪を予防し，北部ウガンダ及びウガンダ全体の平和構築に貢献することが期待された．

しかし，2004年1月にICCがウガンダの事態への関与を発表した直後から，当のアチョリ地域の「伝統的指導者」(首長や長老など）や宗教指導者（キリスト教やイスラム教などの指導者)，アチョリ地域ないし北部ウガンダのNGO関係者――ヒューマン・ライツ・フォーカス（Human Rights Focus)，グル県NGOフォーラム（Gulu District NGO Forum)，コンサーンド・ペアレンツ・アソシエーション（Concerned Parents Association）など――，及びウガンダのマケレレ大学の「難民法律プロジェクト」(Refugee Law Project）やカナダのブリティッシュ・コロンビア大学の「グローバル問題に関するリュウ研究所」(Liu Institute for Global Issues) に所属する研究者らによる批判が沸き起こった [Coalition for Peace and Justice in Northern Uganda 2004 ; Hovil and Lomo 2005 ; Rose, Sattarzadeh and Baines 2005][1]. こうした人々の多くは, ICC の関与について「正義と平和」をめぐる問題―― ICC がウガンダ政府の「軍事的解決」論――北部ウガンダ紛争を LRA との対話や和平交渉ではなく戦闘により軍事的に LRA を打倒することで解決するのだという論――の正当化のために政治利用されるおそれがあることや, ICC が LRA の指導者を訴追すれば, LRA がアチョリの人々に対して「報復攻撃」を行ったり, LRA との和平交渉が困難になるなどして, 紛争の激化・長期化を招き被害が拡大するであろうこと, ICC がウガンダ政府軍側の罪を扱わない場合は, 事実上は不公平な勝者の裁きとなり, 植民地期以降のウガンダの歴史のなかで形成され紛争の背景となってきたウガンダ国内の南北間の問題 (北部住民に対する差別や南部住民の優位) を悪化させる可能性があることなど[2]――を指摘するとともに, ICC による正義よりアチョリの伝統的正義を適用すべきであると主張した. これに対し, ICC による正義が平和をもたらすのであり, 伝統的正義は正義ではないと論断するアムネスティ・インターナショナルやヒューマン・ライツ・ウォッチ (HRW) などの国際人権 NGO は, ICC の関与を支持した [AI USA 2005 ; HRW 2005].

このような論争においては, ICC が応報的正義であるのに対してアチョリの伝統的正義は修復的正義である, という対比構造が自明の前提と見なされた. この時期以降の典型的な議論としては, Blumenson [2006], HRW [2005], Nielsen [2008], Rose [2008], Ryngaert and Rating [2011] を挙げることができる[3]. そして例えば, 2005年4月18日のニューヨークタイムズは,「アフリカ大陸における最も奇怪で残虐なゲリラ戦争への対応において, 西洋的な正義概念と, 赦しというアフリカの奥深い伝統とに基づいた, 全く異なる2つのシステムが衝突している」と報じた[4]. また, HRW をはじめとする多くの外部アクターが, この伝統的正義は懲罰的要素を含まず, 懲罰という概念とは相容れないものであると見なした [HRW 2005]. また, アレクサンダー・K. A. グリナワルトによる次の描写に端的に示されるように, アチョリの伝統的正義においては殺害行為に「マト・オプート」の儀礼を適用し, この儀礼を通じて加害者が自発的に殺害について告白し, 事実が確認され, 加害者クランが被害者クランに賠償をし, クラン間の苦い感情が除去され, 加害者及び加害者クランが赦され, 加害者が社会復帰するのであるという説明が, 広範に用いられた.

> マト・オプートの詳細は場合によって異なるものの，加害者による自供，賠償の取決め，そして最終的には犠牲者の親族と加害者の間の和解を通じて，殺害の後に社会の調和を修復することが，この伝統の特徴である．このプロセスの最終段階では，棒を打ち，家畜を殺し，様々なものを飲食する（儀礼の名前の由来である「苦い根」を含む）といった其々の要素の全てが，真実を求め和解するという目的に向かって前進するための象徴的役割を果たす．恩赦法と並んで，マト・オプートやその他の浄化儀礼は，元LRAメンバーのコミュニティへの復帰にあたって，重要な役割を果たしてきた．［Greenawalt：2009：116］．

このような理解をもとに，一部の援助組織や欧米の活動家・研究者は，「赦し和解するアチョリの伝統」に根ざした伝統的正義がICCによる応報的正義を代替ないし補完することを期待し，「アチョリの伝統」に対してさらなる援助を行った．

他方で，国際人権NGOは，アチョリの伝統的正義という修復的正義は赦しや和解のみを目的としたものでしかなく，応報的・懲罰的な要素を持たず，人道に対する罪に対処するための国際的な正義の基準を満たしていない，と断じた．例えば，HRW［2005：55］は，「伝統的和解アプローチの主な欠点は，不処罰を許してしまうことである．この（伝統的な）プロセスは，儀礼の後に加害者を共同体に受け容れるものの，重大な犯罪を赦すことを望まない個々の被害者の意見を考慮せず，また，加害者を処罰したり加害者に物質的な賠償を科したりすることもない」と論じ，「アチョリの伝統」への批判を繰り広げた．アムネスティ・インターナショナルも，アチョリの「伝統的な和解手続」を「国際法と国際基準に基づく独立した偏りのない裁判所」と対比した上で，「これらの伝統的な和解手続においては，無罪か有罪かの法的裁定が行われるわけでも，犯罪に関する完全な真実が明らかになることを実際に保証されるわけでも，被害者やその家族に対する完全な賠償が行われるわけでもない」と論じた［AI USA 2005］．

ただし，第2章第2節で述べたように，そもそも修復的正義は，1970年代末以降のGNの国々における司法制度改革のなかで，従来の応報的正義に代わるあるいは補完的な役割を果たすものとして提唱されるようになったものであり，アチョリの人々が生み出した概念・制度ではない[5]．そして，修復的正義には，被害者，加害者及びコミュニティの参加のもとで，被害者と加害者の双方を癒し，加害者を社会復帰させ，コミュニティにおける関係を回復することが期待された．その後，このアプローチは，1980年代以降のラテンアメリカにおける民主主義体制への移行期に採用され［Sikkink and Walling 2007］，さらに1990年代になって広範な人権侵害が行われた後の「移行期正義」（transitional justice）が平和構築のための重要課題と見なされるようになると，そのアプローチの1つとして注目を浴びるようになった．そして，こうした注目の背景には，紛争中などに行われた大規模な人権侵害に対する責任をとるプロセスを通じて，個人の心や社会を癒し，和解を促進し，個人の心理や身近な社会的関係における問題の芽を摘むことによって，暴力や復讐の連鎖を防ぐという思考がみられる[6]．

第3章で述べたように，1980年代以降に用語として定着したPTSDをめぐる研究は，英米での犯罪被害者支援運動やフェミニズム運動と結びつき，欧米における「被害者学」という領域を大きく発展させた．1970年代から1980年代以降に展開された，被害者や加害者の心情をより重視する修復的正義を求める運動や関心の高まりも，そうしたなかで展開した．そして，修復的正義を提唱する議論においては，被害者が「トラウマ」に苦しむことや，加害者もまた「トラウマ」を抱えていること，「トラウマ」と暴力は連鎖すること，「トラウマ」を癒す必要性があることが，検証の必要すらない当たり前の事実と見なされる傾向にある．このように，GNの国々において「脆弱な人間」像が浸透し，「トラウマ」を生んだ過去と向き合い癒す必要性が不問の前提であり常識であると見なされるようになったからこそ，修復的正義への関心と期待が高まったと言えよう．

GNの国々の司法制度改革や移行期正義に関する政策論議においては，応報的正義と修復的正義は，概して**表5－1**のような形で対比される．この表にみられるように，応報的正義は，犯罪行為に対する均衡のとれた正当な応報によって，加害者が犯した行為に対して罰を与えることに主眼を置くものとされる．これに対して，修復的正義は，被害者，加害者，そしてコミュニティの参加のもとで，被害者の尊厳を回復し「エンパワー」し，加害者を社会復帰させることを重視するものと位置付けられる［Hovil and Quinn 2005］．

ただし，司法制度改革や移行期正義に関する研究において，修復的正義と応報的正義の両者は必ずしも二律背反的に考えられてはいない．両者は補完的に機能しうると捉えられることも多く，応報的正義についても，被害者に癒しをもたらし，加害者と被害者の和解を促進する効果があると論じられることもある［O'Connell, 2005］．また，ICC規程には，裁判の過程における被害者の参加，

表5-1　応報的正義と修復的正義の比較

応報的正義		修復的正義
法に違反する行為	【A】犯罪行為とは	被害者・加害者・地域社会を傷つけ，人間関係を侵害する行為
犯罪行為に対して均衡がとれた正当な応報が加害者に与えられること	【B】焦点	被害者・加害者・地域社会を修復することで，将来に向けた問題を解決すること
刑罰を受けることで責任をとる	【C】加害者責任	行為の影響を理解し，被害回復方法の決定を支援することで責任をとる
受動的．加害者の傷は重視されない	【D】加害者の位置付け	問題解決のための過程に関与する．加害者の傷も重視される
手続きの周辺に置かれる	【E】被害者の位置付け	問題解決の過程において中心的な位置を占める
専門家	【F】手続きに関与する主な人々	加害者，被害者，地域社会
裁判	【G】主な手続き	多様（例：仲裁，対話）

（出典）Hovil and Quinn［2005］，Zehr［1990］をもとに筆者作成．

被害者の保護，被害者信託基金を通じた被害者への金銭的救済など，被害者への配慮が随所にみられる[7]．そして，ここでの「被害」には精神的な被害も含まれており，ICC書記局（Registry）内の被害者・証人室（Victims and Witnesses Unit）には「トラウマの専門家」が配置され，証人などにはカウンセリングが提供される[8]．ICC規程の成立を求めて活動したNGOが，

> 過去の裁判は訴追に重点を置いていたが，ICCは被害者のニーズを考慮している点で，一歩進んだ正義（justice）である．ICCは，残虐行為を生き残った者（survivor）をエンパワーし，彼らが自らの尊厳と希望を取り戻すべく犯罪者に責任をとらせることを可能にする．そして，証言をする人々をさらなるトラウマやハラスメントから守り，補償によって生活やコミュニティを再建することを可能にする［Citizens for Global Solutions 2004：45］

と述べるように，ICC規程には，被害者及びコミュニティを保護し，癒し，「エンパワー」することを意図した様々な措置が盛り込まれている．ただし，「移行期正義」の様々なアプローチのなかでも，とりわけ「修復的正義」には，加害者と被害者を癒し，社会的関係を再構築し，元兵士などの加害者の社会復帰を促進する効果が期待されており［Waldorf 2009］，DDR，紛争後の和解促進，

社会的関係の再構築，暴力の文化の撲滅と平和の文化の構築といった取り組みと重複する部分が多くみられる．

第2節 「アチョリの修復的正義」言説を再考する

「アチョリの伝統的正義」は修復的正義であるとの解釈は，ICC 関与後の論争における前提とされた．しかし，「アチョリの伝統的正義」とされる土着の実践を詳細に検討すれば，そのなかには応報的正義の枠組みで捉えうる要素だけでなく，懲罰的と見なしうる要素を見出すこともできる．

まず，英語での議論で使用される「伝統的正義」（traditional justice）という言葉は，アチョリの言葉では「ゴル・マティー」（*ngol matir*：正しい決定）あるいは「ゴル・メ・テ・クワロ」（*ngol me te kwaro*：伝統に即した決定）と表現される［Liu Institute for Global Issues et al. 2005：127］．ICC の「正義」が，管轄する罪を ICC 規程に基づき裁くものであるのに対し，「伝統的正義」は，禁忌とされるそれぞれの行為に対して，各クランやサブ・クラン等の「法」に則して，適用する儀礼や賠償等を決定するものとも言える．そして，行った行為及び各クラン等の「法」により，儀礼や賠償の形態（例えば，賠償に用いられる家畜の種類や数，性別や毛の色など）は様々である．一般に，殺害行為の場合は先述の「マト・オプート」儀礼が適用されるが，他の禁忌にはそれぞれ異なる儀礼が適用される．殺害行為の場合も，故意か過失か自衛かの違い，被害者と加害者との関係や両者の所属クラン，被害者の地位等によって，賠償内容が異なる［KKA 2001］．

ここにおいて，禁忌とされる行為は，クランやサブ・クラン等の「法」への違反行為とも捉えることができる（この場合，**表5-1**【A】の応報的正義の枠組みで理解しうる）．そして，加害者には，行った行為に則した儀礼や「賠償」が求められる（同様に**表5-1**【B】の応報的正義）．儀礼や「賠償」の決定には「加害者」側や「被害者」側が関わるが，基本的にはクランやサブ・クラン等の「法」に基づき決定される（同様に**表5-1**【D】と【E】の応報的正義）．手続きには，首長や長老などの一定の立場についている人々が主に関与し，「法」に基づき賠償等を決定する（同様に**表5-1**【F】の応報的正義）．また，行為の種類によって，どのレベル（クラン，サブ・クランなど）で裁定が行われるかが決まっている（同様に**表5-1**【G】の応報的正義）．

また，**表5-1**【C】の応報的正義の刑罰については，とりわけアチョリ以外の人々によって「アチョリの伝統的正義」は懲罰的要素を含まないと解釈される傾向があるが，この解釈がアチョリの「伝統的指導者」やNGO職員の全てに共有されているとは必ずしも言えない．例えば，筆者の現地調査のなかで，アチョリの「伝統的指導者」やNGO職員等が「伝統的正義」を語る際にみられた次のような発言からは，後悔し賠償することが，「和解」，「赦し」，「修復」と表現されるものの不可分の要素ないし前提であると同時に，懲罰的な意味を持つものとしても認識されていると解釈することもできる．

> 人を殺した場合，加害者は心から後悔し，自分のせいで苦しむことになった自分のクランの人々や被害者クランの人々とともに生き，自らがもたらした苦しみや痛みを感じる．加害者及びその家族やクランは，賠償のために多大な苦労をする．［賠償や儀礼の経済的負担により］家族やクラン全体が困窮するのに加え，儀礼と賠償が完了するまで，殺された人の霊による災禍への恐怖や実際の災禍に苛まれ続ける．奪われた生命が賠償により回復され，加害者クランが苦しみ続ける姿を見て，被害者クランの人々は赦そうという気になる．また，加害者クラン全体が苦しむ結果になるような行為をクラン全体で予防しようとする[9)]．

さらに，アチョリのNGO職員が2005年に作成した『アチョリの人々の和解の儀礼』と題した文書においては，修復概念の基礎に「個人の罪が社会全体に関係するという共同責任」理解があると論じられている［Okumu 2005：2］．そして，この文書は，故意でない殺害行為の場合には故意による殺害行為の場合に比べて「より厳しくない懲罰を支払う」と記述しており［Okumu 2005：10］，ここでは賠償と懲罰の区別は曖昧である．KKAが2001年に作成した『アチョリの慣習法を示す法』という文書にも，同様の傾向がみられる．例えば，この文書の「懲罰」（punishment）の項目には，「この法のいかなるセクションにおけるいかなる規定に関しても，それに違反する者は，アチョリの慣習法に対する違反行為を犯しており，この法の別表に示され定義される適切な慣習的な行為／懲罰に則って，罰せられるもしくは賠償を支払うよう命じられる」と記述されており［KKA 2001：2］，「別表」には，この文書の本文で示されている様々な行為を犯した場合の賠償の内容（賠償用の家畜の数など）が示されている．ここでも，行為（practices）と懲罰（punishment）の間がスラッシュ（／）で結ばれ，さらにこれらの「定義」を示すとされる「別表」には賠償の内容が列挙されているなど，賠償と懲罰は明確に区別されていない．

また，アチョリの言葉で殺人の場合の賠償（compensation）を行うことを意味する「チュル・ワン・クォ」（*culu wang kwor*）という言葉は，用法次第で報復殺人（revenge killing）を行うことも意味する．筆者にこの点を指摘したアチョリのNGO職員は，賠償と報復殺人には両方とも殺人行為に対する仕返し（paying back）としての要素があると指摘した[10]．禁忌が犯された場合，「伝統的正義」のプロセスを完了しなければ，霊や（殺害行為の場合は）被害者の霊などが，禁忌を犯した本人やその家族，クランに災禍をもたらす，とされているが，「伝統的正義」のプロセスをしない場合は霊がその代わりに報復殺人を求めることもあるという．同様に，「チュル・クォ」（*culu kwor*）という言葉も賠償を支払うことを意味するが，アチョリの言葉の辞書［Festo 2000：158，187］では，「復讐する」（revenge）や「報復する」（retaliate）といった英語が当てはめられている．ここにおいても，賠償，懲罰，復讐，報復といった各概念の境界線は不明瞭である．

ウガンダのマケレレ大学のプロジェクトが2004-05年に実施したインタビュー調査においても，アチョリの人々による語りのなかで応報的要素と修復的要素が混交していたことが指摘されている［Hovil and Quinn 2005］．さらに，禁忌を犯した際に（共同で）受ける懲罰や，罪への公正な応報という原則，禁忌を犯した場合に霊がもたらす災禍による苦しみとして解釈しうる要素は，アチョリの口承説話の研究［Okumu 2000］や1960年代から1970年代の人類学分野の著作［Girling 1960；Onyango-ku-Odongo and Webster 1976］，アチョリ出身の詩人であり人類学者のオコト・ビテックによる1970年代の著作［p'Bitek 1971］にもみられる．

こうしたことに鑑みると，「伝統的正義」を応報的正義の枠組みで，あるいは応報的正義と修復的正義の双方の要素を含むものとして語ることも可能である．ただし，この検証が意味するのは，土着の実践に対して「修復的正義」や「応報的正義」という概念を敢えて当てはめて捉えようとした場合には，どちらの要素も見出すことができる，という程度のものである．そもそも，先述のように，ICC関与後に「アチョリの伝統的正義」として語られた実践は，1990年代後半以降に「アチョリの伝統的に基づく心理社会的活動」，「アチョリの和解」や「アチョリの伝統的紛争解決メカニズム」などとして語られていた実践と同じものである．加えて，後述のように，そうした実践は，欧州列強が東アフリカや中央アフリカに進出した19世紀後半以降，時代あるいは語り手次第で，外部アクターによって「伝統医療」や「アチョリの宗教」といった他の枠組みに当てはめて語られてきた．したがって，これらの実践を「移行期正義」という枠組みで捉える必要性は必ずしもない．しかしながら，ICC関与後に，外部アクターの多くは，そうした土着の実践を「アチョリの伝統的正義」と括った上で，そこに含まれる応報的正義の特徴に合致する要素を捨象し，それを修復的正義と見なしたのであった．

「アチョリの伝統的正義」と呼ばれたもののなかに，応報的正義の説明に沿った形で理解できる要素を見出すこともできるにもかかわらず，なぜ，「アチョリの伝統的正義」は修復的正義として解釈されたのだろうか？

このような解釈については様々な要因が指摘できるものの，最も大きな比重を占めると思われるのが，1990年代以降に，アチョリの「伝統」が，LRAの元メンバーの帰還後の心理的問題や暴力的傾向に対処し，周囲の受容を促し，社会的関係を再構築し，和解を促進するものとして外部アクターに理解され，援助されてきたという背景である．実際に，ICC関与後に「アチョリの伝統的正義」を支持したアチョリ内外のNGOのなかには，それ以前から「伝統」に関する啓発や儀礼支援などを行っていた組織もあった．

1997年のペインの報告書〔Pain 1997〕を含め，1990年代後半からICC関与までの時期の援助関係者による文書においては，「アチョリの伝統」は「アチョリの伝統に基づく心理社会的活動，「伝統的和解」や「伝統的紛争解決メカニズム」などとして記述される傾向がみられた[11]．これに対して，ICC関与後には，アチョリの土着の実践は「伝統的正義」と見なされ，「移行期正義」という観点から「修復的正義」として論じられるようになった．

1990年代後半に，アチョリの「伝統的儀礼」は，加害者であると同時に被害者でもあるLRAの元メンバーと彼らの周囲の人々を癒し，和解と共生を促すためのものとして，外部アクターの援助を受けるようになった〔Bradbury 1999〕．そして，ICC関与後にウガンダの事態に関心を持ったジャーナリストや，司法制度や移行期正義を専門にする法学者，HRWなどの国際人権NGOが主な情報源としたのは，アチョリの首長・長老や，「伝統復興」に資金を提供していた外部アクターによる，「伝統的和解」や「伝統的要素を採り入れた心理社会的活動」などに関する抽象的な説明であった．そうした説明は，法学者が司法制度や「移行期正義」の枠組みで理解しようとした際には，修復的正義にあたると認識できるものであった．つまり，アチョリの「伝統」については，修復的正義と重複する枠組みのなかで1990年代から援助が続けられていたために，ICCの関与後の論議においては修復的正義にあたるものだと捉えられたと言えよう.

加えて，ICC 関与後に「アチョリの伝統的正義」が「修復的正義」と捉えられた背景には，いくつかの他の要因も指摘できる．例えば，ICC 関与後に，アチョリの NGO 職員や「伝統的指導者」らは，先述の「マト・オプート」の儀礼を LRA 指導者に適用できると主張したが，その際に，ウガンダで2000年に制定された恩赦法（Amnesty Law）[12] と「アチョリの伝統」を一貫性のあるものとして語ったことも，要因の1つであったと言えよう．2000年恩赦法は，紛争等に関わったウガンダ人に恩赦を与えるものであり，実質的には，元 LRA メンバーに対して恩赦を与えるための法制度を整えることによって LRA メンバーの投降を促すことを主目的として制定された．そして，恩赦法は，その実施のために恩赦委員会（Amnesty Commission）を設置し，その役割の1つを「被害地域における適切な和解メカニズムを検討し促進する[13]」こととしていた．したがって，この規定を理解していたアチョリの NGO 職員や「伝統的指導者」らにとって，元 LRA メンバーに「伝統的な和解メカニズム」で対処することは，恩赦法を補完するものであった［Liu Institute for Global Issues et al. 2005：44］．つまり，「伝統的な和解メカニズム」は，元 LRA メンバーに対して国内法上の恩赦を与えた上で，ローカルな場において実施すべきものとして理解されていた．

ただし，それまでに実際に帰還していた元 LRA メンバーのほとんどは指導者層ではなく，LRA に誘拐され殺害行為等を強要された子どもや若者であったため，彼らに「マト・オプート」儀礼を適用しうるのかについては，首長らのなかでも結論が出ていなかった［Liu Institute for Global Issues et al. 2005：66-71］．また，「マト・オプート」儀礼にあたっては，殺害された者とそのクランを特定する必要があるが，元 LRA のメンバーのなかには，出身地から離れた避難民キャンプで人々を殺害したために，殺害した相手が誰なのか分からない者もいた．さらに，多くのアチョリの人々は農場や家畜を失っており，「マト・オプート」あるいは殺害行為に適用されうるその他の儀礼を行うための家畜や金銭を準備できなかった．そうしたなかで，援助を介して実際に実施されていた儀礼では，元 LRA メンバーやそのクランに賠償（家畜）やその他の金銭的負担を課さない傾向があった［榎本 2006b；2007a］．また，そのような儀礼の場で家畜を殺す必要がある場合は，より安価な家畜や他の物に置き換えたり，援助組織に家畜の提供を受けたりすることもあった［榎本 2007a］．したがって，ICC 関与前のアチョリ地域で元 LRA メンバーに適用されていた儀礼は，彼らに多くの負担を課さないものとなり，それゆえ必然的に「浄化」の要素が強いものとならざるをえなかった．

先述のように，「伝統的正義」は，アチョリの言葉では「ゴル・マティー」（*ngol matir*：正しい決定）や「ゴル・メ・テ・クワロ」（*ngol me te kwaro*：伝統に即した決定）と表現される．よって，禁忌とされる各行為に対して各クラン等の「伝統」に基づいて正しく決定した結果として実施される儀礼であれば，「浄化」を主眼とした儀礼であっても「伝統的正義」として説明できる．しかしながら，アチョリの首長らによる「元LRAメンバーには，恩赦法と，マト・オプートなどの伝統的な和解方法による対処が必要である」といった主張は，ICC関与後に「北部ウガンダの移行期正義」に関心を持った人々のうち，恩赦法と「伝統的」メカニズムとの関係を把握していなかった者にとっては，「マト・オプートとは和解して恩赦を与えるものでしかない」との印象を抱かせるものであっただろう．とりわけジャーナリストのなかには，「マト・オプート」の儀礼と「浄化」を主眼とした儀礼を混同して記述した上で，アチョリの人々はLRA指導者を浄化し赦すことを望んでいるのだと論じるものもあったが[14]，これは彼らがアチョリ地域の避難民キャンプに滞在して各儀礼の趣旨や実施方法を調査したわけではなかったためであろう．

また，アチョリ地域で一定の影響力を持っていたキリスト教系宗教指導者のなかには，ICCの関与後に「伝統的指導者」などの主張を擁護する者もみられたが，その際に「アチョリの伝統的正義」をキリスト教的な「慈悲」（mercy）といった視点で語った．そうした語りが報道[15]や調査報告［Allen 2005：69］などで伝えられたことが，「アチョリの伝統的正義」は慈悲と赦しのためであるという解釈を促した可能性もある．

ICC関与後，「アチョリの伝統的正義は修復的正義であり，懲罰的要素を含まない」という解釈が外部アクターに広く共有されたことの理由としては，以上のような要素が考えられる．そのなかでも，最も大きな比重を占めていたと言えるのは，ICCの関与以前に，アチョリの「伝統」が「修復的正義」と重複する枠組みのなかで援助を受けてきたという背景であろう．そして，このような解釈に基づいて「アチョリの伝統的正義」が賞賛されたり批判されたりするなかで，「アチョリの伝統」は国際的に大きな注目を集めた．

第3節　グローバルなセラピー統治？

本書で述べてきたように，開発・安全保障言説においては，「人間」に対する多様な「リスク」に対処すべく様々な施策の必要性が叫ばれるものの，追求すべき目的も，目的を達成するための施策の手法や戦略や優先順位も明確ではない．したがって，ローカルな場での戦略や優先順位を決めるべき状況に直面するなどした場合に，この言説を共有している者のなかでも論争や混乱が生じうる．

人々の心を癒し導き平和を構築するための戦略や優先順位の曖昧さは，アチョリ地域の事例においては，ICCの関与後に先鋭な形で表出した．ICCがウガンダの事態への関与を発表すると，これに反対する人々は，「正義と平和」をめぐる問題―― ICCがウガンダ政府の「軍事的解決」論の正当化のために政治利用されるおそれがあることや，ICCがLRAの指導者を訴追すれば，LRAがアチョリの人々に「報復攻撃」を行ったり，LRAとの和平交渉が困難になるなどして，紛争の激化・長期化と被害の拡大を招くであろうこと，ICCがウガンダ政府軍側の罪を扱わない場合は，事実上は不公平な勝者の裁きとなり，紛争の背景となってきたウガンダ国内の南北間の問題を悪化させる可能性があることなど――を指摘した．そして，このような，北部ウガンダにおける正義と平和をどのような戦略のもとに何を優先して達成すべきかに関わる問題について，多くの外部アクターは明確な答えを出すことができなかった．

例えば，先述のように，アムネスティ・インターナショナルやHRWなどの国際人権NGOは，被害者に「真の正義」をもたらすべきと謳い，免責を容認するアチョリの「伝統的正義」はICC規程第17条の「補完性の原則」（ICC規程の対象犯罪について，管轄権を有する国家が捜査または訴追を真に行う意思または能力がない場合にICCは管轄権を持つという原則）に照らし合わせた際に正義と見なされない，アチョリの「伝統的指導者」やNGO職員の主張は被害者の声を必ずしも代弁していない，ICCによる裁きこそが被害者に「真の正義」をもたらす，といった主張を展開した［AI USA 2005；HRW 2005］．しかし，その一方で，彼らは上記の「正義と平和」をめぐる問題については，明確な論を示さなかった．

このように「伝統的正義」を批判した外部アクターがいた一方で，GNに主要拠点を持つ国際NGOのなかでもアチョリ地域でプロジェクトを展開していた団体――例えばオックスファムやケア（CARE）など――（以下，「GNの援助系

NGO」と記す）は，ICC の関与によって大きなジレンマに直面することになった．先述のように，1990年代後半から2006年前後まで，アチョリ地域では人口の９割前後が国内避難民キャンプに移されていた．ICC がコニーら LRA 指導者５名に対して逮捕状を発布し公開する直前の2005年前半には，戦闘や病気，栄養不足等による死者が週あたり約1000人のペースで発生していることが報告されていた［Republic of Uganda Ministry of Health 2005］．GN の援助系 NGO は，避難民キャンプに援助物資を届ける活動等も行っていたが，ICC による逮捕状が発布・公開され，戦闘が激化して，避難民キャンプ間などの移動中に援助関係者が LRA に襲撃される危険性が高まれば，援助を停止せざるをえなくなり，それに伴って避難民キャンプの人々の被害が拡大することは明らかであった．

加えて，GN の援助系 NGO は，ICC が関与する前から，「北部ウガンダにおける平和のための市民社会組織」（CSOPNU）という NGO ネットワークを主導していたが，これに加盟していたアチョリの現地 NGO は，ICC に対して批判的な立場をとっていた［O'Callaghan and Gilbride 2008：26-32］[16]．ただし，GN の援助系 NGO の職員のうち，CSOPNU の運営に直接的に関与していたのは，ウガンダ首都のカンパラにある各組織の事務所で勤務する者であり，彼らの多くはイギリスまたは南部ウガンダ出身であった．また，こうした NGO の安全確保に関する内部規則は厳しかったため，ICC が関与を開始した直後の2004-05年の時期に，それらの組織のカンパラ勤務の職員がアチョリ地域に足を踏み入れることはほとんどできなかった[17]．ただし，CSOPNU にはアチョリの現地 NGO も加盟していたため，GN の援助系 NGO の人々は，「アチョリの市民社会」を代弁することを謳って，カンパラや GN の主要拠点で活動していた．

この状況において，GN の援助系 NGO の職員（とりわけカンパラの事務所の職員）のなかには，アチョリ地域で人道援助を提供し，「アチョリの市民社会」を国際的な場において「代弁」してきた団体として，GN の政府や ICC などに対して「正義と平和」をめぐる問題への懸念を示したり，ICC に対する「アチョリの市民社会」の見解を代弁したりすべきなのではないかという認識もみられた．しかし，この課題は，自分たちの団体を含む GN の援助系 NGO が形成に寄与した ICC の正当性を脅かしてはならないという問題と競合していた［O'Callaghan and Gilbride 2008：29-30］．

1998年の ICC 規程の成立は，1997年の対人地雷禁止条約成立と並び，「グローバル市民社会」等と称される人々が国際規範の形成や制度化に果たす役割を肯定的に評価する際に頻繁に引き合いに出される事例である［Kaldor 2003b；

Held 2004]．そして，GN の援助系 NGO の多く――とりわけオックスファムやケアなどの規模が大きい国際 NGO ――は，国際人権 NGO などとともに，ICC 規程の成立を，個人による重大な犯罪を国際法に基づいて裁く初の常設国際刑事法廷を設立するものであり，被害者に普遍的正義をもたらし，法の支配を確立し，同様の犯罪を予防し，平和構築に資するものとして支持していた［O'Callaghan and Gilbride 2008：29-30］．そのような NGO にとって，ウガンダの事態は，ICC が扱った最初のケースであり，年月をかけてやっと発効に辿り着いた ICC 規程が現実の世界で有効であるか否かが問われる，ないし有効であることを証明する機会であった．そのような状況で，当の GN の援助系 NGO が，ICC の関与がウガンダにおいて悪影響を及ぼす可能性について表立って論議することや，「懲罰的要素がなく，国際的な正義の基準を満たさないアチョリの伝統的正義」（と彼ら GN の援助系 NGO が解釈したもの）を擁護ないし容認することは，ICC の平和構築における有用性や，「普遍的」であるはずの規範の普遍性に自ら疑問符を付けていると見なされかねなかった．

この 2 つのアジェンダの競合は，GN の援助系 NGO の組織内部にジレンマをもたらした．そして，ICC の関与に対する組織の基本方針や問い合わせへの対応方法をめぐって，カンパラ事務所の職員や GN の主要拠点の事務所の職員による議論と調整が必要になった．しかし，GN の援助系 NGO の組織の内部においては見解が分かれた［O'Callaghan and Gilbride 2008：29-30］．概して，GN の援助系 NGO のカンパラ事務所で勤務していた職員は，「正義と平和」をめぐる問題を懸念し，ICC の関与に批判的であった[18]．これに対して，GN の主要拠点の事務所の職員のなかには，ICC は「普遍的」な正義であるのだから，ICC の正当性や意義を疑問視するような言動をすべきではないと論じるものもいた．そして，最終的に組織全体としては，後者の論理を優先せざるをえなかった．

その結果として，現地 NGO を代弁することを謳っていた GN の援助系 NGO は，LRA による報復攻撃や紛争の激化・長期化に伴う人道危機がほぼ確実に生じるであろうと理解していながら，アチョリの現地 NGO などとともにウガンダ国外に向けて ICC の関与に対する懸念を積極的に表明するような組織的なキャンペーンは行わなかった．彼らは，現地 NGO の声を GN の大手メディアや政府や ICC に対して積極的に発信したり，彼らが懸念していた事態を回避しようと試みたりすることよりも，彼らが推進していた ICC の正当性を損なうような言動を慎むことを優先したとも言えよう[19]．

そして，懸念されていたとおり，ICC の逮捕状が公開された後に LRA による攻撃は激化し，アチョリの人々だけでなく，外部からこの地域に来ていた援助関係者もLRAの攻撃対象になり，援助組織は人道援助を停止せざるをえなくなった．そして，この状況に至ってから，オックスファムなどのGNの援助系NGOは，ウガンダ政府及び国際社会が北部ウガンダの人々に対する「保護する責任」を果たすべきだと国際的に訴える活動を展開した[20]．ただし，この際の彼らの主張は，ウガンダ政府が北部ウガンダの人々や援助組織をLRAの攻撃から守るべきであり，ウガンダ政府にそのような意思や能力がないのであれば，国際社会がその責任を果たすために国連安保理決議を採択すべきであると訴えつつ，ICCによる逮捕状が発布されているLRAの指導者を捕えるためにも国際社会が協力すべきだと言い添えるものであり，ICCによる逮捕状の公開を批判するというよりも，むしろ逮捕の実現を支持していた．

GNの援助系NGOに比べて，先述の国際人権NGOは，ICCの関与について積極的・肯定的な立場をとり，「アチョリの伝統的正義」を批判した．彼らは，ICC規程の交渉過程に関わった国際NGOのなかでも中心的役割を担っており，ようやく設立に至ったICCの正当性を損なうような行動をとることはできなかった．また，概して国際人権NGOは調査・研究やアドボカシー・キャンペーンに特化する一方で開発・人道援助プロジェクトを自ら運営しない傾向にあり，アチョリ地域においても直接的な援助活動には関与していなかった．したがって，ICCの関与によって紛争が激化・長期化した場合に，自らの組織の援助活動に支障が生じる可能性もなかった．それゆえ，前述のように，彼らは，国際法的な観点のみに依拠して，「懲罰的要素がなく，国際的な正義の基準を満たさないアチョリの伝統的正義」（と彼らが見なしたもの）は正義ではないと論じ，ICCの関与を支持したが，先述の「正義と平和」をめぐる問題点については，明瞭な持論を展開しなかった．そして，ICC関係者や各国政府関係者と意見を交換する機会や，国際法分野の欧米の学会や大手欧米メディアへの影響力の面で圧倒的に優位に立っていたのは，こうした国際人権NGOや国際法学者らであった．

以上のように，GNの国々においてアドボカシーやキャンペーンを行う機能を持つNGOの多くが，ICCの関与を問題視するような活動を国際的に展開することを避けるか，あるいはICCの関与を強く支持していた．その一方で，先述のウガンダのマケレレ大学の「難民法律プロジェクト」やカナダのブリティッシュ・コロンビア大学の「グローバル問題に関するリュウ研究所」に所属する研究者などは，先述の「正義と平和」をめぐる問題を指摘していた［Coalition for Peace and Justice in Northern Uganda 2004；Hovil and Lomo 2005；Rose, Sattarzadeh and Baines 2005]．ただし，彼らはあくまでも個人の責任で発言しており，彼らの所属研究機関がGNの国々において組織的なキャンペーンを展開していたわけではなかった．また，彼らのなかには政治学や地域研究などの研究者が多く，ICC関係者や各国政府，国際法分野の欧米の学会に対する影響力は強くなかった．

第2章及び第3章で述べたように，西洋近代における人間像及びそれに依拠した国民国家という制度については，人間と市民が等値されるために，国民国家の市民と見なされない人々の人権が保障されないことが批判されてきた．そして，CSSの第1世代の論や開発・安全保障言説においては，国民国家の市民であることに規定されない「人間」を安全保障の中心に据えて保護し「エンパワー」すべきことや，国家主権を超越する「人道的」な規範を構築し人権意識を強化すべきことが謳われた．その一方で，CSSの第3世代のなかには，開発と安全保障の政策論議の融合について，グローバルな統治における生政治的な「生の促進」であると論じた上で，この統治においても「生の促進」に値しないと見なされる人々が排除されるのだと論じる者もみられる．

しかし，アチョリ地域の事例における国際NGOの行動は，結果的に保護も「エンパワー」もされない人間が生まれることを看過ないし許容したものと言えるにせよ，これはグローバルな統治における「生の促進」に値する「人間」だと見なされなくなった人々を排除した結果というよりも，むしろ目的の設定やそれに鑑みた戦略や計算が半ば放棄された結果であった．つまり，国際NGOの行動は，この地域の人々を調整されたグローバルな管理のもとで戦略的に誘導することを試み，目標に照らし合わせて優先順位を判断した結果とは言い難い．むしろ，彼らの多くは，そのような判断をすべき局面において明瞭な答えを見出すことができなかったために，最終的には「普遍的・人道的でグローバルな規範」の正当性を確保すべきである（あるいは正当性を損ねることはできない）という論理を優先することになったのである．

第4節　ローカルなアクターによる抵抗・妥協と飼いならし

そもそも，列強諸国がこの地に進出した19世紀後半から1980年代まで，アチョリ地域における「伝統」は外部のアクターによって様々に語られてきた．そして，そうした外部アクターが持ち込んだ概念・実践をアチョリのアクターが取り込み飼いならすなかで，1980年代以降のこの地における紛争の形態が形作られていった．そして，その後の1990年代以降にこの地域に介入した多くの外部アクターが抱いていた「脆弱な人間」像は，彼らと協力したアチョリのアクターによって必ずしも共有されておらず，外部アクターによる紛争理解は，様々なアチョリのアクターによって別様・多様に解釈され，活用されていた．

ただし，このような内外アクターの関係は，CSS の第４世代が論じるような「トップ・ダウン」の介入とそれに抵抗する他者という枠組みに必ずしも当てはまるわけではない．そもそも，前節で示したように，外部アクターの活動は，戦略的に制度や政策を配置してアチョリの人々の生に関与するような状況とは程遠く，彼らが GS の人々を特定の方向に誘導すべく「トップ・ダウン」に介入するといった状況にもなかった．それに加えて，彼らとアチョリのアクターの関係には，共鳴，妥協，抵抗が折り重なっており，必ずしも「介入と抵抗」という構図に収まりきるものではなかった．そして，そのような内外アクターの相互作用を通じては，統治の主体を創出し社会全体を特定の方向に変容させるための介入が展開されるような事態は生まれなかった．

(1)　アチョリの土着の実践をめぐる語りの歴史と武装集団の形成

まず，19世紀後半に探検家や宣教師などをはじめとする欧州の人々が現在のアチョリ地域に進出を開始して以降，外部のアクターは，この地域の土着の実践を自らの思考枠組みを用いて理解し，語ってきた．

ティム・アレン［Allen 2008：50］が指摘するように，1990年代以降のアチョリ地域における援助の文脈において「伝統的和解」や「伝統に基づいた元兵士の社会復帰」として語られ，ICC 関与をめぐる議論のなかで「伝統的正義」として語られてきた実践は，20世紀後半に，人類学の研究者や公衆衛生などの専門家たちが，「伝統医療」や「代替医療」として扱ってきた実践と同様のものである．第１章で述べたように，1960年代以降の GN の国々における近代社会や工業化への懐疑，開発の政策領域におけるベーシック・ヒューマン・ニーズ（BHN）の重視などを背景にして，地域の資源を活用したプライマリ・ヘルス・ケア（PHC）において「伝統医療」や「代替医療」が果たしうる役割への関心や期待が高まった．そして，そのような医療の可能性を探求する研究のなかでは，近代医療の概念と枠組みを用いて，非西洋の土着の実践が読み解かれた［奥野 2006：63-71］．

さらに19世紀後半から20世紀前半に遡ると，概して土着の実践は近代医療に対比されるべき「医療」としてではなく，宗教的実践として扱われる傾向にあった［奥野 2006：60-63］．当時のアチョリ地域においても，キリスト教の宣教師たちがキリスト教の概念をこの地域の人々の言語に翻訳して布教しようとした際に，彼らがアチョリの宗教という枠組みで捉えようとした概念や実践［p'Bitek 1971：41-58］もまた，1990年代以降に「伝統に基づいた元兵士の社会復帰」や「伝統的正義」といった枠組みを通じて語られている概念や実践と同じものである．現代までの間に大きく変化したのは，土着の概念や実践そのものというよりも，むしろ外部アクターがアチョリ地域の土着の実践や概念に差し向けたまなざしであり，思考枠組みであると言える．

ただし，奥野克巳［2006：48］が指摘するように，人類学の研究者や医療の専門家たちが，近代医療の課題の延長線上にGSの土着の実践を位置付け，ローカルなアクターを訓練し協力関係を築こうとする試みにおいては，しばしば新しいハイブリッドな形の治癒者が登場することになった．同様に，19世紀後半から20世紀前半にキリスト教宣教師らが彼らの思考や知識に拠りながら土着の実践や概念を読み解こうとした際にも，新しいハイブリッドな概念・実践・権威が形成される場合があったが，アチョリ地域においてもそのような現象がみられた．そして，次に述べるように，そうした新たな概念・実践・権威の形成が，1980年代以降のアチョリ地域における武力紛争の特徴を形作ることになった．

19世紀後半から20世紀前半のアチョリ地域において，キリスト教の宣教師たちとアチョリの人々による複雑な相互作用のなかで生まれたのは，新しいハイブリッドな概念や世界観であり，キリスト教的概念を取り込んだ聖霊の霊媒を称する「ネビ」（*nebi*）——旧約聖書の「預言者」（*nabi*）に由来する——と呼ばれる人々であった[21]．そして，ウガンダ独立後の1970年代から1980年代になると，ネビたちは，植民地期[22]以降に公共領域での権威が衰退していたアチョリの首長や長老らに代わる機能を果たそうとした［Behrend 1991：175-176[23]］．ネビたちは，「伝統的」概念とキリスト教的概念を融合させつつ，首長らのように公共領域で活動し，自分たちは呪術や妖術を用いない「善良」な霊媒であると主張した［Behrend 1999：121-127］．また，「アジュワカ」（*ajwaka*）と呼ばれる，私的領域で占者や治癒者として活動し，同時にその力を呪術や妖術のために利用する霊媒に対して，ネビたちは対抗し批判した［Behrend 1999：121-127］．そして，次に述べるように，ネビの登場と影響力の増大は，1980年代後半の北部ウガンダにおける反政府勢力の形成に結びつくことになった．

LRAの指導者ジョセフ・コニーは，1980年代後半にアチョリ地域で形成された「聖霊運動」（Holy Spirit Movement）の指導者アリス・ラクウェナ（Alice Lakwena）――本名はアリス・オウマ（Alice Auma）であり，「ラクウェナ」とは彼女に憑依したとされた精霊の名前［Behrend 1999：134］――の後継者であると主張しているが，ラクウェナは，まずネビとして登場した［Behrend 1991：176］．1980年代半ばのアチョリ地域においては，首長や長老らの権威や影響力はすでに衰退していた．そして，ハイケ・ベーラント［Behrend 1998：249-252］が論じたように，首長や長老らが当時果たせなかった役割を担うことができたからこそ，ラクウェナはアチョリ地域のなかで一定の支持を獲得することができた．

先述のように，1985年のクーデターによって，アチョリ地域出身者のオケロによる政権が誕生したが，その1年後には南部ウガンダを基盤とするムセベニの軍に倒された．オケロ政権時代の軍関係者が北部に逃れ，ムセベニの軍による攻撃が続くなかで，アチョリ地域では，逃れてきた元軍関係者に憑りついた霊や，混乱のなかで多用された私的領域の霊媒による呪術がもたらす災禍や「道徳危機」が危惧された．例えば，首長や長老らは，オケロ政権下で殺害行為などの禁忌を犯した若いアチョリの元軍関係者らに霊が憑りついて災禍をもたらすことを懸念し，これらに対処するために「アチョリの伝統」を持ち出し，元軍関係者を首長や長老らの権威に服させようとした．

しかし，元軍関係者のなかには，首長や長老らが司る儀礼のプロセスにしたがうことを拒む者も多かった［Behrend 1998：248-249］．これに対し，首長や長老たちは，そうした「けがれた」元兵士たちこそが諸悪の根源であり，彼らが「伝統的」な秩序に背いているために，霊によるさらなる災禍が引き起こされ，混乱や無秩序が生まれ，暴力の悪循環につながっていると主張した［Behrend 1998：248-249］．首長らのほかにも，女性のなかには，混乱のなかで多用される呪術や妖術によってこの地にもたらされた霊が災禍や死を招き，内部の不和を悪化させていると論じる者もあった［Behrend 1998：248-249］．しかし，植民地期以降に，首長や長老たちの権威は衰退を続けており，彼らが1980年代の戦禍と混乱に対処することはできなかった．

霊に対処し秩序を維持するための首長らの正当性や能力が弱体化した状況で，ネビとして登場したラクウェナ［Behrend 1999：127］の活動は，危惧されていた「道徳危機」への解決策を提起するものであった．ラクウェナは，アチョリの「伝統」の諸要素を利用し，活性化し，変更を加えて［Behrend 1995：60］，

「伝統的」要素とキリスト教的要素を取り込んだ独自のハイブリッドな儀礼を生み出し，かつての首長らのように，元軍関係者に憑りついた霊や，呪術や妖術に対処した［Behrend 1995：64］．彼女が1986年に「悪」と流血に終止符を打つことやムセベニ政権と戦うことを掲げて「聖霊運動」を形成すると，ウガンダ南部から北上してきたムセベニ政権の軍によるアチョリの人々への残虐行為に憤っていた人々や，オケロ政権時代の軍関係者がこれに参加した．ラクウェナは彼らに「道徳教育」を施し，自らの規則や行動規範を提示し，独自の「裁判」をして「判決」を下し，新たな社会的・道徳的秩序のビジョンを示しつつ［Behrend 1998：249-252］，最盛期で7000人から1万人の兵士たちを統率した［Behrend 1999：67］．

ただし，ラクウェナの戦いは，ムセベニ政権というアチョリ地域の外の敵だけでなく，アチョリ内部の「悪」や「けがれ」にも向けられていた．そして，「悪」と戦い，暴力の悪循環を止め，人々と社会を癒すという彼女のロジックは，「けがれている」と見なされたアチョリの人々に対する浄化ないし虐殺を正当化するものになっていった［Behrend 1998：247］．実際に，ラクウェナは，ウガンダ政府軍だけでなく，呪術や妖術を利用したアチョリの人々や，北部ウガンダの他の反政府グループ，彼女が「けがれている」と見なした「聖霊運動」側の兵士などを攻撃の対象にした［Behrend 1998：247］．

「聖霊運動」はカンパラに向けて南下し，政府軍とのいくつかの戦いにおいて勝利を収めたものの，カンパラから100 km 圏に迫った時点で政府軍に惨敗し，ラクウェナは隣国のケニアに亡命した［Behrend 1999：1-2］．その後，ラクウェナと同様に霊媒を自称するコニーが，元「聖霊運動」の兵士や他の反政府グループの兵士の一部を取り込んで勢力を拡大し，次第にLRAと名乗るようになった．そして，このコニーもまた，呪術や妖術に対抗し，「伝統的」要素とキリスト教的な要素を含むハイブリッドな儀礼をLRAのメンバーに施し，独自の行動規範を作成し，メンバーにしたがわせた．さらに，ラクウェナと同様にコニーも，ウガンダ政府軍と戦闘を続ける一方で，LRAを支持しないアチョリの人々を「けがれている」と見なして攻撃の対象にしたが，その攻撃方法は次第に過激化していった［Van Acker 2004］．このようなコニーの行為が，首長や長老らの権威を否定するものであったことに加え，LRAと政府軍との戦いによって家族やクランが離散した結果，首長や長老らの権威は一層低下することとなった．

⑵「伝統復興」をめぐる解釈の相違

1990年代後半以降に「アチョリの伝統」に期待した外部アクターは，彼らが抱いていた「脆弱な人間」像をアチョリの人々に投射し，この人間像に依拠した知をもって土着の実践を解釈し，彼らが北部ウガンダ紛争の「根本原因」と見なしたアチョリの人々の心理的問題や社会的関係を再構築するものとして「伝統復興」を支持した．

当時のアチョリ地域では，首長や長老らの権威は極度に弱体化していた．ラクウェナやコニーの行為や長引く紛争が首長や長老らの権威を低下させたことに加えて，援助組織のなかには，心理学的な紛争理解に基づき心理学や精神医学により厳密に依拠した活動を展開する組織もあり，そうした活動には首長や長老らの権威に服す必要性を否定する側面もあった．また，1990年代以降のアチョリ地域では，キリスト教系宗教指導者も勢力を拡大しており，とりわけ，「伝統」を「サタニック」なものと見なす新生キリスト教系の協会やNGOが活動を活発化させて信者を獲得していた．このように，アチョリ地域における首長や長老らの権威が弱体化し，彼らの権威と競合する諸勢力の影響力が増加するなかで，一部の外部アクターは「伝統復興」のための資金提供を行った．そして，首長や長老，「伝統復興」を支持していたアチョリのNGO職員は，この動きを歓迎し協力した．

確かに，外部アクターの内部文書や対外的な報告書などにおいては，「脆弱な人間」像がアチョリの人々に投影されていた．しかし，この地域において援助の実施を担ったアチョリの人々のなかで，「脆弱な人間」像やそれに依拠した紛争理解は必ずしも共有されていなかった．

先述のように，1980年代に首長や長老らは「道徳危機」を懸念し，「伝統的」な道徳秩序に背く人々がいるために，霊によるさらなる災禍が引き起こされ，混乱や無秩序が生まれ，暴力の悪循環につながると主張した．その後に続いた終わりの見えない紛争や，国内避難民キャンプへの移住と人々の離散，そして首長や長老らの権威のさらなる衰退は，首長や長老らの紛争理解の正しさを証明するものに思えたであろう．したがって，外部アクターが自明と見なす「脆弱な人間」像や心理学的な紛争理解を必ずしも共有していなくとも，「社会秩序の崩壊が紛争と混乱を生み，伝統をさらに破壊しているため，人々を癒し，伝統を復興し，伝統に基づく平和の文化を振興することによって，暴力の悪循環を止めることが必要である」という表現は，首長や長老らの紛争理解の視点からしても，別様に解釈した上で首肯しうるものであったと思われる．つまり，外部アクターの問題認識は，首長や長老らの問題認識と完全には一致しておらず，外部アクターが自明のものと見なしていた「脆弱な人間」像は，首長や長老らに必ずしも共有されていなかったものの，外部アクターと首長や長老たちとの双方が異なる解釈に基づいて同じ表現を表層的に共有することが可能であったと考えられる．そして，両者は，紛争の原因や結果に関する大枠の主張を表面的に共有したうえで，「伝統復興」のために協力した．

このように，外部アクターによる心理学的な紛争理解と，首長や長老らの紛争理解は，それぞれ異なる思考枠組みに依拠しつつも，表層的には共鳴し，両者の協力関係を支えた．加えて，紛争が続き「伝統的」権威が弱体化するなかで，首長や長老らが自身の権威復興の必要性を感じただけでなく，それに利益を見出したことは十分に推測できる．

1990年代後半には，多くの首長や長老が避難民キャンプで生活しており，周囲の人々と同様に困窮していた．1990年代末にアチョリの52のクランと各首長を「特定」したACORDのプロジェクトに関与した人々によれば，このプロジェクトに協力したアチョリの人々は，援助資金へのアクセスが可能になる限りは，その援助がいかなる趣旨のものであるかを問題にしなかった[24]．例えば，このプロジェクトの実施にあたっては，「巨額の資金が付いているプロジェクトであるという噂が流れたため，皆が集まった」と言われている[25]．また，キトグム県では，第5地域議会[26]（LC5）の関係者が，このプロジェクトの資金管理権限をLC5にわたすことを要求し，それを拒否したACORDのキトグム事務所を閉鎖するといった騒動も発生した[27]．その後に設立されたKKAは，国際的・国内的にアチョリの指導者が「1つの声」（one voice）を持つためだけでなく，「伝統復興」のための援助の受け皿としても，首長らにとって有用であった．そして，KKA関係者が「伝統復興」のための援助に慣れていくに伴い，それを個人的な利益のために利用する動きもみられた．

例えば，2007年に，KKAは，日本の写真家に「アチョリ王国公式親善大使」の「任命状」を発行し，日本で「アチョリ王国」について啓発し資金集めをすることを依頼した[28]．しかし実際には，KKAはアチョリ地域において「アチョリ王国」とは呼ばれておらず，ウガンダ南部の「王国」とは異なるとされている．1999年にアチョリの大首長が任命され2000年にKKAが設立される前には，アチョリの様々なクランをまとめる組織や「大首長」の地位は基本的には存在しなかった．そして，1999年にアチョリの大首長が任命された際にも，ブガンダ等の南部ウガンダの「王」（King）とは区別する形で「大首長」（Paramount Chief）という名称が採用され，その敬称も，ブガンダ王の敬称である「陛下」（His Majesty）より格下であることを示す「殿下」（His Highness）が用いられた[29]．また，大首長は，ブガンダ王のように「王家」一族が世襲するのではなく，アチョリ地域の首長らによる選挙で選ばれており，当初は，各クランからのローテーション制によって大首長を排出することも検討されていた．

なおかつ，「アチョリ王国公式親善大使」の任命は，KKA関係者全員に知らされていたわけでも，全員の了解を得たものでもなく，KKAの「IT担当大臣」と，大首長，及びKKA内の大首長派の限られた人々によって行われたものであった．この「IT担当大臣」は，マケレレ大学でジャーナリズムを学んだ後，「進歩のための青年行動連合」（UYAP）という名称のNGOを立ち上げ，英語力と情報技術を活かし，紛争下の子どもへの被害や子ども兵士問題に関心を示すアメリカや日本などのNGOや個人から資金を獲得し，元LRAメンバーを含むアチョリの人々に対する職業訓練プロジェクトを運営していた．その後，2007年前後にKKAに「内閣」（Cabinet）が設立されると，彼は「IT担当大臣」に就任することとなった．また，彼は，2006年にウガンダ国会議員選挙に立候補したものの落選していたが，その後はウガンダの民主党（DP）に入党し，党のスポークス・パーソンになり，2011年の国会議員選挙での当選を狙っていた（結果は落選）．

年1回ほどアチョリ地域を訪れていた日本人の写真家は，UYAPにとって大口の援助ドナーである日本のNGO「アルディナウペポ：東アフリカの子どもを救う会」の関係者であった．そして，「IT担当大臣」本人曰く，「宗教指導者や教会には多額の資金が入ってくるが，伝統指導者は資金集めに苦労するため」，大首長及び大首長派の人々と相談して，この日本の写真家に「アチョリ王国公式親善大使」の任命状を発行し，資金集めを要請した[30]．これについて，2008年11月に，「IT担当大臣」は筆者に対して，「僕は時々，口が滑るんだよね．首長制って言うよりも，王国って言うほうが注目されるだろ．僕は王国って言葉を広報目的で使っているんだよ」と説明した[31]．また，彼の計画を知っていたKKAオフィスの職員は，「写真家は2007年4月にここに来た．彼女はKKAを売り込まなければならない．本来は，彼女は我々のためにロビー活動をして，資金を集めて，KKAにパソコンとテクノロジーをもたらすはずだった」と語っている[32]．さらに，そのKKA関係者は，彼女が公式親善大使として集めたであろう資金が，2008年11月の時点でKKAに届いていないことへの不満や，「IT担当大臣」が資金を懐に入れているためにKKAに届いていないのではないかという疑念を述べ，代わって筆者に対して，「アチョリ王国公式親善大使」として日本でKKAを売り込み，プロジェクト・プロポーザルを書いて資金集めをするのはどうかと提案した（筆者は断った）[33]．このような状況を総合的に捉えると，彼らが2007年に「アチョリ王国」を謳って「公式親善大使」の任命状を作成したのは，日本での啓発活動におけるインパクトを強め，注目が集まるようにし，日本人からの資金を集めようとしたためと言えるだろう．

2000年代後半のKKAでは，内部の対立が顕在化しており，大首長の地位は必ずしも確かなものではなかった［Liu Institute for Global Issues et al. 2005：30-33］．先述のように，当初は大首長をローテーション制にすることも検討されていたが，現大首長の就任後は他クランの首長に大首長の地位を譲ったり次の大首長選挙を実施したりする動きがみられなかったため，不満を持つ人々もいた[34]．二人の副大首長については，自らが大首長であるかのように振る舞ったり外部からの援助の獲得を試みたりしていることが指摘されており[35]，大首長との間に軋轢が生じているとも言われていた[36]．そうしたなかで，KKA内の他勢力による了承を得ないままに大首長を「王」として外部に提示し，「アチョリ王国の情報」を提供して国外で広報活動をさせようとした背景には，大首長派の権威を高める思惑があったことも考えられる．遠く離れた日本で，「アチョリ王国公式親善大使」や彼女の団体あるいは協力関係にある団体や個人が，北部ウガンダ紛争の「原因と解決策」や「アチョリの伝統」をどのような思考枠組みで捉えて日本の人々に語るのかといった問題は，「IT担当大臣」や大首長にとって重要な問題ではなかったのだろう．

この事例にみられるように，1990年代後半以降に，アチョリのアクターは「伝統」という名目で援助を引き出そうとすることに慣れていった．そして，そうした人々の少なくとも一部は，外部アクターが「伝統」をいかなる枠組みで捉えるかを大きな問題とは見なしていなかったと考えられる．そして，次に述べるように，「伝統復興」を謳ったアチョリのアクターは，外部アクターの「脆弱な人間」像とそれに依拠した紛争理解を必ずしも共有していなかった．

筆者が行った現地調査では，アチョリの首長や長老，アチョリの援助組織の職員の少なくとも一部には，外部アクターが「西洋心理学的」な観点から「アチョリの伝統」に注目していることや，そうした観点と「伝統的」理解との間にはズレがあることを認識している様子がみられた．しかし，アチョリのアクターが彼らの活動に対して外部アクターから資金を獲得しようとする際には，援助ドナー側の思考枠組みや，それに基づいた資金拠出の枠組みに合致する活動としてプロポーザルを提示しない限りは，そもそも資金獲得が困難であった．そのため，アチョリのNGO職員や首長らのなかには，外部アクターの思考枠組みに合致するものとして「伝統」を提示する傾向がみられた．

例えば，2007年頃までKKAに関わり，外部アクターに接する機会も多く，2006年4月に筆者が初めて会った際にも援助ドナー向けの資料作成の煩雑さを語っていたアチョリの長老は，2008年に再会した際に次のように述べた．

> 西洋の言葉に結び付けられている意味は，同じ言葉に我々が結び付ける意味では必ずしもない．例えばトラウマという言葉のように．我々にとって，彼らの意味は非常に軽い．我々の意味は，彼らが考えるよりもずっと深くて重い．それはトラウマという以上のものだ．問題をもたらすのは，死んだ者の魂なのだ[37]．

そして，外国から来たNGO職員などに，そうした違いを説明したことはあるのか，という筆者の問いに対して，彼は否定した上で次のように答えた．

> 我々は普段，彼らと非常に公的な形で（officially）接している．彼らは，自分たちがどのように捉えるのかを，すでに決定済みなのだ[38]．

筆者が現地調査の過程で出会ったアチョリのNGO職員のなかにも，霊による災禍と解しうる現象を「トラウマ」と見なす援助組織が行うカウンセリングやサイコセラピーといった活動について，それらが依拠する「西洋心理学的」な概念や認識枠組みへの違和感や懸念を述べる人々が存在した．そうした人々は，「西洋心理学的な活動」を控えるよう外部アクターを説得しようとすることもあったが，その際には，その代替とされるべき「アチョリの伝統」を「アチョリに適したトラウマ・ケア」として――つまり，「西洋心理学的」な概念や認識枠組みで理解しうるものとして――提示する方法をとっていた．

また，アチョリの首長，長老やNGO職員の多くは，2004年のICC関与後に，初めてICCの存在を知ることとなった．そのため，彼らの多くは，ICC関与開始直後の時期には，元兵士の社会復帰や和解といった，1990年代後半以降の援助を通じて語り慣れた方法で「アチョリの伝統」を語っていた．しかし，ICCをめぐる論争が長引くなかで，アチョリのアクターが次第に「移行期正義」に関する政策論議やICC規程を把握するようになると，彼らも「移行期正義」の枠組みや論理に沿って「アチョリの伝統的正義」を語る傾向がみられるようになった[39]．そして，「伝統的正義」に期待を寄せた外部アクターは，首長や長老らの活動や，援助組織による「伝統」関連の活動に資金を提供した．

1990年代後半以降のアチョリ地域において，首長らの対内・対外的な権威は援助の文脈で強化され，ICC関与後はさらに注目と援助を集めるようになり，2000年代後半にはそれまで摩擦を起しつつも協力関係を保っていたキリスト教系宗教指導者を凌ぐようになった[40)]．このことを，先述のようなアチョリ地域の歴史的文脈のなかに位置付けた時，1990年代後半以降の「伝統」への注目と援助は，首長らによるハイブリッドな形でのアチョリ社会の「再構築」の試み——アチョリの社会秩序や，そこでの人々の行動や関係性のありかたをめぐる規範，人々が直面する状況や出来事に関する解釈と「適切」な対処方法をめぐる共通理解を「再構築」する試み——を後押しし，心理学的な紛争理解に対する，妥協を含んだ交渉や抵抗を可能にしたと捉えることもできる．

(3) LRAと「伝統復興」の類似性と競合性

1990年代のアチョリ地域における「平和構築」活動についての報告書を作成したマーク・ブラッドバリーが次のように指摘しているように，1990年代以降の「伝統復興」と，先述のラクウェナやコニーによるアチョリ社会の浄化と道徳・社会秩序の再建の試みとの間には，一定の類似性と競合性が観察できる．

> アチョリの伝統的実践への注目について興味深い側面は，悪い霊や呪術師に対処してアチョリ社会を浄化するという，ラクウェナやコニーの取り組みに類似していることである．長老たちによる伝統的儀礼の実践は，コニーたちによる儀礼と対抗関係にあるように見える．おそらく，その戦いは，アチョリの人々の心（hearts and minds）だけでなく魂（soul）をめぐるものなのだろう［Bradbury 1999 : 20］．

前項で述べたように，1980年代に，アチョリの首長や長老たちは，禁忌を犯した若い元軍関係者らの「けがれ」を強調し，首長や長老らが司る儀礼プロセスを通じて彼らに対処する必要性を説き，彼らを首長らの権威に服させようとしたが，そうするだけの正当性や能力をすでに失っていた．コニーは，彼独自の儀礼をLRAのメンバーに施し，独自の行動規範を作り，彼を支持しない「けがれた」アチョリの人々を攻撃した．

1990年代後半以降，首長らは，元LRAメンバーは紛争下で行った禁忌（首長らの「伝統」規範に反する行為）ゆえに霊に憑りつかれているのであり，「けがれた」彼らに「伝統的」規則にしたがった儀礼プロセスによって対処し，「伝統教育」を施して「伝統的」道徳を身につけさせる必要性があると論じた．これは言いかえれば，元LRAメンバーをコニーの側から「伝統」の側に引き戻し，首長らの権威に服させ，首長らが描く社会秩序のなかに取り込もうとすることでもあった．こうした背景をふまえたとき，LRAのメンバーが犯した禁忌をどのように扱うかという問題は，1990年代後半以降の「伝統復興」を通じて首長らが目指そうとしたアチョリ社会のありかたに関わるものであり，だからこそICCによる関与開始直後に，彼らはICCへの強い拒否反応を示すことになったと考えられる．

もちろん，首長らのICCに対する反発の背景には，先述の「正義と平和」をめぐる問題に対する差し迫った危機感があった．とりわけ，ウガンダ政府の「軍事的解決」論がICCによって事実上追認された形になったり，LRAによる襲撃が激化・増加したりすることは，自身や周囲の人々の命に関わる問題であった．しかし同時に，彼らにとって，ICCの関与は，アチョリ社会をハイブリッドな形で再構築・再編成しようとする試みに対する介入でもあったと言えよう．

この地域における1990年代後半以降の「伝統復興」の過程は，外部アクターが，本国において共有されるようになった「脆弱な人間」像をアチョリの人々に投射し，その人間像に依拠した政策に奉仕するものとして，アチョリの土着の実践に期待したプロセスとして捉えることもできる．しかし，1990年代以降，多くの援助組織は，援助プロジェクトにおいて現地住民の「オーナーシップ」を重視する方針をとり，日常的な運営の大半を現地雇用の職員に任せているし，1990年代から2005年前後までのアチョリ地域では戦闘が頻発しており，外部者の安全確保が困難であったため，この地域における「伝統復興」のための調査や会議，儀礼の実施や「伝統教育」のほとんどはアチョリのアクターが担った．そして，そのようなアチョリのアクターと外部アクターの協力関係は，共鳴や抵抗，摩擦をはらんでおり，アクター間の複雑な相互作用のなかには，複数の思考枠組が交錯していた．そのなかで，外部アクターが抱いていた心理学的パラダイムは，多様で，しばしばハイブリッドな社会秩序構想を抱くアチョリの諸アクターに別様に解釈され，利用されていたと考えられる．

植民地期のアフリカについては，「伝統」が欧州とアフリカの人々の双方の利害に役立つように創造され操作されたことが指摘されているが［Ranger 1983］，1990年代後半以降のアチョリ地域においても，様々な外部アクターとアチョリのアクターが，各自の利益や思考枠組みに合致するような「伝統」を創造しようとしたと言える[41)]．そして，彼らの「協力」関係のなかで，「アチョリの伝統」をめぐる外部アクターの試みは，アチョリのアクターにしばしば別様に解釈され，飼い慣らされ，交渉の対象になった．外部アクターとアチョリのアクターとの「パートナーシップ」には，共鳴，緊張や抵抗が内包されていたのであり，開発・安全保障言説で謳われるような，人々の心や社会的関係に対する調整された介入を可能にするものではなかった．

おわりに

1990年代以降のアチョリ地域において，外部アクターは「心理社会的活動」や「移行期正義」のための諸施策を試み，その過程のなかで「脆弱な人間」像をアチョリの人々に投射した．しかし，第4章及び本章で示したように，外部アクターは，アチョリの人々の心を癒し導くべき方向性やそのための「適切」な手法や戦略に関する共通認識を持っていたわけではなかった．

しかも，アチョリ地域のアクターも一枚岩ではなく，外部アクターの心理学的な概念や紛争理解を，それぞれの観点から解釈し，利用した．そして，多種多様なアチョリのアクターが多種多様な外部アクターから援助を受け，内外アクターの「パートナーシップ」のもとでアチョリの人々の心や行動をそれぞれ異なる方向に導こうとするような活動を展開した．そうした複雑な相互作用のなかで「復興」された「伝統的権威」は，この地域の人々の行動や関係性に影響を及ぼそうとする諸勢力の1つにすぎない．こうした状況からは，開発・安全保障言説における介入の論理——個人の心や社会的関係のレベルから社会全体を変容させるための広範な介入が必要であり，そのために諸アクターが有機的に連携すべきだという論理——が現実のものになっているとは言い難かった．

例えば，1990年代以降のアチョリ地域では，キリスト教系の宗教指導者らも外部アクターから援助を受けて，一定の影響力を保ってきた．彼らは，「アチョリの伝統」をキリスト教的な視点から語り，首長や長老らと可能な限りの協力関係を保ちつつ，心の癒しや浄化，和解を謳った活動を実施していた．さらに，「伝統」を「サタニック」なものとして否定する傾向にある新生キリスト教系の教会が信者を増やして影響力を拡大してきており，彼らも独自の浄化方法を提供していた［International Rescue Committee 2002］．こうした勢力についても，「伝統的指導者」のように，LRAの元メンバーを特定の手法で浄化したり，LRAの元メンバーやその他のアチョリの人々に特定の規範・道徳を身につけさせたりすることを通じて，自らの権威に服させようとしていたと捉えることが可能であり，彼らと「伝統的指導者」は競合関係にあるとも言える．

また，比較的若い世代のアチョリの人々のなかには，大学で心理学を学んだり，「カウンセリング」や「ソーシャル・ワーク」のコースを受講したりした後，援助組織に勤務し，「心理社会的活動」の一環として「カウンセリング」や「心理的ケア」を行っている人々もみられ，そのなかには「伝統的方法によるトラウマ・ケア」に批判的な人々もいた．そして，援助組織のなかには，首長や長老や他の援助関係者などに「心理的サポート」の基本的手法についてのトレーニングを提供する団体もあり［Canadian Physicians for Aid and Relief 2001］，その実施はアチョリの職員によって担われていた．したがって，外部アクターと現地アクターとの関係は，介入する側とそれに抗する他者といった2項対立の構図に収まりきるものではなく，「西洋心理学的」な思考や手法は，現地アクターによって一定程度は受容されてきたと言える．

さらに，とりわけ2000年代以降は外部アクターの関心に基づいて，女性や若者が援助の対象になったり，女性や若者の権利に関する啓発活動が行われるなどした結果，女性や若者の権利意識が強まって年長者と摩擦を起こすようになったことも指摘されるようになった［Liu Institute for Global Issues et al. 2005：32-33］．1980年代においても近年においても，長老世代が女性や若者をコントロールし，反抗した者を排除するために「伝統」を持ち出すという側面があり，女性や若者のなかには，「伝統」の変革を求める声や，長老らが「伝統」を理由にして「逸脱者」を排除する可能性を恐れる声もみられるようになった［Human Rights Focus 2007］．加えて，アチョリの首長や長老らのなかには，新しく創設されたKKAや大首長の正当性を受け入れていない者もいた．また，KKA内部においても，先述のような対立や，個人的な富を蓄積した（と噂される）特定の首長らに対する批判や不満がみられている[42]．

加えて，紛争が続いていたアチョリ地域において，ウガンダの裁判所の機能は弱まり，グル県の高等裁判所は2003年から2006年まで機能を停止していたが，2006年の和平交渉開始以降に北部ウガンダでの戦闘がほぼ停止すると，若干の機能を取り戻した[43]．また，2008年以降には，ICCの補完性の原則に照らし合わせて「ICCの正義の基準を満たす」ことができる国内法制の整備も行われたが，アチョリの「伝統」支持者もこうした動きに強く反発したわけではなかった[44]．したがって，「伝統的」な対処方法ではなく国内司法によって犯罪行為などに対処するという思考や制度は，この地域において一概に否定されていたわけではなかった［Komakech and Shef 2009：35-37］.

また，2000年代以降は，アチョリ地域におけるインターネットの普及やICC関与後の外部アクターの増加と多様化を受けて，大学や大学院レベルの教育を受けておりパソコンを使いこなせる比較的若い世代のアチョリの人々が，アチョリ地域で活動する援助組織のなかで重要な役割を担うようになり，影響力を増した．そして，それに伴い，アチョリ出身の援助関係者のなかでも，「伝統」を無批判に肯定・賛美するのではなく，一定の批判を加える者がみられるようになった．2010年の筆者の調査においては，外部アクターと協力して「伝統」に関する活動を実施するアチョリ出身の援助関係者のなかにも，程度の差こそあれ，「伝統的正義」の役割に限界があることを指摘したり，1990年代やICCの関与直後の内外のアクターが「伝統」を過度にロマンティサイズしていたと論じたりする傾向がみられた．他方で，先述の「アチョリ王国公式親善大使」の事例のように，若い世代も「伝統」を資金獲得の手段として利用するようになり，そうした世代の人々が首長らの一部とともに「伝統」を語り，外部アクターから資金を引き出そうとする場面もみられた．

1990年代以降の開発・安全保障言説においては，主にGSの個人の心や社会的関係から公的機関の能力等に至るまでの広範な領域を変容させるべきであり，そのためには内外の諸アクターによる調整と連携や各施策の調和が必要であり，なおかつ現地の人々自身の「オーナーシップ」を重視すべきであるとされる．そして，CSSの第3世代に区分しうる論者の一部は，こうした言説について，GNのアクターが率いる連合体による介入の場としてGSを表象し構築することによって，非対称で不均衡な権力関係を再生産し，階層的・帝国的関係を再創出するものであると論じてきた［Stavrianakis 2011］.

しかし，アチョリ地域の事例は，開発・安全保障言説で正当化される浸食的な介入や，開発から安全保障に跨る様々な政策領域を扱う多様なアクターの調整と協働が，実際にはいかに限定的なものにとどまらざるをえないかを浮き彫りにしていると言えるだろう．アチョリ地域の状況は，GNのアクターを中心とする脱領土的なネットワークが共通の目的を設定し，そのために戦略的に制度や政策を配置して介入するような事態からは，あまりにもかけ離れていた．

注

1）「グローバル問題に関するリュウ研究所」の研究者らは，ICCの関与以前からアチョリ地域内外のNGO等と連携して，北部ウガンダ紛争に関する調査や政策提言活動を行うなどしており，彼らの活動形態はNGOに近い側面があった．

2）19世紀末にイギリスがこの地に進出した際に，ウガンダ南部のいくつかの「王国」では，中央権力や階級制と捉えうる制度がみられ，気候条件等が比較的良好で，概して人々が衣服を身に着けており，なかでもブガンダ（Buganda）王国は，キリスト教の導入やイギリスの進出に協力的な姿勢を見せていた．これに対して，アチョリ地域を含む北部では，様々な小単位の集団（クランなど）を束ねる中央権力や制度がみられず，気候も乾燥しており，人々はあまり衣服を身に着けていなかった．イギリスは，南部住民を比較的優秀で進歩の可能性があると見なして南部のインフラを整備し，南部出身者を植民地行政に活用した．その一方で，イギリスは，北部住民を，生来原始的で知能が低く好戦的・暴力的で野蛮・残虐な人々であり，単純労働や戦闘に適した人々であると見なして，南部で換金作物を栽培するための労働力の供給源として利用したり，あるいは彼らを軍や警察に登用することで南部出身者（より優秀で植民地行政に食い込んでいるがゆえに植民地統治を脅かしうると考えられた）をコントロールするために利用したりした．1962年にイギリスから独立した後のウガンダ政府軍にも北部出身者が多かったことから，独立後は軍を統制することのできた北部（アチョリ地域以外の北部）出身者による政権が続いたが，「生来原始的で知能が低く好戦的・暴力的で野蛮・残虐な北部の人々」という烙印は消えなかった．このイメージは，独立後の政治のなかでも様々に用いられたが，とりわけ1986年に政権を奪取した南部出身のムセベニは，このイメージを利用する形で，生来野蛮なアチョリの人々が同じアチョリ同士で殺し合っている紛争として北部ウガンダ紛争を国内外に提示し，政府の責任を否定するとともに国内外における無関心状態を維持しようとした．植民地期以降の経緯に関する詳細は，Lwanga-Lunyiigo［1987］やOmara-Otunnu［1987］を参照．

3）報道としては，例えば次を挙げることができる．Volqvartz, J. "ICC under Fire over Uganda Probe," *Cable News Network*（*CNN*）, February 23.

4）Lacey, M. "Atrocity Victims in Uganda Choose to Forgive," *The New York Times,* April 18.

5）代表的な論としては，Zehr［1990］が挙げられる．

6）こうした思考は，例えばBarsalou［2005］に顕著にみられる．

7）Rome Statute of the International Criminal Court, Articles 43, 54, 57, 64, 68, 75, 79, 85, 87.

8）Rome Statute of the International Criminal Court, Article 43(6).

9）グル県NGOフォーラム関係者へのインタビュー（2006年3月31日：ウガンダ，グルにて）．この職員は，ICC関与後にアチョリ地域を訪れたNGOや研究者などに，「アチョリの伝統」について説明したり，関連の調査に協力したり，インタビューの際の通訳をしたりしていた．角括弧内は筆者補足．

10）グル県NGOフォーラム関係者へのインタビュー（2008年2月12日及び2月13日：ウガンダ，グルにて）．2006年から2007年以降に，当組織において「アチョリの伝統」に関する調査・研究担当になった職員へのインタビュー．

11）ICC の関与が開始された直前の時期に NGO 関係者等によって作成された文書としては，Afako［2003］がある．なお，Human Rights and Peace Centre and Liu Institute for Global Issues［2003］のように，この時期に「伝統的正義は修復的正義である」と論じた文献もあった．

12）The Ugandan Amnesty Act, 2000, Chapter 294.

13）The Ugandan Amnesty Act, Section 9(c).

14）Glassborow, K. "Peace Versus Justice in Uganda," *Institute for War and Peace Reporting,* September 27.; Lacey, M. "Atrocity Victims in Uganda Choose to Forgive," *The New York Times,* April 18.

15）Ochola, B. "The Acholi Traditional Justice Enough for Kony," *The New Vision,* August 27, 2006.

16）オックスファム・イギリスの職員へのインタビュー（2006年 3 月21日：ウガンダ，カンパラにて）．

17）オックスファム・イギリスの職員へのインタビュー（2006年 3 月21日：ウガンダ，カンパラにて）．

18）オックスファム・イギリスの職員へのインタビュー（2006年 3 月21日：ウガンダ，カンパラにて）；ケア・インターナショナルの職員へのインタビュー（2006年 3 月22日：ウガンダ，カンパラにて）；メノナイト中央委員会（Mennonite Central Committee）の職員へのインタビュー（2006年 3 月21日：ウガンダ，カンパラにて）．

19）CSOPNU においては，このほかにも，GN の援助系の NGO とアチョリの現地 NGO が対立する局面がみられた．例えば，オックスファムは，2006年に CSOPNU 名義の報告書を発表しようとして，原案を作成し，このネットワークに加盟していたアチョリの現地 NGO に意見を求めた．しかし，現地 NGO が報告書の内容を修正することを要求したにもかかわらず，オックスファムは修正要求を十分に反映することなく，CSOPNU の報告書［CSOPNU 2006］として発表した．そして，こうした問題が続いたことを受けて，CSOPNU に加盟していた現地 NGO の代表格であったグル NGO フォーラムなどは，ネットワークから脱退した．これに対して，オックスファムをはじめとする，CSOPNU を主導していた団体は，それまで CSOPNU に加盟していなかったアチョリ地域内外の北部ウガンダの団体をネットワークに加盟させることによって，「北部ウガンダの人々の声を代弁」し続けた．当時の CSOPNU 内部の問題については，Dolan［2007：25-26］と O'Callaghan and Gilbride［2008：31］においても言及されている．

20）例えば，OI［2005a；2005b；2005c；2005d］が挙げられる．

21）詳しくは Behrend［1999：124］を参照．

22）本書において，ウガンダの植民地期とは，1894年から1962年を意味するものとする．現在のウガンダにあたる地域では，1850年代から探検家や宣教師たちが活動を展開し，1888年には帝国イギリス東アフリカ会社（Imperial British East Africa Company）がイギリス国王の勅許状を得て，特許会社として統治と通商を試みた．また，1880年代にドイツ植民会社もこの地域に到達していたが，1890年にイギリスとドイツはこの地域をイギリスの勢力範囲とすることに合意した．帝国イギリス東アフリカ会社は，統治軍を派遣したもののブニョロ王国による強い抵抗を受け，イギリス政府が統治の責任を引き受けるべきと訴えて，イギリスによる保護領化を求めた．イギリスは，1894年に現在のウガンダ南部のブガンダの保護領化を宣言し，1896年までにはその範囲をアンコーレ，トーロ，ブソガ，ブニョロに拡大した．そして，イギリスは1900年にブガンダ王と正式に協定を結び，ブガンダはイギリス保護領と定められた．また，イギリスはアンコーレ，トーロ，ブニョロとも類似の協定を結び，アチョリ地域を含む北部・東部の諸地域を徐々に制圧して統治に組み込んでいった．詳しくは，吉田［2012a；2012b］を参照．その後，ウガンダは1962年に独立した．

23）首長らの権威衰退の背景については，19世紀後半から20世紀初頭にかけての奴隷貿易や争乱のなかでの首長らと人々との関係の変容，イギリス植民地期の統治政策，独立後の国家の世俗化，独立後の政権の政策などが指摘されている［Behrend 1991；1995；1999］．

24）1990年代末に ACORD が「アチョリの伝統」に関する調査を行った際に，グルの ACORD のオフィスで働いていた研究者へのインタビュー（2008年２月27日：ウガンダ，カンパラにて）；当時の ACORD の調査に関与したアチョリの関係者へのインタビュー（2008年６月28日：日本，静岡にて）．

25）当時の ACORD の調査に関与したアチョリの関係者へのインタビュー（2008年６月28日：日本，静岡にて）．

26）ウガンダの地方行政制度における，県（District）レベルの地方自治体を意味する．

27）1990年代末に ACORD が「アチョリの伝統」に関する調査を行った際に，グルの ACORD のオフィスで働いていた研究者へのインタビュー（2008年２月27日：ウガンダ，カンパラにて）；当時の ACORD の調査に関与したアチョリの関係者へのインタビュー（2008年６月28日：日本，静岡にて）．

28）KKA 関係者へのインタビュー（2008年11月17日：ウガンダ，グルにて）．

29）アチョリの長老へのインタビュー（2008年２月12日：ウガンダ，グルにて）；KKA の首相（Prime Minister）へのインタビュー（2008年２月14日：ウガンダ，カンパラにて）．

30）KKA の「IT 担当大臣」へのインタビュー（2008年11月17日：ウガンダ，グルにて）．

31）KKA の「IT 担当大臣」へのインタビュー（2008年11月17日：ウガンダ，グルにて）．インタビュー時の発言（英語）は次のとおり．“Sometimes, my tongue slips. You can get a lot of attention when you say it is a kingdom, compared to when you say chiefdom. I use it for public relation purposes.”

32）KKA 関係者へのインタビュー（2008年11月17日：ウガンダ，グルにて）．インタビュー時の発言（英語）は次のとおり．“She came in April 2007. She must sell the KKA. She was supposed to lobby for us, fundraise, bring PCs, technology to the KKA.”

33) KKA関係者へのインタビュー（2008年11月17日：ウガンダ，グルにて）．インタビュー時の発言（英語）は次のとおり．ただし，「IT担当大臣」の名前にあたる部分はAに置き換えた．“But she has never returned. The money has not come. We'd better arrest her.” “The money raised is likely to have gone to A ...?” “You can be our ambassador. I'll take you there and we can appoint you. Then you can sell us, write project proposals in Japan.”

34) 元NGO関係者へのインタビュー（2008年2月12日：ウガンダ，グルにて）；アチョリの長老へのインタビュー（2008年2月12日，グルにて）．

35) 元NGO関係者へのインタビュー（2008年2月13日：ウガンダ，グルにて）．

36) グル県NGOフォーラム（Gulu NGO Forum）関係者へのインタビュー（2008年2月12日及び2月13日：ウガンダ，グルにて）；元NGO関係者へのインタビュー（2008年2月13日：ウガンダ，グルにて）．

37) アチョリの長老へのインタビュー（2008年2月12日：ウガンダ，グルにて）．インタビュー時の発言（英語）は次のとおり．“The meaning attached to Western words is not necessarily the meaning we attach to the same words – such as trauma. To us, that meaning is very light. Our meaning is much deeper and heavier than they think. It is more than trauma. It is the soul of the deceased who causes problems.”

38) インタビュー時の発言（英語）は次のとおり．“We usually interact with them very officially. They have already decided the way they conceive.”

39) 例えば，アチョリの現地NGOが2007年に発表した報告書（Justice and Reconciliation Project, 2007）は，南アフリカの真実和解委員会に言及しつつ，アチョリの「伝統」が「真実の証言」（truth-telling）に寄与する可能性を論じている．

40) 1990年代の援助によって，首長・長老らの世代の権力が強化されたという指摘は，Dolan［2002］を参照．

41) 1990年代後半以降の「伝統復興」やICC関与後の「伝統的正義」をめぐる論争については，アチョリの人々のトラウマや和解の必要性に焦点が当たり，紛争の根本原因及び解決策がアチョリの人々や社会の内側に還元されたことによる間接的な影響を指摘しておく必要がある．つまり，こうした動向には，政府側の残虐行為や責任を看過し，紛争の背景にある，ウガンダという国家及び国家の国境を越えた歴史的・政治的要素から目を逸らす作用があった可能性も否定できない．例えば，1990年代以降に，ウガンダ・スーダン両国政府は，互いの国の反政府集団を支援していたといわれるが，1990年代の欧米諸国は，親欧米的であったムセベニ政権を，当時の欧米諸国と関係が悪化していたスーダン政府に対抗しうる存在と見なしており，ウガンダ・スーダン両国政府による，互いの国の反政府集団を介した代理戦争状態を看過する傾向がみられた．アチョリの人々や社会の内側に紛争の原因や解決策を見出す思考は，こうしたより広い文脈を軽視することに結びついた可能性もある．また，ムセベニ政権は，イギリス統治下で創造され固定化された「暴力的で野蛮なアチョリ」イメージを利用する形で北部ウガンダ紛争をアチョリ内部の問題として国内外に提示し，政府の責任を否定するとともに国内外における無関心状態を維持しようとした．そうしたなかで，紛争の原因や責任をアチョリの人々や社会の内面に帰す言説は，ムセベニ政権側に有利に作用したことも考えられる．また，「アチョリの伝統的正義」に対する過度の注目は，「近代的な司法制度を受け入れる状態になく，前近代的な司法制度でこと足りる野蛮な北部ウガンダの人々」というイメージを助長する可能性も指摘されている［Allen 2008］．

42）グル県NGOフォーラム（Gulu NGO Forum）関係者へのインタビュー（2008年2月12日及び2月13日：ウガンダ，グルにて）．

43）Akena, C. "Gulu High Court Reopens after 3 Years," *The Monitor,* October 27, 2006.

44）2006年以降の和平交渉においては，ウガンダ国内で戦争犯罪等を処罰する制度を構築することによってICCの関与を退ける方向で交渉が進められたが，LRAのコニーが最終的な和平合意文書に署名せず，決裂した．しかし，この国内法制度を構築するための「ICC法案」（ICC Bill）は起草が続けられ，2010年3月にウガンダの国会で可決された．

第６章
対人地雷の「パーリア」化を再考する

はじめに

1997年９月18日，対人地雷禁止条約（オタワ条約）が採択された[1]．対人地雷の使用，開発，生産，取得，貯蔵，保有，移転を全面禁止したこの条約は，同年12月３日に署名開放され，1999年３月１日に効力が発生した．2024年11月27日現在，164カ国が加盟している．

1980年に採択された特定通常兵器使用禁止制限条約（CCW）[2]の第２議定書[3]は，地雷の使用に一定の制限を課すものであった．その後，1990年代になると地雷が再び問題視されるようになったため，1996年５月のCCW再検討会議にてこの議定書の改正が試みられた．この改正第２議定書[4]は，探知不可能な地雷や自己破壊機能を有さない地雷の使用制限や移転規制を盛り込むなど，改正前よりも規制を強化する内容であった．しかし，改正第２議定書が対人地雷を全面禁止しなかったため，カナダやノルウェーなどの国々とNGOは，1996年10月に全面禁止条約の交渉プロセスを開始し，このプロセスを通じてオタワ条約が形成された．なお，カナダが主導国の１つとなり，その首都オタワで第１回交渉会議と条約署名式が行われたことから，この条約交渉プロセスはオタワ・プロセスと呼ばれ，条約はオタワ条約とも呼ばれる．

1990年代以降，特定の通常兵器を全面禁止する条約を形成しようとする動きが生じた．そして，とりわけ地雷をめぐる1990年代の国際的な規範形成に関しては，各国利害が対立する安全保障分野の問題であるにもかかわらずNGOが「地雷禁止国際キャンペーン」（ICBL）を組織して条約交渉プロセスに深く関与した点，アメリカやロシアなどの大国ではなくカナダなどの「ミドルパワー」がNGOと協働して条約交渉プロセスを牽引した点，CCWという既存の枠組みを離れて全面禁止条約が締結された点が注目された．そして，先行研究――とりわけ，ICBLに参加ないし協力した人々による研究――には，1990年代の「地雷危機」（landmine crisis）の存在を自明視したうえで，地雷に関する国内・

写真6－1　1944年7月15日，イギリス軍によるフランス・ノルマンディー地域での地雷除去の様子

第2次世界大戦中，ドイツはこの地域に多くの地雷を敷設した．44年6月6日にノルマンディーに上陸したイギリス軍は，地雷を除去しながら進軍した．
（出典）Imperial War Museums.

国際的議論を「安全保障問題」から「人道問題」へとリフレームする役割をNGOが果たした点を強調する傾向がみられる5)．

しかし，アンドリュー・レイザムが指摘するように，20世紀を通じて地雷は各種の武力紛争で広範に使用されており（写真6－1），1980年代以前にも「地雷危機」と呼びうる状況が存在していた［Latham 2002：171］．また，NGOの役割の大きさを強調する研究においては，国家（主に欧米諸国）や国際機関の役割が相対的に見えにくくなるが，次節で詳述するように，実際にはこれらのアクターも1990年代に入るとすぐに「地雷危機」を問題視し，各国レベルで輸出の停止あるいは禁止を試み，CCWあるいは他の会議での交渉を提案ないし支持していた［Latham 2002：171］．加えて，冷戦終結直後の時期に地雷に関する国際的な議論をリードした国家は，唯一の「超大国」となったアメリカであり，当時は大国対「ミドルパワー」・NGO連合といった明瞭な対立関係は見られなかった．

以上に鑑みれば，1990年代の「地雷危機」を自明視し，その存在を客観的前提として議論を展開するのではなく，むしろ「地雷危機」認識がいかに構築されたのかを問わねばならない．そのうえで，90年代前半から半ば，すなわち96年5月のCCW再検討会議に至る時期に，アメリカを筆頭とする欧米諸国や国際機関，NGOなどのアクターが地雷に「危機」（crisis）という単語を伴わせて

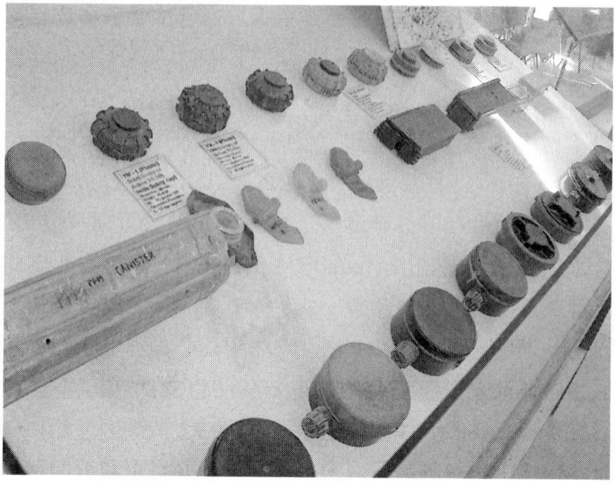

写真 6 - 2　地雷の一例

地雷の形状等はさまざまである．写真は，2008年10月にアフガニスタンで展示された地雷．

（出典）Carl Montgomery（https://www.flickr.com/photos/carlmontgomery）. ©Mangostar, CC BY 2.0, color adjusted.

国際的な喫緊の課題として扱い，対処方法を追求し実践していった現象を考察すべきであろう．そのためには，この時期にこれらのアクターが「地雷危機」を問題視して地雷の使用や移転等を禁止すべきだと主張した際の言説の内容や，その言説が広く共有されるようになった背景を検討する必要がある．

本章は，1990年代前半から96年５月のCCW 再検討会議に至る時期に焦点を絞り，この時期に「地雷危機」認識が構築され，地雷の使用や移転などの禁止が提唱ないし合意された際の言説と，そこで地雷をパーリア視する――他の兵器に比べて特段に憎悪すべき存在であり，他の兵器とは異なる除け者であり，その使用等をタブー視すべきものだと見なす――見方について，その内容や性質を詳らかにする[6)]．そして，そうした言説がなぜこの時期に形成され，説得力や正当性を獲得しえたのかを考察する．

なお，地雷には様々な種類があるが（写真 6 - 2），最終的にオタワ条約で禁止対象とされた兵器は，対人地雷――「人の存在，接近または接触によって爆発するように設計された地雷であって，１人もしくは２人以上の者の機能を著しく害しまたはこれらの者を殺傷するもの」（オタワ条約第２条第１項）――であり，対車両地雷（対戦車地雷）は禁止対象に含まれなかった．オタワ条約の禁止対象兵器を対人地雷に限定すべきかについては，この条約の形成を支持した者のなかにも多様な意見があった［Atwood 1999：22］．また，90年代前半から半ばの議論では，地雷，対人地雷，対戦車地雷といった用語が必ずしも明確に定義されておらず，用語が区別されずに使われる場面もみられた．したがって，本章では，基本的に地雷という用語を使用し，声明や報告書，合意文書などの内容を紹介する際には，各文書で実際に用いられている用語にしたがう．

第1節　「地雷危機」認識の構築

(1)　国家・国際機関によるイニシアティブ

まず，ICBL が設立され，その参加団体数が増加した時期を確認しておく．ICBL は，1992年10月に，ベトナム退役軍人アメリカ財団（VVAF），地雷顧問団（MAG），人権のための医師団（PHR），ハンディキャップ・インターナショナル（HI），ヒューマン・ライツ・ウォッチ（HRW），メディコ・インターナショナル（MI）の6団体により設立された［ICBL 2012］．このうち，VVAF, PHR, HRW はアメリカ，MAG はイギリス，HI はフランス，MI はドイツを拠点としていた．ICBL が93年にイギリスで開催した NGO 会議には40団体が出席していたが，94年のスイスにおける会議では参加団体が75以上に増加し［ICBL 2012］，さらに96～97年のオタワ条約交渉時には60カ国から1000団体以上が ICBL に加盟していたと言われる[7]．この過程で各国にも個別の地雷禁止キャンペーンが設置され，例えばカナダのキャンペーンは95年に，日本のキャンペーンは97年に設立された．その一方で，ICBL が加盟団体を増やしていった90年代前半には，欧米諸国や国際機関も地雷を問題視するようになり，輸出等を停止ないし禁止する措置を講じたり，何らかの禁止条約の形成を模索するなどしていた．

例えば，92年6月に当時のブトロス・ブトロス＝ガーリ国際連合（国連）事務総長が発表した報告書『平和への課題』は，セクションⅥ「紛争後の平和構築」において，地雷除去を開発，平和維持と平和構築に関わる重要課題として位置づけた[8]．UNICEF も，91年と92年の年次報告書で地雷による被害を取り上げ［UNICEF 1991：28；1992：34］，93年の年次報告書では，地雷の製造・売買・使用の禁止を提言した［UNICEF 1993：36］．

欧米諸国も，地雷の輸出等にモラトリアム（一時停止）や禁止措置を独自に課したり，輸出等を禁止あるいは制限する条約の形成を模索するなどした．最初にイニシアティブをとったのは，アメリカであった．92年10月に，アメリカ

で対人地雷の売却・移転・輸出に1年間のモラトリアムを課す法律が成立したのである.[9]

この法律は，同国大統領に対して，対人地雷の売却・移転・輸出を禁止するために国連あるいは他の場で国際合意の形成もしくはCCW議定書の改正に向けて積極的に交渉するよう要請した．同時に，この法律は，対人地雷の売却・移転・輸出を禁止し，使用・製造・所持・配備の制限を強化する検証可能な国際合意の締結をアメリカは追求すべきであると明記し，上記のモラトリアムを，アメリカが交渉参加国に対して模範を示すための措置と位置づけた．

アメリカのイニシアティブは，欧州諸国で反響を呼んだ［Williams and Goose 1998：26-27］．92年12月には欧州議会も決議を採択し，「喫緊の問題として，欧州が対人地雷及び全ての関連する軍事的支援の売却，移転及び輸出に対して5年間のモラトリアムを課すことを求める」ことに合意した.[10] 翌93年2月には，フランスのフランソワ・ミッテラン大統領が対人地雷輸出の自粛を宣言し，同時に，CCW再検討会議を開催して第2議定書を改正すべきだと呼びかけた（同国はこの直後に，国連事務総長に対してCCW再検討会議の開催を正式に要請した）［Williams 1995：387］．また，93年6月には，ベルギーも対人地雷輸出にモラトリアムを課した.[11]

93年秋に開催された国連総会では，地雷に関して次の3決議が採択された．第1に，アメリカの主導により起草・提案された「対人地雷の輸出に関するモラトリアム」決議は，国連加盟国に対して，対人地雷輸出のモラトリアムに合意し，それを実施するよう求めた.[12] 同時にこの決議は，国連事務総長に対して，対人地雷の輸出を制限するためのさらなる適切な措置に関する提案を盛り込んだ報告書を，94年の国連総会に提出するよう求めた．そして，この決議採択後，対人地雷輸出にモラトリアムを課す国が増加した．95年8月までに，アメリカ，アルゼンチン，イスラエル，イタリア，カナダ，ギリシャ，スウェーデン，スペイン，スロヴァキア，チェコ，ドイツ，フランス，ベルギー，ポーランド，南アフリカの15カ国が，対人地雷に包括的な輸出モラトリアムを課した［Williams 1995：387］．このうちベルギーは，95年3月に連邦議会で可決された法律に基づき，使用，製造，調達，保有なども含め対人地雷を全面禁止した［ICBL 2004：175；Williams 1995：386］．

93年秋の国連総会で採択された第2の決議は，CCWに関するものであった.[13] フランスが主導して提案したこの決議は，CCW再検討会議の開催が要請されたことを歓迎し，会議開催に向けた準備を行う政府専門家グループ（GGE）を設置するよう奨励した．第3の決議は，イタリア，ドイツ，ベルギーなどの欧州諸国が提案した「地雷除去支援」と題する決議である[14]．この決議は，さまざまな組織による地雷除去関連活動を国連が調整することの重要性を強調し，人道・社会・経済支援活動のなかに地雷除去関連活動を組み込むよう各国や関連機関に求めた．また，この決議は，国連事務総長に対して，武力紛争後の地雷問題や地雷除去にまつわる問題の解決に国連が貢献しうる方法を包括的に検討し，その結果を報告書に取り纏めて94年の国連総会に提出するよう求めている．

93年以降，国連も地雷問題への対応をさらに進めた．1990年代に東京の国連広報センター所長であったポール・カバナーは，90年代前半の国連の対応を振り返り，地雷問題は当初は軍事問題だと思われていたが，93年までには，「国際社会の平和と安全の視点から，その圧倒的な存在は各国内の人道災害であり，そのようなものとして対処すべきことが明らかになった」［カバナー 1996：13］と述べている．

ブトロス＝ガーリ国連事務総長は，94年に発表した論文「地雷危機——人道災害——」(The Land Mine Crisis: A Humanitarian Disaster) において，「現在の世界にはグローバルな地雷危機が存在する．この問題は当初は軍事問題であったが，今では現在進行形の人道災害である」との認識を示した［Boutros-Ghali 1994：8］．さらに，同事務総長は，翌95年1月に発表した『平和への課題：追補』では，小型武器や対人地雷の問題を「ミクロ軍縮」(micro disarmament) と呼び，国際社会が「ミクロ軍縮」に緊急に取り組む必要があると訴えた[15]．

また，国連開発計画 (UNDP) は90年に『人間開発報告書』の刊行を開始していたが，その94年版の報告書には，兵器生産を全体的に削減すべきであり，とりわけ地雷は民間人に甚大な被害 (terrible suffering) を与えるため特段の注意を要するとの見解を記した［UNDP 1994：56］．さらにこの報告書は，先述の93年国連総会決議「対人地雷の輸出に関するモラトリアム」に言及し，「現実的に考えれば，このような野蛮な兵器 (barbaric weapons) の生産と使用を停止 (stop) する国際合意の形成が，唯一の前進方法である」と訴えた［UNDP 1994：56］．

アメリカ国務省も，94年に『隠れた殺人者——グローバルな地雷危機——』(*Hidden Killers : The Global Landmine Crisis*) と題した報告書を連邦議会に提出した［United States Department of State 1994］．この報告書は，「世界は地雷問題を正確に認識せねばならない——それはグローバルな危機なのである」と論じ，アメリカ及び他の国々は対人地雷の「最終的廃絶」(eventual elimination) という目的に向けて行動を起こさなければならないと説いている［United States Department of State 1994：ch. 1］．同94年９月26日の国連総会では，アメリカのビル・クリントン大統領が，他の国々に先駆けて対人地雷の「最終的廃絶」に言及し，そのための最初のステップとして，対人地雷の数や入手可能性を低減するための合意を形成すべきだと主張した［Clinton 1994］．さらにアメリカは，この国連総会でも前年（93年）に続いて，「対人地雷の輸出に関するモラトリアム」決議を提案した[16]．この決議案は，前年の決議を受けて多くの国が対人地雷及び関連装置の輸出，移転や販売にモラトリアムを課したことを歓迎し，まだモラトリアムを課していない国に早期の行動を求めるものであった．そのうえで，同決議の主文には，「対人地雷の最終的廃絶（eventual elimination）を視野に入れ，対人地雷が引き起こす問題の解決策を模索するためのさらなる国際的努力を奨励する」との文言が盛り込まれた．この決議案は，同年の国連総会第１委員会と本会議の双方でコンセンサスにより採択された[17]．つまり，１カ国も明示的な反対意見を示すことなく採択に至ったのである．

以上のように，90年代前半には，ICBL の設立やその加盟団体数拡大とほぼ並行して，欧米諸国や国際機関も，地雷を国際的な喫緊の問題だと論じ，地雷除去の実施や輸出のモラトリアムないし禁止を検討・実施したり，対人地雷の最終的廃絶を提唱ないし支持したりするなどしていた．しかも，この時期の欧米諸国の議論をリードしていたのは，カナダなどの「ミドルパワー」というよりも，むしろ「超大国」のアメリカであった．

もちろん，各国内での議論や国際会議の場で，政府関係者と NGO が協議したり連携したりする機会はあった．例えば，92年10月にアメリカで成立した対人地雷の売却・移転・輸出モラトリアムを定めた法律を起草・提案した民主党のパトリック・リーヒ上院議員は，起草段階で VVAF の関係者らと意見交換して連携を強めていた［Wareham 1998：215-216］．ただし，リーヒ自身は，NGO の働きかけを受けて対人地雷問題に取り組み始めたのではなく，1980年代に地雷問題に関心を持ち，89年には戦災被害者への義足供与等に500万ドル以上を支出するよう政府に義務づける法律の制定を主導していた[18]．また，91～92年当時にリーヒと連携していた VVAF の関係者は，この法案提出は NGO からのプレッシャーによるものというより，議員側のイニシアティブであったと回想している［Williams and Goose 1998：26］．さらに，当時の NGO 関係者は，アメリカが自国の対人地雷輸出等に一年間のモラトリアムを課すことが国際的に大きな反響を呼ぶことを予期していなかったともいう［Williams and Goose

1998：26］．さらに，この法案が起草されたのはICBLの設立前であり，当時は地雷問題に取り組んでいたNGOの数も僅かであり，地雷問題の重要性を認識していないNGOも少なくなかった［Wareham 1998：216］．なお，リーヒは，93年及び94年の国連総会決議「対人地雷の輸出に関するモラトリアム」の起草に関与し，国連総会の場でこの決議を提案する役割も担った［Williams 1995：387-388］．

このように，90年代初期のNGO以外のアクターの行動には，地雷問題についてNGOと協議・連携した一面がありつつも，自らのイニシアティブで行動した側面もみられた．

⑵　グローバルな文化的スクリプト

1990年代前半から半ばにかけて，さまざまなアクターが「地雷危機」を認識し，対処方法を模索したのはなぜか．アンドリュー・レイザムは，冷戦終結後に地雷に関して形成された「グローバルな文化的スクリプト」（global cultural script）に着目すべきだと主張する［Latham 2002］．そして，「地雷危機」認識やNGOのキャンペーン，そしてオタワ条約は，国際的な行動に関する「文明の基準」をめぐるナラティブや自己表象，規範を含む「グローバルな文化的スクリプト」の産物だと論じる．そのうえで，レイザムは，このスクリプトの性質について，19世紀以降の歴史を振り返りつつ次のように考察する．まず，19世紀に特定の兵器の使用を禁止した合意は，欧州は野蛮・未開な社会とは異なる文明社会であり「文明の基準」を体現するのだという集合的意識をパフォーマティヴに自己確認し構築する行為の産物であった．その後，冷戦期に西側諸国が自己を表象した言説は，自由民主主義，資本主義，そして反植民地主義をめぐる言説へと移行した．それゆえ，特定兵器の使用禁止は，西側諸国の自己意識・自己表象と強く結びつくものではなくなり，兵器の使用禁止を通じて西側をパフォーマティヴに構築しようとする動きは生じにくかった．

しかし，1990年代になると新たな言説が形成された．西側の民主主義・自由経済の勝利が謳われ，国連及び欧米の国家・非国家のアクターが主導する紛争解決や平和構築の可能性が期待された90年代の地政学的言説において，「西洋」は文明的な国際規範ないし新たな「文明の基準」を示す存在として，そして「ならず者国家」やテロリストの対極に位置する存在として語られるようになった．この新たなスクリプトは19世紀のスクリプトと同一ではないが，その一部を活用し取り込んでいた．なかでも「地雷危機」への対応は，西洋の国家・非国家アクターが新たな「文明の基準」を体現し，それを体現する存在として自己をパフォーマティヴに構築する機会になった．この「グローバルな文化的スクリプト」こそが，「地雷危機」認識や NGO のキャンペーン，そしてオタワ条約を生み出す基礎になったのである．

以上のようなレイザムの研究は，地雷をパーリア視する言説を批判的に分析する数少ない先行研究である[19]．ただし，レイザムの考察は，90年代以降に形成された「グローバルな文化的スクリプト」の具体的内容や特徴について，これ以上の詳細な分析を加えるものではない．そこで，本章では，レイザムが指摘した「グローバルな文化的スクリプト」について，批判的安全保障研究（CSS）の先行研究の一部を参照しつつ考察する．

第 2 章で紹介した CSS の第 2 世代は，主として国家が特定の問題を現実の脅威と認識し，重大性や緊急性を付与することで安全保障上の問題として対処するようになる現象，すなわち「安全保障化」に注目した．そして，安全保障化を，幅広いセクター（軍事，政治，社会，経済，環境など）で生じうるものと捉えて分析してきた．そして，この学派は，安全保障化の過程を分析するにあたり，概して政府関係者をはじめとするエリートの言語行為に焦点を当てようとする．

これに対して，第 2 章で紹介した，開発・安全保障言説や「人間の安全保障」概念との関連性という視点からの分類からは漏れていたのが，ディディエ・ビーゴ［Bigo 2000；2002］やジェフ・ユイスマンス［Huysmans 2006］らの所謂パリ学派と呼ばれる CSS である．この学派は，概して脅威の認識を言語行為にのみに還元せず，政府アクターや民間警備会社等による競争や協力関係の動態も射程に入れた分析を行った．そして，この学派には，国家エリート以外も含む各種のアクターによる言語的・非言語的な実践・相互作用を通じて，政策が策定・実践され，定着していく過程で，特定の問題が脅威と見なされ重大性や緊急性が付与される事象を研究する傾向がみられた[20]．こうした学派と緩やかに共鳴しているのが，ある社会で特定の脅威認識が定着するためには，その人間集団の社会的・政治的・歴史的な文脈において，その認識が一定の説得力や正当性を獲得する必要があると論じ，その文脈を明らかにすることを提唱する研究者である［McDonald 2008］．こうした研究者のなかには，第 2 章の世代分類で第 3 世代に分類されていたプパヴァックやダフィールドなども含まれうる［Dufield 2001；Duffield and Waddell 2006；Pupavac 2000][21]．彼らは，哲学，歴史学，社会学，心理学などの研究を援用しつつ，多様なアクターが「人間」を安全保障の対象と見なし，それに対する多種多様な脅威を見出し，「人間の安全保障」の名のもとに幅広い領域を安全保障のテーマに包摂しようとする言説や実践について，それらが正当化され自明視されるようになった中長期的な文脈や，それらを基礎づける概念や価値を省察してきた．

本章は，1990年代前半から半ばに国家・非国家のさまざまなアクターがなぜ「地雷危機」を脅威と見なし，その使用や移転等の禁止を提唱したのか，そしてなぜ彼らの言説が説得力や正当性を獲得しえたのかを考察するにあたり，ダフィールドやプパヴァックらによる研究や，批判法学，歴史学，心理学などの研究を参照する．以下では，まず，この時期に地雷の使用や移転等の禁止を支持したアクターの言説や，「地雷危機」に対処すべく形成・実施された合意文書の内容を精査し，地雷に付与されたパーリア性の特徴を明らかにする．その次に，地雷の使用や移転等の禁止を訴える言説が一定の説得力や支持を得ることを可能にした社会的・政治的・歴史的文脈を考察する．

第2節　「地雷危機」言説の分析

1990年代前半から半ばに「地雷危機」を語り，地雷の使用や移転等の禁止を支持したアクターの言説や，当時に合意された文書の内容からは，相互に関連する2つの特徴を読み取ることができる．第1の特徴は，90年代にGSにおける暴力や武力紛争に関して国際的に主流化した言説のなかに地雷問題を位置づける傾向が，ほぼ全てのアクターの主張及び合意文書にみられることである．第2の特徴は，とりわけ地雷の全面禁止を求めたアクターの主張において，第2次世界大戦後に形成された国際法の原則に関する認識を活用しつつ，その意味内容に変更を加えようとする傾向がみられることである．以下では，この2点を順に検討する．

(1)　開発と安全保障の融合

本書で紹介してきたように，1990年代に入ると，国際的な政策論議においてGSの武力紛争が問題視された．当時のGSの武力紛争は，形態や性質の面で「新しい戦争」だと言われ，これを引き起こす要因としては，GSの人々の心や開発問題を含む内的諸問題に焦点が当たった．また，武力紛争はそれを経験した人々に心理的悪影響をもたらし，武力紛争時の経験や親しい人々を失った記憶は何世代にもわたって人々の心のなかで燻り，平和的な共生を困難にすると危惧された．さらに，武力紛争は個人の心だけでなく家族やコミュニティの信頼関係も破壊し，社会の結束力を蝕むため，人々が急進的な指導者に扇動され，新たな暴力や武力紛争につながる可能性が高まると懸念された．こうした言説において，暴力や武力紛争は，直接的な身体的・物質的被害を生む点だけでなく，GS の社会や経済に悪影響を与え，「人間の安全保障」を脅かし，ひいては国際の平和と安定に悪影響をもたらしうる点が危険視された．

地雷問題を扱った1990年代前半から半ばの報告書や合意文書にも，こうした言説の影響が顕著に顕れている．まず，92年６月にブトロス＝ガーリ国連事務総長が発表した『平和への課題』は，冷戦終結後に国連が直面した武力紛争の課題を扱った報告書であり，開発と安全保障が融合した言説が登場し始めた時期の代表的文書である．例えば，『平和への課題』のセクションⅠ「変化する状況」は，「開発，疾病，飢饉，抑圧，絶望が蔓延しており，1700万人もの難民と2000万人の避難民，国内及び国境を越えた多くの人々の移動をもたらしている．これらの問題は，紛争の源泉であると同時に結果であり，国連が常に注目し最大の優先事項とすべき問題である」と記した[22]．このように，開発と安全保障の問題を相互に結びつけたうえで，この報告書は，地雷問題が開発，平和維持，平和構築の全てに関係するものだとの認識を，次のように示した．

> 内戦もしくは国家間の戦争後の平和構築において，現在あるいは過去の戦闘地域に数千万もの地雷が存在するという重大問題と取り組まねばならないことが，最近ますます明らかになっている．地雷除去作業は，平和維持活動の任務のなかでも重視する必要があり，平和構築期にさまざまな活動を再開するためにも非常に重要である．つまり，農業の再開には地雷の撤去が欠かせないし，輸送手段の再建には道路を舗装して地雷の再敷設を防ぐ必要も生じてくるかもしれない．そうした状況では，平和維持と平和構築との結びつきが顕著になる[23]．

先述した92年10月にアメリカで成立した法律——対人地雷の売却・移転・輸出に１年間のモラトリアムを課した法律——にも，対人地雷問題を主に GS の武力紛争にまつわる問題と捉え，長期的な開発問題と結びつける論理がみられた．例えば，この法律は，開発途上国における反乱で極めて多くの対人地雷が使用され，子どもを含む民間人が犠牲となっていることや，対人地雷が武力紛争後も民間人に被害をもたらし，地雷が敷設された地域全体を居住不能にしていることなどに言及した[24]．

1992年12月に欧州議会が対人地雷の売却，移転及び輸出等に5年間のモラトリアムを課すことを求めた決議にも，同様の論理が反映された[25]．決議前文は，「欧州議会は，……アフガニスタン，アンゴラ，カンボジア，イラクのクルディスタン地域，モザンビーク，ラオス，ソマリア，そして中央アメリカの特定地域で，そして現在のボスニア・ヘルツェゴヴィナで，地雷がもたらしている負傷と死を考慮する」との問題意識や，地雷被害者の多くは子どもを含む民間人であるとの認識を示した．そのうえで決議主文には，「大量の地雷の存在が，とりわけ農村社会や地方社会の経済復興を困難にしていることを強調する」と記された．

1993年にアメリカの主導で起草・提案された国連総会の「対人地雷の輸出に関するモラトリアム」決議の前文にも，「地雷によって毎週何百人もの人々が命を落とし，あるいは怪我を負っており，その大多数が非武装の民間人であること，地雷が経済開発を妨げていること，そのほかにも難民や国内避難民の帰還を妨げるなどの深刻な帰結をもたらしていることに対して，強い懸念を表明する」との問題意識が示された[26]．

同年の「地雷除去支援」国連総会決議の前文にも，「武力紛争の結果として地雷やその他の不発弾（unexploded devices）が増加していることに多大な不安を感じる」，「未除去の地雷やその他の不発弾が引き起こしうる人道上・社会的・経済的・環境上の深刻な破壊に大きな懸念を抱く」，「地雷が復興と経済開発及び社会的復旧を妨げることを認識する」といった文言が盛り込まれた[27]．これらの決議も，開発と安全保障を結びつけた論理のなかに地雷問題を位置づけていると言えよう．

94年のアメリカ国務省の報告書『隠れた殺人者――グローバルな地雷危機――』も，対人地雷問題をアジア・アフリカなどの紛争発生地域で生じている問題として記述し，これら地域で対人地雷が紛争後の難民の帰還や農業，人道援助，インフラ復興，社会復興，経済発展を阻んでおり，ひいては国家・社会の崩壊や政治不安，新たな紛争を引き起こしかねないと論じた［United States Department of State 1994］．そのうえで，この報告書は，GSの紛争発生地域における対人地雷問題とは，国際社会が対処すべき「グローバルな危機」なのだと論じ，アメリカがこの危機に対応する意思を示した．先述したUNDPの『人間開発報告書』94年版も，「地雷の被害が最も大きいのは，アフガニスタン，アンゴラ，カンボジア，エルサルバドル，イラク，クウェート，ニカラグア，ソマリアである」［UNDP 1994：56］として，「地雷使用の増加は，現代の紛争の変容を反映している．最近の紛争は長期化した低列度紛争が多く，そのような紛争においては交戦相手の軍だけでなく市民の士気も喪失させることが目的になる」［UNDP 1994：56］と論じた．この主張にも，当時のGSの武力紛争はそれ以前のものとは様相が異なり，地雷はこの新しい武力紛争で顕著に使用され民間人に甚大な被害をもたらすとの認識が反映されている．

ICBLのコーディネーターであったジョディ・ウィリアムズが95年に発表した論文における次の記述からも，「地雷危機」が冷戦終結後のGSの武力紛争にまつわる問題と見なされ，平和維持と開発にもたらす悪影響が懸念された状況を見て取ることができる．

> 特定の通常兵器——特に地雷——がもたらす影響への懸念は，新しいものではない．……新しいのは，地雷が引き起こす諸問題——とりわけ紛争後の状況における諸問題——に対する関心の高まりである．……近年，開発途上地域で長引く紛争について，国連が和平交渉を推進する余地が広がった．国連がさまざまな国で平和維持部隊の展開を試みた際に直面したのが，地雷問題であった．この問題は，平和維持活動だけでなく，開発のための努力にも影響を及ぼしていた［Williams 1995：375］．

加えて，当時の議論では，地雷が身体的・物質的被害だけでなく，長期にわたる心理的・精神的被害をもたらす点も強調された．例えば，92年及び93年のUNICEF年次報告書は，地雷が武力紛争終了後も長期にわたって人々（とりわけ子どもと女性）に身体的・精神的被害をもたらす点を問題視した［UNICEF 1992：34；1993：35-36］．93年のUNICEF年次報告書は，約1000万人の子どもたちが戦争による心理的トラウマを抱えていると述べ，地雷とは主に民間人を標的にするものであり，障がいとトラウマの主原因になりうるとしたうえで，地雷の製造・売買・使用を禁止すべきだと提言した［UNICEF 1993：35-36］．

93年にHRWとPHRが発表した報告書も，地雷問題を主に途上国が直面する問題として論じた．この報告書では，地雷の存在により武力紛争後の復興や難民帰還，人道援助，経済活動などが困難となり，コミュニティの再建や国家レベルの経済的再建をも阻み，社会のあらゆるレベルに破壊をもたらされていることや，戦闘員・非戦闘員の別に関わりなく被害者とその家族に身体的・心理的苦痛や経済的・心理的負担が発生していること，地雷の存在に怯える生活が住民のストレスを引き起こしていることなどが指摘された［Arms Project of Human Rights Watch and Physicians for Human Rights 1993：117-140］．また，この報告書は，地雷被害が長期にわたってもたらす心理的影響や，地域ごとの文化的環境に適した心理的治療方法に関する調査の必要性にも言及した［Arms Project of Human Rights Watch and Physicians for Human Rights 1993：140］．そして実際に，90年代には，地雷による身体・心理・社会・経済的な短期・長期の被害に関する包括的調査や，心理・社会的被害に特化した調査が活発化した［Kakar 1995；Somasundaram and Renol 1998］．

以上のように，1990年代前半から半ばに作成された地雷問題関連の文書には，当時のGSにおいて新しいタイプの武力紛争が生じており，そこで地雷が多用され被害をもたらしているとの認識や，開発と安全保障を結びつける見方，地雷による直接の身体的・物質的被害だけでなく長期的な心理的被害や社会・経済的悪影響も問題視する見方が顕著に見受けられる．当時の「地雷危機」は，開発と安全保障が融合した言説の一部を構成していたとも言えよう[28]．そして，開発と安全保障が融合した言説のなかに「地雷危機」が位置づけられ，この危機がいわば「人間の安全保障」を脅かし，国際の平和と安定に悪影響をもたらす脅威として認識されていく過程で，多くのアクターが地雷の輸出モラトリアムや除去支援をはじめとする措置を提唱・協議し，政策を立案し実施していったのである．

(2)「人道的配慮」や「付随的被害」の拡大解釈

第2次世界大戦後には，不必要な苦痛を与える戦闘方法・手段の禁止，軍事的利益と比較して過剰な付随的被害を引き起こす攻撃の禁止（均衡原則），無差別攻撃の禁止といった兵器使用の合法性に関わる「国際法の一般原則」認識や，こうした法原則が「軍事的必要性と人道的配慮」の均衡の上に成り立つという認識が形成されていった［福田 2008］．そして，例えば1980年のCCW採択に至る過程で地雷の被害が議論された際には，直接的な身体的被害に焦点が当てられ［ICRC 1975：paras 229-240］，「苦痛」（suffering）の概念が身体的傷害・苦痛を指す点には合意がみられたものの，心理的な問題も考慮に入れるべきかについては議論が分かれていた［ICRC 1975：para. 23］．

これに対して，1990年代前半から半ばに「地雷危機」を語ったアクターのなかでも，とりわけ地雷の全面禁止を訴えたアクターには，必ずしも厳密な国際法的議論を展開したわけではないものの，上記の諸原則を持ち出したうえで「苦痛」の概念に心理的問題が含まれると捉え，かつ「人道的配慮」や「付随的被害」の範囲・期間を拡大解釈する傾向があった．より具体的には，それらのアクターは，「人道的配慮」や「付随的被害」の範囲を直接の身体的・物質的被害だけでなく個人の心理や社会・経済的問題にまで拡大し，期間についても武力紛争後を含む長期にわたるものと解釈したうえで，地雷に関しては人道的問題や付随的被害が軍事的必要性・利益を圧倒的に上回るとの議論を展開した．

例えば，93年にHRWとPHRが発表した先述の報告書は，地雷は手足の喪失などの永久的かつ甚大な被害を生じさせ，長期にわたり生活を蝕み，社会・経済的混乱を生み，環境にも悪影響を与えるものであり，こうした長期的かつ広範な悪影響を総合すれば軍事的考慮や有用性を上回るのと論じた［Arms Project of Human Rights Watch and Physicians for Human Rights 1993：272-273］．

95年にウィリアムズが発表した先述の論考にも，同様の論理がみられた．ウィリアムズは，地雷が戦闘員にも非戦闘員にも心理的な被害をもたらし，被害国の脆弱な医療システムにさらなる悪影響を与え，居住を困難にし，農業やモノ・サービスの流通，交通・電気システム，宗教施設，国立公園・森林など社会全体を破壊すると主張した．そして，ウィリアムズは，こうした長期にわたる問題を考慮に入れれば，軍事的利益と比較して非対称なほど人道的被害の社会的・経済的影響が甚大なのであり，もはや軍事的利益など「ほぼ無意味」（almost insignificant）であると結論づけた．つまり，彼女は，長期的かつさまざまな種類の幅広い被害が，総合的には軍事的必要性や利益を圧倒的に凌駕すると主張したのである［Williams 1995：387-388］．

CCW再検討会議を直前に控えた96年2月に赤十字国際委員会（ICRC）が発表した報告書も，地雷は戦闘員にも非戦闘員にも長期の身体的・心理的な被害をもたらし，帰還難民にも被害を与え，生計を立てるために必要な土地を利用不能にし，長期にわたる社会・経済的問題を生み出すと指摘した［ICRC 1996］．そして，この報告書は，これらの著しい被害が軍事的有用性を遥かに上回るのであるから，地雷を全面禁止し，廃絶すべきだと主張した．

そして，地雷の全面禁止を求めたNGOらは，地雷により手足を失った人々の惨状を示す画像をキャンペーン資料のなかで前面に出したり，地雷犠牲者が条約交渉会議に参加することを促進したりするなどして，身体的・心理的かつ長期にわたる被害の甚大性を視覚的・感情的に訴えようとした．また，メディアにカンボジアなどでの被害の様子を報道するよう働きかけ，各国の市民や国会議員などに対しても地雷問題の啓発活動を行った．

NGOのほかにも，例えばアメリカの弁護士で地雷の全面禁止条約の締結を支持したアリシア・H. ペトラルカやノーマン・B. スミスも，ほぼ同様の理由から軍事的利益よりも人道的被害ないし付随的被害が甚大であると主張した[Petrarca 1996；Smith 1995]．もちろん，こうした主張は必ずしも厳密な国際法的議論とは限らず，同様の見方を全てのアクターが共有していたわけではないし，この見方がその後の国際法学者の議論に定着したとも言い難い[29]．また，先述の国際法の諸原則は，第2次大戦後に兵器使用の合法性にまつわるものとして認識されるようになったものであり，これらの諸原則を持ち出したうえで地雷の生産や保有等を含めて全面的に禁止する条約の形成を訴えたアクターの主張が，他の全てのアクターに支持されたわけでもない．しかし，先述のように1990年代前半から半ばには，「地雷危機」を主にGSの武力紛争の問題と捉え，長期的な開発問題と結びつけ，身体的・物質的被害だけでなく長期の心理的被害や社会・経済的な悪影響を問題視する言説が多くのアクターに共有されていた．この状況において，地雷による心理的問題も「苦痛」にあたると見なし，「人道的配慮」や「付随的被害」の範囲・期間を拡大解釈する言説は，説得力を獲得しやすかったと言えよう[30]．

第3節　地雷がパーリア視された文脈

1990年代前半から半ばの国際的な政策論議において，開発と安全保障が融合した言説が主流化し，地雷による長期的かつ幅広い悪影響が問題視され，「苦痛」や「傷害」に心理的問題を含めつつ「人道的配慮」や「付随的被害」の範囲や期間を拡張する主張が一定の説得力を獲得したのは，なぜだろうか．本節では，先に紹介したレイザムの指摘——「地雷危機」認識や地雷の全面禁止は，国際的な行動に関する「文明の基準」をめぐる「グローバルな文化的スクリプト」の産物であり，19世紀に特定の兵器の使用を禁止する合意を生み出す基礎となったスクリプトと同一ではないがその一部を活用し取り込んでいたとの指摘——を踏まえる．そして，1990年代に地雷問題について特定のスクリプトが主流化することを可能にした文脈を，欧米諸国ないしGNの社会において広く共有される人間像の変容に焦点を当てて検討する．

(1)　理性的な人間像と戦時国際法の形成

過去に拙編著を通じて明らかにしたように，特定兵器の使用を禁止する19世紀の試みは，「文明国」間の戦争を前提にしていた[榎本 2020a；2020b]．そして，

1864年の赤十字条約締結や赤十字運動を推進した人々には，主権国家を運営することのできる「文明的」な人々は戦争においても「人間性」——自己抑制，合理的思考，思慮や誠実さなど——を維持できる（あるいは維持すべきだ）と論じる傾向がみられた［Koskenniemi 2001：85-86］．また，この試みには，「自律した理性的な人間」という人間像に依拠して，「文明国」の人々が「人間的」に戦闘を行うよう誘導・統制しようとする思考がみられる．

第2章で詳述したように，一般に，近代の「自律した理性的な人間」像は，その人間が形成する国家の唯一最高の権力である主権の概念を基礎づけていたとされる．その一方で，19世紀には，人々や政体が「文明の基準」を充足しているか否かが国家性の要件と見なされたため，その要件を満たさないと考えられた「基準未満」の政体が，主権国家として国際法上の主体となることは想定されていなかった［Koskenniemi 2001：86］．

もちろん，当時の「文明国」においても，誰もが「自律した理性的な人間」と見なされたわけではなく，この像が当てはまらないとされた人々の市民権は留保された．また，19世紀後半の心理学や社会学には，迫りくる大衆民主主義の時代と，階級闘争や社会不安を背景にして，大衆を理性ではなく感情に突き動かされる存在として危険視する研究もみられた．ただし，当時の研究においては，エリート層が理性的に判断・行動して大衆を導く能力に対する一定の期待ないし信頼がみられた．そして，次に述べるように，エリート層が大衆の理性を懐疑し，彼らの道徳や愛国心を育成しようとする眼差しが，戦時に備えて国民を訓練する体制を整える必要性や，徴兵された兵士やその家族らの士気を維持する必要性などと共鳴するなかで，赤十字運動が広まり戦時国際法が形成された．

当時の列強諸国においては，主権国家を運営する「文明的」な人々が「人間性」を保ちながら戦闘を行うためのルールの形成は，戦場から感情的・非合理的・非効率的で過剰な暴力を排し，「我々」の側の道徳の退廃と野蛮化を防ぐために必要と考えられた［Koskenniemi 2001：85-88］．とりわけ，そのようなルールは，大衆の道徳を育成・保持することに資すると捉えられた．

例えば，第4章で詳述したように，当時のICRCで中心的役割を果たしたギュスタヴ・モアニエは，赤十字運動が欧州諸国の軍隊（義務兵役制の普及により多数の大衆によって構成されるようになった軍隊）及び大衆一般の道徳的水準を高めることを期待していた［Hutchinson 1989：559；566-567］．つまり，モアニエは，赤十字運動が「文明的」な戦闘ルールについて大衆を啓発すれば，徴兵された下層階級の人々が「野蛮」な戦闘を行うことを防ぎ，それにより欧州文明の水準を維持し，さらには欧州による世界の文明化を可能にすることに結びつくだろうと考えていたのである．

また，欧州諸国で義務兵役制が普及し，なおかつ通信技術・大衆ジャーナリズムが発達した結果，徴兵された兵士の家族や知人に戦場の生々しい状況が伝わるようになっていた［Hutchinson 1989：561；573］．戦場で瀕死の兵士を救命し，傷病兵が被る苦痛に対処することは，国民の士気を安定させるうえでも重要な課題となった［小菅 2002：353-357；373-374］．そのため，当時の赤十字運動や戦時国際法の形成においては，国家間の戦争で兵士が被る被害の緩和や傷病兵の保護に主眼が置かれた．

こうした時代における個別兵器の使用禁止合意もまた，「文明国」間の戦争で兵士が被る被害の緩和を主旨としていた．1868年にロシアの呼びかけで開催された国際軍縮委員会では，人体のような柔らかい目標に命中した際に爆発する弾薬が兵士に与える身体的被害が懸念された．同委員会で合意された「サンクトペテルブルク宣言[31)]」の前文には，この宣言が「文明諸国間の戦争の際に，ある種の発射物の使用を禁止することが適当であるか否かを検討するため」の会合において決定された旨が記されており，宣言部分は，「文明の進歩は，できる限り戦争の惨禍を軽減する効果を持つべきである」との一文から始まる．そして，この宣言は，戦争の際に「すでに無力化された者の苦痛を無益に増大しまたはその死を不可避とする兵器」の使用は，「人道（人類）の諸法」（laws of humanity）に反すると記した．そのうえで，宣言は，「締約国間の戦争の場合に，重量400グラム未満の発射物で，炸裂性のもの，または爆発性もしくは燃焼性の物質を充填したもの」の使用を放棄することに合意した．この宣言の合意国は，オスマン帝国とペルシア（イラン）以外は全て欧州の国々であった．加えて，サンクトペテルブルク宣言には，全交戦国が締約国である戦争にしか適用されない旨が記されている[32)]．したがって，そもそも主権国家間の条約に合意する主体たりえないと見なされた人々による戦闘は，この宣言の適用対象にはなりえなかった．

以上を踏まえると，当時の個別兵器の使用禁止合意は，「文明国」の人々の理性や道徳的水準を維持し，「文明的」な戦闘ルールについて大衆を啓蒙し，徴兵された大衆による「野蛮」な戦闘行為を防ぎ，戦時に備えて大衆を訓練し愛国心を育成し，兵士や家族の士気を維持する試みの一環であった．それゆえ，当時の合意は，「自律した理性的な人間」たりうる「文明国」の兵士が「人間性」を維持しつつ戦闘を行うためのルールを定めることを主旨としていた.

(2) 近代的人間像への懐疑

第2章で詳述したように，20世紀に入ると，「自律した理性的な人間」像は揺らいでいった．第1次世界大戦における暴力と破壊，そして軍国主義の台頭は，人間の理性に基づいた民族自決を基礎とする国際秩序への期待を揺るがした．国内政策をめぐる欧米諸国の議論においても，集団内の人間は必ずしも理性的・自律的に行動せず，むしろ感情に動かされるために暴力や軍国主義の台頭を生む危険があり，ゆえに彼らの情操教育が肝要だとの見方が一定の支持を得るようになった［Pupavac 2000：4］.

ただし，当時の言説において，理性への懐疑が差し向けられたのは主に大衆であり，理性的に判断し行動するエリート層の能力に対しては依然として一定の期待ないし信頼がみられた［Pupavac 2000：3-4］．しかし，第2章で示したように，20世紀後半を通じては，理性への懐疑はより広範な人々に差し向けられるようになった．1990年代までには，精神障害を発症する原因が，特定の人物の性格・性質ではなく，人間の一般的な脆弱性に求められるようになった．「心の病」は，隔離されるべき逸脱者・異常者による危険な行動の原因としてではなく，日常的な「メンタル・ヘルス」の問題として位置づけられた［芹沢2007］．このような認識は，人間は理性と非理性，正気と狂気，健康と病の二項対立で割り切ることができず，誰もが普遍的に潜在的な「リスク」を抱えているとの前提に立っていると言える．一般的なモデルとしての理性的な人間像に疑問符が付けられ，人間は誰もが脆弱であり，「傷」を受けることにより機能不全に陥る可能性を常にはらんでいると見なされるようになったのである.

とはいえ，第1～2章に記したように，欧米諸国をはじめとするGNの社会における人間像の変容にもかかわらず，冷戦期の国際的な政策論議において，暴力や武力紛争の源泉を人間の心理に求める言説は主流にならなかった．そのような言説は，植民地解放運動や非同盟運動などによって批判され，国際的な場では劣勢に立たされていたのである.

しかし，1980年代にGSの債務国の経済政策や国家予算編成等に対する援助ドナー国や国際機関の発言力が増大し，さらに1980年代後半に東西間の緊張が緩和し冷戦が終結へと向かい始めると，東西両陣営にとってGSの国々の戦略的価値が低減した．こうした国際的な変化のなかで，非同盟諸国の影響力が弱まり，暴力や武力紛争の源泉を個人の心理状態に求めるアプローチに反対していた国々の発言力は，相対的に低下していったのである．そして，ソ連が崩壊し，それに伴い非同盟諸国の影響力がさらに低下した1990年代になると，GSの暴力や武力紛争の原因を個人の心理に求めるアプローチが台頭していった．

前節で言及した，1990年代に国際的な政策論議において顕在化した開発と安全保障が融合した言説は，人間とは普遍的に脆弱だとの認識を基礎にしつつ，GSの人々——とりわけ最貧者や災害や武力紛争などの影響を受けた人々——の「リスクの高さ」を問題視する見方を反映するものだと言える．この見方は，19世紀の特定兵器の使用禁止を支えた言説とは異なり，「自律した理性的な人間」が運営している「我々」の国家と，そのような「人間」ではない「彼ら」の政体を区別する見方に依拠しておらず，それゆえ，GSの政体が国際法上の主体であること自体を否定するものではない．むしろ，傷を受けることで機能不全になりかねず，環境次第で暴力に頼る「リスク」が高まるという人間像は，20世紀後半を通じて，欧米諸国を中心とするGNの人々が自らに対して差し向けるようになり，自他や社会現象の基本的な解読法としてGNの社会において定着したものである．そして，90年代以降に，この「脆弱な人間」像がGSの人々に投影されたからこそ，彼らの「リスクの高さ」が問題視されたのである．

開発と安全保障が融合した言説においては，GSの人々の心理や社会的関係，政府の意思や能力といった内的問題にGSの暴力や武力紛争の源泉が求められた．そして，とりわけ貧困や社会的排除といった問題に直面している人々については，自暴自棄になったり指導者に扇動されたりして暴力や武力紛争に加担するリスクが高いと懸念された．さらに，災害や武力紛争の影響を受けた社会は，「トラウマ的」経験によって個人が心理的・社会的な機能不全状態に陥ったり，家族内やコミュニティ内の関係が破壊されたりして，暴力や武力紛争の発生リスクが殊更高まると論じられた．こうして，開発と安全保障の論理の境界線は曖昧となり，平時と紛争時及び紛争後の全過程において，GSの人々の心理や政府の能力などを内的に変容させることが必要だと考えられるようになったのである．「地雷危機」は，この言説の不可分の要素であった．

この言説においては，1990年代以降のGSの武力紛争について，戦闘員と民間人の双方が区別なしに攻撃対象とされていることが強調されたが，地雷はそのような攻撃で使用される典型的な兵器なのであり，「新しい戦争」だからこそ顕在化する問題なのだと論じられた．そして，「地雷危機」をめぐる言説（及び開発と安全保障が融合した言説全般）に脆弱な人間像が投射されていたために，地雷による身体的・物質的被害だけでなく長期にわたる心理的被害や貧困，差別，社会的排除，社会復興，経済発展への悪影響が重大な問題だと捉えられ，さらには地雷問題が平和維持や平和構築を困難にし，ひいては国際の平和と安全をも脅かしうると懸念されたのであった．

こうした「地雷危機」論及び開発と安全保障が融合した言説，さらにそうした言説を基礎づけた人間像は，欧米諸国の政府や国際機関，NGO をはじめとする多くのアクターのなかに浸透していた．この状況において，「人道的配慮」や「付随的被害」の範囲・期間を拡大解釈してその圧倒的甚大さを訴える議論は，少なくとも一定のアクター（全てのアクターではないにせよ）のなかで説得力を獲得しやすかったと言えよう．

また，先述のように，第 2 次大戦後に兵器使用の合法性にまつわるものとして認識されるようになった国際法の諸原則は，使用以外の移転や保有等の合法性に関する原則とは必ずしも見なされていなかった．ただし，安全保障と開発が融合した言説及びそれが依拠する人間像は，1990年代前半から半ばに地雷の使用だけでなく輸出あるいは移転全般を特段に問題視し，輸出のモラトリアムや禁止などの措置を検討・実施する主張を支えたように思われる．

欧米諸国や国際機関，NGO などは，人間とは普遍的に脆弱なものであるという認識に依拠したうえで，この人間像を GS の人々に投射し，GS の人々の「リスクの高さ」に脅威を見出した．地雷問題は，そのような「リスクの高い南」への「兵器拡散問題」として捉えられた側面もあった．そして，西側の民主主義・自由経済の勝利が謳われた当時の文脈において，「地雷危機」への対応は，冷戦終結後の新たな秩序の担い手を自称した欧米諸国の責務の問題としても語られた．つまり，新たな秩序の主要な担い手であるべきアメリカをはじめとする欧米諸国が地雷を輸出し，GS における「地雷危機」を助長して国際の平和と安定を危うくしている点が欧米諸国自身によって問題視され，輸出の禁止やモラトリアムなどの措置が検討されたのである．

ただし，この時期に「地雷危機」を訴えて国際的なイニシアティブを主導したアクターのなかでも，その後の CCW での交渉やオタワ・プロセスにおいては，足並みの乱れが生じた．欧米諸国や国際機関，NGO らは，「地雷危機」を開発と安全保障が融合した言説のなかに位置づけ，1990年代以降の GS の武力紛争で顕在化する問題だと論じ，GS における地雷除去支援や自国からの地雷輸出のモラトリアムや禁止を推進し，最終的な地雷廃絶を理想として掲げる時点までは歩調を一にした．しかし，アメリカなど一部の国は，GS の国々だけでなく自国による地雷の保有や使用も全面禁止の対象にする趣旨の条約にただちに合意することはできなかったのである.

おわりに

1990年代前半から半ばに地雷の使用や移転等の禁止を訴えたアクターの言説は，97年に採択されたオタワ条約の内容とその実施過程に影響を及ぼしたのだろうか.

まず，オタワ条約の前文[33]は，次のような，対人地雷に関する問題意識を示すいくつかのパラグラフで始まっている.

> 締約国は，
> 毎週数百人の人々，主として罪のないかつ無防備な文民，特に児童を殺しまたはその身体に障害を与え，経済の発展及び再建を妨げ，難民及び国内の避難民の帰還を阻止しその他の深刻な結果をその敷設後長年にわたってもたらす対人地雷によって引き起こされる苦痛及び犠牲を終止させることを決意し，
> 世界各地に敷設された対人地雷を除去するという目標に取り組み及びこれらの対人地雷の廃棄を確保することに効果的なかつ調整の図られた方法で貢献するために全力を尽くすことが必要であると確信し，
> 地雷による被害者の治療及びリハビリテーション（社会的及び経済的復帰を含む）に係る援助の提供に全力を尽くすことを希望し，……

これらのパラグラフにも，対人地雷は身体的・物質的被害だけでなく長期的な社会・経済的悪影響をもたらすとの認識が示されている．こうした文言は，オタワ条約採択以前に策定された条約——例えば1972年に採択された生物兵器禁止条約[34]，1980年に採択されたCCW及び3つの付属議定書[35]，1992年に採択された化学兵器禁止条約[36]——には記されていない．したがって，オタワ条約の前文には，1990年代前半から半ばに地雷に関して形成された言説の影響がみられると言えよう.

また，同条約第6条第3項は，「締約国は，可能な場合には，地雷による被害者の治療，リハビリテーション並びに社会的及び経済的復帰並びに地雷についての啓発計画のための援助を提供する」と規定している．ここにも，地雷とは直接の身体的被害をもたらすだけでなく長期にわたるさまざまな悪影響を及ぼすのだと捉える見方が反映されている.

なお，オタワ条約に「心理」といった文言は盛り込まれなかったが，その交渉プロセスにおいて，心理的支援は「地雷による被害者の治療，リハビリテーション並びに社会的及び経済的復帰」に含まれると解釈される傾向があった［Maslen 2010：187-197］.

そして，オタワ条約の検討会議で合意された行動計画には，この解釈に基づく文言が盛り込まれた．例えば，2004年にケニアで開催された第1回検討会議で「ナイロビ行動計画2005-2009」が策定された際には，第6条第3項に関わる行動計画として，「地雷被害者の心理的・社会的支援のニーズに応える能力を育成する」ことが合意された[37]．2009年にコロンビアで開催された第2回会議で裁定された「カタルヘナ行動計画2010-2014」にも，提供すべき犠牲者支援として「心理的支援」が盛り込まれた[38]．ICBL が1999年に刊行を始めた年次の『地雷モニター』［ICBL 1999］にも心理的支援に関する記述が含まれ，また，政府・非政府のさまざまな組織が地雷被害地域での心理的支援を実施してきた．

もちろん，地雷被害者やその他の紛争経験者への心理的支援の現場では，援助組織の日常業務を担う現地職員や支援を受ける現地の人々のなかで，開発と安全保障が融合した言説やそれが依拠した人間像が共有されているとは限らない．むしろ，第4～5章で示したように，援助ドナー側の言説や実践と，それとは異なる集合的意味体系に基づく現地のさまざまな言説や実践との間で，衝突が生じたり，あるいは部分的に融合してハイブリッドな言説や実践が生み出されたりする現象も生じている．つまり，現地のさまざまなアクターが，人間の脆弱性を自明視する見方やそれに基づく言説を，それとは根本的に異なる集合的意味体系のなかに取り込んで別様に解釈して変形し，自らの社会的ビジョンのために活用する場合は存在する．

とはいえ，1990年代前半から半ばに地雷の使用や移転等の禁止を訴えたアクターの言説は，オタワ条約の文言や条約実施過程にも一定の影響を及ぼしてきたと考えられる．なお，2008年の「クラスター弾に関する条約」（通称「オスロ条約」）[39]の前文には，オタワ条約の前文と同様の問題意識（社会・経済的開発，武力紛争後の再建や平和構築，人道支援などへの悪影響）が示されたうえで，クラスター弾の被害者に対する心理的支援の必要性が明記された．同条約第2条に記された「クラスター弾被害者」の定義には，クラスター弾による直接の身体的被害を受けた人々だけでなく，心理的な傷を負った人々も含まれている．そして，被害者支援について定めた第六条をはじめ，この条約の随所に心理的支援に関する文言が盛り込まれた．この現象を，人間の脆弱性を自明視した思考や，被害を受ける人々の心理的問題に対する懸念が，国際的な政策論議において定着した結果だと捉えることもできるだろう．

1990年代前半から半ばに，なぜ国家・非国家のさまざまなアクターが「地雷危機」を国際的な喫緊の課題と見なし，地雷の使用や移転等の禁止を提唱したのか．そして，なぜ彼らの言説が説得力や正当性を獲得しえたのか．本章は，この問いを検討するにあたり，国家・非国家のさまざまなアクターが「地雷問題」を開発と安全保障が融合した言説のなかに位置づけたことや，とりわけ地雷の全面禁止を強く訴えたアクターには「人道的配慮」や「付随的被害」の範囲・期間を拡大解釈するといった特徴がみられたことに着目し，これらの言説が一定の説得力を獲得することを可能にした文脈を考察した．

本章冒頭で述べたように，多くの先行研究は，地雷をめぐる1990年代の国際的な規範形成について，「ミドルパワー」とNGOの協働という点を重視し，そのようなプロセスと大国中心の外交・国際政治との相違を強調する．もちろん，1990年代後半のオタワ・プロセスを主導したのは，カナダなどの国々とNGOであった．ただし，地雷問題はそれ以前の90年代前半に国際問題化しており，しかも率先して「地雷危機」を喫緊の国際的課題だと訴えて対応を検討したアクターの1つは，唯一の「超大国」になったアメリカであった．

1990年代前半から半ばの「地雷危機」認識の構築とそれを可能にした文脈を分析することは，地雷をめぐる90年代の国際的な規範形成について，「ミドルパワー」とNGOの協働による「新外交」という視点からは明らかにならない側面――国際的な構造変容のもとで，「超大国」アメリカを含む欧米諸国・国際機関・NGOなどの多様なアクターがGSの人々の「リスクの高さ」を問題視するなかで「地雷危機」が脅威として語られ，この認識が地雷をめぐるその後の議論を形作った側面――を明らかにする．そして，彼らの主張は，GNの社会で自明だと見なされるようになった人間像に支えられていたと考えられる．

なお，オタワ条約やオスロ条約の形成を推進したり称賛したりした人々は，これらの条約が対人地雷やクラスター弾に「悪の烙印を押す」（スティグマタイズする）ことにより，これら条約の非締約国も対人地雷やクラスター弾を使いにくくなるのだという論理を強調したが［International Campaign to Ban Landmines -Cluster Munition Coalition 2014：1］，現実はそのようにはならなかった．2022年2月末以降のロシア・ウクライナ戦争では，オタワ条約・オスロ条約ともに締約国ではないロシアは対人地雷やクラスター弾を使用しているといわれる．さらに，ウクライナはオスロ条約の締約国ではないがオタワ条約の締約国であり，対人地雷の使用から保有・製造に至るまでを全面禁止する条約上の義務を負っているが，ウクライナもまた対人地雷やクラスター弾を使用しているといわれている［Landmine and Cluster Munition Monitor 2024］．つまり，ロシア・ウクライナ戦争の文脈において，これらの条約は，対人地雷やクラスター弾に「悪の烙印を押す」ことにより非締約国がこれらの兵器を使いにくくすることができなかったばかりか，締約国が条約に違反して対人地雷を使用する事態すら防ぐことはできなかった．

注

1） Convention on the Prohibition of the Use, Stockpiling, Production and Transfer of Anti-Personnel Mines and on their Destruction, September 18, 1997.

2） Convention on Prohibitions or Restrictions on the Use of Certain Conventional Weapons which may be deemed to be Excessively Injurious or to have Indiscriminate Effects, October 10, 1980.

3） Protocol（II）on Prohibitions or Restrictions on the Use of Mines, Booby-Traps and Other Devices. Geneva, October 10, 1980.

4） Protocol on Prohibitions or Restrictions on the Use of Mines, Booby-Traps and Other Devices as amended on 3 May 1996（Protocol II, as amended on 3 May 1996）annexed to the Convention on Prohibitions or Restrictions on the Use of Certain Conventional Weapons which may be deemed to be Excessively Injurious or to have Indiscriminate Effects, May 3, 996.

5） 例えば，Rutherford［2000］, Cameron, Lawson and Tomlin eds.［1998］，McDonald, Matthew and Rutherford eds.［2004］，Williams, Goose and Wareham eds.［2008］に所収の論考も，同様の傾向がみられる．

6） 兵器のパーリア視・パーリア化やパーリア・ウェポンといった言葉の意味は榎本［2020b］に準じるものとする．

7） CNN（Cable News Network）"More Anti-Land Mine Work Ahead, Say Nobel Prize Winners," December 10, 1997.

8） UN Doc. A/47/277-S/24111, An Agenda for Peace: Preventive Diplomacy, Peacemaking and Peace-Keeping, Report of the Secretary-General Pursuant to the Statement Adopted by the Summit Meeting of the Security Council on 31 January 1992, para. 58.

9） National Defense Authorization Act for Fiscal Year 1993, Public Law 102-484, 23 October 1992, sec. 1365.

10） European Parliament Resolution B3-1744/92, Resolution on the Injuries and Loss of Life Caused by Mines.

11） UN Doc. A/50/701, Moratorium on the Export of Anti-Personnel Land-Mines:

Report of the Secretary-General, para. 7.

12）UN Doc. A/RES/48/75L, Moratorium on the Export of Anti-Personnel Land-Mines.

13）UN Doc. A/RES/48/79, Convention on Prohibitions or Restrictions on the Use of Certain Conventional Weapons Which May Be Deemed to Be Excessively Injurious or To Have Indiscriminate Effects.

14）UN Doc. A/RES/48/7, Assistance in Mine Clearance. Arms Project of Human Rights Watch and Physicians for Human Rights［1993：325；442-445］も参照.

15）UN Doc. A/50/60-S/1995/1, Supplement to an Agenda for Peace: Position Paper of the Secretary-General on the Occasion of the Fiftieth Anniversary of the United Nations, para. 60-64.

16）UN Doc. A/RES/49/75 D, Moratorium on the Export of Anti-Personnel Land-Mines.

17）UN Doc. A/49/PV. 90, General Assembly Official Records Forty-Ninth Session, 90th Meeting, Thursday, 15 December 1994, 3 p. m., New York, pp. 32-33.

18）Foreign Operations, Export Financing, and Related Programs Appropriations Act, 1990, Public Law 101-167, November 21, 1989, p. 9. Wareham［1998：215］も参照.

19）このほかに，19世紀と冷戦終結後の人道主義及び特定兵器の使用禁止にみられる類似性を指摘したものとしては，Hynek［2011］を挙げることができる．レイザムは，キース・クラウスとの共著［Krause and Latham 1999］にて，19世紀以降の不拡散・軍備管理・軍縮全体を形作った文化や思考，イメージについても批判的に分析している．

20）CSSの第2世代（コペンハーゲン学派）とパリ学派に関する解説は，Wæver［2004］やPeoples and Vaughan-Williams［2010：9-10；69-70］を参照．

21）ダフィールドらの研究については，パリ学派に明確に分類しない論者も，この学派に位置づける論者も，この学派と軌を一にする研究と見なす論者もいる．また，ダフィールドは，2002年頃からフーコーの生権力や生政治，統治性などの概念を明示的に援用して「グローバルな統治」を分析しているが，プパヴァックはそうした議論を評価しつつ，グローバルなガバナンスを単純化して描きすぎる可能性を指摘するなど，アプローチには相違がみられる．

22）UN Doc. A/47/277-S/24111, An Agenda for Peace: Preventive Diplomacy, Peace-making and Peace-Keeping, Report of the Secretary-General Pursuant to the Statement Adopted by the Summit Meeting of the Security Council on 31 January 1992, para. 13.

23）UN Doc. A/47/277-S/24111, An Agenda for Peace: Preventive Diplomacy, Peace-making and Peace-Keeping, Report of the Secretary-General Pursuant to the Statement Adopted by the Summit Meeting of the Security Council on 31 January 1992, para. 58.

24) National Defense Authorization Act for Fiscal Year 1993, Public Law 102-484, Sec. 1365.
25) European Parliament Resolution B3-1744/92.
26) UN Doc. A/RES/48/75L, Moratorium on the Export of Anti-Personnel Land-Mines.
27) UN Doc. A/RES/48/7, Assistance in Mine Clearance.
28) 対人地雷をパーリア視する見方について，冷戦終結後の「人間の安全保障」をめぐる言説に符号していたゆえに，多くのアクターに共有されたことを指摘した先行研究としては，Hynek［2011］，Mathur［2011］，Turner, Cooper and Pugh［2011］を挙げることができる．
29) 例えば，2000年代の CCW での議論において，国際法学者のクリストファー・グリーンウッドは，「軍事的必要性」などと対峙すべき「人道的配慮」の範囲を長期の社会・経済的問題にまで安易に広げることは適切でないとの見解を示している．UN Doc. CCW/GGE/I/WP. 10, Legal Issues Regarding Explosive Remnants of War by Christopher Greenwood, QC（United Kingdom), paras. 21-23.
30) マルガリータ・ペトロバ［Petrova 2010］は，地雷の全面禁止を訴えたアクターが，地雷に関して「人道的配慮」に対置される「軍事的必要性」を低く評価する言説を国際的な政策論議において主流化することにも成功したと指摘している．
31) Declaration Renouncing the Use, in Time of War, of Explosive Projectiles Under 400 Grammes Weight, December 11, 1868.
32) 1899年のダムダム弾禁止宣言や同年及び1907年のハーグ陸戦条約にも，同様の規定が含まれた．こうした規定によれば，締約国と国家（文明国）と見なされない政体との戦いだけでなく，締約国と非締約国（国家と見なされているが条約の締約国ではない国）との戦いに対しても，「文明的」な戦闘ルールが適用されなくなるが，これは，そのような戦いにおいて締約国が著しく不利になることを回避するためであったと考えられる．
33) Convention on the Prohibition of the Use, Stockpiling, Production and Transfer of Anti-Personnel Mines and on their Destruction, September 18, 1997, Preamble.
34) Convention on the Prohibition of the Development, Production and Stockpiling of Bacteriological（Biological) and Toxin Weapons and on Their Destruction, April 10, 1972.
35) Convention on Prohibitions or Restrictions on the Use of Certain Conventional Weapons which may be deemed to be Excessively Injurious or to have Indiscriminate Effects（with Protocols I, II and III), October 10, 1980.
36) Convention on the Prohibition of the Development, Production, Stockpiling and Use of Chemical Weapons and on their Destruction, September 3, 1992.
37) Nairobi Action Plan 2005-2009, Action #31.
38) The Cartagena Action Plan 2010-2014, paras. 12, 14.
39) Convention on Cluster Munitions, May 30, 2008, Preamble.

第7章
通常兵器移転規制の進展と限界

はじめに

1990年代以降，通常兵器は国連などの場で「事実上の大量破壊兵器」とも呼ばれ，その不正使用による甚大な人的被害や持続可能な開発への悪影響などが問題視され，規制合意の形成が進展した．とりわけ，自国からの武器輸出が国際人道法・人権法の重大な違反の遂行や助長などに使用されるリスクを認識しながら輸出を許可した政府の行為が非難され，通常兵器の国際移転を規制すべく数々の地域的合意等が形成された．そして，国連において武器貿易条約（ATT）交渉が行われ，2013年4月2日に国連総会で同条約が採択され，同年6月3日より署名と批准が進められ，2014年12月24日に発効した[1)]．2024年11月27日現在の締約国は116カ国である．

本章では，19世紀末から現在までの通常兵器移転規制に関する国際的な政策論議の少なくとも大枠を踏まえつつ，筆者が武器貿易条約などの交渉過程に参与した経験を生かして，1990年代以降の通常兵器移転規制の特徴を明らかにする．そのうえで，冷戦終結以前に試みられた通常兵器移転の国際規制のうち，発効や実施に至った合意にみられるいくつかの共通点を指摘し，それらに照らし合わせて冷戦終結後の規制合意の特徴や限界を考察する．

なお，本章において，「通常兵器規制」とは基本的に各時代に「非人道的」とは見なされなかった通常兵器を扱う規制を意味するものとし，第6章や拙編著『禁忌の兵器：パーリア・ウェポンの系譜学』［榎本編 2020］で扱ったような，各時代に「非人道的」と見なされた特定の通常兵器の使用や製造，移転等の禁止の試みと区別する．また，通常兵器の国際移転の部分的禁止や制限だけでなく，移転情報の公開や報告・登録制度の設置も，通常兵器の移転規制と見なす．

第1節　19世紀から冷戦期までの通常兵器移転規制

19世紀後半の欧州列強諸国は，奴隷制・奴隷貿易を廃止してアフリカに文明の恵みを与えるという目的を掲げ，1884～1885年のベルリン会議で合意された協定[2]に基づき，アフリカへの進出と列強諸国による「分割」を進めた．

そして，ベルリン会議から約5年後の1889～1890年には，ブリュッセルにおいて列強諸国の会議が開催された．この会議で合意された「アフリカの奴隷貿易に関するブリュッセル会議一般協定」（以下，ブリュッセル協定[3]）の交渉も，奴隷制・奴隷貿易廃止運動の展開と密接に関係していた．欧州やアメリカの奴隷制・奴隷貿易廃止運動は，ルリン会議やブリュッセル会議にあたって，国境を超えて連携しながら，本国での署名集めや政治家などに対する提言活動を繰り広げた［Grant 2005：29-31；167-168；Krause and MacDonald 1993；Miers 1975：236；Miers 1999：16-37；Mulligan2013］．当時のメディアも，「文明国」が奴隷貿易を廃止してきた歴史を称えたり，ブリュッセル協定の批准が遅れているアメリカを批判したりした[4]．

ブリュッセル協定は，前文で「アフリカ人奴隷の取引がもたらす犯罪と破壊に終止符を打ち，アフリカの原住民を効果的に保護し，その広大な大陸が平和と文明の恩恵を受けることを確保する確固たる意思」を確認し，第8条においてアフリカの北緯20度線から南緯22度線までの地域への銃器と弾薬の輸入（importation）を原則禁止した．また，第9条では，アフリカにおいて「主権や保護国の権利」（rights of sovereignty or of protectorate）を行使する締約国が銃器と弾薬を輸入することを認めたうえで，輸入された武器を公営倉庫で保管することや，武器の個人所有を制限し，個人に所有される武器を刻印・登録することなどを定めた．

列強諸国が奴隷貿易の廃止を掲げた背景には，軍事的な意図を指摘することもできる．19世紀後半に，アフリカに進出しようとした欧州列強諸国は，いわゆる初期抵抗に悩まされた［嶋田・松田・宮本 1997］．そして，抵抗側のアフリカの人々には，武器が大量に流出していた［Atmore, Chirenje and Mudenge 1971；Atmore and Sanders 1971；Beachey 1962；Guy 1971；Marks and Atmore 1971；Miers 1971］．とりわけ，イスラムを掲げたアフリカの集団には，奴隷を売って利益を得るなどして武器と軍隊を整備した帝国もあり，列強との激しい戦闘が繰り広げられた［嶋田・松田・宮本 1997］．また，19世紀の欧米諸国では銃器の開発・

改良が急速に進展しており，各国による新型銃の採用によって大量の旧式銃が余剰兵器となり，アフリカなどに流出していた．さらに，例えばイギリスが進出しようとした地域に他国の商人から武器が流入する場合もあり，一国による規制だけでは武器の流入に歯止めをかけることは困難であった［Cooke 1974］．

ブリュッセル協定は，こうした事態への解決策になることも期待されていた［Beachey 1962；Cooke 1974］．ただし，この協定の成立を支持した人々にとって，奴隷貿易の廃止は，必ずしも軍事的な意図を覆い隠すための単なる隠れ蓑ではなかった［Miers 1975：315］．当時の列強諸国においては，アフリカの人々の抵抗とは呪術師等に率いられた非理性的な営みでありアフリカの後進性の象徴であるとする認識が広く共有されていた［嶋田・松田・宮本1997：398］．とりわけ，西アフリカのサモリ帝国などのイスラムを掲げた帝国は，概して残忍な暴君を擁する集団と見なされた．こうした時代に奴隷制・奴隷貿易廃止を支持した宣教師や探検家らの著作のなかでは，奴隷ハンターに協力したり奴隷狩りのために近隣住民を襲ったりするアフリカの人々や，わが子を売る母親，女性や子どもを売る男性，アフリカの部族等の首長やイスラムを掲げる帝国による圧制と残虐さなどが描かれ，アフリカの人々の道徳や社会の後進性が奴隷狩りや奴隷貿易を可能にしていると論じられた［Berlioux 1872：1；76；Casati 1891：289；291；Clarke 1889：250-252；254；333-334；344；Pasha 1892：84-85］．そして，ブリュッセル協定の成立や奴隷制・奴隷貿易廃止を支持した人々には，アフリカの人々を文明の基準を満たさず主権的平等性を承認されえないと見なし，彼らに代わって列強がアフリカの人々を効率的に保護して「文明化」することを，善良な意思と熱意に基づく行為として論じる傾向がみられた［Bain 2003：68；Matthews 1959；Miers 1975；Roger Louis 1966；竹沢 2001：69］．

しかし，ブリュッセル協定に盛り込まれた規制は，必ずしも機能しなかった．ブリュッセル協定の締結後，サモリ帝国などへの武器流入に若干の歯止めがかかった結果として，フランスなどによる進出が容易になったとの指摘もあるものの［Cooke 1974；Krause and MacDonald 1993：713］，概してブリュッセル協定は，アフリカの人々への武器流入を防ぐことにはつながらなかった［Beachey 1962；Harkavy 1975：213；Miers 1975：305-308］．その要因としては，アラブの武器商人による貿易や，禁止地域の現地行政官による武器の密売，締約国による条約不遵守，非締約国からの武器の流入，アフリカ大陸のなかで協定の禁止地域に含まれなかった地域からの密輸なども指摘されているが［Beachey 1962；Miers 1975：305-308］，さらに根本的な原因としては，そもそも列強諸国において武器輸出規制のための法制度が未整備であったことが挙げられる．小野塚知二が指摘するように，第1次世界大戦前の列強諸国では，自由放任主義的な市場観や，戦争の勝敗を左右する主因としての物的要因に対する認識の低さにより，武器輸出に政府の許可を義務付ける国内法制が整備されていなかったのである［小野塚 2012a：6-11］．

その後，第1次世界大戦後から第2次世界大戦勃発までの戦間期に，列強諸国は再び武器移転規制の合意形成を試みた．先述のように，第1次世界大戦前は，政府が武器輸出を規制するのは必ずしも常態ではなかった．大戦終結直後にも，アメリカ，イギリス，フランスなどの主要な武器供給国において，体系的な武器移転規制の許可制度は形成されていなかった［クラウス 2017：170］．しかし，第1次世界大戦における戦車，潜水艦，軍用機等の登場は，武器という物的要因が戦争の勝敗を左右することを列強諸国に痛切に認識させた．また，第1次世界大戦後の列強諸国では，各国に存在する余剰兵器の流出が懸念されたとともに，「文明国」間の武器移転に対する非難の声が高まり，「文明国」間の武器移転も政府の許可制とする法制度の構築にも世論の支持が集まるようになった［Anderson 1994；Cortright 2008：62-63；98-100；小野塚 2012a；小野塚 2012b］．そして，そのような世論や戦後経済の逼迫を背景にして，1922年のワシントン海軍軍縮条約や1930年のロンドン海軍軍縮条約など，列強各国の軍備を縮小する試みもなされた[5)]．さらに，1919年の国際連盟規約の第23条(d)は，「武器・弾薬貿易を管理することが共通の利益のために必要な諸国との武器・弾薬貿易の全般的監視を，加盟国は連盟に委託する」としていた[6)]．

ただし，この規約においては，「武器・弾薬貿易を管理することが共通の利益のために必要な諸国」がどの諸国を意味するのか明記されず，別途条約が交渉された．そして，1919年9月10日，フランスのサン・ジェルマン・アン・レーにおいて，「武器及び弾薬の貿易規制のための条約」(以下，1919年条約）が採択され，23カ国により署名された[7)]．

1919年条約については，ブリュッセル協定の武器関連規定を見直す形で起草されつつも，欧米の列強諸国だけでなく，その他の国々も参加したうえで交渉が行われた．この条約においては，武器移転を原則禁止する対象地域が，ブリュッセル協定の禁止地域よりも大幅に拡大された．すなわち，第6条の禁止地域のなかに，アルジェリア・南アフリカ連邦・リビアを除くアフリカ大陸全域に加えて，アラビア半島，オスマン帝国（1914年8月4日時点でオスマン帝国領であったアジア大陸地域)，グワーダル[8)]，トランスコーカシア[9)]，ペルシア（イラン)，アデン湾，オマーン湾，紅海，ペルシア湾などが含められたのである．

ただし，ブリュッセル協定が，アフリカの大部分の地域への武器移転を原則禁止したものであるのに対して，1919年条約の形成を主導した列強諸国は，「文明国」間の貿易を含む全ての貿易について（禁止するのではなく）政府による許可制度にしたり，各国の輸出入情報を報告・登録するための国際的な制度を設けたりすることを提唱した．そして，1919年条約の前文には，「世界の各地で武器と弾薬が蓄積されており，それらの拡散（dispersal）は平和と公共秩序を脅かす」という認識が記された．同条約第1条は，締約国政府の許可を受けていない武器輸出を禁止する内容となっており，これは国家による武器輸出管理制度の創設を意味した．また，第5条では，国際連盟に中央国際事務局（Central International Office）を設けて，各締約国が自国が行った武器輸出許可や許可された武器・弾薬の数量や輸出先を記載した年次報告書を発表したうえで，その複写を国際事務局及び国際連盟事務総長に送付し，さらに事務局が年次報告書を収集・保管することとされた．

加えて，1919年条約は，全ての国家が同条約を批准することを前提に起草されていた［SIPRI 1971：92］．それゆえ，第1条には，締約国が自国及び他の締約国の必要を満たすための（meet the requirements of their Governments or those of the Government of any of the High Contracting Parties）輸出を許可できるとされたが，それ以外の目的のためには輸出を許可できない旨が記された．しかし，この条項の挿入は，武器輸出国の多くが他国より先にこの条約を批准することを躊躇する結果を生んだ［SIPRI 1971：92；Stone 2000：217］．この条約は，アメリカ，イギリス，イタリア，チェコスロバキア，日本，フランス，ベルギーなどによって署名されたものの，批准が進まなかった[10]．

この条約は，批准した各国に対して即座に効力が発生することになっていたが，条約採択後3年以内に批准したのは10カ国にすぎず[11]，他の主要輸出国が批准した後に自国に対して効力が発生するとの条件を付けて批准した国も多かった［クラウス2017：164］．さらに，1922年の国際連盟総会において，アメリカがこの条約の批准を断固として拒否する意思を示したため，他の武器輸出国の批准も望めないであろうことが予想された［Krause and MacDonald 1993：714-715；White 1934：40］．

この状況を受けて，国際連盟では新条約の策定が検討された［Krause and MacDonald 1993：715-718；SIPRI 1971：93；95-98］．そして，1925年には，44カ国が参加した会議で，「武器，弾薬及び軍需品の国際貿易の監督に関する条約」

（以下，1925年条約）が採択された[12]．この条約は，締約国が非締約国への武器輸出を許可することを容認していたため，その点では武器輸出国の懸念は解消された．そして，1925年条約は，アビシニア，アルジェリア，エジプト，チュニジア，南アフリカ連邦，リビアなどを除くアフリカ大陸全域，アラビア半島，イラク，グワーダル，シリア，トランスヨルダン[13]，パレスチナ，レバノン，アデン湾，オマーン湾，紅海，ペルシア湾などを「特別領域」と呼び，この領域への武器輸出を原則禁止した．また，1919年条約と同様に1925年条約にも，「特別領域」に向けた輸出であるか否かにかかわらず，締約国が自国からの武器輸出を許可制にする旨が盛り込まれていた[14]．

しかし，1925年条約の交渉では，1919年条約の際には「非締約国への輸出」問題の影に隠れていた，武器輸入国ないし小国側の懸念が様々な形で噴出した．例えば，先述したように，1925年条約は，「特別領域」に向けた輸出であるか否かにかかわらず，締約国が自国からの武器輸出を許可制にする趣旨の条項が盛り込まれていた．これについて，武器を輸入に頼っていたイラン，エルサルバドル，ギリシャ，スウェーデン，中国，トルコ，ブラジルなどは，「文明国」間の武器移転の規制は，小国が軍備を整える能力を削ぎ，小国を大国による事実上の管理下に置くことを可能にする差別的な制度であり，国家主権に対する侵害だと反発した[15]．

また，1925年条約の草案には，締約国が武器の輸出入に関する情報を公開するとの規定も含まれていた．これに対して，ロシア帝国から独立して間もないエストニア，フィンランド，ラトビア，リトアニアや近隣のポーランド，ルーマニアなどの，ソ連による脅威を感じていた諸国や，エルサルバドル，ギリシャ，ブラジルなどは，各国による武器の国内生産や保有に関する情報を公開せずに輸出入情報のみを公開することは，小国の軍備情報だけが剝き出しになる差別的な制度であると批判した［Krause and MacDonald 1993：717；SIPRI 1971：96-97；Stone 2000：226-228］．

採択された1925年条約の第29条は，ソ連近隣諸国に配慮して，エストニア，フィンランド，ポーランド，ラトビア，ルーマニアによる輸入やこれらの国々に向けた輸出について，ソ連がこの条約に加入するまでの間は公開対象から除外することを認めたものの，リトアニアやその他の国々向けの輸出は公開対象から除外されず，締約国政府の許可を受けない武器輸出を禁止する文言も残された[16]．

1925年条約の条約採択時には，アメリカ，イギリス，イタリア，日本，フランスを含む18カ国が署名したが［Webster 2012：109］，この条約は発効に至らなかった．この条約によって自国の国家安全保障が脅かされると感じた武器輸入国の批准は進まなかった［Stone 2000：229；Webster 2012：109］．また，武器輸出国も，他の輸出国に効力が発生した場合に限って自国にも効力が発生することを認めるといった条件（留保）を付けたうえで，批准の意思を示すなどした［Krause and MacDonald 1993：717；White 1934：42-43］．そして，多くの武器輸出国は，アメリカに対して効力が発生した場合に限って自国にも効力が発生するという条件を付したが，当のアメリカはなかなか批准に向けて動かなかった．

最終的にアメリカは，1935年に批准書をフランス政府に寄託した［USDOS 1935a：455-456］．この背景には，当時のアメリカにおいて，金融業者や軍需産業が自らの利益のためにアメリカを第1次世界大戦に引き込んだのではという疑惑や批判が持ち上がり［Coulter 2001］，「死の商人」に対する批判が高まっていたことが挙げられる［Harkavy 1975：215］．ただし，この批准書には，イギリス，イタリア，スウェーデン，ソ連，チェコスロバキア，ドイツ，日本，フランス，ベルギーに対して効力が発生した後にアメリカにも効力が発生しなければならないという留保が付けられていた［USDOS 1935a：455-456］．この条約の第41条は，14カ国の批准を発効要件としていたが，アメリカのような留保を付けた国は，その留保に示された条件が満たされない限りは，14カ国のうちに数えられなかった［USDOS 1935b：460］．結局，この発効要件が満たされることはなく，1925年条約は発効しなかった［Webster 2012：109；White 1934：40-42］．また，次に述べるように，アメリカが留保付きの批准書を寄託した時点では，すでにアメリカも他の国々も，この条約に見切りを付けたうえで，新たな条約の交渉を進めていた［Krause and MacDonald 1993：717］．1932～1934年に国際連盟が主催した「軍備の削減と制限のための会議」（ジュネーヴ軍縮会議）において，武器貿易規制が検討されていたのである［SIPRI 1971：98-100；White 1934：48-63］．

ジュネーヴ軍縮会議でアメリカが提案した武器貿易規制条約の草案には，政府による輸出許可制度の創設や武器貿易情報の公開とともに，国際的な監督機関の設置も盛り込まれていた[17]．また，この軍縮会議の参加国は，武器の貿易だけでなく国内生産も規制し情報公開することを検討した［Krause and MacDonald 1993：719；SIPRI 1971：98-100］．しかし，1935年10月のイタリアによるエチオピア侵攻などの情勢変化を受けて，武器貿易規制条約の策定に向けた準備作業は停止に追い込まれた［Anderson 1992］．さらに，1930年代の大恐慌に晒された列強各国において民間の武器製造企業を維持・存続させるために輸出を促進する傾向が強まり，加えて1930年代半ばからナチス・ドイツが再軍備に着手して他の欧州諸国も軍備拡張を検討するようになるにつれ，ジュネーヴ軍縮会議自体が機能しなくなり，輸出入を規制する条約形成の試みも瓦解した［Goldblat 2002：28；Krause and MacDonald 1993：719；Stone 2000：230］.

また，1924年に国際連盟の理事会は[18]，国際連盟事務局が武器・弾薬の貿易に関する情報を収集して取り纏めることとし，各国に対してそのための情報を提供するよう奨励する旨の決議を採択した［SIPRI 1971：94］．この決議に基づき，国際連盟事務局は，1925年から1938年まで毎年，『国際連盟年鑑――武器と弾薬の貿易に関する統計情報――』を発刊した[19]．1925年の年鑑には23カ国による武器・弾薬貿易の情報が掲載されていたが，1938年の年鑑には60カ国及び64の植民地や保護領等による貿易の情報が含められており，19年間のうちに公開される情報量は大幅に増加した[20]．ただし，この年鑑は，各国がすでに公表している情報や各国が国際連盟事務局に任意で提出した情報に基づいて作成されていたことや，各国による貿易統計の分類システムが異なっていたこともあって，情報が不十分にならざるをえなかった［Laurance, Wezeman and Wulf 1993：6；Pierre 1977：383-384；SIPRI 1971：94］．結局，この年鑑は1939年の第2次世界大戦勃発に伴って刊行が停止された[21].

とはいえ，戦間期には，この年鑑の発行や条約交渉などを通じて，各国が許可ないし実際に移転した武器の数量や価格などに関するデータが収集され，各国の貿易管理における武器カテゴリーの区分方法から輸出入の記録保持に際する記載項目に至るまでの情報共有や議論が進展し，実務者レベルの会議が継続され知識が蓄積された．そして，この時期の国家間の情報共有・議論や各国における議論を基盤にして，戦間期から第2次世界大戦後にかけて，欧米諸国で武器輸出に対する許可制度が構築され，法制度の整備が漸進的に進んでいった．例えば，イギリスで1931年，ベルギーで1933年，アメリカ，オランダ，スウェーデンで1935年，フランスで1939年，イタリアで1956年，西ドイツで1961年に，政府による武器輸出の規制・許可制度が形成された［Anthony 1991：9；Atwater 1939；Stone 2000］.

さらに，欧米諸国において法制度の整備が進むと，各国の法制度を調和させることも可能になった．各国における体系的で一貫した貿易管理制度・手続が整備されたからこそ，多国間合意を通じた政策・制度の調和が可能になったのである．そして，東西の対立が深まるなかで，西側諸国は冷戦構造を反映した国際的な移転規制枠組みを設立した．すなわち，1949年に，共産主義諸国への軍事技術・戦略物資の輸出を統制すべく，対共産圏輸出統制委員会（COCOM）を発足させた[22]．これにより，西側諸国から東側諸国への武器移転には一定程度共通した規制が課されたが，他方で，東西両陣営とも，自己の勢力範囲を維持・拡大するために非同盟諸国に対して武器を移転する傾向がみられた．

その後，米ソデタント末期の1977年から翌年にかけては，ジミー・カーター政権がソ連に武器貿易の相互抑制を呼びかけ，これにソ連が応じたことにより，4ラウンドの「通常兵器移転交渉」（CATT[23]）が行われた．しかし，双方とも，通常兵器の移転を規制すべきでありそのためのガイドラインが必要だとの点では同様の立場を表明していたものの，具体的にどの地域への武器移転を規制対象にすべきかをめぐり意見が対立した．結局，79年のソ連によるアフガニスタン侵攻に伴い米ソ関係が悪化したため，CATTの第5ラウンド以降の会合は再開されず，ガイドライン形成の交渉も立ち消えた［Husbands and Cahn 1988］．

冷戦期の国連における通常兵器移転規制としては，まず，国連安保理決議による国連憲章第41条に基づく武器禁輸が挙げられるが，僅かな例外を除けば常任理事国5カ国が合意に至ることはなかった[24]．その一方で，50年代から70年代までの国連総会においては，主に西側諸国が，通常兵器移転の報告制度の創設を目指す国連総会決議案を提案し，GSの軍備増強が経済・社会開発に悪影響を与えていると指摘した．しかし，こうした主張は，概してGSの国々の賛同を得ることができず，国連の場で大勢を占めるには至らなかった．つまり，西側諸国を中心にした国々の提案について，非同盟諸国の多くの国は，植民地人民の独立の権利や武器輸入国の自衛権を侵害し，武器輸入国の国内管轄事項に不当に介入しようとする差別的な提案だと見なして，数の多さを活かして国連総会決議案の採択を阻むなどしたのである［榎本 2020a：26-33］．非同盟諸国の多くの国は，武器輸入は国家が兵器を入手する手段の1つにすぎず，その一方で武器の主要生産・輸出国であるGNの国々こそが急速に軍備を拡張しているのだから，武器移転の問題を取り上げるのであれば，武器生産の問題とあわせて包括的に検討したうえで，GNの国々による軍備（とりわけ核軍備）の削減に重点を置くべきだと論じた．1945年に設立された国連においては，大国も小国も区別なくすべての国が総会で一票を有することになった．そこで，非同盟諸国は，数の多さを活かして，西側諸国による国連総会決議案の採択を阻むことができた．また，第2次世界大戦後に，国際社会の基本ルールが，国家を維持することができ国内統治能力がある（すなわち「文明の基準」を満たしている）という意味での「積極的主権」に基づくゲームから，外部による干渉を受けないという意味での法的な「消極的主権」に基づくゲームへと転換するなかで［Jackson 1998：25-29］，非同盟諸国の主張は容易に正当化された．

ところが，1980年代に入ると，国連での議論や，国際社会で大きな反響を呼んだ報告書において，GS の国々の軍備を問題視したり，通常兵器移転に関する国際的な報告制度の形成を求めたりする動きが徐々に強まった．国連の場では，イギリス，イタリア，オーストラリア，スウェーデン，スペイン，西ドイツ，日本，ベルギーなどにより，通常兵器移転の情報を登録ないし公開する制度の設立や各国の軍備削減の必要性が頻繁に提起された［榎本 2020a：33］．さらに，国連の枠外では，ヴィリー・ブラント（Willy Brandt）西ドイツ元首相を委員長とする「国際開発問題に関する独立委員会」（通称：ブラント委員会）が，1980年に報告書『南と北――生存のための戦略――』［ICIDI 1980］を発表した．この報告書は，紛争や緊張が発生している地域への武器及び武器生産設備の輸出を抑制するような合意を形成すべきだと提言し，すべての武器及び武器生産設備の輸出情報を開示するためのグローバルな合意の必要性を訴えた．さらに，その2年後の1982年には，ブラント委員会のメンバーで元スウェーデン首相のオロフ・パルメ（Olof Palme）を委員長とする「軍縮と安全保障の問題に関する独立委員会」（通称：パルメ委員会）が，報告書『共通の安全保障』［Independent Commission on Disarmament and Security Issues 1982］を公表した．そして，この報告書も，すべての国が軍備の質的制限に取り組む必要があることや，武器輸出にガイドラインや制限を設けるための公平な制度を武器輸出国と輸入国が協働して構築すべきことを論じた．

1980年代に欧州や日本などの国々や上記の委員会が通常兵器移転規制に対して積極姿勢をとった背景としては，まず，80年代に累積債務問題に直面した国々の軍事費を含む国家予算のありかたが，援助ドナー国や国際機関等による批判に晒されるようになったことが挙げられる．累積債務問題への対応のなかで，南米やサブサハラ・アフリカなどの国の軍事支出あるいは国家予算全体の肥大化に批判が集まり，そうした国の予算編成の問題に外部アクターが介入する余地が広がったのである．このような状況下で，80年代に債務危機に陥った国々のなかでも，GN の大国だけではなく GS の国々を含むすべての国の軍事予算について国連の場で議論することを容認したり，あるいは債務増大の責任の一因は途上国に武器を輸出して利益を得る大国の側にあると批判したりする傾向が生じた［Buo 1993：20-25；Department for Disarmament Affairs 1986：407；Department for Disarmament Affairs 1989：330].

その一方で，サブサハラ・アフリカ諸国ほどの深刻な債務危機には直面していなかった産油国をはじめとする国々――インド，イラク，クウェート，リビア等――は，通常兵器の調達や移転を問題視して国際的な規制を求める西側諸国の動きに対して，警戒感を示し続けた［榎本 2020a：36］．この結果として，70年代までは西側諸国による武器移転規制の提案に反対する傾向がみられた非同盟諸国のなかで，立場の相違が顕著になった．

さらに，80年代後半に東西間の緊張が緩和し冷戦が終結へと向かい始めると，東西両陣営にとって，非同盟諸国の戦略的価値や非同盟諸国への通常兵器輸出の重要性が低減した．その結果，東西ともに通常兵器の移転規制のための国際合意形成に対して積極姿勢をとりやすくなったと同時に，国連における非同盟諸国の影響力はますます低下した．こうした状況の中，80年代末に，通常兵器移転規制について国連の場で具体的な進展がみられた．

1988年の国連総会決議「国際的な武器移転」[25]は，武器移転について，緊張や地域紛争が国際の平和と安定及び国家安全保障を脅かしている地域において潜在的影響を及ぼし，平和的な社会・経済開発プロセスに対して負の影響を与える可能性があるとの認識を示した．そして，この決議は，武器の非合法取引が増大していると指摘し，武器移転問題は国際社会による真剣な検討に値すると確信する旨を述べた．そのうえで，この決議は，国連加盟国に対して，武器の生産や移転に対する管理システムの強化や，世界の武器移転の透明性を向上させる方策の検討を求め，国連事務総長に対して，政府専門家の助力を得て通常兵器の国際移転の透明性を推進する方法に関する研究を行い，その結果を1991年の国連総会に提出するよう要請した．

第２節　1990年代
――国連軍備登録制度から移転許可基準へ――

1988年の国連総会決議に基づき設置された政府専門家グループ（GGE）が作成し，国連事務総長が91年９月の国連総会に提出した報告書は，国際的な武器移転の報告・登録制度の創設を提案した[26]．そして，この報告書が作成された過程においては，湾岸危機後の国連における，対イラク通常兵器移転に関する問題意識が強く作用した［Laurance 2011］．1989年12月のマルタ会談において米ソ首脳が冷戦終結を宣言した直後の90年８月にイラクがクウェートに侵攻したが，この際にイラクが保有していた兵器の多くが，それ以前に欧米諸国から移転されたものであった．そのため，欧米諸国の国内では，自国からの武器移転がイラクの侵略行為を助長したのではないかとの批判が高まった［横井 1997：5-6］．そして，この批判を背景にして，欧米諸国は国連の場で，武器移転は国際の平和と安定に大きな影響を与えるものであり規制強化が必要だと主張したのである．

こうしたなかで，91年12月の国連総会では，「軍備の透明性」と題する決議が採択された[27]．この決議は，武器移転の透明性・公開性を向上させることにより，各国の信頼醸成に貢献するとともに，地域の安定を損なうおそれのある過度な軍備蓄積を防止することを謳った．そして，この決議に基づき，92年に国連軍備登録制度が創設された．この制度は，重兵器を中心とする7カテゴリーの通常兵器について，報告年前年の移転数や移転相手国といった情報を各国が国連事務局に自発的に報告するものであり，国内生産を通じた調達等に関する情報の提出も奨励されている．

また，対イラク通常兵器移転問題を受けて，欧州諸国とアメリカは，通常兵器の輸出国側がとるべき対策を検討した．まず，欧州理事会においては，加盟国政府が武器輸出を許可する際に適用する共通基準を創設することの是非や共通基準の内容が協議された［Dembinski and Joachim 2006］．そして，この協議の結果，91年6月の欧州理事会で「不拡散と武器輸出に関する宣言」が採択された[28]．この宣言は，武器の移転先の国における人権の尊重，移転先で生じている緊張や武力紛争などの国内状況，地域的な平和・安全・安定の維持，輸入国内で第三者に流用されたり望ましくない条件下で再輸出されたりするリスクの存在といった共通基準に基づいて各国の輸出政策を調和させる方針を示した．さらに，翌92年6月の欧州理事会では，この共通基準に新たな項目（受領国の技術的・経済的能力に見合っているかどうか）を追加することが合意された[29]．

アメリカも，国連安保理常任理事国5カ国による合意形成を呼びかけた［Laurance 2011：37］．そして，実際に5カ国は，91年に2回の会合を開催し，第2回会合において「通常兵器移転ガイドライン」に合意した[30]．このガイドラインには，武器の移転が武力紛争を長期化・激化させる可能性がある場合や，地域内の緊張や不安定化をもたらす可能性がある場合，国際テロリズムを支援ないし助長する可能性がある場合，移転先国の経済に深刻な打撃を与える可能性がある場合などに，5カ国が武器の移転を避ける旨が盛り込まれた．このガイドラインは，5カ国による実施状況を報告するなどの制度を伴わない宣言的な合意にとどまったものの，先述の欧州理事会での合意と並び，90年代以降の移転規制合意の先がけとなった．

以上のように，冷戦終結直後に，通常兵器の移転は主に対イラク武器移転問題の文脈で問題視されたが，90年代半ばから後半には，若干異なる視点から議論されるようになった．まず，90年代半ばまでに，通常兵器移転の問題は，冷戦終結後の世界における「新しい戦争」を助長する要因として認識されるようになった．また，90年代後半に入ると，アンゴラ，コンゴ民主共和国，シエラレオネといった国々への武器移転が，それらの国々における紛争下のダイヤモンド，金，コルタン，木材などの資源搾取やトランスナショナルな資源取引ネットワークの問題（とりわけ「血のダイヤモンド」ないし「紛争ダイヤモンド」問題）と結びついていることが国連の場でも取り上げられ，研究者や NGO 等にも問題視されるようになった［Kaldor 1999］．

さらに，90年代を通じて，第1章で詳述した「開発と安全保障の融合」が生じるなかで，軍備管理・軍縮と平和構築や開発に関する政策論議の境界線も不明瞭になった．そして，通常兵器の生産，保有や移転だけでなく，開発と安全保障の双方に関わると見なされた多くの施策（兵士の DDR，治安部門改革，暴力の文化の撲滅と平和の文化の構築，紛争後の社会的関係の再構築，平和教育など）が，小型武器・軽兵器規制や通常兵器移転規制の政策領域の範疇に位置付けられた．それと同時に，通常兵器移転規制に関しても平和構築や開発の視点を取り入れた議論が次第に主流化した．このような経緯ゆえに，90年代後半までには，通常兵器移転について，GS における「新しい戦争」を激化・長期化させ，GS の開発に悪影響を及ぼし，「人間の安全保障」を脅かすリスクがあるものとして，規制の必要性が論じられるようになった．そして，通常兵器移転のリスクを減じるべく規制する一義的な責任は，武器の移転元の国々（輸出国）にあると考えられため，移転規制に関する90年代の合意形成は，まずは GN の武器輸出国（とりわけ欧米諸国）を中心とした場で進められた．

そうした合意においては，90年代初頭の欧州理事会や国連安保理での合意と同様に，特定の国や地域への移転を明示的に禁止するのではなく，移転の可否を判断する際の基準（移転許可基準）を設けるアプローチが採用された．そして，93年から2000年代初頭にかけて，**表7-1**で示すような文書が合意され，それら文書には，人権，平和構築，開発といった視点に基づく許可基準が盛り込まれた．

この流れのなかで，冷戦期に西側諸国により形成された移転規制レジームも，

表７－１　1993年から2000年代初頭の移転許可基準を含む文書

合意年	合意枠組み	合意名	法的拘束力の有無
1993年	欧州安全保障協力機構	通常兵器の移転に関する原則[a)]	無
1996年	国連軍縮委員会	国際武器移転に関するガイドライン[b)]	無
1998年	欧州連合	武器輸出に関する欧州連合行動規範[c)]	無
2000年	欧州安全保障協力機構	小型武器・軽兵器に関する欧州安全保障協力機構文書[d)]	無
2002年	ワッセナー・アレンジメント	小型武器・軽兵器の輸出に関するベスト・プラクティス・ガイドライン[e)]	無

（注）a）Principles Governing Conventional Arms Transfers, November 25, 1993.
b）Guidelines for International Arms Transfers in the Context of General Assembly Resolution 46/36 H of 6 December 1991 (outcome of the UN Disarmament Commission's 1996 substantive session from April 22-May 7, 1996)
c）European Union Code of Conduct on Arms Exports, June 5, 1998.
d）OSCE Document on Small Arms and Light Weapons, November 24, 2000.
f）Best Practice Guidelines for Exports of Small Arms and Light Weapons, December 11-12, 2002.
（出典）筆者作成.

武器移転のリスクを個別の移転許可申請ごとに審査する方向に変化した．冷戦期のCOCOMは，西側自由主義陣営の相対的な技術優位性を保つべく，共産圏諸国への軍事技術・戦略物資の移転を共同で統制するものであった．その後，冷戦が終結するに伴い意義を失ったCOCOMは94年に解散したが，96年にはかつての規制対象国である旧共産主義国の参加のもとで「通常兵器及び関連汎用品・技術の輸出管理に関するワッセナー・アレンジメント」（以下，ワッセナー・アレンジメント）[31)]が発足した．ワッセナー・アレンジメントは，非参加国向けの武器輸出を管理対象としているが，輸出禁止国を指定するというアプローチは採用しておらず，地域の安定を損なうおそれのある過度な武器蓄積の防止を掲げ，通常兵器及び関連汎用品・技術の輸出管理を推進している．そして，2002年にワッセナー・アレンジメントの枠組みで合意されたガイドラインには，表７－１に示す同時期の他の合意とほぼ同様の移転許可基準が盛り込まれた．

第３節　「グローバルな規制」の模索

前節で示したように，1990年代から2000年代初頭の移転規制合意の多くは，GNの武器輸出国（とりわけ欧米諸国）を中心とした場で形成された．しかし，

2000年代に入ると，類似の移転許可基準を盛り込んだ「グローバル」な合意や欧米以外の地域的な合意を形成し，それらに前節で述べたような移転許可基準を盛り込もうとする動きが活発化した．もちろん，地域の枠を超えた「グローバル」な合意を求める動きは1990年代から存在していたが，それを提唱する国々や NGO が合意形成のために具体的に動き始めたのは，2000年代に入ってからのことであった．

この背景としては，通常兵器の輸出国数の増加，旧ソ連・東欧諸国における余剰兵器の移転問題の顕在化，技術のトレンドのスピンオフ（軍事技術の民生転用）からスピンオン（民生技術の軍事転用）への変化，軍事・汎用技術開発の国際化，グローバリゼーションの進展やインターネットの普及による移転ルートの多様化・複雑化といった状況を指摘できる［佐藤 2010］．つまり，この頃には，欧米諸国による移転規制だけでは，世界全体の武器移転に規制の網をかけることが困難になっていた．

また，欧州の防衛産業も，移転許可基準を盛り込んだ「グローバル」な合意の形成を支持した．欧州諸国の政府も，「グローバル」な武器移転規制に関する国内での協議にあたって NGO と防衛産業関係者を同席させるなどしており，防衛産業を交渉における主要なステークホルダーと見なしていた［United Nations Institute for Disarmament Research 2012］．前述のように，欧州ではすでに1990年代から通常兵器の移転許可基準が合意されており，それは1990年代後半以降に NGO が求めた条約（後述）の内容に類似したものであった．したがって，欧州諸国の防衛産業にとっては，欧州で合意された移転許可基準に類似する内容の条約が新たに形成されたとしても，自国の規制がさらに厳しくなる可能性は極めて低かった．

むしろ，欧州の防衛産業のなかには，移転許可の「世界標準」が合意されれば，欧州の基準に基づくと輸出許可が下りないような相手に対して欧州以外の企業が抜け駆け的に輸出できるという「不平等」が改善される可能性があるのではと期待する傾向もみられた．また，そもそも，国際人権法，国際人道法，開発等に関する許可基準に基づいて自国政府が武器輸出の可否を判断するというアイディアは，許可された輸出に政府が倫理的観点からのお墨付きを与えることを意味するため，武器輸出国の防衛産業にとって不都合なものではない．加えて，GN では先端兵器の共同開発・生産が主流になり，新興の兵器生産国との共同開発・生産も視野に入るようになってきていた．そうした状況において，防衛産業の側には，各国ごとに大きく異なる武器貿易ルールを ATT により一定程度共通化すれば，他国との取引がより円滑になる可能性があるとの期待もみられた［Cornish 2007：6］．さらに，欧州諸国が欧州外の国と兵器の共同開発・生産を検討する際に，相手国もグローバルな合意に参加していれば，共同開発・生産した兵器を相手国が第三者に移転する際にATTの許可基準が適用されるため悪者の手に渡る心配はないとして，対内（議会，国内メディア，国民など）・対外的に説明することも可能である．こうしたことから，欧州の防衛産業関係者も，グローバルな移転許可基準文書の形成を概して支持した．

加えて，2001年のアメリカ同時多発テロ以降は，通常兵器移転規制の政策論議のなかで，テロ行為の防止が強調される場面がみられた．もっとも，1990年代の通常兵器移転規制の論議においても，テロ行為の防止という観点はみられたし，テロ行為の助長や支援につながる可能性がある場合は移転を許可しないといった許可基準は，91年の国連安保理常任理事国5カ国による「通常兵器移転ガイドライン」や，93年から2000年代初頭に合意された許可基準を含む文書（表7-1）の多くに盛り込まれている．そうした意味では，同時多発テロが通常兵器移転規制をめぐる政策論議を劇的に変化させたと捉えることはできない．むしろ，その影響は，従来から規制の目的の1つとして位置付けられていたテロ防止という側面が強調される機会が若干増加した程度にとどまると言えよう．

このような状況のなかで，欧州諸国や国連機関，NGO，研究者などは，通常兵器移転規制のための欧州以外の地域における合意や「グローバル」な合意の形成を推進した．ただし，「グローバル」な合意の交渉枠組みや内容については，多様なアクター間で意見が一致しておらず，そのため複数のイニシアティブが同時進行で進展した．

例えば，2004年から2005年にかけて，イギリスのブラッドフォード大学と，イギリスに拠点を置くNGOのインターナショナル・アラート及びセイファーワールドは，共同プロジェクトの一環として，小型武器・軽兵器に関する「コンサルテイティブ・グループ・プロセス」（CGP）を主宰した[32]．CGPには31カ国が参加し[33]，小型武器・軽兵器の移転許可基準と非国家主体への移転問題を検討した．そして，ここでの議論を基にして，小型武器の移転許可基準に関するCGPの報告書［Biting the Bullet Project 2004；Biting the Bullet Project 2006］が，2004年から2006年にかけて作成された[34]．

この動きとは別に，イギリス政府が2003年に開始した「移転規制イニシアティブ」（TCI）も，小型武器・軽兵器の移転許可基準を明確化して「グローバル」な基準を形成することを目指した[35]．ただし，CGPもTCIも，ATT構想とは異なり，小型武器に議論の対象を絞っていた上に，法的拘束力のある文書の形成を目指すものではなかった．

こうした動きに先立ち，1990年代後半から2000年前後までに，NGO やノーベル平和賞受賞者，国際法学者らは「国際武器移転に関する枠組み条約案」を形成しており，これは，小型武器・軽兵器だけでなく重兵器も含めた通常兵器全般の移転を規制する条約構想であった．しかし，当時の活動に関与した NGO 関係者や研究者は，アムネスティ・インターナショナルやオックスファムの職員を除けば，調査・研究活動に重点を置く NGO の職員や大学の研究者が多く，その議論は比較的狭い範囲の「専門家」のなかにとどまっていた．

そのため，彼らのなかでは，この条約構想への各国の認知度を高め，多くの国々の支持を得たうえで，いずれかの政府が条約交渉の場を設置するような方向に動かすべきであり，そのためには，世論を動員するような活動が必要だとの認識が強まった．そこで，関係団体のなかでもパブリック・キャンペーンに長けたアムネスティ・インターナショナルとオックスファムが資源を投入して，2003年10月に国際キャンペーン「コントロール・アームズ」(Control Arms：正式略称はないが，以下 CA と略す）を立ち上げた．そして，CA は，先述の枠組み条約案に修正を加えて新たに「ATT 案」として提示し，各国に支持を求めた．

ATT 構想，CGP, TCI に関与した政府，研究者，NGO には重複がみられた．そして，CA 関係者は，CGP や TCI で形成された報告書や合意文書のなかに，CA が主張する ATT の内容に近い移転許可基準を盛り込むよう働きかけた．ATT 構想，CGP, TCI は，当初は相互に影響を及ぼし合いつつ展開し，後述のように，06年の国連総会で ATT に関する議論を進める内容の決議[36]が採択された時期を境に，国連での ATT プロセスに収斂していった．

また，**表７-２**で示すように，2000年代以降は，欧米以外の地域においても移転許可基準を含む合意文書が採択された．そして，これらの文書の形成過程にも，イギリスなどの欧州諸国や NGO，研究者などが深く関与し，1990年代に欧州等で合意された内容に類似する移転許可基準を採用するよう各国に働きかけた．こうしたアクターは，移転許可基準を盛り込んだ地域的文書の策定を，グローバルな移転許可基準の形成に向けた１つのステップとしても位置付けていた．とりわけ CA は，通常兵器の移転に関する既存の地域的な条約や政治的文書に散在する規範を結晶化する構想として ATT を提案していた．そのため CA 関係者は，近い将来に開始されるであろう ATT 交渉を自らに有利な形で進めるために，欧米以外での地域合意にも欧州等の規制と同様の文言を盛り込

表7－2　2000年代以降に作成された地域的な移転許可基準文書

合意年月	合意枠組み	合意名	法的拘束力の有無
2003年	米州機構の全米麻薬濫用取締委員会	銃器並びにその部品及び構成品並びに弾薬の仲介に関するモデル規制草案[a)]	無
2005年	大湖地域及びアフリカの角地域諸国	**小型武器・軽兵器**に関するナイロビ宣言及びナイロビ議定書の実施のためのベスト・プラクティス・ガイドライン[b)]	無
2005年	中米統合機構	武器，弾薬，爆発物，及びその他関連物資の移転に関する中央アメリカ諸国行動規範[c)]	無
2006年	西アフリカ諸国経済共同体	**小型武器・軽兵器**，弾薬及びその他関連物資に関する西アフリカ諸国経済共同体条約[d)]	有
2008年	欧州連合	軍用技術と装備の輸出規制に関する共通規則を定める共通の立場[e)]	有
2010年	中央アフリカ諸国	**小型武器・軽兵器**，その弾薬，及びそれらの製造・修理・組立のために使用されうる部品・構成品を規制するための中央アフリカ条約[f)]	有

（注）a）Draft Model Regulations for the Control of Brokers of Firearms, Their Parts and Components and Ammunition. Approved at the 34th Regular Session of CICAD, Montreal, November 17-20, 2003.
b）Best Practice Guidelines for the Implementation of the Nairobi Declaration and the Nairobi Protocol on Small Arms and Light Weapons, June 21, 2005.
c）Code of conduct of Central American States on the Transfer of Arms, Ammunition, Explosives and Other Related Material, December 2, 2005.
d）ECOWAS Convention on Small Arms and Light Weapons, Their Ammunition and Other Related Materials, June 14, 2006.
e）European Union Council Common Position 2008/944/CFSP of 8 December 2008: Defining Common Rules Governing Control of Exports of Military Technology and Equipment, December 8, 2008.
f）Central African Convention for the Control of Small Arms and Light Weapons, Their Ammunition, Parts and Components that Can Be Used for Their Manufacture, Repair and Assembly, April 30, 2010.
（出典）筆者作成.

むよう働きかけたのであった.

第4節　国連ATT交渉

2006年の国連総会決議により，ATTに関する2008年までの国連での協議プロセスが方向付けられた．この決議に基づいた2007年のコンサルテーションを通じては，約100カ国がATTの実現可能性，規制対象，構成要素案の3項目に関する見解書を国連に提出した[37]．そして，08年にはこれらの点を検討すべく政府専門家グループ（GGE）会合が計3回開催された．第3回GGE会合で「コンセンサス」により合意された報告書は，上記の3項目に関する具体的な合意を含む内容ではなかったものの，国連の場でさらなる検討を行うことを提案した[38]．続く08年の国連総会では，ATTに関するオープンエンド作業部会（OEWG）を設置し，09年以降の3年間にわたり会合を開催することを主旨とする決議案が採択された[39]．OEWGの09年内の任務は，条約に含むべき内容を検討し，国連総会に報告することであった．09年7月の第2回会合において「コンセンサス」で採択された報告書のパラグラフ23には，「OEWGは，通常兵器の無秩序な貿易や非合法市場への流出の問題に取り組む必要性も認識する．そうしたリスクが不安定や国際テロリズムや国境を超えた組織犯罪を助長することに鑑み，OEWGは，この問題に取り組むためには国際的な行動をとるべきであることを支持する」と記された[40]．そして，このことは，国連ATTプロセスにおいて，何らかの「国際的な行動」をとるべきことが，初めて「コンセンサス」で合意されたことを意味した．

このOEWG報告書を受けて，09年国連総会には，さらなるATT関連決議案が採択された[41]．その主旨は，2012年7月に，ATTの採択を目指す4週間の国連ATT会議（以下，7月会議）を「コンセンサスに基づき（on the basis of consensus）」開催し，2010年以降に予定されていたOEWG会合を，7月会議に向けた準備委員会に変更することであった．そして，2010年から12年にかけて合計4回の準備委員会が開催され，第4回準備委員会において7月会議の手続規則が合意された[42]．

しかし，2012年7月にニューヨークの国連本部で開催された会議の交渉は，条約採択に至らず決裂した．同年の国連総会では，2013年3月に同本部において最終交渉会議（以下，最終会議）を「コンセンサスに基づき」開催する旨の決議が採択された[43]．そして，実際に13年3月に2週間の最終会議が開催されたが，ここでも会議参加国の「コンセンサス」を確保することができず，交渉は決裂に終わった[44]．しかし，最終会議で作成されたATT草案を支持する国々は，この条約案を国連総会の場に持ち込むことを決め[45]，これが13年4月2日の国連総会の場で表決により採択された[46]．

以上のように，ATTについては，基本的に過半数の賛成による採択が可能な国連総会決議に依拠して交渉プロセスが展開した．しかし，規制推進派の国やNGOらは，最終的な合意文書の採択にあたり大きな困難に直面した．国連においては，国家の安全保障に関わる軍備管理・軍縮分野の合意は「コンセンサス」により採択するとの規則ないし慣例が概して定着していたのである．そして，1990年代以降の交渉プロセスにおいて，規制推進派が，自らが提唱する規制の普遍性や正当性を訴えるのであれば，国家安全保障にかかわる分野の合意を「コンセンサス」により採択するという規則ないし慣例の妥当性をあえて否定して，一部の国々の見解を無視した合意を採択する姿勢をあからさまに示したうえで交渉にあたることは，控えざるをえなかった．

しかも，冷戦期にも軍備管理・軍縮分野の合意形成で「コンセンサス」が追求されたとはいえ，1960年に設置された「10カ国軍縮委員会」や，それに非同盟諸国 8 カ国が加わって62年に創設された「18カ国軍縮委員会」は参加国数が少なかった．その後，この軍縮委員会は，軍縮委員会会議，軍縮委員会，軍縮会議と名称を変えつつ拡大・改組したものの，2024年11月27日現在でも参加国は65カ国である．また，1990年代に特定通常兵器使用禁止制限条約（CCW）の枠内で地雷に関する議定書を作成しようとした際に，地雷の全面禁止に合意することができなかったが，CCW の加盟国は2024年11月27日現在でも128カ国である．

これらに対して，ATT を交渉した際の会議は，すべての国連加盟国に開放され，そのなかで「コンセンサス」での意思決定が追求された．しかも，交渉過程においては，アラブ首長国連邦，イラン，インド，エジプト，北朝鮮，キューバ，シリア，ジンバブエ，スーダン，ニカラグア，ベネズエラ，リビアをはじめとする国々が，ATT 構想は輸出国による恣意的な輸出可否の判断を可能にし，輸入国に対して内政干渉的に機能するものだと批判した．こうした状況のなかで，ATT は「コンセンサスに基づく」採択に失敗した後に国連総会で表決により採択されたとはいえ，最終会議の最終日の午後まで「コンセンサスに基づく」採択を前提に交渉がなされた．

第 5 節　ATT の内容

最終的に採択された ATT には，輸出許可の共通基準を設定するという先述のアプローチが，ある程度反映された．例えば，ATT には，締約国が，条約の規制対象兵器が移転先でジェノサイドや人道に対する罪などの実行に使われるであろうことを知っている場合や，国際人権法や国際人道法の重大な違反の実行や助長に使用されるような「著しいリスク」があると判断した場合には，その締約国は輸出を許可してはならない旨が記された.

その一方で，ATT は，交渉過程で妥協が重ねられた結果として，最大公約数的な内容とならざるをえなかった[47)]. 例えば，ATT の第２条から第５条は，戦車，装甲戦闘車両，大口径火砲システム，戦闘用航空機，攻撃ヘリコプター，軍用艦艇，ミサイル及びその発射装置，小型武器・軽兵器を規制対象としたうえで，それら兵器の弾薬や部品・構成品にも一定の規制をかけているものの，これらのカテゴリーに含まれない武器は多数存在する．例えば，輸送・偵察用の航空機やヘリコプター，偵察用車両，射程距離25キロメートル以上のミサイル等を搭載しない500排水トン以下の軍用艦艇，携帯式地対空ミサイル以外の地対空ミサイル及びその発射装置，爆発物，兵器の開発・製造・維持のための技術や設備，指揮・統制・通信・コンピュータ・情報関連システム，軍用に転用可能な汎用品，被服装備などについては，ATT に基づいて規制する義務はない．また，大口径火砲システムとは見なされない口径75ミリ未満の火砲のうち，小型武器・軽兵器にも含まれないボフォース57ミリ砲などの火砲も，規制対象にする義務がないとの解釈が可能である．さらに，無人（人間が搭乗せず，遠隔操作あるいは自動操縦で操縦される）兵器も規制対象となるのか，あるいは対象は有人兵器に限定されると解釈すべきなのかについては，この条約締約国会議プロセスを通じて，戦闘用航空機と攻撃ヘリコプターついては無人の場合規制対象になるとの解釈が定着しているが，その他の兵器カテゴリーについては曖昧である．輸出，輸入，通過，積替え，仲介といった規制対象行為の定義も条文に明記されていないうえに，後述するように，輸出以外の輸入，通過，積替えに関しては実質的な規制義務が少ない.

また，第６条第３項には，締約国は，第２条から第４条までに定義された兵器の「移転に許可を与えようとするときにおいて」，ジェノサイド，人道に対する罪，1949年のジュネーヴ諸条約に対する重大な違反行為，民用物もしくは文民として保護されるものに対する攻撃，または自国が当事国である国際合意に定める他の戦争犯罪の「実行に使用されるであろうことを知っている場合には，当該移転を許可してはならない」と記されている．ただし，第６条第３項の戦争犯罪は，とりわけ国際的性質を有しない武力紛争に関しては限定的に解釈できるものになっている［榎本 2020a：115-118］．また，どのような状況をもって締約国が上記を「知っている」と見なすのかについても，解釈の余地がある［榎本 2020a：115-118］.

この条項に続く第７条第１項には，締約国が第２条から第４条までに定義された兵器の輸出に許可を与えるか否かを判断する際に適用する基準が示されている．そして，この項には，武器が国際人権法や国際人道法の重大な違反の実行や助長に使用される可能性や，輸出国が当事国であるテロリズムや国際組織犯罪に関する国際条約または議定書に基づく犯罪を構成する行為の実行や助長に使用される可能性と並んで，「平和及び安全に寄与するか，またはこれらを損なう」（would contribute to or undermine peace and security）可能性という許可基準が記されている．そのうえで，第7条第3項では，第7条第1項に盛り込まれた基準に照らしていずれかの「否定的な結果」（negative consequences）を生ずる「著しいリスク」（overriding risk）が存在すると締約国が判断する場合は，その締約国はその兵器の武器輸出を許可してはならない，としている．

第7条第3項の文言を「重大なリスク」（significant risk）といった表現ではなく「著しいリスク」（overriding risk：日本の外務省はこの訳を用いているが［外務省 2014］，overridingには「～を上回る」といった意味もある）とすることは，条約交渉中にアメリカが強く要求し，条文に盛り込まれた．また，第7条第1項には，「平和及び安全」とは何の平和と安定を意味するのかが明記されていない．これを国際の平和と安定とも解釈できるが，輸入国あるいは輸出国の平和と安全保障と解釈することもできる．したがって，例えば，兵器の輸出許可申請に対して，締約国である輸出国が第7条第1項に規定された審査を行い，それらの「否定的な」結果が当該兵器の輸出による「我が国（輸出国）の平和と安全保障」への寄与を凌駕するほど圧倒的な（overriding）リスクであるとは言えないと判断した場合は，輸出を許可してよいものとして限定的に条文を解釈する余地が生じた．

さらに，第8条から第10条にかけては，輸入，通過または積替え，仲介に関する規制が盛り込まれているものの，「……することができる」，「適切な措置をとる」，「必要なときに」，「必要かつ実行可能な場合には」，「その措置には，……を含めることができる」など，締約国の裁量の余地が大きい文言が多数挿入されている．

また，第13条は，各締約国は，第2条第1項の規定の対象となる通常兵器の前暦年における許可されたまたは実際の輸出及び輸入に関する報告を事務局に提出するとしている．ただし，第3条の弾薬類や第4条の部品・構成品の輸出入情報や，通過や積替え，仲介に関する情報を報告に記載する義務はない．報告に掲載すべき具体的な情報のレベルも明記されていない．また，締約国の報告に含める情報の種類については，「国連軍備登録制度を含む，関連の国連の枠組みに提出した同一の情報を含めることができる」との一文が挿入されているが，これは義務ではない．さらに，そもそも国連軍備登録制度の報告書に記載する情報は大雑把なものである．加えて，第13条には，各締約国は「商業上機微」な情報や「国家安全保障に関わる」情報を報告書から除外することができるとされているが，どのような情報を「商業上機微」あるいは「国家安全保障に関わる」と見なすのかの判断は，締約国の裁量に委ねられる．

第6節　1990年代以降の通常兵器移転規制の限界

冷戦終結以前に試みられた通常兵器移転の国際規制のうち，1890年のブリュッセル協定，冷戦期のCOCOM，国連安保理決議等による武器禁輸といった，発効や実施に至った合意（その規制を何らかの一定の視点から「成功」と見なすことができるか否かにかかわらず，発効や実施に至った合意）には，次のような相互排他的ではない4つの共通点がみられる[48]．

第1に，合意当事国は，規制を形成するうえでの軍事的・政治的な目的や利益を一定程度共有していた．第2に，通常兵器の入手を阻止ないし制限すべき対象の人々の範囲が比較的明確であった．第3に，合意が実施されることにより通常兵器へのアクセスが困難になる集団や国々は，合意当事国ではなかった．第4に，合意当事国内で差別的に機能しうる制度（第3点目以外で，特定の合意当事国の安全保障を顕著に脅かす可能性が想定しうる制度等）は盛り込まれなかった．

一方，これらの点は，国際連盟期や冷戦期に発効や実施に至らなかった合意では，一部ないし全部が欠如していた．国際連盟期の条約においては，列強諸国が主張する条約の目的はその他の交渉参加国に必ずしも共有されず，交渉に参加した小国にとって自国の安全保障を顕著に脅かしかねないと捉えうる内容が含まれたため，反発を招いた．冷戦期には，東西間で軍事的・政治的な目的や利益が一致せず，国連安保理での武器禁輸決議の採択は困難であった．1977年から翌78年に国連の枠外で行われたCATTも，武器移転の規制対象国をめぐり交渉が頓挫した．また，冷戦期に国連総会の場で提起された通常兵器の議論においては，植民地から独立し主権国家となった国々を含めた非同盟諸国が，西側諸国による武器移転規制に関する決議案は植民地人民の独立の権利や武器輸入国の自衛権を侵害する可能性がある差別的な内容であると主張して抵抗した．

冷戦が終結すると，安保理内の対立構造が弱まり，安保理による武器禁輸決議が数多く採択された．国連総会における非同盟諸国の結束力や影響力も弱まり，国連軍備登録制度やATTなど，冷戦期であれば差別的であり内政干渉にあたると多くの非同盟諸国に批判されたような内容の規制が国連総会の場で合意された．そして，規制推進派の国やNGOは，開発，人道，人間の安全保障といった視点から，通常兵器移転規制の必要性を語った．ただし，数多くの合意が形成された一方で，安保理による武器禁輸決議を除けば，冷戦終結後の移転規制合意には，冷戦終結以前に発効や実施に至った合意に共通する前述の要素の一部ないし全部が欠如している．

まず，ATTにおいては，ブリュッセル協定やCOCOMなどにみられたような「通常兵器の入手を阻止ないし制限すべき対象」が具体的に特定されていない．1990年代以降に通常兵器移転規制を推進した人々が，概してGSの紛争や人権侵害を問題視したとはいえ，彼らが想定したGSは紛争が多発し人権が侵害され低開発に苛まれる場としての漠然としたイメージにすぎない．彼らが提唱したのは，武器の入手を阻止ないし抑制すべき国や集団をあらかじめ明確に指定するようなアプローチではなく，共通の目的や利益も，あるいはそれを脅かす「共通の敵」も特定することができないという前提に基づき，GNかGSかにかかわらずすべての国に対する武器移転のリスクを共通の許可基準に基づいて審査するアプローチであった．そして，このアプローチは，最終的には各国政府にリスク判断を委ねるものであるため，リスクの有無や程度の判断に主観が入り込む余地がある．したがって，ある国に対する移転の可否について，各締約国が異なる判断を下す可能性があるし，このような規制合意については，「目的が達成されたか否か」を判断したり，条約の「実効性」を測ったりすることも難しい．

例えば，1890年のブリュッセル協定の成立の背景には，アフリカの人々を「文明の基準」を満たさず国家を形成・運営する能力がなく奴隷狩りに加担する野蛮な人々と見なして，彼らへの武器移転を禁止するとともに，「文明国」がアフリカに進出し統治すべしとする見方があった．それゆえ，この協定においては「文明国」への武器移転が規制対象と見なされることはなかった．これに対して，1990年代以降には，特定の人々に対する通常兵器移転を原則禁止するのではなく，全ての国に対する通常兵器移転を規制対象にしたうえで，可否を判断するための審査基準を設け，各国政府がその基準に照らし合わせて審査し，「リスクが高い」場合には移転を控えるというアプローチが提唱された．つまり，1990年代以降の通常兵器規制は，19世紀末のブリュッセル協定とは異なり,「自律した理性的な人間」が運営している「我々」の国家と,そのような「人間」ではない「彼ら」の政体を区別する見方に依拠しておらず,それゆえ,GSの政体が国際法上の主体であること自体を否定するものではない.むしろ,傷を受けることで機能不全になりかねず,環境次第で暴力に頼る「リスク」が高まるという人間像は,20世紀後半を通じて,GNの人々が自らに対して差し向けるようになり,自他や社会現象の基本的な解読法としてGNの社会において定着したものである.そして,この「脆弱な人間」像がGSの人々に以前より強く投影されるようになったからこそ,彼らの「リスクの高さ」が問題視されたのである.

ただし,この「リスクの高さ」を問題視する言説は,理性と非理性,正気と狂気,健康と病の二項対立で割り切ることができない,普遍的に脆弱な寛解状態の人間像に基づいている.そのため,移転許可基準が提唱された際に,「リスクが高い」と判断しうるケースとして念頭に置いていたのは主にGSへの移転であったとはいえ,個別事例において画一的に移転可否を判断する主体は想定されておらず,移転の可否は各輸出国によるその場その場の判断にゆだねられる.

また,ATT構想に反対したり消極姿勢をとったりした国々は,この条約構想はGNの「持てる国」にとって都合が良い差別的な施策を道徳的・倫理的に正当化するものだと批判した.そして,規制推進派の国やNGOと意見を異にする国々の参加のもとで「コンセンサス」での合意文書の採択が追求された結果として,ATTは最大公約数的な規制内容とならざるをえなかった.そして,ATTの最終会議及び2013年4月の国連総会における条約案の採決時に反対したイラン,北朝鮮,シリアの3カ国や,条約採択に対して積極的に反対の意思を示さなかったものの消極姿勢をとっていた国々(例えば,インド,エジプト,サウジアラビア,ニカラグア,ベネズエラなど)が,ATTに加盟する可能性は高くない.これらの国には,武器輸出国や,将来的に通常兵器の輸出国に転じる可能性がある国も含まれているが,そうした国が仮に将来ATTに加盟したとしても,個々の移転の是非に関する許可基準に基づいた判断が,欧州諸国による判断と同様になるとは限らない.また,これらの国は,武器の入手先を多角化し,例えばロシアからも武器を輸入する傾向があるが,ロシアがATTに加盟する可能性は低い.

一方で,欧州やワッセナー・アレンジメント等,欧米諸国中心の場では,実際の運用のなかでリスクが大きいと判断される可能性が高いのは合意の非参加国であり，合意当事国向けの移転に影響が及ぶことは考えにくかった[49]．したがって，冷戦終結以前に交渉された国際的な移転規制合意のなかで発効や実施に至ったものにみられる共通点のうち，第３・第４の要素は当てはまる状況であり，そのような場では合意形成が比較的容易であった．とはいえ，こうした合意においても，通常兵器の入手を阻止ないし制限すべき対象の集団や国々は明示的に示されておらず，個別の事例に関する移転許可基準に基づくリスク判断は国によって異なる可能性があることが前提とされている．

加えて，2024年11月27日現在の ATT 加盟国の大部分は，すでに移転許可基準を含む地域的な文書に合意している欧州や東アフリカ，西アフリカ等の諸国をはじめ，ATT に加盟しても自国の法律を大きく変える必要がない国ばかりである．このほかには，カリブ共同体諸国や太平洋島嶼国の加盟が進んでいるが，この地域では軍を持たない国も多く，武器移転の金額・数量ともに僅かであるため，新たに管理制度を整備しても，それにより規制の対象となる武器移転の件数は少ない．なお，アメリカは ATT に加盟する可能性は低いが，ATT を推進した NGO も認識しているように［Oxfam 2013］，もしアメリカが ATT を批准したとしても，それにより同国の武器移転規制の法制度を変える特段の必要性は生じない．したがって，アメリカが ATT を批准したとしても，それは当国の法制度を左右するわけではなく，シンボリックな意味合いを持つにとどまる．

おわりに

1990年代以降，欧州諸国や NGO などは人道的な規範の形成を謳い，通常兵器移転規制のための地域的な合意形成を推進し，国連の場で ATT 交渉を進めた．1890年にブリュッセル協定が合意された後に，戦間期及び冷戦期を通じて通常兵器の移転を規制する条約の採択や発効が困難だった歴史を振り返れば，ATT の採択と発効は画期的な出来事であった．しかしながら，2024年11月27日現在の ATT 締約国の多くは，この条約の採択以前から類似する移転許可基準を自国の武器移転に適用しているか，あるいは武器移転の金額・数量ともに僅かな国であり，この条約により締約国の通常兵器移転規制の法制度に大きな変容が生じるとは言い難い．また，ATT 交渉においてこの条約構想を差別的だと批判して規制内容を弱めようとした国々が，条約締約国になる可能性は低い．しかも，多様な利害関係を持つ国との交渉の結果，ATT には本章で紹介したような「抜け道」が盛り込まれた．また，そもそも，ATTをはじめとする冷戦終結後の通常兵器移転規制には，共通の目的や利益を見定め，それに照らし合わせて武器の入手を阻止ないし抑制すべき特定の国や集団に関する共通認識を形成するという前提はみられず，したがって，条約の目的達成の成否判断や条約の実効性の測定すら困難である．

例えば，ATTを推進したNGOのキャンペーンであるCAも，ATT加盟国も，2022年2月末にロシア・ウクライナ戦争が開始されるまで，両国への武器移転を特段に問題視していなかった．ウクライナは，同国東部においてロシアとの緊張が高まった2010年代から武器の輸入を増加させていたが，CAもこの動向について警鐘を鳴らすことはなかった．また，CAもATT加盟国も，2022年10月以降にイスラエルとハマスないしパレスチナ等との戦争が始まるまで，ハマスないしパレスチナへの武器移転を問題視することはあっても，イスラエルへの武器移転について問題視することはなかった．そして，ATT締約国によるこうした国々への武器輸出をATT違反だと断定することは，前述のような条約の性質上，困難である．

いずれにせよ，武器生産国が多様化し，インターネットの普及により兵器製造技術の拡散も容易になり，1990年代以降の通常兵器移転規制合意の多くが規制対象にしていない軍用・汎用の小型無人機等の有用性が高まるなかで，冷戦終結以降現在までに合意された通常兵器移転規制の合意が及ぼしうる影響の範囲は，限定的にならざるをえないだろう．

注

1）The Arms Trade Treaty, April 2, 2013.

2）29) General Act of the Conference of Berlin, Relative to the Development of Trade and Civilization in Africa; The Free Navigation of the River Congo, Niger River Congo, Niger, &c.; The Suppression of the Slave Trade by Sea and Land; The Occupation of Territory on the African Coast, &c., 26 February 1885. 会議参加国は，アメリカ，イギリス，イタリア，オーストリア＝ハンガリー，オスマン帝国，オランダ，スウェーデン＝ノルウェー，スペイン，デンマーク，ドイツ，フランス，ベルギー，ポルトガル，ロシアの計14カ国である．

3）General Act of the Brussels Conference Relative to the African Slave Trade, 2 July 1890. 会議参加国は，アメリカ，イギリス，イタリア，オーストリア＝ハンガリー，オスマン帝国，オランダ，コンゴ自由国，ザンジバル，スウェーデン＝ノルウェー，スペイン，デンマーク，ドイツ，フランス，ベルギー，ペルシア（イラン），ポルトガル，ロシアの計17カ国である．後に，エチオピア，オレンジ自由国，リベリアもこの議定書に加盟した．この条約の禁止地域が北緯20度線から南緯22度線までの地域に限定されるまでの交渉経緯については，Miers［1975：262-267］を参照．この条約は1891年８月31日に発効した．

4） New York Times "Slave Hunting of Africa: What the Attempt to Suppress It Has Accomplished: The Report of Representative Andrew — Congress to be Asked to Take Part in the Effort," September 22, 1890; New York Times "The Slave-Trade Treaty: Approval of the Brussels Agreement and Congo State Tariff," January 12, 1892.

5） 1922年のワシントン海軍軍縮条約は，締約国による戦艦・巡洋戦艦・航空母艦の保有を制限した．巡洋艦・潜水艦など補助艦の保有制限を目指したジュネーヴ海軍軍縮会議は1927年に決裂したが，1930年には補助艦の保有を制限するロンドン海軍軍縮条約が締結された．

6） The Covenant of the League of Nations, 28 April 1919, Article 23(d).

7） Convention for the Control of the Trade in Arms and Ammunition, 10 September 1919.

8） 現在はパキスタンに属するグワーダル（Gwadar）は，1797年から1958年までオマーン領であった．さらにオマーンは1891年から1971年までイギリスの保護領であったため，1919年当時はグワーダルもイギリス領となっていた．その後，グワーダルは，1958年にオマーンからパキスタンに300万イギリス・ポンドで売却された．

9） 現在のアゼルバイジャン，アルメニア，ジョージア（グルジア）にあたる地域．

10） 1919年条約の採択時に署名した国は，アメリカ，イギリス，イタリア，エクアドル，キューバ，ギリシャ，グアテマラ，シャム，セルビア・クロアチア・スロベニア国，チェコスロバキア，中国，ニカラグア，日本，ハイチ，パナマ，ヒジャーズ王国，フランス，ペルー，ベルギー，ポーランド，ボリビア，ポルトガル，ルーマニアの23カ国であった．ロシアは，1890年のブリュッセル協定に加盟していたが，1917年のロシア革命後は1922年まで内戦状態にあり，この会議には参加しなかった．

11） デイヴィッド・ストーンによれば，条約採択後に署名した国々も含めて，採択後３年以内に批准したのは，ギリシャ，グアテマラ，シャム，チリ，中国，ハイチ，フィンランド，ブラジル，ベネズエラ，ペルーの10カ国であった［Stone 2000：219］．

12） Convention for the Supervision of the International Trade in Arms and Ammunition and in Implements of War, 17 June 1925. なお，1922年に社会主義国家として建国された直後のソビエト連邦は，この会議に参加しなかった．

13） 現在のヨルダン・ハシェミット王国（ヨルダン）にあたる．1919年にイギリスの委任統治領となった．1946年にトランスヨルダン王国としてイギリスから独立し，1950年に現在の名称に改めた．

14） Convention for the Supervision of the International Trade in Arms and Ammunition and in Implements of War, Articles 2-5.

15） League of Nations Doc., A. 13. 1925. IX, pp. 178-182, 583-585.

16） この点に関しては，Stone［2000：228-229］を参照.

17） Draft Articles for the Regulation and Control of the Manufacture of and Trade in Arms and the Establishment of a Permanent Disarmament Commission, League of Nations Doc. Conf. D. 167, 1934.

18） 1924年当時の常任理事国はイギリス，イタリア，日本，フランスであり，非常任理事国はウルグアイ，スウェーデン，スペイン，チェコスロバキア，ブラジル，ベルギーであった［Howard-Ellis 1929（reprinted in 2003）：141］.

19） League of Nations Yearbook: Statistical Information on the Trade in Arms and Ammunition.

20） UN Doc. A/46/301, Study on Ways and Means of Promoting Transparency in International Transfers of Conventional Arms, Report of the Secretary-General, para. 25.

21） 『国際連盟年鑑――武器と弾薬の貿易に関する統計情報――』は刊行停止に至ったものの，クラウスが指摘するように，この年鑑は，冷戦終結後のUNROCAのような比較的低いレベルの透明性確保措置や，現在のワッセナー・アレンジメントのような公開度の低い情報共有制度が登場する遥か以前の試みとしては，ほかに類を見ないほど多くの情報を公開していた［クラウス 2017：164］.

22） Coordinating Committee for Multilateral Export Controls. 創設時のCOCOM参加国は，アメリカ，イギリス，イタリア，オランダ，フランス，ベルギー，ルクセンブルクの7カ国であった．その後，カナダ，ギリシャ，デンマーク，トルコ，西ドイツ，日本，ノルウェー，ポルトガル，オーストラリア，スペインが参加し，最終的に参加国は17カ国になった.

23） Conventional Arms Transfer Talks.

24） 国連安保理が合意に至った武器禁輸決議として，1966年の決議232（対南ローデシア：UN Doc. S/RES/232. Resolution 232）と1977年の決議418（対南ア：UN Doc. S/RES/418. Resolution 418）がある.

25） UN Doc. A/RES/43/75I. International Arms Transfers, para. 1. 国連総会本会議における表決記録は，賛成110カ国，反対1カ国，棄権38カ国であった．詳細は次の文書を参照．UN Doc. A/43/PV. 73. General Assembly 43rd Session, Provisional Verbatim Record of the 73rd Meeting, p. 44.

26） UN Doc. A/46/301. Study on Ways and Means of Promoting Transparency in International Transfers of Conventional Arms. Report of the Secretary-General.

27） UN Doc. A/RES/46/36L. Transparency in Armaments. この決議は，国連総会本会議において賛成150カ国，反対ゼロ，棄権2カ国で採択された．詳細は次の文書を参照. UN Doc. A/46/PV. 66. General Assembly 46th Session, Provisional VerbatimRecord of the 66th Meeting, pp. 46-56.

28） Conclusions of the Presidency: Declaration on Non-Proliferation and Arms Exports. European Council Meeting in Luxembourg, June 28-29, 1991.

29) Conclusions of the Presidency: Non-Proliferation and Arms Exports. European Council Meeting in Lisbon, June 26-27, 1992.

30) Guidelines for Conventional Arms Transfers. Communique Issued Following the Meeting of the Five in London, October 18, 1991.

31) Wassenaar Arrangement on Export Controls for Conventional Arms and Dual-Use Goods and Technologies.

32) CGP の正式名は Small Arms Consultative Group Process on Developing Understandings on Guidelines for National Controls and Transfers to Non-State Actors である．CGP を主宰した NGO の関係者とブラッドフォード大学の研究者らの多くは，CA においても中心的な役割を担ってきた．

33) アメリカ，アルゼンチン，イギリス，ウガンダ，ウクライナ，エストニア，オランダ，ガーナ，カナダ，ケニア，コロンビア，スイス，スリランカ，スロバキア，タンザニア，チェコ，ドイツ，ナイジェリア，日本，ノルウェー，フィンランド，ブラジル，ベラルーシ，ポーランド，ボツワナ，メキシコ，モザンビーク，ラトビア，リトアニア，ルーマニア，ロシア．

34) これらの報告書は，CGP の主催者が取り纏めたものであり，参加国による合意文書ではない．

35) TCI は，2003年 1 月にイギリス政府がロンドンで開催した国際会議での議論をもとに，同年にイギリス政府が立ち上げたプロジェクトである．

36) UN Doc. A/RES/61/89. Towards an Arms Trade Treaty: Establishing Common International Standards for the Import, Export and Transfer of Conventional Arms.

37) 各国の見解書は，次の文書にまとめられ，2007年の国連総会に提出された．UN Doc. A/62/278 (Part I and Part II) and A/62/278/Add. 1-4. Towards an Arms Trade Treaty: Establishing Common International Standards for the Import, Export and Transfer of Conventional Arms. Report of the Secretary-General and its Addendum 1-4.

38) UN Doc. A/63/334. Towards an Arms Trade Treaty: Establishing Common International Standards for the Import, Export and Transfer of Conventional Arms. Report of the Group of Governmental Experts to Examine the Feasibility, Scope and Draft Parameters for a Comprehensive, Legally Binding Instrument Establishing Common International Standards for the Import, Export and Transfer of Conventional Arms.

39) UN Doc. A/RES/63/240. Towards an Arms Trade Treaty: Establishing Common International Standards for the Import, Export and Transfer of Conventional Arms.

40) UN Doc. A/AC. 277/2009/1. Report of the Open-Ended Working Group towards an Arms Trade Treaty: Establishing Common International Standards for the Import, Export and Transfer of Conventional Arms, para. 23.

41）UN Doc. A/RES/64/48. The Arms Trade Treaty.

42）UN Doc. A/CONF. 217/L. 1. Provisional Rules of Procedure of the Conference.

43）UN Doc. A/RES/67/234. The Arms Trade Treaty.

44）一般的には，「コンセンサス」による決定とは，「全会一致」（unanimity）とは異なり，表決を伴わない決定であり，国連の会議では正式な反対がないこと，言い換えればすべての会議参加国が決定を許容ないし黙認することをもって「コンセンサス」と見なすことが多い．ただし，最終的に何をもって「コンセンサス」と見なすのかは，会議の議長の判断に委ねられる場合もある．また，７月会議の開催を決定した2009年の国連総会決議及び最終会議の開催を決定した2012年の国連総会決議には，「コンセンサスにより」（by consensus）ではなく「コンセンサスに基づき」（on the basis of consensus）会議を開催する旨が盛り込まれたが，この文言については，全会一致と同義に解釈する国，会議場で正式な反対が表明されないことを意味すると主張する国，正式な反対を表明する国が存在しても大多数の国が賛成する場合には「コンセンサス」と見なすべきだと主張する国などが混在して，各国の見解がまとまらなかった．７月会議の手続規則を交渉した第４回準備委員会では，この解釈をめぐる各国の見解の相違を解決できず，合意された手続規則においても，「コンセンサスに基づき」という文言の解釈が明確に示されなかった．この問題は，７月会議では，条約案を採択に持ち込む前に交渉が決裂したために争点にならなかった．しかし，最終会議の閉会日には，イラン，北朝鮮，シリアの３カ国が条約案に対して明示的に反対している状況を「コンセンサス」と見なすべきかをめぐって若干の論争がみられた．そして，最終会議の議長が，３カ国が明示的に反対している状況を「コンセンサス」と見なさないとの結論を下すに至り，この会議の交渉決裂が確定した．

45）国際連合憲章（Charter of the United Nations）第18条第１項により，重要問題に関する総会の決定は，出席しかつ投票する構成国の３分の３の多数によって行われる．

46）UN Document A/RES/67/234 B, The Arms Trade Treaty. ATT 案は，最終会議の議長がこの会議の最終日に提出した「決定草案」（UN Doc. A/Conf. 217/2013/L. 3, Draft Decision Submitted by the President of the Final Conference）に盛り込まれており，この国連総会決議は，この「決定草案」を採択する旨の内容であった．

47）より詳細な説明は，榎本［2020a］を参照．

48）この他の合意としては，アメリカ，イギリス，フランスが1950年に合意した「休戦境界線に関する三国宣言」（Tripartite Declaration Regarding the Armistice Borders: Statement by the Governments of the United States, The United Kingdom, and France, May 25, 1950）が挙げられる．

49）ミサイル技術管理レジーム（MTCR）についても，同様の性質を指摘できる．このレジームは，核兵器の運搬手段となるミサイル及びその開発に寄与しうる関連汎用品・技術の輸出の規制を目的に1987年に発足し，その後1992年に生物・化学兵器を含む大量破壊兵器を運搬可能なミサイル及び関連汎用品・技術も対象とすることになった．

コラム3

なぜ中国は武器貿易条約（ATT）に加入したのか

はじめに

2020年6月20日，中国の第13期全国人民代表大会（全人代）常務委員会第19回会議で，ATT加入に関する決定が採択された[1]．中国の新華社は，この決定は中国が武器貿易のグローバル・ガバナンスに積極的に関与するための大きな一歩であり，中国が多国間主義を支持し，現有の国際軍備管理体制を維持し，人類の運命共同体を構築するための決意と誠意を示すものであると報じた[2]．そして，新華社は，すでに武器輸出に関する政策や規制を確立させている中国によるATT加入は，条約の普遍化を加速させ，中国と他の国々との正常な武器貿易を促進し，武器貿易のよりよい国際管理に寄与するであろうとした[3]．そして，同年7月6日に，中国はATT加入の手続きを行い，この日から90日後の10月4日に同国に対してATTの効力が生じた．本コラムでは，中国によるATT加入の背景や，過去の中国の見解との連続性，中国によるATT加入がもたらす影響について分析する．

1　中国のATT加入の背景

中国のATT加入について，英語メディアには，当時のアメリカのトランプ政権との対立という文脈で報道する傾向がみられた[4]．トランプ政権は，その発足以降，気候変動枠組条約（パリ協定）から離脱するなど多国間協調に消極的な姿勢をとった．同政権は，軍備管理・軍縮の分野でも，2019年4月26日にはATT署名を撤回することを表明し［Trump 2019］，同年8月2日にはロシアとのINF条約（中距離核戦力全廃条約）を離脱し，2020年5月21日にはオープンスカイズ条約（領空開放条約）からの離脱を表明した．英語メディアには，中国のATT加入については，アメリカを多国間協調や国際規範を軽視する国として批判すると同時に，翻って中国は多国間協調や国際規範の形成・維持に貢献する「責任ある大国」なのだとアピールしようとする意図があるとの見方が広範にみられた．なお，ATTには署名を撤回するプロセスは盛り込まれていないため，アメリカも他のどの署名国もいったん署名すればそれを撤回することはできない．

ただし，中国によるATT加入は，同国とトランプ政権下のアメリカとの関係のみに帰せられるものではない．中国のATT加入及びその際の主張には，オバマ政権期の2010年代前半にATT交渉が行われていた際の中国による姿勢や行動との一貫性がみられた．後述のように，ATT交渉中の中国の行動には，①多国間協調や国際規範の形成・維持に貢献する「責任ある大国」だとアピールしようとする意図，②条約上の規制を十分に弱いものにすることによって，中国が「国際規範に反して武器を輸出している」と批判される可能性を低減しようとする意図，③一部の国々が国家安全保障にかかわる分野の交渉を強引に推し進めようとすることを牽制しようとする意図が表れていたと言える．中国による

ATT 加入は，基本的に①の意図の延長線上にあるが，トランプ政権の行動や米中関係が中国の ATT 加入を（筆者を含む多くの関連研究者や実務者による当初の予想よりも）早めたと捉えることもできるかもしれない.

2　ATT 交渉中の中国の立場[5]

中国は，国際連合（以下，国連）で ATT 交渉が開始された2000年代後半は，ATT 構想に対して消極姿勢を示していた. 2010年以降の本格的な条約交渉プロセスを決定した2009年の国連総会決議の採決時にも，中国は棄権した．しかし，2010年以降の条約交渉において，中国は ATT の形成自体に強い反対を示さなかった．そして，中国は，2012年７月と2013年３月の条約交渉会議を通じて，立場を軟化させていった.

この中国の立場について，日本では不正確なメディア報道がしばしばみられた．例えば，日本の一部メディアは，2012年７月の ATT 交渉会議はアメリカ，中国，ロシアが反対ないし消極姿勢だったために決裂したと報じていたが[6]，これは誤りである．この交渉会議の最終日午後にアメリカやロシアは条約案の採択に反対したが，中国はこれに同調しなかった（アメリカやロシアに同調したのはカナダであった）．むしろ，中国は，この会議を通じて作成された条約案を評価する旨や，引き続き ATT 締結に向けた交渉にコミットしていく旨を述べていた.

また，日本の一部メディアは，2012年７月の交渉会議において中国が国際人権法に関する移転許可基準（移転先において通常兵器が国際人権法の重大な違反の遂行あるいは助長に使用される可能性を検討し，著しいリスクがあると判断した場合には移転しない，といった基準）を ATT に盛り込むことに反対していたと報道したが[7]，これも厳密には事実と異なる．確かに中国は，交渉会議に向けた準備委員会の段階では，国際人権法に関する移転許可基準に反対していた．しかし，中国は2012年７月の交渉会議の中盤までは会議場で多くを語らず，会議の後半になって，小型武器・軽兵器を規制対象にすることや，国際人権法に関する移転許可基準を含めることを許容する姿勢を明確に示した．そして，そうした「譲歩」を行うと同時に，贈与や貸借の際の国際移転を規制対象外と解釈できる文言を挿入することや，地域統合組織による条約署名・批准を可能にする文言を削除すること（これにより，中国に対する武器輸出禁輸措置を取っていた EU が ATT に署名・批准できなくなる）などを要求し，これらの要求は採択された ATT に反映された．つまり，ATT 交渉において，中国は国際人権法にまつわる移転許可基準を駆け引きのためのカードに使ったのであり，最後まで反対してはいなかった.

他方で，ATT を推進した国のうち，イギリスやフランス，アルゼンチンなどは，「コンセンサス」で条約を採択すること自体を優先し，アメリカ，中国，ロシア等の賛成を得るべく，条約内容に関して妥協した．そして，2012年７月の交渉を経て2013年３月の交渉会議で提案された条約草案は，基本的に，当時のアメリカ，中国，ロシアが条約採択に敢えて反対しないであろう内容で起草されていた．実際に，2013年３月にもう一度交渉会議を開催することを決定した2012年の国連総会決議の採択に際して，中国は賛成票を投じた．中国は，2013年3月の交渉会議においても，2012年7月の会議を通じて形成された条約案に一定の改善を加えたうえで条約を採択すべきだと訴えた．そして，同国はこの会議の最終日にも条約案の採択に反対しなかった．

2013年3月の交渉会議では，修正された条約案についてイラン，北朝鮮，シリアが採択に反対して交渉が決裂し，2013年4月2日の国連総会において，同じ条約案が採決にかけられた．この時に中国は棄権票を投じたが，この理由は，条約草案に不満を持っていたからというよりも，国家安全保障にかかわる軍備管理・軍縮の分野においてコンセンサス採択に失敗した条約を国連総会での表決により多数決採択するという方法が，その後の同分野の交渉において新たな「前例」として定着することに対する反対姿勢を示した側面が強かった．

以上のような中国の行動には，自国がATTの形成を支持する「責任ある大国」だとアピールしつつ，条約上の規制を十分に弱いものにすることによって，中国が「国際規範に反して武器を輸出している」と批判される可能性を低減しようとする意図や，一部の国々が国家安全保障にかかわる分野の交渉を強引に推し進めようとすることを牽制しようとする意図が表れていたといえよう．

なお，ATT交渉以前にも，通常兵器の国際移転に各国共通の許可基準を設けるというアプローチの移転規制は1990年代以降に様々な場で検討されたが，中国が常に消極姿勢だったわけではない．例えば，1990年代になって許可基準を設ける形の規制の先駆けとなった合意の1つは，国連安保理常任理事国5カ国による合意である．この5カ国は，1991年に2回の会合を開催し，10月の第2回会合において「通常兵器移転ガイドライン」に合意した[8)]．このガイドラインには，武器の移転が武力紛争を長期化あるいは激化させる可能性がある場合や，地域内の緊張激化や不安定化をもたらす可能性がある場合，国際テロリズムを支援または助長する可能性がある場合，受領国の経済に深刻な打撃を与える可能性がある場合などに，この5カ国は武器の移転を避ける旨が盛り込まれた．このガイドラインには国際人権法に関する基準は設けられていないが，他方で，ATTに盛り込まれなかった移転許可基準も含まれている．

おわりに――加入の影響――

中国のATT加入は，少なくとも短期的には，中国による通常兵器移転に対して追加的な大きな制約を課すものにはならないと思われる．なぜなら，ATTは，締約国からの通常兵器移転に強い規制を課す内容とは言い難いためである．

第7章で解説したように，ATTは，移転，輸出，輸入といった基本的な用語も定義しておらず，各国の武器輸出入等の報告書を公開するか否かも，また，どのような種類の情報を報告書に記載するのかも明瞭に記していない．2015年以降の締約国会議プロセスを通じて年次輸出入報告書の様式が作成され，多くの締約国はこの様式を使用して自国の通常兵器輸出入について事務局に報告書を提出しているが，この様式は大雑把なものでしかなく，一部ないし全部の情報を記載しないことも可能になっている．これまで中国の武器移転情報には不透明な点が多く，同国がATTに加入し年次輸出入報告書を提出することにより新たに明らかになる情報があるとしても，その情報の量や質は限定的なものにとどまるかもしれない．

次に，第7章で示したように，ATTは，具体的な事例レベルでどの通常兵器移転がATT違反と言えるのかについて，全締約国の総意として絶対的な評価を下すことを前提としていない．ATT第7条は，締約国が兵器・物品の「輸出」に許可を与えるか否か判断する際に，国際人道法や国際人権法の重大な違反の実行または助長に使用される可能性や，輸出国が当事国であるテロリズムや国際組織犯罪に関する国際条約・議定書に基づく犯罪を構成する行為の実行または助長に使用される可能性と並んで，「平和及び安全に寄与するか，またはこれらを損なう可能性」について評価を行い，そのうえで，これらのいずれかの「否定的な結果」を生ずる「著しい（圧倒的な）リスク」が存在すると締約国が判断する場合は輸出を許可してはならない，としている．このような移転許可基準を設けるアプローチは，各国が個別の移転許可申請の判断に際して参照すべき基準を示すことを趣旨としており，合意参加国の総意に基づき武器移転の可否を判断することを前提としていない．こうしたアプローチにおいては，許可基準に照らし合わせた移転可否判断は各国の裁量や主観に委ねられているため，判断の結果が各国によって異なりうることが想定されているとも言える．

実際，ATT発効後に，例えば欧州のATT締約国のなかには，例えば2015年3月からイエメンで空爆等を行ってきたサウジアラビアへの武器移転について，ATTの移転許可基準に照らし合わせて移転を控える判断をした国もあれば，ATT違反にあたらないと判断した国もある．そして，中国が，国際人権法の重大な違反に使用されるリスクなどに関して欧州諸国と同様の判断を下すとは限らない．むしろ，中国が欧州とは異なる視点や利害に基づきATTの移転許可基準を解釈して移転可否判断を下すことによって，ATT締約国による条約実施の様態がさらに多様化する可能性もあるだろう．

注

1） Grevatt, J. “China Votes to Join Arms Trade Treaty,” Janes, June 22, 2020（https://www.janes.com/defence-news/news-detail/china-votes-to-join-arms-trade-treaty, 2020年7月31日閲覧）.
2） XinhuaNet China's Top Legislature Adopts Decision on Joining Arms Trade Treaty, 20 June 2020（http://www.xinhuanet.com/english/2020-06/20/c_139154253.htm, 2020年7月31日閲覧）.
3） 前掲注2.
4） 例えば，DW Akademie, China Advances Plans to Join Arms Trade Treaty Spurned by Trump, September 28, 2019（https://www.dw.com/en/china-advances-plans-to-join-arms-trade-treaty-spurned-by-trump/a-50619789, 2020年7月31日閲覧）.
5） ATT交渉中の中国の立場について

は，榎本［2020a］にて詳説している．

6）日本経済新聞「夏に決裂の国連武器貿易条約，交渉仕切り直し銃規制論受け，米国は軟化も」2012年12月25日夕刊；日本経済新聞「武器の流れ透明化し規制，国際条約へ「最終交渉」，米の出方焦点に」2013年3月18日朝刊．

7）高知新聞「社説　武器貿易条約決裂から浮かぶ大国エゴ」2012年7月31日朝刊．

8）Guidelines for Conventional Arms Transfers. Communique Issued Following the Meeting of the Five in London, October 18, 1991.

第8章
研究者・実務者に語られる神話
——日本の武器所持規制の事例——

はじめに

1990年代以降，主に小型武器・軽兵器規制の文脈で，国内における武器の所持・携帯・使用等の規制に関する国際的な政策論議が活発化した．そして，政府・非政府の組織が，自国の武器所持・携帯・使用等の規制強化に取り組んだり，他国の規制強化に資金的・技術的支援を提供するなどした．同時に，とりわけ英語圏では，武器の入手可能性（availability）と暴力のレベルとの関係について多くの研究が行われ，事例研究を踏まえた理論の見直しが繰り返されてきた．

一見すると，国家やコミュニティに多くの武器が拡散していて，武器の入手可能性が高い場合には，犯罪や武力紛争などの暴力のレベルも高いように思えるかもしれない．しかし，世界の諸事例を見渡せば，武器の入手可能性が高い人間集団において必ず高いレベルの暴力がみられるわけではなく，同じ年に紛争が勃発した国々における武器の入手可能性が一律に高いわけでもない［Marsh 2018］．1990年代以降の研究を通じては，各時代・各国における武器の入手可能性と暴力レベルとの関係性は，多くの人が直感的に抱きがちな印象よりも複雑かつ流動的で，それぞれの事例の文脈に左右されることが指摘された［Greene and Marsh 2011a］．そして，各国データを集計して経済指標等の変数を加えて結果を分析したり，武器の入手可能性が高いにもかかわらず犯罪率が低く紛争も起きていない諸事例の共通点を探るなど，様々な研究が行われてきた［Altheimer and Boswell 2012；Kontya and Schaeferb 2012；Nowak 2015；Wolf, Gray and Fazela 2014］．

こうした研究のなかには，16世紀末から現代までの日本の規制，つまり，豊臣期や江戸時代の鉄砲等の規制から，明治時代の元武士の「武装解除」，第2次世界大戦後の銃砲刀剣類所持規制に至る施策に言及したものもある［Ashkenazi 2011；Astroth 2013；Kopel 1993；Law Library of Congres 2013］．そして，16世紀末から19世紀半ばまでの日本については，概して，極めて厳しい武器所持規制が実施され，極度に低減した武器所持率，入手可能性（百姓の丸腰化や武士の銃放棄など）が暴力レベルの低減につながった事例として論じられる傾向がみられる．そのうえで，第2次世界大戦後の日本の厳格な銃砲刀剣類所持規制については，豊臣期以降の歴史を通じて形成された規範と社会的基盤が醸成したものであり，引き続き低い暴力レベルに寄与しているとされる．つまり，過去・現在の日本の事例は，一般的に，武器の入手可能性と暴力のレベルの双方が極度に低い，単純な相関関係あるいは因果関係を示す事例として扱われている［Ashkenazi 2011；Kopel 1993］．したがって，日本の事例に関する研究は，極めて厳格な国内武器所持規制が効果的に実施され日本人が武器を放棄することに同意した理由の解明に焦点が当てられてきた．

概して英語圏の先行研究は，アメリカの英米文学者であったノエル・ペリンが1979年に著した *Giving Up the Gun : Japan's Reversion to the Sword, 1543-1879* に依拠している［Perrin 1979］．この図書は，主として英語の2次資料に基づき，豊臣期から江戸時代に日本人が銃を手放して日本から銃がほぼ完全に消え去ったと主張するものである．ペリンの議論に対して，日本史研究者は史実に反すると指摘してきたが［武井 2010；2014；藤木 2005；2012］，彼らの指摘は英語圏での研究に影響を及ぼしてこなかった．

本章は，日本における国内武器規制に関する英語圏での先行研究を概観した後，日本史研究者による研究に基づき英語圏の先行研究の陥穿を指摘し，この陥穿が先行研究に対していかなる修正を要請するものかを検討する．そのうえで，日本の事例が武器の入手可能性と暴力の関係に関する研究及び政策論議に対して持ちうる示唆を考察する．

本章は，一次資料やそれに基づく研究が英語以外の言語で記述されている場合に，語る側に都合の良い「真実」が論じられ，国際的な研究や政策論議が歪められてきた事例でもある．オーウェン・グリーンとニコラス・マーシュが解説するように，1990年代以降に武器の入手可能性と暴力との関係性について多くの研究がなされ，当初は「確立した事実」と見做された事柄に対して，再考が繰り返されてきた［Greene and Marsh 2011b］．しかし，このテーマに関する研究と政策論議は，主として北米や欧州を中心とする地域の研究者や実務者，メディアによってなされており，現在も彼らは日本の事例に関する歪んだ神話を「真実」と認識している．そして，英語圏の研究や報道において，日本語の情報が認知されにくい状況を鑑みれば，話者が比較的少ない他の言語での情報もまた看過されやすいことが推察できよう.

第1節　英語での研究・政策論議・報道
――「銃を捨てた日本人」――

英語圏における典型的な議論としては, ドイツの「ボン国際転換センター」(BICC) の研究者であるマイケル・アシュケナジが著した論文を挙げることができる. この論文は, ペリンの著作に言及しつつ, 以下のように論じている [Ashkenazi 2011 : 232-233]. まず, アシュケナジは, 1588年に日本の統治者は「タイコノカタナバリ」(*taiko no kantanabari*, 原文のまま,「太閤の刀狩り」の間違いと思われる) を発布し, 武士以外の階級の全ての人々に, 刀, 弓矢, 銃を含めた武器を引き渡すよう命じ, 人々はこの命令にしたがったと主張する. この施策の実施が可能になった背景として, アシュケナジは, 内戦が終わった段階で地域にも中央にも存在していた強固な武装勢力が取り締りを実行することができた点を挙げる. そして,「タイコノカタナバリ」が刀の象徴的な価値を高めて「刀カルト」(sword cult) を生み出すとともに, 銃を男らしくない不名誉な武器として貶めたのであり, これが人々に銃を放棄させる要因の1つになったと指摘する. また, 武士以外の階級に武器を提出させたことにより, 武士階級の権力がさらに増大し, 彼らの支配に挑戦することが困難になったとする. さらに, アシュケナジは, 江戸幕府も銃の使用, 開発と生産を阻止すべく国家規模の取り組みを行い, これが非常に成功を収めて人々の銃所持率が劇的に低下したために, 江戸幕府に対して多くの反乱が発生したにもかかわらず, 多数の銃が使用された事例は極めて稀だったと論じている.

そのうえで, アシュケナジは, この事例が他の事例に対して示唆を持つ注目すべき点として, 以下の4項目を挙げて説明している [Ashkenazi 2011 : 233-234 ; 242].

1) 中央政府は, 銃の所持と使用が極めて重大な問題であると認識していた. しかし, 中央政府はこの問題と暴力全般の問題を異なる問題として切り分けて扱った. コミュニティやグループにおける銃規制と, 個人対個人の暴力の規制は, 相互に関連するにせよ別問題である.
2) 各藩も, 人々が武器を持てば藩の権威が弱まると考え, 銃規制の必要性を認識し, 幕府に協力した. 武士階級も, 取り扱いが簡単な銃が広まれば平民が権力を持つことになると考えた．中央政府と地方の指導者や武士階級が利害を共有していた．

3）銃規制が人々及び国家のエートスやイデオロギーに埋め込まれたために，幅広い支持を得た．銃の使用に対する感情的・イデオロギー的な拒絶感を形成することは，銃を規制するにあたり最も重要な要素の1つであろう．

4）治安が安定し，人々が安全だと感じていた．この時期のシステムは抑圧的・強権的で非民主主義的かつ不透明であったが，その著しく抑圧的な規則に服従する限り，人々は安全に暮らすことができた．それゆえ，銃は必要とされなかった．銃規制において，個人の安心感は無視できない必要条件である．

以上の考察に基づき，アシュケナジは，豊臣期と江戸時代に，グループやコミュニティのレベルでの社会的・象徴的・文化的な行為及び国家レベルでの法的行為が複合的に機能したために，人々が銃を放棄したのだと総括した［Ashkenazi 2011：234］．

このような，16世紀末から19世紀半ばまでの日本で極めて厳しい武器所持規制が実施され，極度に低減した武器所持率．入手可能性が暴力レベルの低減につながったとの議論は，アメリカなどの国内銃規制をめぐる研究者や実務者，メディアによる政策論議にも影響を与えている．

例えば，2017年に英国放送協会（BBC）ワールドサービスは，いまの日本の銃規制は1958年に導入されたものであり，その背景となる思想は数世紀も遡るのだと報道した[1]．この報道のなかで，ロンドンに拠点を置くNGOのアクション・オン・アームド・バイオレンスの事務局長であり，国内銃規制の強化論者であるイアン・オーバートンは，日本の人々は1685年にはすでに銃を放棄しており，それ以降の規制を通じて，日本の市民生活において銃の必要性がなくなったのだと論じている．そのうえで，オーバートンは，社会に銃が少なければ，必然的に暴力のレベルも低くなると主張している．

また，アメリカでは拳銃やライフルなどの入手可能性が高く，2010年代には年間3万人以上が銃暴力（自殺を含む）により死亡するなどしていたが［Xu et. al. 2016］，同国で銃乱射事件が発生した直後のメディア報道にも，オーバートンの主張と同様の論調がみられる．つまり，そうした報道も，しばしば「日本の数世紀もの歴史のなかで醸成された厳格な武器所持規制」を紹介したうえで，より厳格な武器所持規制を通じた武器の入手可能性の低減が暴力のレベルの低下を生む可能性を指摘するなどしているのである［Weller 2017］[2].

同様の認識は，国内銃規制の強化論者だけでなく，銃規制強化に反対する論者にもみられる．例えば，「インディペンデンス・インスティテュート」の研究ディレクターで全米ライフル協会のメンバーでもあるデイヴィッド・D.コペルは，ペリンの著作に言及しつつ，豊臣政権と江戸幕府が人々から銃を取り上げ，暴力のレベルが低減し平和な社会が築かれたと論じる．そのうえで，コペルは，その理由について，当時の日本は階級的抑圧の激しい全体主義的な独裁国家であり，自由な政治システムが不在であったことを強調している［Kopel 1993；Kopel et al. 2001］．そして，近代以降の日本の銃規制は，歴史を通じて醸成された，個人を集団に従属させる文化や社会に適しており，なおかつ銃は臆病者の武器だとの考え方が共有され続けたために成功したのだと主張し，同様の規範を西洋の民主主義国において形成することは困難だとの見方を示すのである［Kopel 1993］.

以上のように，英語圏の先行研究においては，過去・現在の日本の事例は，武器の入手可能性と暴力のレベルの双方が極度に低い，単純な相関関係・因果関係として扱われ，「なぜ日本人が銃を手放したのか」との問いが設定され，この問いへの「答え」が提示される傾向にある[3]．そして，こうした研究に通底するストーリーは，国内銃規制をめぐる国際的な政策論議における規制強化派と規制強化反対派の双方の主張に組み込まれている．

第2節　実際には銃を捨てなかった日本人

英語の先行研究が依拠するペリンの著作については，1980年代以降，日本史研究者による批判がなされてきた．彼らの議論の細部については見解の相違もみられるものの，ここでは主に藤木久志と武井弘一の研究をもとに，ペリンの議論への批判を整理する．

まず，確かに豊臣秀吉は1588（天正16）年に刀狩令を発布したが，その規制の焦点となった武器は刀と脇差で，実質的に問題視された行為は所持ではなく携帯であり，対象者は百姓であった［藤木 2012：174-179］．その目的は，百姓を完全に非武装化することではなく，武器の携帯を規制して百姓と武士を外見で明瞭に区別し，兵農分離を完成させ，武士身分を創出し，百姓を農業などに専念させることにあった［武井 2010：13-16；2014：54-55：藤木 2005］．百姓が狩猟や害獣駆除のために銃を携帯・所持することは許可されており［藤木 2005：76-83；2012：178-183］，商人も許可を受けて刀と脇差を携帯・所持することができた［藤木 2005：77］．しかも，こうした政策は国中で貫徹されたわけではなく，百姓が脇差や刀を携帯した地域もあった［藤木 2005：83-107］．

次に，江戸時代という期間の長い規制は時期によって変動があり，なおかつ，必ずしも全国で一律に同じ規制が適用されたわけではない［武井 2014：134-187］．多くの藩で百姓は狩猟や害獣駆除のために銃を所持して使用することが許可されており［武井 2014：藤木 2005：134-183；2012：18-31］，時代と場所によっては百姓が帯刀（刀と脇差の両方を差して携帯すること）を許されていた［藤木 2005：138-139］

例えば，1624（寛永元）年に，豊前（現在の福岡県）小倉藩主の細川忠利は，その城下であった豊前規矩郡（現在の北九州市）において，百姓に帯刀を許可した［藤木 2005：138］．また，細川忠利は，1632（寛永９）年に肥後藩（現在の熊本県）に移封されると，翌年に，大庄屋・小庄屋は刀と脇差を，百姓は脇差を差すべきであり，持っていないものはすぐに買い求めて差すようにと指令し，さらには差さない者に過料を科すことにした［藤木 2005：139］．細川が肥後藩の村にある鉄砲に関して行った調査によれば，1635（寛永12）年には領内の124カ所の要地に計1630挺の「地鉄砲」が備えられており，1641（寛永18）年には2173挺に増えていた［藤木 2005：141］．他の地域でも，例えば日向（現在の宮崎県）の山村であった椎葉山の村々には，1745（延享２）年に955軒の戸数に436挺の猟師鉄砲があり，1836（天保７）年には586挺の猟師鉄砲が存在していた［藤木 2005：168-169］．百姓が所持する銃の数が，武士が所持する銃の数より多い藩すらあった［武井 2010：6-7；2014：55；藤木 2005：160-161］．例えば，信濃（現在の長野県）の松本藩では，幕府の軍役としてこの藩の武士に課せられた鉄砲が200挺であったのに対して，1687（貞享４）年に藩領の村々で記録された鉄砲の数は1000挺を超えていた［藤木 2005：160-161］．

1637-1638（寛永14-15）年の島原・天草一揆では，百姓側も，島原藩・唐津藩・幕府側も，所持していた多くの銃や刀，弓矢を使用した［藤木 2005：5］．島原・天草一揆においては一揆方の多くが死亡したが，唐津藩の領主であった寺沢堅高が天草で生き残った一揆方を武装解除した際には，鉄砲324挺，刀・脇差1450本，弓・鑓（やり）少々の武器が没収された［藤木 2005：6-7］．しかも，1638（寛永15）年に寺沢が失政の責を問われて天草領４万石を収公されたのに伴い，山崎家治が天草に国替となったが，山崎は没収された武器を全て百姓に返還した［藤木 2005：6-7］．

町人も脇差を携帯する者もおり，さらには帯刀することもあった．例えば，1619（元和5）年に，出羽（現在の秋田県）の佐竹藩では，仙北地域の百姓・町人あてに，「なでつぶり・おしまといつぶり・一束つぶり」（様々な髪型）や「天神ひげ」と並んで，長い脇差や長い柄の刀，朱色の鞘の刀を「御法度」とする指示がなされたが，ここで問題視されたのは帯刀一般ではなかった．問題視されたのは，持ち歩く刀や脇差の外見や体裁であり，規制の趣旨は，百姓や町人に身分相応の身なりをさせることにあった［藤木 2005：142-143］．さらに，こうした指示が出されたという事実は，当時の百姓や町人が，規制を行う必要があると認識されるほどに，多彩な刀や脇差を差して外出していたことも示唆する［藤木 2005：142-143］．

その後，1683（天和3）年になると，江戸では町人が刀を携帯することが禁止されたが，禁止されたのは携帯であり，所持は問題視されなかった［藤木 2005：142-151］．この規制の目的は，百姓や町人を非武装化することにではなく，武士だけに帯刀を許可して，百姓や町人と武士を外見で明瞭に区別することにあった［藤木 2005：142-151］．

以上のように，豊臣期と江戸時代の日本人は銃を放棄したわけではなく，武士だけでなく農民や町人も様々な種類の武器を所持していた．これらの時代に規制が行われた際には，規制の焦点は武器（とりわけ刀）の携帯に絞られる傾向があり，規制の趣旨は，武士以外の階級を非武装化することというよりも，武士とそれ以外の階級を区別し，より明確な階級制度を創出することにあった．

第3節　銃を捨てずに暴力を抑えた理由

(1)　再考の必要性

第1節で述べたように，主に英語圏の先行研究においては，豊臣期や江戸時代は，極めて厳しい武器所持規制が実施され，極度に低減した武器所持率・入手可能性が暴力の低減につながった事例として扱われてきた．そして，厳格な規制が効果的に実施され，百姓が丸腰化し武士が銃を放棄した理由が考察されてきた．しかし，この事実関係に誤りがあるとの日本史研究者の指摘を踏まえると，全く異なる問いに答える必要が生じる．つまり，まず，これらの時代のうち幕末期を除く期間については，銃から刀剣に至るまで幅広い武器が所持され，武器の入手可能性も比較的高かったにもかかわらず，武器を使用した私戦（ここでは，豊臣政権や江戸幕府といった中央権力の公的な許可や命令によらない戦闘行為と定義する[4]）が抑制された事例として扱われるべきである．そのうえで，この事例における武器の入手可能性と暴力との関係を再考すべきであろう．

それでは，こうした視点に立った場合，いかなる分析が可能なのか．ここでは，藤木や武井の研究を踏まえた筆者の考察を，国家レベル，藩レベル，村レベルに分類して示すことにする．

(2) 国家レベル：私戦の抑制

豊臣秀吉は，明瞭な役割を持つ各階級により構成される国家像を前提に，様々な政策を打ち出した．帯刀の権利を武士に限定することは，治安維持機能を担う武士と他の階級を明確に区別し，戦国時代には村レベルで担った治安維持機能を領主や政権が担う旨を明確にすることを前提にしていた．それ以前の戦国時代には，村の人々が自助のために刀を携帯する必要があった．しかし，治安維持機能を担う階級が形成されれば，村の人々自身が刀を携帯する必要がなくなり，生産活動に集中するだろうと期待された．

さらに，治安維持機能を担い正当な暴力の担い手たりうる武士と他の階級を区別する政策は，様々な政策と組み合わせたうえで，もはや正当とは見做されなくなった暴力ないし「私戦」を抑制するためのいわば政策パッケージの一部として導入された側面も指摘されている［藤木 2012][5]．例えば，豊臣秀吉は，藩同士の領土紛争を禁じ，そうした紛争を調停したり，藩同士の境界線に関して裁定を下したり，紛争当時者の藩に戦闘の停止を求めたりするなどした［藤木 2005：67-72；228-229；2012：12-76］．また，彼は，村同士が武器をもって戦うことや海賊行為も禁止し，村同士の紛争に介入して裁判を実施し裁定を下した［藤木 2005：114-126；2012：77-92；217-239］．そして，実際に武器が私戦に使用された場合，例えば，村同士の戦が起きて刀や銃が使われた場合には，厳罰が科された［藤木 2005：119-131］．以上のような，藩同士・村同士あるいは海賊による私戦を抑制する施策と平行して，豊臣秀吉は刀と脇差を携帯する権利を制限した．この文脈における武器の携帯規制は，階級間の区別を明確にして百姓による私戦を防ぐことを趣旨とするものであった．

続く江戸時代にも，私戦の抑制が試みられ，武器が私戦に使用された場合には厳罰をもって対応がなされた［藤木 2005：151-152］．例えば，1610（慶長15）年の徳川秀忠令「覚」4カ条の第2条には，百姓が山争いや水争いにおいて弓・鑓・銃などを用いて戦った場合に，その百姓が属する村全体が処罰される旨が記されている［藤木 2005：126-127］．こうした江戸幕府の対応は，村々の行動にも影響を与え，村では弓・鑓．銃など様々な武器が所持されていたにもかかわらず，近隣の村との争いに際しては江戸幕府の対応を恐れて村人が武器の使用を控えた記録が残されている［藤木 2005：127-131］．また，江戸幕府は，百姓一揆に際しては，一揆側が領主に対して銃を発砲した場合を除いて，領主側が百姓に対して銃を発砲することをよしとしない姿勢を示していた［藤木 2005：173-174］．そして，後述するように，実際に領主は，百姓一揆に際する銃の使用に対して非常に慎重な姿勢をとった［藤木 2005：173-174］．

戦国時代には，村人たちは侵入者や攻撃的な近隣の村々に対して自力で身を守り，武器を使用して問題を解決する必要があり，そのために様々な武器を所持し携帯していた．しかし，豊臣期以降の一連の政策を通じて，治安維持機能を担う階級が形成され，村の治安に関わる重大事項については，村人による自力救済によってではなく藩や中央のレベルで対処するようになった［武井 2014：65-66］．なおかつ，中央権力による公的な許可や命令によらない私戦は抑制され，そのための鉄砲使用も控えられるようになった．

ここで留意すべきなのは，私戦をタブー視して抑制しようとする論理は，裏返せば，中央権力の公的な許可や命令による暴力を正当化する論理である点である．鉄砲を殺傷目的で使用しない一揆勢に対して領主が幕府の許可なく発砲しないとの方針は，中央権力の許可のもとで一揆勢に対して鉄砲を使用する余地を残しており，鉄砲の対人使用があらゆる状況において禁止されたことを意味するものではない．また，当時の藩が幕府の軍役として課された鉄砲を常備していた事実は［大浪 2016］，中央権力の公的命令による戦闘行為での鉄砲使用が，禁止されるどころか自明の前提だったことを示している．したがって，私戦を抑制する論理の背景に，鉄砲の対人使用全般をタブー視する見方があったとは言えない．その一方で，国家全体で実際に私戦が抑制されていくにつれ，多岐にわたる武器を所持していた百姓にとっても，人間を殺傷するために携帯し使用する必要性は低下していった［武井 2014：65-66］．

(3)　藩レベル：藩と村の関係性

藩レベルでは，江戸時代までに，次第に領主が自領内の鉄砲を登録して記録する制度が形成された．つまり，鉄砲の所持を許可制にして，許可を受け所持されている鉄砲を登録してその記録を保持する制度がみられるようになった［武井 2010：115-126］．

また，フォーマルな法制度整備の側面に加えて，日本史研究者が強調するのが，領主と村の間にインフォーマルに形成された関係性である．つまり，江戸時代までには，領主と村の間に，百姓一揆の際に互いに鉄砲を殺傷等の目的で使用しないとの暗黙の了解が形成されたといわれる［藤木 2005：173］．もちろん，前節で述べたように，江戸幕府は百姓一揆の際の鉄砲使用をよしとしない姿勢を示していた．しかし，鉄砲を殺傷目的で使用していない一揆勢に対して領主が幕府の許可なく発砲することを，江戸幕府が成文法のなかで禁止したのは，百姓一揆が激しくなった18世紀末のことであった［藤木 2005：175-176］．

藤木と武井は，安藤優一郎［1998］や小椋喜一郎［1993］，深谷克己［1993］らによる百姓一揆研究に依拠するなどしつつ，江戸幕府によって成文法が策定される以前から，領主側・一揆勢ともに概して鉄砲使用を自制し続けていたのは，社会における不文の作法ないし暗黙の合意が浸透していたためだと論じる［武井 2014：133-138；藤木 2005：173-177］．

武井によれば，江戸時代の領主にとって，年貢の徴収や法令の遵守を担う村は，百姓を円滑に支配するために欠かせない存在であった［武井 2014：59］．次項で述べるように，日々の鉄砲の規制も村に委ねられた．他方で，百姓は村独自のルールを定めて主体的に村を運営しつつ，村レベルでは解決できない問題については領主に解決を求めた［武井 2014：59］．村と領主は安定した相互依存関係を作り出しており，領主は百姓の期待に応えることにより社会的な正当性を得ていたため，もし領主が一揆勢に対して鉄砲を使えば，領主と村の間の正常な関係や領主の正当性が失われることになった［武井 2010：137-138；藤木 2005：173-178］．むろん，当時の領主は領民による選挙を通じて選出されたわけではないが，領主の正当性については，担うべき役割を果たしていると領民に見做されるか否かに依存していたという［武井 2010：137-139］．いうなれば，村と領主との間にある種のインフォーマルな社会契約的な関係が成り立っていたというのだ．

そうした関係が成り立っていたからこそ，百姓が一揆を組織した際に，一揆勢も鉄砲で領主を殺傷しようとはしなかった．つまり，百姓一揆は，概して武力闘争で領主を倒したり領主との関係性を根本的に崩すことを目指した行動ではなく，百姓が社会の一員として領主に異議申し立てをしたり改革・改善を求めたりする手段であり，それゆえ百姓は概して領主側を鉄砲で殺傷することは企図せず，いつも身に着けている笠や蓑を着用し，鎌や鍬など農具や斧などの大工道具などを持参した［武井 2010：135-137；2014：60；藤木 2005：176-177］．百姓が鉄砲を一揆に持ち込んだ際にも，ほら貝などと同様に，百姓を集結させ行動統制するための合図をする鳴物として使用した［武井 2010：136-137］.

このような日本史分野の研究を踏まえれば，領主側も村側も鉄砲を所持していたにもかかわらず，概して互いの殺傷のために使用しなかった藩レベルの大きな要因としては，鉄砲使用の作法をめぐる暗黙の合意及びその背景としての一種のインフォーマルな社会契約的な関係が形成された点を挙げることができるだろう.

(4)　村レベル：日常的な規制実施

藤木と武井の研究からは，村レベルの詳細かつ日常的な規制行為の積み重ねも見て取ることができる．江戸時代に，百姓が所持・使用する鉄砲については藩の所有物と位置付けられ，前節で示したような藩レベルの登録・記録保持制度が形成された一方で，日々の規制の大部分は村レベルに委ねられた［武井 2010：115-126；2014：58-60］．そして，様々な村の記録には，村の人々が鉄砲の所持・使用者の選定——近年の政策用語でいうところのバックグラウンド・チェック（身辺調査）——をした記録や，使用されなくなった鉄砲に封をして安全に保管した記録，鉄砲の修理や買い替えなどの詳細にわたる情報を領主に報告していた記録などがみられる.

例えば，1749（寛延２）年，武蔵国秩父郡大野村（現在の埼玉県ときがわ町）で鉄砲を所持していた長右衛門という人物は，次の年も同じ鉄砲を使用したいと村に申請したが，許可が下りず，鉄砲の所持を諦めた．審査に加わった人々は，長右衛門が「不埒の立ち廻り」をする「我がまま」な人物であることを問題視した．そして，代わって千助という人物がその鉄砲の所持・使用を申請し，必ず法令を守ることや，猪や鹿が出没したらすぐに出かけて追い払うことなどを誓約して，ようやく許可を得た［武井 2010：226-227］.

また，1759（宝暦９）年に，大野村の久兵衛の鉄砲を息子・市左衛門が他村に持ち出していることが発覚した事例では，村役人らは鉄砲を没収・封印して預かろうとしたが，周囲からの働きかけを受けて反省した市左衛門が「久兵衛」を襲名したうえで正式に鉄砲を譲り受けることになった［武井 2010：227-228］．また，この久兵衛が1791（寛政３）年に離縁した際に同鉄砲を手放した折には，勘兵衛という人物が同鉄砲を封印のまま預かることを親戚らとともに村に申請し，さらに２年後に久兵衛が復縁すると，村の人々は相談のうえで村役人に申請を行い，再び本人に鉄砲を戻すことにした［武井 2010：228］．このように，村の人々は，鉄砲の所持・使用を許可すべき人物を厳格に見極めただけでなく，使用者がいなくなると何かで封をして厳重に保管し，その期間に一度も使用されないよう努めた［武井 2010：228］．

他の村の記録をみても，例えば，1677（延宝５）年正月に上野国甘楽郡本宿町などの３つの村（現在の群馬県下仁田町）で，百姓がそれまでと同様の鉄砲所持を代官に申請した際には，鉄砲に持ち主と村の名を彫り焼き印を押したうえで鉄砲を所持することが認められ，鉄砲を交換する時や破損した鉄砲を修理するときにも藩に届け出るよう指示されている［武井 2010：41］．

もちろん，鉄砲に関する規制は藩や村によって異なる場合もあり，完全に同一の規制が国全体で実施されたわけではない．しかし，これらの記録は，鉄砲の所持・使用を希望する百姓を村レベルで審査して「バックグラウンド・チェック」を実施し，許可を受けた者だけが鉄砲を使用するよう日常的に監視し，使用されていない鉄砲を封印して保管するといった規制が，村レベルで一定の自律性をもって実践されていたことを示している．同時に，既存の鉄砲の交換や，破損した鉄砲の修理に関する記録は，百姓が日常的に鉄砲を交換や修理に出すことが可能なほどに，鉄砲及びその製造・修理技術が社会に浸透していたことも示唆している．

江戸時代の鉄砲規制は，幕末の天保期（1830-1844年）には次第に綻びがみられるようになった．この頃になると，村に商品経済が浸透し，地主が成長し土地を失う百姓が増え，村を出ざるを得なくなった人々がアウトローとなり鉄砲を持つようになり，治安が悪化したのである［武井 2010：138-163］．しかし，それまでの200年ほどは，鉄砲が広範に入手可能だったにもかかわらず，それが暴力のために用いられることを防ぐための村レベルの規制が日常的に実践され，少なくとも一定程度は機能していたと言える．

(5) ま と め

第１節で紹介したアシュケナジは，豊臣期と江戸時代に「日本人が銃を放棄した」理由を，グループやコミュニティのレベルでの社会的・象徴的・文化的な行為及び国家レベルでの法的行為が複合的に機能したためと結論付けていた．日本史分野の研究を踏まえたときに，この主張には首肯できる側面がある．しかし，それは「日本人が銃を放棄した」との神話を否定したうえでのことである．銃から刀剣に至るまでの幅広い武器が所持され入手可能性が比較的高かったにもかかわらず，それらの携帯や使用が規制され私戦が抑制された背景には，法的・規範的・社会的な様々な要素が複合的に機能していたと考えられるのである．これらの時代は，銃の放棄により安定がもたらされた事例としてではなく，国家の統一と近世的な国家建設の過程において，階級を区別し私戦を抑制するための法規制が国家・藩・村の各レベルで一定程度は機能し，領主と村の間に一種の社会契約的な関係性やそれを基盤とする不文の合意ないし規範が形成された事例として考察することもできよう．

同時に，こうした考察は，第 2 次世界大戦後の日本の銃砲刀剣類所持規制が，歴史を通じて形成された「銃を禁止し放棄する文化」や，銃を男らしくない不名誉な武器と見做すエートスに基づくものでないことを示唆する．そして，豊臣期と江戸時代にそうした文化やエートスが形成されておらず，人々が銃を放棄しなかったのであれば，第 2 次世界大戦後の日本の銃砲刀剣類所持規制が，なぜ・いかに形成されたのかについても，新たな考察が必要となろう．次節では，明治期から現代までの国内武器規制に関する研究を踏まえて，この問いへの回答を試みる．

第 4 節　第 2 次世界大戦後の日本の銃規制はなぜ可能になったのか

1868（明治元）年に明治政府が発足した後，同政府は1872（明治 5）年に「銃砲取締規則」を布告し[6]，1876（明治 9）年には「大礼服並軍人警察官吏等制服着用ノ外帯刀禁止ノ件」（通称「廃刀令」）を布告した[7]．「銃砲取締規則」は，華族から平民に至るまで，所持を許可された場合を除いて，軍用の銃砲や弾薬，ピストルの所持を禁じるものであった．この規則の趣旨は，それまで登録制とされていた猟銃だけでなく軍用の銃砲等の所持を新たに登録制にすることであり，所持を禁ずるものではなかった［藤木 2005：194-196］．また，廃刀令は，大礼服（華族や皇族，文官が儀礼等において着用した衣服）着用の時及び軍人・警察官の制服着用の時の帯刀を許可した．その趣旨は，帯刀権を，一般民間人に対して許可せず，新たな明治国家の支配権力を担う軍人・警察・官吏といった人々の公的・特権的な身分表象にすることであった［藤木 2005：198-200］．さらに，廃刀令は，一般民間人が刀か脇差かにかかわらず刀剣を公然と腰に帯びて携帯することを禁止したものの，所持は禁止しなかったし，刀剣を懐や袋に包んで持ち歩くことも，刀剣以外の武器を携帯することも禁止しなかった［藤木 2005：204-205］．このように，明治期の規制も，人々に軍用銃や猟銃，刀剣類の所持を禁止せず，元武士の武装解除を企図せず，軍人・警察・官吏と一般民間人を明確に区別することを主眼としていた点において，第 2 次世界大戦後の規制とは様相を異にする．

それでは，第2次世界大戦後から現在に至る非常に厳格な国内武器所持規制は，誰によりどのような経緯で形成されたのか．ここでは，日本史研究者の荒敬と先述の藤木による研究を踏まえて考察する．

敗戦直後の1945（昭和20）年9月2日，連合国占領軍による一般命令第1号が発布された．その第11項「民間の武装解除条項」には，「日本国大本営及日本国当該官憲ハ聯合国占領軍指揮官ノ指示アル際一般日本国民ノ所有スル一切ノ武器ヲ蒐集シ且引渡ス為ノ準備ヲ為シ置クベシ」との指示が記載されていた[8)]．荒によれば，連合国が民間レベルの武装解除を追求した直接的理由は，復員兵を含めた民間人に流通していた武器を回収するためと，日本軍部の交戦派や右翼の抵抗を排除するためであったが，それは帝国軍隊の解体と並び，日本の非軍事化の一環でもあった［荒 1991：15-18；1994：41-42］．これに対して，日本政府は，市民保有の軍刀を含む日本刀は個人の私物であり「家宝」であるため接収の対象から除外すべきであると主張して交渉を重ねた［荒 1994：42-46］．また，日本政府は，市民による拳銃や小銃の所有については政府の許可制を採用しており，すでに警察の厳格な監視のもとに置かれていると主張した［荒 1991：24-25；1994：46］．

しかし，占領軍側はとりわけ日本刀に関して妥協を許さなかった．そのため，日本政府は日本刀一般を回収の対象から除外することを断念し，9月15日に地方官憲に対して，民間所有の軍用鉄砲，拳銃，短銃，仕込銃，刀剣，軍用火薬等の蒐集を命じ，美術的・骨董的価値のある刀剣は登録の上所有者に保管させるよう訓令した［荒 1991：24-25；1994：46；藤木 2005：210-212］．この際，日本政府は，一般刀剣は自発的に所轄警察署に提出させ，所轄警察署が保管するものとしていたが，これに対して10月に占領軍側は，例外とする美術刀や猟銃の許可を厳正にして罰則規定を設けることや，回収された武器を米軍の各司令部に引き渡すことなどを命じた［荒 1991：24-26；1994：46-49；藤木 2005：211-212］．この命令を受けた日本政府は，一般刀剣を自発的に提出させるのではなく，一斉臨検して個別戸口調査を実施する方針に転換し，罰則規定の整備にも取り組んでいった［荒 1994：49-50；藤木 2005：212］．

武器の回収実施にあたって，警察当局は，戦時中から統制下に置いていた町内会や隣組などの地域末端機構を利用して，情報を周知して武器の提出を促した［荒 1991：50-62；1994：28-30；藤木 2005：212-213］．茨城県，熊本県，静岡県などでは，現地占領軍当局が直接民家に立ち入って調査したり，県内をくまなくジープで巡回したりした［荒 1991：52；1994：28-30；藤木 2005：212-213］．回収過程では，米軍が特殊電波探知機を使って家宅捜索する，刀剣類が発見された場合には軍事裁判にかけられる，といった噂が広まった［荒 1991：53；1994：29］．なかには，武器を提出させるため，警察が後者の噂をあえて事実として町会長に伝えた事例もあった［藤木 2005：213-214］．こうした状況のなかで，占領軍を恐れて自発的に多くの武器を提出する人々もみられた［荒 1994：53；藤木 2005：213］．

内務省警保局警察統計資料によれば，1946（昭和21）年３月末までに，拳銃１万1918挺，機関銃類２万2994挺，小銃類39万5891挺，猟銃類38万4212挺，大砲類243門，機関砲類560門，指揮刀を含む軍刀23万9160本，銃剣58万1206本，日本刀89万7786本，槍類14万4407本，火薬及び爆薬90万7775キログラムが回収された［内務省警保局 1946：121］．その後も武器の回収は続き，1945-1952（昭和20-27）年の占領期に各府県で民間武器回収が実施された回数は，平均5-6回であったと推測されている［荒 1991：28-30；1994：50；藤木 2005：212-213］．

1946（昭和21）年６月，日本政府は日米間の合意に基づく形で「銃砲等所持禁止令[9]」と「銃砲等所持禁止令施行規則[10]」を制定し，鉄砲・火薬及び刀剣類の所持を禁止したうえで，猟銃や美術品として価値がある刀剣類，産業用火薬の所持を許可制とし，違反した場合の刑事罰を定めた．その後，「銃砲等所持禁止令」は1950（昭和25）年に「銃砲刀剣類等所持取締令[11]」に代えられ，これが1952（昭和27）年の主権回復後は法律としての効力を持つものとなり，一部修正を経て1958（昭和33）年に「銃砲刀剣類所持等取締法[12]」が制定され，現在まで幾度となく細かな修正が加えられている．

このような経緯を踏まえても，第２次世界大戦後の日本の銃砲刀剣類所持規制について，数世紀にもわたる日本の歴史のなかで形成された「銃を禁止し放棄する文化」や，銃を男らしくない不名誉な武器と捉えるエートスに基づくものとは考えにくい．むしろ，戦後日本における銃砲刀剣類所持規制の形成は，占領軍側の要求による部分が大きかったと言えよう．言い換えれば，合衆国憲法修正第２条に人民が武器を保有し携帯する権利を規定し，頻発する銃犯罪に直面し，銃乱射事件が起きる度に修正第２条をめぐる論争が発生してきたアメリカこそが，占領下の日本において世界で最も厳格な国内武器所持規制を創出したのである．そして，その厳格な規制は，敗戦国の軍だけでなく一般市民も武装解除し非軍事化するための施策として開始された．現在に至る日本の銃砲刀剣類所持規制の基本方針は，市民による政策論議から生まれたものでも，日本の歴史を通じて形成された文化やエートスが醸成したものでもなく，戦争に敗れた旧敵国に対するアメリカの徹底的な武装解除・非軍事化政策を基盤にして形成されたといっても過言ではないだろう．

おわりに

1970年代にペリンが *Giving Up the Gun* を著した時，高度な鉄砲という武器を自発的に捨て去り刀剣の時代に回帰して一定の平和を築いた国の物語は，核兵器による人類破滅の危機を懸念し核兵器の放棄を願った人々を勇気づけ刺激したといわれる［川勝 1991］．そして，現在も，主に英語圏の多くの軍備管理・軍縮業界関係者などは，この物語を「真実」だと見なしている．

それゆえに，英語圏の先行研究において，日本の過去・現在の事例は，武器の入手可能性と暴力のレベルの双方が極度に低い，単純な相関関係・因果関係を示す事例として扱われてきた．そして，この認識に基づいて，日本において極めて厳格な規制が効果的に実施されて人々が銃を手放した理由の解明が試みられてきた．アメリカの銃規制をめぐる議論においても，銃規制賛成派は，銃を捨てた歴史を通じて現代日本の厳格な武器所持規制が形成されて安全な社会がもたらされたと論じ，銃規制反対派は，豊臣政権と江戸幕府の独裁的・専制的な統治下においてこそ人々の銃放棄が達成できたのであり，民主主義国たる現代アメリカではそのような規制は可能でも適切でもないと主張する．

しかし，日本史研究者は，この物語は幻想であり単なる神話であると指摘してきた．豊臣期と江戸時代に日本人は銃を手放したわけでも，農民が銃も刀・脇差も奪われて丸腰になったわけでもなかった．むしろ，武士も町人も農民も刀や脇差を所持することが概して可能であり，銃は農民にとって日々の害獣駆除のために必要であった．

このような指摘を踏まえた時，豊臣期と江戸時代における武器の入手可能性と暴力との関係性については，全く異なる問いに答える必要が生じる．つまり，この時代に，武器が広範に入手可能であったにもかかわらず，なぜ私戦が抑制され一定の平和が保たれたのかという問いが浮かび上がるのである．本章は，日本史研究者の研究をもとに，この新たな問いに答えることを試みた．そして，第２次世界大戦後の日本の銃砲刀剣類所持規制が，なぜ・いかに形成されたのかについても，一定の考察を行った．

日本の国内銃規制について英語圏の先行研究において「真実」であると見做

されてきた神話を再考することは，この事例が現代のアメリカ等における国内銃規制をめぐる政策論議に対して有する示唆に関しても，再検討を促すことになろう．日本の事例は，社会から銃をなくし人々を丸腰にするための教訓というよりも，社会において銃を規制し武装暴力を抑制するための，より具体的な教訓を提示すると考えられる．つまり，この事例は，銃所持の許可制度の義務化，登録・記録制度の確立，許可にあたっての「バックグラウンド・チェック」，銃の安全な保管，人々と中央・地方政府及び国内治安組織との間の信頼関係の構築といった事柄について，より現実的かつ実践的な教訓を示すものと言えよう．

同時に，冒頭で述べたように，本章の事例は，1次資料やそれに基づく研究が英語以外の言語で記述される場合の，開発と安全保障をめぐる英語での研究と政策論議の危うさも示唆している．主として北米や欧州を中心とする地域の研究者や実務者，メディアに独占される英語での言論空間では，現在も彼らの多くは日本の事例に関する神話を事実と認識している．このような状況に鑑みれば，話者が比較的少ない他言語での情報もまた，開発と安全保障をめぐる英語での研究や政策論議のなかで都合が良いように歪められてきた可能性も考えられるだろう．

また，本章の研究を踏まえれば，第2次世界大戦後の銃砲刀剣類所持規制が日本社会に根付き，広範に許容ないし支持されるようになった理由を解明する必要が生じるだろう．荒によれば，当初，占領軍の方針に抵抗していた日本政府は，次第に占領軍に協力し，詳細な規制方法を提案し規制を実施していった［荒 1991；1994：38-66］．そして，その後の日本の銃砲刀剣類所持規制は，日本人の手によって幾度となない修正が加えられ，国内で大きな批判や抵抗を受けずに受容されていると言えよう．こうした現象については，占領軍による強制という側面のみで説明することは困難である可能性も考えられるため，さらなる研究を要するだろう．

最後に，本章が基づいている日本史の先行研究の執筆者は全員男性であり，彼らによって研究されてきた豊臣期や江戸時代の事例の多くは主に当時の男性による銃の所持・携帯・使用の事例であることも考えられる．そして，許可されたあるいは実際の武器の所持・携行・使用が男女による異なったか否かといった情報は，これらの2次文献から得ることは困難である．いいかえれば，日本人の武器の所持・携行と暴力との関係性をめぐる研究にも，ある種の「ジェンダー主流化」が必要かもしれない．次章では，軍備管理・軍縮分野の

「ジェンダー主流化」をめぐる過去4半世紀の変化とその背景，展望と課題を明らかにしていく．

注

1） Low, H. "How Japan Has Almost Eradicated Gun Crime," *BBC World Service,* January 6, 2017.

2） Kristof, N. "How to Reduce Shootings," *New York Times,* February 20, 2018; Weller, C. "Japan Has Almost Completely Eliminated Gun Deaths –Here's How," *Business Insider Nordic,* October 11, 2017.

3） 英語圏においても，歴史学の研究であれば，例えばデイヴィッド・L.ホウェル［Howell 2009］のように，ペリンの著作を批判し，江戸の社会における銃の役割を論じるものもみられる．しかし，武器の入手可能性と暴力の関係性を扱う研究や，国内銃規制に関する政策論議には，こうした英語圏の歴史学者による研究成果も反映されてこなかった．

4） 豊臣期及びその前後の時代の私戦については，鈴木［2003］，藤木［2012］，矢部［2005］を参照．

5） 藤木の議論に対しては反論もみられる．例えば，藤井［2010］．

6）「銃砲取締規則」（明治5年太政官布告第28号）．

7）「大礼服並軍人筈察官吏等制服着用ノ外帯刀禁止ノ件」（明治9年太政官布告第38号）．

8）「聯合国最高司令官総司令部一般命令第一号」1945年9月2日．荒［1994：41-42］を参照．

9）「銃砲等所持禁止令」（昭和21年6月3日勅令第300号）．

10）「銃砲等所持禁止令施行規則」（昭和21年内務省令第28号）．

11）「銃砲刀剣類等所持取締令」（昭和25年政令第334号）．

12）「銃砲刀剣類所持等取締法」（昭和33年3月10日法律第6号）．

第９章
軍備管理・軍縮における「ジェンダー主流化」と人種主義

はじめに

2000年に国連安保理決議1325号（以下，WPS決議[1]）が採択されて以降，軍備管理・軍縮の分野においても「ジェンダー主流化」と呼ばれる取り組みが進展した．安全保障全般や軍備管理・軍縮の理論や概念，規制枠組みや実践については，これまで国家中心主義的・軍事中心主義的・男性中心的な安全保障観に基づいていることや，これを克服する必要性が多くの論者によって指摘されてきた[2]．ただし，この分野における「ジェンダー主流化」に関しては必ずしも確立された定義があるわけではない点に留意する必要がある．

例えば，この分野における「ジェンダー主流化」を求める議論には，そうした安全保障観からの脱却を求める視点も存在する．そもそも，ジェンダー（gender）という概念は，社会的・文化的・心理的な性のありかた，「女だから」「男だから」こうあるべきといった社会的な理解のしかたを指してしばしば用いられ，その使用の背景には，性に関わる問題が社会的・政治的に構築されるものであり権力関係を含んでいることへの認識や問題意識があると言える．2000年代以降に軍備管理・軍縮の「ジェンダー主流化」を推進した人々のなかにも，軍備管理・軍縮の理論や概念，規制枠組みや実践がそもそも男性中心主義的な権力関係を前提にした安全保障観のうえに成り立っているという認識を持ち，こうした安全保障観やその背景にある権力関係の変容を指向するものもみられる．その一方で，軍備管理・軍縮の関係者のなかには，そのような根本的な変化は求めず，関連する合意文書や実践において何らかの「ジェンダーの視点」が有用と思われる際にそれを採用する程度の変容を想定する論調もみられる．この分野の各組織内や意思決定の場における女性の参加を推進しジェンダー・バランスを改善させる試みにおいても，男性により作り上げられてきた組織・会議における男性中心主義的な文化・構造及びそこで生み出される理論や政策・施策の変容を目的とする見方もあれば，組織・会議内の女性比率にまつわる数値目標を達成することを目指すものの文化的・構造的変容は目指さない姿勢をとるものもみられる．したがって，これまでこの分野で様々なアクターが推進してきた「ジェンダー主流化」は，必ずしも目的や方向性が一致しているわけではない．

それでは，2000年代以降に多様なアクターがそれぞれの視点や思惑をもって推進してきた「ジェンダー主流化」は，何をもたらし，何をもたらさなかったと言えるのだろうか．本章は，軍備管理・軍縮の分野で「ジェンダー主流化」が推進されるようになった背景を示し，行われた研究や政策・施策を振り返り，「ジェンダー主流化」をとりわけ牽引してきたと言えるNGOの国際キャンペーンに焦点を当てつつ課題や問題点を指摘する．そのうえで，その課題や問題点が，2024年11月現在のロシア・ウクライナ戦争やイスラエル・パレスチナの状況にいかなる影響を与えるものとなったのかを考察する．

第1節 「ジェンダー主流化」の背景

先述のように，軍備管理・軍縮における「ジェンダー主流化」は，2000年のWPS決議によって大きなドライブがかけられた．しかし，この現象はWPS決議が突如として生じさせたものではなかった．軍備管理・軍縮における2000年代の「ジェンダー主流化」は，1990年代以降の同分野における議論の変容があったからこそ可能になった側面を指摘することができる．

第6章以降で詳述してきたように，1990年代を通じて，軍備管理・軍縮の分野では，軍備の安定的均衡といった国家安全保障の視点に基づく従来の軍備管理アプローチとは異なる，人間が被る苦痛や持続可能な開発への悪影響をなくす（あるいは少なくとも減じる）といった「人間の安全保障」の視点を重視したアプローチに基づくとされる合意形成や施策実施が進み，軍備管理・軍縮の意味や範疇が変容・拡大し，従来は区別されてきた他領域と融合するようになった．そしてこの背景としては，「安全保障の再概念化」とも称される安全保障概念の変容と，それに伴う「開発と安全保障の融合」と呼ばれる現象を指摘することができる．

第1章で解説したように，冷戦終結後の国連などの場での政策論議においては，従来の「国家安全保障」概念とは異なり，個人やグループが自由に選択し行動することを妨げる様々な制約（戦争，貧困，抑圧や人権侵害など）の除去を重視する「人間の安全保障」概念が強く主張されるようになった．そうした議論においては，主にGSにおいて個々の人間の安全が必ずしも保障されていないことや，冷戦終結後にGSで多発した武力紛争の惨状や持続可能な開発への悪影響が問題視された．そして，そのような論調のなかでは，貧困や低開発と武力紛争は相互に関連すると見なされ，平時と武力紛争時及び武力紛争後の全段階において，GSの人々の心や社会的関係，政府の意思や能力の変容を促すことが必要だと論じられるようになった．

こうした，開発上の問題と安全保障上の問題を分かち難く結びつける政策論議においては，開発と安全保障の議論の境界線は曖昧になり，それに伴い，かつては安全保障上の問題であると捉えられていた通常兵器規制の領域に位置付けられる施策の範疇も拡張していった．例えば，軍備管理・軍縮の合意内容や合意実施の取り組みには，紛争後の平和構築活動，紛争予防活動，被害者・家族・地域への医療・心理・経済的支援，元兵士の社会復帰，社会的関係の再構築，被害が大きい地域・国の社会・経済開発に関わる活動（開発援助）など，従来の軍縮・軍備管理概念に該当しない施策が包摂されるようになった．

ここに至って，軍備管理・軍縮の活動と，開発援助や人道援助，紛争予防，平和構築などの活動の境界線を見出すことは次第に困難になり，軍備管理・軍縮の政策論議や施策実施に，開発，環境，人権，組織犯罪対策，ジェンダーといった幅広い分野の専門組織が関与するようになった．そして，多様な専門分野を持つNGOは国境を越えたキャンペーンを形成して軍備管理・軍縮分野の合意形成を推進した．

彼らが推進した条約としては，例えば，1997年に採択された対人地雷禁止条約（オタワ条約）[3]，2001年に採択された国連小型武器行動計画[4]，2008年に採択されたクラスター弾に関する条約（オスロ条約）[5]，2013年に採択されたATT[6]，2017年に採択された核兵器禁止条約[7]を挙げることができる．こうした合意については，次第に「人道的軍備管理」ないし「人道的軍縮」と呼ばれるようになり（以下では「人道的軍縮」に統一），こうした合意のなかにも，開発問題と安全保障問題とは分かち難く結びついているという認識に基づく文言が見られている．

2000年のWPS決議は，本書で示してきたような「安全保障の再概念化」や「開発と安全保障の融合」と呼ばれる現象が生じていたなかで採択されたのである．軍備管理・軍縮という政策領域が，軍備の安定的均衡といった国家安全保障の視点に基づく政策を追求する領域であるとはもはや捉えられず，「人間の安全保障」の視点を重視したアプローチに基づくとされる合意形成や施策実施が進み，軍備管理・軍縮の意味や範疇が変容・拡大し，「人道的軍縮」を推進するキャンペーンが展開され，従来は区別されてきた他領域と融合していた状況であったからこそ，WPS 決議はこの分野において影響力を持ちえたと捉えることもできよう．

第 2 節 「ジェンダー主流化」の展開

それでは，軍備管理・軍縮分野における「ジェンダー主流化」のなかで，どのような研究や政策論議が行われ，いかなる合意や実践に結びついてきたのだろうか．

まず，1990年代から2000年代初頭までは，武力紛争や暴力の被害者の多くは女性であるという主張がしばしばみられた［Greene and Marsh 2011b : 91-92］．しかし，2000年代にジェンダー別の被害者データの収集・研究が進展するにつれ，実際の被害者には男性が多いことが明らかになった［Greene and Marsh 2011b : 91-92］．

例えば，アントニオ・グテーレス国連事務総長が2018年に発表した『軍縮アジェンダ』においては，2016年の全世界の「暴力による死者」(violent deaths) のうち84％が男性及び少年であったとしている［Office for Disarmament Affairs 2018 : 39］．このような結果になる理由の 1 つとしては，武力紛争時の戦闘や組織犯罪の活動に加わる機会が男性のほうが多いことを挙げることができる．他方で，国連薬物犯罪事務所が2019年に発表した報告書『殺人に関するグローバルな調査』によれば，2017年に配偶者などのパートナーによる暴力による死者の82％が女性であり，パートナーを含む家族からの暴力による死者の58％が女性であった［United Nations Office on Drugs and Crime 2019 : 14 ; 24］．こうした調査結果も踏まえて，通常兵器の使用を伴う場合を含む多様な暴力について，ジェンダー別の加害者・被害者データの収集が行われ，その分析がなされてきた．

次に，「ジェンダーに基づく暴力」(GBV) についても，研究や政策論議が行われてきた．まず，GBV の定義としては，2010年の『国内避難民支援保護のためのハンドブック』などに掲載されている定義がしばしば援用される［Global Protection Cluster Working Group 2010 : 68-69］．それによれば，GBV とは「身体的，精神的，性的な危害や苦痛を与える行為，そのような行為の脅迫，強要，その他の自由の剝奪を含む，ジェンダーないし生物学的性別に基づいて人に向

表9－1　性暴力の被害を報告した人の割合

	女性回答者	男性回答者
2008年リベリア 元戦闘員への調査	42.3%	32.6%
2008年リベリア 民間人への調査	9.2%	7.4%
2010年３月コンゴ民主共和国（DRC）東部の人々への調査	39.7%	23.6%

（出典）Dolan［2014：2］を参照し筆者作成.

けられる暴力」であり，① 性的搾取・虐待を含む性暴力，② 殴る蹴る等の身体的暴力，③ 言葉やいじめによる心理的暴力，④ 身体に有害とされる伝統的慣習，⑤ 社会的疎外や貧困といった社会的・経済的暴力を含む.

こうした暴力のうち，1990年代の通常兵器に関する研究や議論においては，兵器の使用（あるいは使用するとの脅迫）を伴う性暴力――とりわけ女性に対する性暴力――に焦点が当たる傾向があった. しかし，その後の研究では，例えば北部ウガンダで反政府軍に男児が「男の子だから」誘拐され兵士にされ身体的暴力を受け戦闘に参加させられ，親族を殺すよう強要される事例など，被害者が女性でない幅広いGBVに関する研究が進展し，それらを生み出す背景や必要な政策・施策が議論・研究されるようになった.

男性に対する性暴力についても研究が進んだ. そうした研究においては，紛争下などの性暴力被害は，多くの実務者・研究者が想像していたよりも実際には男女差が小さい点が注目された. 例えば**表9－1**にみられるように，2008年にリベリアで行われた調査や2010年にコンゴ民主共和国東部で行われた調査において，女性回答者のなかで性暴力の被害を報告した人の割合は，男性回答者のなかで性暴力の被害を報告した人の割合の２倍未満であり，性暴力被害が圧倒的に女性に偏っている状況とは言い難かった［Dolan 2014：2］.

そして，このような個別事例の調査を通じては，男性に対する性暴力は，時としてその文脈における「男らしさ」の自己認識を破壊するがゆえの苦しみをもたらす場合もあること，（男性による性暴力の場合は）とりわけ同性愛がタブー視される社会においては被害者が非難されスティグマタイズされたり，それゆえ被害者が被害を訴えにくかったり，被害が知られた場合は被害者がコミュニティに帰還しにくかったりする問題も指摘された［Dolan 2014：3-6］.

また，性暴力に対する援助活動を行う組織の側も男性に対する性暴力の割合を低く見積もるないし軽視する傾向があるゆえに，実際の現場において男性の性暴力に対する医療的支援が不足しがちであることも指摘されるようになった．例えば，女性に対する性暴力が圧倒的に多いことを前提に医療団が派遣された場合に，看護師は女性が多くなり，女性が性暴力を受けた際に必要な処置を行った経験を積んだ女性医師が派遣される可能性が高くなる．そして，その場合には性暴力を受けた男性がその医療団に被害を訴える心理的なハードルが高まる可能性や，派遣された医師は，例えば紛争下において敵側兵士達による集団的性的暴行を受けた男性が下腹部に負う裂傷等に対処した経験がない可能性もありうる．

さらに，法整備や法的支援の不足も指摘された．例えば，強かん罪の対象が女性に対する行為のみに限定されていたり，同性に対する強かん罪が成立しなかったりする国々もいまだに存在することも指摘された［Dolan 2014：5-6］．そして，同性愛がタブー視される傾向のある社会においては男性被害者が男性からの性暴力被害について訴訟を起こしにくいが，そのような社会ほど被害者に対する法的支援も不足しがちであることも議論されてきた．

こうした研究と連動する形で，2010年代以降には，通常兵器の軍備管理・軍縮分野の国際会議において，それぞれの会議で扱う兵器にまつわる被害に関するジェンダー別データを収集し政策に生かすことや，被害者に対してジェンダーに配慮した支援を行うことが合意されるなどしている．例えば，2019年のATT締約国会議において採択された最終文書には，「締約国は，武装暴力及び紛争の被害者に関するジェンダー別データを含む，国内の犯罪と保健に関する統計においてジェンダー別データを収集し，このデータを公開することが推奨される」旨が盛り込まれた[8)]．

さらに，通常兵器に関する条約の本文のなかにも「ジェンダー」という文言が盛り込まれるようになっていった．例えば，ATTについては，1990年代半ばに国際法学者やNGOなどがこの条約を提案し始めた際に彼らが作成した条約案にも，彼らが2003年10月に「コントロール・アームズ」（CA）国際キャンペーンを設立した際に提唱した条約案にも，「ジェンダー」という文言も「女性」「男性」「子ども」といった文言も盛り込まれていなかった．しかし，2006年以降に国連でこの条約に関する議論が開始されて以降は，締約国が自国からの通常兵器の輸出可否を判断するときに考慮する要素として，「ジェンダーに基づく（重大な）暴力」あるいは「女性と子どもに対する（重大な）暴力」を含めることが検討された．

CA国際キャンペーンは，そのようなGBV条項をATTに挿入することを支持した．ただし彼らは，「女性と子どもに対する暴力」ではなくGBVという文言を使用すべきだと主張した．先述のようにGBVは女性・女児だけではなく男性・男児も被害を受けている．また，「女性と子ども」（women and children）という表現は日本語で「女・子ども」とも翻訳されうるように，女性を成熟した大人と見なさずに子どもと一括りにして子どものように扱い，女性の能力や自立性を軽視したり，大人としての地位や権利を奪ったりすることを示唆する表現になりうる．

これに対して，例えばバチカン市国はGBVという概念自体に強く反対し，ジェンダーという概念を認めないことや「女性と子どもに対する暴力」という文言であれば合意可能であることを主張した．このほかにも，タンザニア，ジンバブエ，一部中東諸国など，GBV条項に明確に反対した国々もみられた．また，会議終盤まで消極姿勢であった国々（日本など）や明確な立場をとらない国々もあった．そして，2012年7月のATT交渉会議の開幕時点での条約草案にはGBV条項は含まれておらず，7月10日前後の時点でGBV条項を明確に支持していたのは，アイスランド，アイルランド，イギリス，オーストラリア，オーストリア，ガーナ，ガボン，韓国，ケニア，ザンビア，スイス，サモア，シエラレオネ，スウェーデン，セネガル，デンマーク，トルコ，フィンランド，ボツワナ，ベルギー，マラウイ，ノルウェー，リトアニア，リヒテンシュタイン，リベリア，ニュージーランドといった約25カ国のみであり，そのなかでは欧州諸国が多数を占めていた．

この状況を受けて，CA国際キャンペーンは，締約国が自国からの通常兵器の輸出可否を判断するときに考慮する要素として「ジェンダーに基づく（重大な）暴力」を含めることを支持する旨の共同声明を起草し，最終的には70カ国以上がこの共同声明を支持し，交渉会議の場でこの声明が発表された．そして，7月19日午前の会議において同様の趣旨の条項がATT草案に盛り込まれた．

2013年4月に採択されたATTの第7条第4項には，「ジェンダーに基づく重大な暴力行為あるいは女性及び子どもに対する重大な暴力行為」（serious acts of gender-based violence or serious acts of violence against women and children）の遂行あるいは助長のために通常兵器が使用されるリスクを輸出国が輸出可否を判断する際に考慮する旨が盛り込まれた．バチカン市国などに対して譲歩した結果として「女性及び子どもに対する重大な暴力行為」という文言が併記される形になったものの，ATTはGBVという文言を盛り込んだ初の軍備管理・軍縮条約となった．

2008年に採択されたクラスター弾に関する条約の前文及び第５条や第６条にも，クラスター弾による被害をうけた人やコミュニティへの支援にあたって，「年齢及びジェンダーに配慮した」支援を行う旨が明記された．同様の文言は，2017年に採択された核兵器禁止条約にも盛り込まれた．すなわち，同条約約第６条において，核兵器が使用された際などに「年齢とジェンダーに配慮した支援」を行う旨が記されたのである．

その後も，例えば無人機による標的攻撃の際の操作する人間による判断や，人工知能（artificial intelligence: AI）が攻撃対象を提案したりする際の判断，すなわち人間やAIが「敵」であり「戦闘員」であり「攻撃すべき」だと判断する際に，ジェンダー・バイアスが生じる（同様の行動をとっていても男性のほうが攻撃対象になりやすいなど）可能性に関する研究が進み，そのような人間やAIの認知バイアスが生じる理由や対策をめぐる議論も行われるようになった［Acheson, Moyes and Nash 2014］．

そして，2018年に国連事務総長が発表した『軍縮アジェンダ』においては，武器が女性・男性・女児・男児にもたらす直接・間接の影響の相違を指摘する旨や，全ての国連加盟国に対して軍備管理・軍縮の国内法制・政策の形成にジェンダーの視点を組み入れることを要請する旨，そしてこの分野のあらゆる意思決定に女性の平等・完全かつ効果的な参加を確保することを支持する旨が記された．

これらの最後の点に関連した動向としては，2010年代半ばから後半に，軍備管理・軍縮分野の組織や会議におけるジェンダー・バランスに関する質的・量的調査の結果が報告され始めたことを挙げることができる[9)]．そして，例えば2019年に国連軍縮研究所（UNIDIR）から発表された報告書『未だに時代遅れ』（*Still Behind the Curve*）においては，軍備管理・軍縮分野の国際会議では他分野に比べても参加者の男性比率が全般的に高く，とりわけ１カ国から１名が参加するような小規模会議には参加者が全員男性の会議もみられる（各国から１名参加する場合に女性が選ばれない）こと，規模が大きい会議では全体の女性割合が３割程度に高まることもあるが，その場合も代表団長や発言者の女性比率は低いことなどが指摘された［Hessmann et al. 2019］（表９-２）．

こうした報告書の刊行に先立って，2014年には，自律型兵器に関する特定通常兵器使用禁止制限条約専門家会議が開催された際の「専門家」枠18人全員が男性だったことを受けて，軍備管理・軍縮に携わる男性たちのなかで，全員男

表９－２　軍備管理・軍縮分野の国際会議の政府代表団における男女比率

会議年・会議名（略称） ※ GGE は政府専門家会合（group of governmental experts）の略	参加人数	男性比率	女性比率
2008：弾薬 GGE	17	100%	0%
2012-13：宇宙 GGE	15	100%	0%
2018-19：核軍縮検証 GGE	27	93%	7%
2007-08：ミサイル GGE	28	93%	7%
2017-18：核分裂性物質 GGE	30	87%	13%
2016：軍事支出 GGE	18	83%	17%
2016-17：ICT と国際安全保障 GGE	26	81%	19%
2017：オタワ条約締約国会議	366	75%	25%

（出典）Hessmann et. al.［2019］を参照し筆者作成.

性のパネルには登壇しないと誓約する運動「軍縮問題に関する全員男性パネルのボイコット」が展開された[10]．そして，国際会議や学会やイベント等において登壇者が全員男性の場合には自分自身がその登壇を拒否することに合意した，軍備管理・軍縮業界の男性たちの名前が公開されていった．

このような運動もきっかけとなり，2010年代半ば以降は，この分野の国際会議や学会やイベント等でそれまで容認されてきた「全員男性パネル」（Manel）を問題視する活動も進んだ．この頃には，2017年から Me Too 運動が世界的な広がりを見せており，こうした分野を超えた世界的な動きに支えられるかたちで，軍備管理・軍縮分野の条約の締約国会議プロセスなどにおいて，各国代表団やサイド・イベントなどのジェンダー・バランスを改善し女性の「意味ある参加」を確保することが求められるようになった．また，軍備管理・軍縮分野におけるセクシズムやセクシャル・ハラスメントが批判されたり，男性中心主義的な構造・文化・慣行が浸透したこの分野での女性のキャリアのありかたに関する調査がなされたりしている[11]．

こうした議論を経た2024年11月現在，国際会議・学会等の国際的なイベントのパネルについては，登壇者を全員男性にすることはほぼ受容されなくなっていると言えるだろう．同様に，英語の編著や学術雑誌等を刊行する際にその執筆陣を全員男性にすることも，ほとんど受容されない状況にある．

第3節 「ジェンダー主流化」の課題

⑴ シスジェンダーかつ異性愛者の視点

通常兵器の軍備管理・軍縮をめぐる2000年以降のジェンダー主流化にはどのような課題や問題点があると言えるだろうか.

まず，軍備管理・軍縮にかかわる会議や組織における多様なアクターの参加を確保する際の「多様性」が「ジェンダー」と同義に語られ，さらに「ジェンダーの視点」がシスジェンダーかつ異性愛者の視点に偏ることにより，セックスやセクシャリティ，さらには人種，言語，経済的環境，身体的特徴といった他の要素に関する視点が看過ないし排除されてきたことは否定し難い. 2018年に国連事務総長が発表した『軍縮アジェンダ』も，ジェンダー・バランス改善や女性や若者の参加推進にまつわる記述が多い一方で，セクシャリティや人種をはじめとする他の要素への言及は見られなかった.

例えば，軍備管理・軍縮に携わる人々の議論においては，これまでの「ジェンダーの視点」は，概してシスジェンダーかつ異性愛者の視点に基づきがちであり，トランスジェンダーの視点や異性愛以外の性的指向をもつ者の視点を軽視しがちだとの指摘もみられる. ただし，こうした指摘に基づけば，例えば暴力の被害に関する調査を行う際に，被害者について記す欄を「男性」「女性」と区分けする形にするのではなく多様な選択を可能にしたり，被害者の性的指向を記載する欄を作成したりして，各被害者に自身がどの項目に該当するのかについて意思表示してもらうなりして明確に記録することで，被害者がトランスジェンダーであったり異性愛以外の性的指向を持っていたりする場合の被害の状況や被害者の視点を浮かび上がらせる必要が生じるかもしれない. しかし，このような調査を世界各国で行うことには困難が伴う. とりわけ，例えばトランスジェンダーや同性愛者への偏見が極めて強く，国内法において同性愛が罪に問われるなどしており，かつ被害者に関する調査データを適切に保護できる可能性が低い（例えば，データ流出やパソコンの盗難などのリスクが高い）場合に，調査票のなかで被害者について記す欄に被害者本人が認識するジェンダー及び性的指向を記載することへのハードルは非常に高くなるだろう. 国内・国際会議や学会パネルの参加者・登壇者などについても，外見等に依拠して男性・女性に分類して参加者数や発言回数・内容などを分析することは可能であるが，それ以上に踏み込んだ多様なジェンダーや性的指向のありかたを把握して分析を行い，より多様な参加者・登壇者のありかたを模索しようとすると上記と類似の困難に直面するだろう．なお，本章において観察され記述されている対象者の性別や人種などについても，その判断は主に各自の外見に基づく筆者の判断であり，各自の自己に関する認識が異なる可能性は残る．

(2)　GNの白人男性中心主義

2000年以降のジェンダー主流化は，結局のところ国家中心主義的・軍事中心主義的・男性中心的な安全保障観に基づく軍備管理・軍縮の理論や概念，規制枠組みや実践に有意な変容をもたらしたとは言い難く，既存の世界の秩序・制度のなかで有用だと認められた「ジェンダーの視点」が採用されているにすぎない点も，この分野の関係者による議論においてしばしば指摘されることの1つである．

例えば，1990年代以降の軍備管理・軍縮の国際合意交渉は，1997年の対人地雷禁止条約（オタワ条約）の際のカナダ，2008年のクラスター弾に関する条約（オスロ条約）の際のノルウェーやアイルランド，2013年のATTの際のイギリスのように，GNの国々が交渉プロセスを主導する傾向が見られている．そして，こうした国際合意を推進したNGOキャンペーンの内部においても，GNの白人男性（とりわけ英語を母語とする者）が意思決定を左右する傾向が見られ，そうしたキャンペーンの政策的意思決定を行う場は白人男性が圧倒的多数になる傾向もみられる．

このような指摘については，少なくとも表面的には疑問視することが可能かもしれない．つまり，1997年のオタワ条約を推進した「地雷禁止国際キャンペーン」（ICBL）のコーディネーターを務めたのはアメリカ出身女性のジョディ・ウィリアムズであり，2002年から2010年まで「国際小型武器行動ネットワーク」（IANSA）の事務局長を務めて2001年の国連小型武器行動計画の実施を促し2006年の履行検討会議に向けた運動を調整したのはオーストラリア出身女性のレベッカ・ピーターズであり，2013年のATTを推進したCA国際キャンペーンの事務局長を2014年から2019年まで務めたのはイギリス出身女性のアナ・マクドナルドであり，2017年の核兵器禁止条約を推進した「核兵器廃絶国際キャンペーン」（ICAN）のコーディネーターを2014年から2023年まで務めたのはスウェーデン出身女性のベアトリス・フィンであり，「自律型致死兵器システム」（LAWS）と呼ばれる現存しない兵器システムの禁止条約を求める「キラーロボット反対キャンペーン」（SKR）の事務局長を2013年の設立以前から

2021年まで務めたのはニュージーランド出身女性のメアリー・ウェアハムであったためである．こうした女性たちが「人道的軍縮」キャンペーンの事務局長として活躍してきたことに鑑みれば，これらキャンペーンはGNの白人女性が意思決定を行ってきたかのように見えるかもしれない．

白人女性が多いのは事務局長だけではない．例えば，筆者が2020年５月26日時点で「人道的軍縮」キャンペーンの事務局職員（5-15名程度）のリストを調査したところ，例えばCAは全員白人でうち男性は１名のみ，ICANは大多数が白人かつその多くが白人女性，SKRは全員白人女性だった．こうした数字は，NGOによる国際キャンペーンの意思決定が白人女性によってなされている印象を与えるかもしれない．

ただし，ここで国際キャンペーンの事務局が担う役割を認識する必要がある．こうした事務局の主任務は，数十・数百あるいはそれ以上の団体が加盟する国際キャンペーン全体の調整，事務，広報，資金調達，経理，ウェブ管理，庶務などである．もちろん，事務局に調査・政策提言業務を行う職員を少数名雇用する場合もあるが，そうした業務が事務局の主任務とは言い難い．こうしたことに鑑みれば，「人道的軍縮」キャンペーン事務局の白人女性たちは，キャンペーン内部の事務・庶務・雑務・広報といった「女性らしい」業務を担うことによりキャンペーンの中枢に食い込み，一定の権力を得てきたとも言えるかもしれない（写真９-１）．その一方で実際の政策的意思決定の大部分は，GNに拠点に置くNGOや研究機関の白人男性がほぼ独占する傾向がみられる（写真９-２）．

そして，こうしたキャンペーンの運営資金は，① GNに主拠点を置くNGOが事務局機能を全部ないし一部担う場合はそれらのNGOに，② 事務局組織を設ける場合はその事務局に流れる傾向があり，①と②を組み合わせる場合が多い．その結果として，国際キャンペーン運営人材は主にGNにおいて育成されてきた．また，GNで――例えばジュネーヴやニューヨークなどで――開催されがちな条約交渉会議・締約国会議等へのNGO関係者の参加資金も，概して①や②に集められ，そうしたNGOや事務局の関係者が，誰に資金を配分し会議参加を支援するかを選定するが，その選定基準・プロセスはキャンペーン加盟団体に共有されないことが多い．

(3) 「コントロール・アームズ」の事例

実際に，「人道的軍縮」キャンペーンにおいては，GNに主拠点を置くNGOの白人職員を中心にした抑圧的で不透明な運営がなされる傾向がみられる．例

写真9-1　CA国際キャンペーン全体会議

2012年7月，ニューヨークの国連本部にて開催された武器貿易条約（ATT）交渉会議の期間中のCA国際キャンペーンの全体会議．政策系チームではなく全体会議になると白人男性だけでなく白人女性たちも加わった．
筆者撮影．

写真9-2　CA国際キャンペーン政策系チーム会議

2011年7月，ニューヨークの国連本部にて開催された武器貿易条約（ATT）準備会合の期間中のCA国際キャンペーンの政策系チーム会議．キャンペーンの政策・方針を議論する会議は白人男性が圧倒的に多い空間になった．
筆者撮影．

えば筆者が2003年から2019年まで関与した先述のCA国際キャンペーン（2003年設立）では，意思決定を握るのはほぼ全員白人——とりわけ英語を母語とする白人——であった．そしてCAは「グローバル市民社会」等と名乗って毎年巨額の資金をイギリス，ノルウェー，ドイツなどから獲得していたが，資金の提供元や使途について，少なくとも筆者が関与した2003年から2019年まで，資金拠出元・拠出額や予算内訳等を明記した年次報告書を公表したことはなかった．CAは様々な政策提言をしていたが，その大部分は欧米に主拠点を置く国際NGOの関係者やキャンペーン事務局の職員などで決定し，メンバー団体には事前に相談はなされない傾向にあった．概して「CAのポジション」は突然決められ，ウェブサイトに掲載され，各国のキャンペーンにはそれを翻訳してキャンペーンするように指示されるのみであった．そして例えば，非欧米ないしGSの国（例えば日本やフィリピン）について報告書等で論じる際に，その国のメンバー団体に相談せずに欧米NGO関係者や事務局関係者が内容を決定することが常態化していた．

CAが提唱したATTに関する国際会議は，2006年以降に主にニューヨークで開催されたが，NGO（とりわけGSのNGO）がこれに参加するためには相当の資金を要した．欧米のドナー国は，ATT関連の国際会議へのNGO参加資金を拠出したが，そのほとんどはCAを牛耳っていた欧米国際NGO（とりわけオックスファム）かCA事務局に与えられ，欧米国際NGOあるいはCA事務局がNGOのATT交渉参加のための「スポンサーシップ・プログラム」を運営していた．そして，この資金を使って，多くの欧米NGO関係者やCA事務局関係者がCAのスポンサーシップを得て会議に参加した．他方で，GSのNGOや研究者は，ATT交渉に関わりたければCAを支持するCA加盟団体になり，CAのスポンサーシップ・プログラムに応募するしか，会議参加資金を得る方法がほぼなかった．しかし，CAのスポンサーシップ・プログラムは，CA事務局関係者や欧米NGO関係者に従順なGSのNGO・研究者に与えられる傾向があった．

さらに，GSのNGOがCAのスポンサーシップ資金を得ると，その団体はCA関係団体としてその国際会議に参加登録することになり，自分の団体名義で会議に参加することができなくなった．そしてそれは，会議場に自分の団体の机・席やネームプレートがなく，CA関係者席の1つに座ることを意味した．1990年代以降，多くの国際会議ではNGOが会議中に意見を述べることが可能だが，その場合は，一般的には，自分の団体の机上にある自分の団体のネームプレート（横長の形）を縦に立てるなどして意見表明の意思を示して，会議場内で指名されて自分の団体の意見を述べる形式がとられていた．したがって，会議場に自分の団体の机・席とネームプレートがないことは，自分の団体の意見を会議場で述べる資格を失うことを意味した．CA関連団体として国際会議に参加登録したGSのNGOが会議場で発言できるのは，事務局や欧米系国際NGOの職員が執筆した「CAの公式見解」を，CA名義で読み上げる時だけになった．

そのようなCAにおいて重用された従順なGSのNGOとは，例えば民族衣装を持参して，CAのイベントに登場し，CAの欧米系関係者が作成した声明をCA関係者として読み上げて，CAがGSでも支持されている雰囲気を作るNGOであり，自分で考えて自分の意見を言わない，CAの政策提言書類の細部について指摘・反論しないタイプのNGOであった．そして，こうしたことを受け入れて与えられた仕事をこなし，ニューヨークやジュネーヴなどに海外旅行ができて中程度ランクのホテルに宿泊し，日当（2010年代には1日あたり50ドルから60ドル程度のことが多かった）を使って外食をしたり，日当を節約してショッピングをしたり，土産を買ったり，あるいは日当を節約して帰国後の生活費をまかなったりすればよいというタイプのGSのNGOを見つけてくることは比較的容易であった．

しかし，最初は従順な態度を示していても，様々な国際会議に参加するなかで自分の意見を持ったり，「CAの公式見解」に疑問を持ったりするGSのNGO関係者もいた．しかし，そうした人々は，国際会議の途中で白人のCA関係者から会議参加禁止を通告されたり，次の国際会議以降は参加資金を得られなかったりした．こうしたことが続けば，当然，知見に基づいた意見・主張を持つ（それゆえ欧米NGOやCA事務局関係者によって従順だと見なされない）GSの専門家は国際会議に参加できなくなった．その結果として，自身で分析し考察する専門性あるGSのNGOや研究者は生き残りにくくなり，欧米NGOやCA事務局の関係者の権力がさらに強まる状況が続いた．

そして，2010年代にCAはNYに事務局を置き始め，事務局を監督する権限と責任を負う運営委員会（Steering Board，以下SB）も設けた．しかし，このSBにおいてもイギリスに拠点を置くNGOの白人の関係者が権力を握っていた．そして，筆者がCAに関与した2003年から2019年の間，このSBないし類似するキャンペーン内組織については，その構成団体の代表者名・彼らの選出方法・意思決定方法・退任決定方法といった情報も加盟団体に共有されておらず，SBの議事録についてはすべての書類が加盟団体にも非公開であったり，存在していなかったりした．SBのメンバーは2010年代半ばには10名弱いたはずで，GSのNGOがこれに含まれていた時期もあったが，例えば白人による運営方法に異を唱えたアフリカのSBメンバーはSBを去らざるを得なくなったとの情報が筆者に届いたこともあった．

そのようなCAにおいて，2014年から事務局長を務めたアナ・マクドナルド（イギリス出身の白人女性）以外の事務局職員が事務局の様々な問題——資金濫用や使途不明金の存在，給与体系をはじめとする事務局内のルールの不透明さ，事務局内での白人間のレイシズム（例えば，イギリス出身の事務局長によるルーマニア出身の職員への差別的行為）や事務局長による日々のハラスメントなど——について，2015年から2017年頃に，SBに改善を求めたという[12]．そして，SBのなかで，ノンバイオレンス・インターナショナル東南アジア（NISEA）が事務局職員側についた．これに対して，事務局長及び他のSBメンバーたち（主にイギリスのNGO関係者の白人男性とアルゼンチンの「従順」なNGO関係者）は，NISEAの合意を捏造したうえで，「運営委員会一同」からのメールを事務局職員に送った．そのメールは事務局長のこれまでの業績に感謝する内容であり，事実上は事務局職員の訴えを無視することを意味するものであった．これに対してNISEAは抗議をしたが，他のSBメンバーたちはNISEAにSBから退任するよう迫った．NISEAは退任を拒否したが，2018年にはいつの間にかSBを退任したことにされていた．

そのような状況が続いていた2018年の8月20日から24日まで，ATTの第4回締約国会議（CSP4）が東京で開催された．ATTの締約国会議は基本的にジュネーヴで開催されるが，例えば議長国が自国で開催したい場合には，締約諸国の合意を得て自国で開催することができる．CSP4に際しては，日本が自国での開催を希望し，これが締約諸国により承認されたため日本で開催されることになり，開催場所の詳細な検討を経て東京で開催されることになった．ATTの締約国会議の議長国は，おおまかな地域ごとに持ち回りで決める傾向が見られているが，アジア地域で開催することを決める段階でのアジアのATT締約国で議長を務めることができそうなのは日本だけであった．そして，日本でCSP4を開催した名目の1つは，アジアの政府・非政府の関係者に会議に参加してもらうことによりATTに関する支持をこの地域で高めてこの地域のATT締約国を増やすことだった．

しかし，CA事務局長とNISEA以外の運営委員会メンバーはNISEAと対立しており，NISEA の関係者に CSP4 への参加資金を提供しなかった[13]．さらに，NISEA が CA の東南アジア・東アジア地域の地域リーダーであったからか，CA は東南アジア・東アジアの NGO・研究者にも CSP4 参加資金を提供しなかった．結局，東南アジア・東アジアの NGO・研究者のなかで，CA のスポンサーシップ・プログラムの支援を受けて CSP4 に参加した人数はゼロであった．

さらに，CA 事務局長たちは，CA がこの地域（とりわけ開催地の日本）で支持されているように見せかけるために，東南アジア・東アジアの地域リーダーであった NISEA を迂回して日本の NGO や研究者（主に筆者）に直接コンタクトをとり，CA への協力を求めた．なかでも彼らが強く求めたのは，CA 事務局長たちが2018年８月17日頃に開催したいと思っていた東京での記者会見や，８月20日から24日までの CSP4 の期間中に CA を支持してくれる「ヒバクシャ」を数人用意してほしいというものであった．これはおそらく，東京における CA の記者会見やその他の活動中に CA 関係者の近くで「第２次世界大戦の被害」について訴えて CA の主張を支持する振る舞いを公に行ってほしいとの意味であろうと思われた．

ただし，被爆者のなかでも声をあげて活動をしている人々が訴えているのは概して「核兵器の廃止・禁止」であるのに対して，ATT は核兵器ではなく通常兵器の武器移転の許可基準を設ける条約である．そして，筆者が知る限り，それまで被爆者のなかで ATT を求める CA の活動を行っていた者はいなかった．また，被爆者のなかでも活動をしている人々は高齢であり，かつ広島と長崎で核兵器が使用された８月上旬から終戦記念日（８月15日）前後まで多忙である．CA 事務局長たちの要求は，そのような被爆者たち数人に８月17日から24日頃までの活動のために東京まで出向き，全くあるいはほぼ全く前提知識のない ATT という条約を単に支持して CA 事務局長らの隣で「被害者」として振舞い CA に正当性を与えてほしいと求めることを意味した．

これに対して，2003年からの設立準備の後に2004年に設立された CA 日本キャンペーンの運営４団体（アムネスティ・インターナショナル日本，インターバンド，テラ・ルネッサンス，ネットワーク『地球村』）は会議を開いて対策を検討した．CA 事務局長らはそれ以前からも日本キャンペーンに人種主義的・抑圧的な行動をとっており，なおかつ CA 事務局における資金乱用問題等の噂は日本キャンペーンの運営４団体にも届いていた．したがって，日本キャンペーン運営４団体には，それ以上 CA に関与することのリスクや面倒を懸念する者が多かった．

そして，とりわけ筆者がコンサルタントの立場で関与してきたテラ・ルネッサンスは，NISEA などに対する CA 事務局長らの行動を許容しない立場をとった．結局，ATT に関して2003年から2018年まで活動を続けていた CA 日本キャンペーンは，ようやく日本でこの条約の締約国会議が開催される約 2 カ月前の2018年 6 月15日をもって解散し，2003年から2004年にかけて100万円以上を費やして構築した CA 日本キャンペーンウェブサイトもこの日に消滅した．

また，CA 事務局長はその他の日本の NGO などにも声をかけて支持や協力を求めていたが，筆者が彼らに状況を説明した．そして，CSP4 に参加した日本の NGO と研究機関の計 8 団体は，CA に参加・協力せず，もちろん「ヒバクシャを数人用意する」などということも行わなかった．

なおかつ，当時筆者が勤務していた明治大学国際武器移転史研究所は，SB から排除されかけていた NISEA の関係者に加えて，CSP4 の議長を務めていた高見沢将林軍縮大使や，有色人種の関係者にも比較的友好的な GN の白人研究者たちを招聘し，CSP4 開幕直前の2018年 8 月18日（土）13時から18時過ぎまで駿河台キャンパスで「武器貿易条約（ATT）第 4 回締約国会議直前シンポジウム：世界の武器移転をめぐる理想と現実」を外務省の後援も得て開催した（主催：明治大学国際武器移転史研究，共催：「武器と市民社会」研究会，後援：オスロ国際平和研究所，外務省，スモール・アームズ・サーヴェイ，政治経済学・経済史学会兵器産業・武器移転史フォーラム，拓殖大学海外事情研究所，日本軍縮学会，NISEA，ブラッドフォード大学平和・国際開発学部門）．NISEA の関係者は，筆者と共同研究を行いつつこのシンポジウム及び ATT の CSP4 に出席した．しかし，CA 事務局長らは，CSP4 に参加する NGO のメーリングリストにもこの NISEA の関係者を入れず，CSP4 前日及び 5 日間の CSP4 中に毎日開催していた NGO 関係者会議からも NISEA の関係者を排除した．

こうした状況のなかで，2019年に入ると GS の CA 加盟団体の一部が CA における人種差別等の問題について，CA のフィスカル・スポンサーでありワシントンに拠点を置くノンバイオレンス・インターナショナル（NISEA とは同じアライアンス内の別組織）に訴えた．当時の CA は法人登録していなかったため，ノンバイオレンス・インターナショナルがドナーからの資金などを受けるための法人格を有する資金受け皿組織すなわちフィスカル・スポンサーになっており，フィスカル・スポンサーには CA の運営を監督する責任と権限があった．なお，こうした動きについて，先述の日本のテラ・ルネッサンスと，武器取引反対ネットワーク（NAJAT）は GS の NGO を支持する声をあげたが，他の日本の NGO は沈黙していた．とりわけ筆者からの協力要請を受けた日本の NGO のうち，核兵器の軍備管理・軍縮分野で主に活動する NGO の関係者は，ニューヨークに行く際に CA 事務局の会議室スペースを無償で借りている関係を維持したいといった理由で，人種差別の問題を訴える GS の NGO を支持する行動をとることを避けた．なお，同時期には，CA 事務局の事務局長以外の職員たちも，事務局長によるハラスメントなどについて，フィスカル・スポンサーに訴えた．これらをうけて，フィスカル・スポンサーは内部調査を開始し，2019年4月上旬には事務局長の職務を停止させた．

しかし，その後の2019年4月後半には，誰なのか不明な「CA の SB」を名乗るアカウントから，CA メンバーや関係者全員合計700名ほど（2012年4月時点での推計）の参加のもと2012年頃から約7年間運用されていたメーリングリストに，CA 事務局長が6月末まで休暇をとってから辞める旨と事務局長のそれまでの仕事に感謝する旨を記したメールが送付された．これに対して，主に GS の CA 加盟団体からは，退職の背景に関する説明を求めるメールや，SB のメンバーは誰なのかについて説明を求めるメールが相次いだ．これを受けて「CA の SB」を名乗るアカウントからは，事務局長の退職背景については説明せず，SB のメンバーについては諸事情により2名であるという趣旨の回答がなされた．このうち主に対応していたのはイギリスに拠点を置く NGO 関係者の白人男性であり，もう1名は先述のアルゼンチンの「従順」な NGO 関係者の女性職員であった．

このような状況をみて，このメーリングリストには，GS の NGO からの抗議や改革要求のメールが送られた．彼らは，GN の NGO が CA の意思決定も資金も牛耳る構造を変えるべきであること，それまで10年以上，年次活動報告も年次決算報告も，キャンペーン内の意思決定メカニズムも，運営委員会の選出方法や意思決定についても会議記録も，全く GS の NGO に共有されていないこと，このような状況で GS の NGO を「代弁」しないでほしいこと，すでに2019年であり植民地時代は終わっているはずであること，それまで事務局長や他の白人のメンバーに排除された GS の NGO などをキャンペーンに復帰させるべきであること，キャンペーン内のハラスメントや排除を真剣にやめてほしいこと，そうした行為を直接的に行わないにしても知っていて黙認している人々も恥を知るべきであることなどを訴え，メールの最後に「ENOUGH IS ENOUGH!」（もううんざりだ！）という大文字メッセージを記してメーリングリストに送付していった．こうした動きに対して，先述の日本のテラ・ルネッサンスと筆者はGSのNGOに賛同するメールを同じ英語の大文字メッセージ付きでメーリングリストに送付した.

しかし，このメーリングリストは，上述のフィスカル・スポンサーであるノンバイオレンス・インターナショナルのワシントンのオフィスで勤務する白人男性が管理していた．そして，彼はこうしたメールに対してフィスカル・スポンサーとして説明責任を果たすどころか，最近このメーリングリストに不適切なメールが送られてくるからなどと理由をつけてこのメーリングリスト自体を閉鎖してしまった．こうして，2012年から7年間にわたり運営されていたメーリングリストは消滅ないし停止した.

また，同時期に，GSのNGOからの改革要求を受けて，CAのなかに「コンサルテーション・プロセス」を設けて運営方法の「改善」に向けて協議を行うことが決まり，日本からはテラ・ルネッサンスの関係者と筆者が参加することになった．しかし同時に，例えばNISEAに対しては，CA内部の問題に関する情報を外部に漏らさないようにとの圧力や，問題が生じているという情報を外部に漏らした場合にはアメリカで訴訟を起こすことを示唆する行為が行われていたという.

こうしたなか，2019年8月26日から30日にかけて，ジュネーヴでATTの第5回締約国会議（CSP5）が開催された．この頃までには，CA事務局長は退職しており，CA事務局員（1名の白人男性を除き全員が白人女性）たちにとっての「問題」は解決されていた．したがって，彼らはGSのNGOのなかでCA内部の人種差別問題の解消を訴える人々を排除する方向に動いた．すなわち，そうしたNGOに対して，会議関連の情報を共有しなかったり，CA関係者によるNGO会議の場から何かと理由をつけて追い出そうとしたりした．こうした動きについて，通常はNGO会議の場を取り仕切り意見表明をしているGNのNGOの多くは，異議を唱えずほぼ発言せず沈黙していた．なお，2018年のCAP4の際にCA事務局に対して「反抗的」な態度をとったテラ・ルネッサンスの関係者と筆者も，NGO会議室から出ていくよう壇上から命令されるなどした．ただし，この際には筆者と長年の交流関係にあったアメリカの年長の白人女性とイギリスの年長の白人男性が異議を唱え，筆者たちは会議室にとどまることができた．しかし彼らもまた，他の人々が会議室から排除されかけていた際には異議を唱えなかった.

結局，筆者たちがとどまることができたNGO会議の場で，事務局長が様々なミスマネジメントにより退職することになった旨が，CA事務局職員の白人女性によって告白された．しかしこの職員は同時に，自分たちはCA事務局長を退職させて事務局職員の労働環境などを改善させたSBに感謝している旨と，これ以上の物事（つまり，GSのNGOに対する人種差別問題など）についての責任追及はやめてほしいことなどを，涙を流しながら訴えた．さらに，CSP5の期間を通じては，GSのNGOに対する人種差別問題の解消などを訴えるGSのNGOに対して，白人のNGO関係者や彼らに従順なGSのNGO関係者から，「言い方が良くない」，「問題提起の仕方がディプロマティックではない」，「明確な代替案も示さずに意義だけ唱えるべきではない」といった言葉が投げかけられていた．

このCSP5を境に，GSのNGOに対する人種差別問題などの解消を訴えていたGSのNGOのなかには，疲弊して離脱するものもでてきた．なかには，高血圧になり病院にかかり，それ以上の関与は無理だと判断した者もいた．テラ・ルネッサンスも筆者も，この時点でCAの「コンサルテーション・プロセス」などにこれ以上関与する意向はない旨をCA関係者に伝え，このキャンペーンから完全に手を引いた．その後，CA事務局と運営委員会は，異議を唱えていたGSのNGOの多くを排除したうえでGNのNGO及び従順なGSのNGOで「コンサルテーション・グループ」や「運営委員会」を作り直すなどしていった．その後の動向の詳細は筆者の知りうるところではないが，いまだにCA内部で問題は燻っている様子である．

このようなキャンペーンにおいて，長らく「女性の参加」は実質的にはGNの白人女性の参加に置き換えられてきた．そして，一定の権力を握るようになったGNの白人女性たちの参加は，キャンペーンの人種差別的構造に抗するどころかそれを支え，正当化し（「ジェンダー・バランスが良い組織」として），GN中心・白人中心・男性中心になりがちな軍備管理・軍縮業界における構造や言説を根幹的に変容させるというよりは，むしろ既存の構造や言説を再生産し，他の様々なアイデンティティを持つ人々に対する排除を不可視化してきた可能性も考えられる．

第4節　人種主義的・差別的思考・行動とその帰結

2000年のWPS決議以降，軍備管理・軍縮における「ジェンダー主流化」を訴えた人々は，国家安全保障の視点に基づく従来の軍備管理アプローチとは異なる，人間が被る苦痛や持続可能な開発への悪影響をなくす（あるいは少なくとも減じる）といった「人間の安全保障」の視点を重視したアプローチを支持し，そうしたアプローチに基づくとされる「人道的軍縮」合意を推進した．しかし，これらの合意を精査すれば，そうしたアプローチを基礎づけていた人種主義的・差別的思考の系譜を辿ることができる．

これまでの拙著[14]を通じて明らかにしてきたように，19世紀以降の軍備管理・軍縮分野の歴史を辿れば，この分野で用いられる概念や主流化する言説や発想，形成される合意には西洋中心ないし欧米中心主義的で人種主義的になる傾向があり，この点は1990年代以降の「人道的軍縮」も例外ではない．

例えば，1990年代以降，通常兵器の使用や移転は主にGSの戦争や暴力を激化・長期化させ，GSの開発に悪影響を及ぼすものとして問題視されてきた．第6章で示したように，この問題認識に基づき，まずは「貧者の兵器」とも呼ばれる地雷が危険視され，冷戦後の国際秩序の主軸を担う（はずだと自負した）欧米諸国の倫理・責任の問題として地雷の輸出停止や禁止などが追求され，アメリカと欧州諸国が先を争うように輸出停止や禁止の措置を講じた．そして，当時の議論が対人地雷禁止条約形成の論理的な基盤になった．

同時に，欧米諸国がGSの戦争や暴力に使用されることを知りつつ通常兵器を輸出する状況を自己批判し，自らの倫理・責任の問題として通常兵器の輸出規制が提唱され，まずは欧米諸国を中心に規制合意が形成された．そうした輸出（ないし移転）規制をNGOと協働して「グローバル化」したものが，2013年のATTであると言える．

また，「人道的軍縮」キャンペーンが条約による全面禁止を求めた兵器は，当時の欧米諸国にとって重要性・有用性が比較的低いと想定されたものであった．例えば，1990年代から2000年代の欧米諸国に重要だったのは，「テロとの戦い」に代表されるような，広範な「面」ではなく特定の人物などの「点」を攻撃する戦いであり，そこでは地雷やクラスター弾は重要性・有用性が低いと思われた．つまり，キャンペーンは，各時期に欧米諸国（とりわけ欧州諸国）が禁止条約の有無にかかわらず短期・中期的にはほとんど使用しないであろうと想定するような兵器を禁止キャンペーンの対象にする傾向がみられた（**写真9-3**）．

そのようなNGOたちが2013年に設立したキラーロボット反対キャンペーン（SKR）は，キラーロボットないし「自律型致死兵器システム」（LAWS）が近い将来に開発される脅威を訴え，その開発・使用を全面禁止する条約を形成すべきだと論じてきた．LAWSとは，概して，人間の関与なしにAI等により自律的に攻撃目標を設定できる，致死性を有した兵器システムと定義される．しか

写真9-3　CCW運用検討会議
2011年11月19日のCCW運用検討会議で第六議定書案について会議場で協議する「クラスター弾連合」(CMC) の主要メンバー.
©Cluster Munition Coalition, CC BY 2.0, color adjusted.
出典：Cluster Munition Coalition (https://www.flickr.com/photos/clustermunitioncoalition/).

し，SKRが設立されてから10年以上が経過した2024年においても，LAWSは実用化されていない．その理由は単純であり，LAWSの軍事的有用性が極めて低いまたはないからである．

そもそも，各国政府・軍関係者にとって，例えばAIが完全に勝手に人間を殺傷すべきかを判断してしまい，その判断に軍関係者などが関与できる余地がない（にもかかわらず，その結果について軍関係者などが責任を問われる可能性すらある）兵器システムを導入する意義は，極めて低いまたはない．さらに，不確定要素が非常に多く不安定極まりない戦場という環境にLAWSを投入しても十分に機能しない可能性もある．また，LAWSが敵側に「乗っ取られ」た場合には，むしろ自国兵士に危険をもたらしかねない．加えて，多くの政府・軍関係者には，彼らのあずかり知らぬところでLAWSが開発されるなどして，「テロリスト」により使用される可能性を懸念する傾向もある．

LAWSに使用されうる技術と，介護用などの民生用に用いられる技術は区別しにくい．そうしたなかで，規制ないし禁止の対象定義や交渉枠組み，合意の種類（条約か政治的合意か等）などをめぐって見解の相違があるとはいえ，アメリカを含む欧米諸国は概してLAWSの規制ないし禁止に前向きである．つまり，SKRも欧米諸国にとって重要性・有用性が低い兵器システムの禁止条約を求めているとも言える．

また，歴史を振り返れば，一部の兵器を非人道的・非倫理的であり使用等を禁止すべきだと訴える国際的議論は，その他の兵器を「非人道的・非倫理的ではない兵器」ないし「普通の問題ない兵器」として正当化する副次的作用を伴ってきた．そしてこれはSKRにもあてはまりうる．

21世紀になると，殺傷すべきかどうかの判断に人間の介在余地がありつつも一定の自律性がある兵器や，殺傷をめぐる判断を基本的に本国等の遠隔地にいる人間が判断する無人攻撃機，殺傷に直接には関わらない偵察用や輸送用等の無人兵器などの開発・生産が急速に進んだ．そして，完全に自律型ではなかったり，人間を直接に殺傷する機能を持たなかったりする先端兵器は，ロシア・ウクライナ戦争でもイスラエル・パレスチナの戦争でも使用されてきた．とりわけ2023年10月以降のイスラエルによる攻撃においては，人間による標的選定をAIが補助する（「完全自律型」ではない）「AI意思決定支援システム」（AI-DSS）――例えば，対物破壊用「ハブソラ」（*Habsora*，英語でGospelとも呼ばれる）や対人殺傷用「ラベンダー」（Lavender）――が広範に使用されており，かつ多数の民間人の犠牲がもたらされてきた[15]．しかし，そうした実際に使用されている兵器に関する国際的な規制・禁止論議が進展してきたとは言い難い．LAWSという人間の関与の余地がない完全自律型でなおかつ致死性のある兵器システムの禁止条約を求める言説と活動が，近年に急速に開発と実用化が進んでいるタイプの様々な先端兵器を「通常の問題ない兵器」として正当化する副次的作用を伴ってきた可能性も否めない．

さらに，1990年代以降の「人道的軍縮」キャンペーンは，各国の軍備・軍事費や武器貿易の縮小・抑制を求める活動を避けてきた．彼らが提唱した特定兵器の禁止条約は，対象兵器の開発や使用等を禁止する趣旨であり，軍備・軍事費全般の縮小とは関係がない．また，ATTは，締約国政府が自国からの通常兵器輸出について可否を判断するときに，国際人道法や国際人権法の重大な違反などの実行ないし助長に使用されるリスクを検討し，リスクが「著しい」場合はその輸出を許可しない，といった許可基準に合意するものであり，武器の輸出入の量や額を抑制ないし禁止しようとする条約ではない．

ストックホルム国際平和研究所（SIPRI）のデータによれば，NGOがATTを提唱するCAを開始した2003年以降，世界の武器輸出は拡大傾向が続いてきたが[16]，CAはこの状況について沈黙してきた．加えてCAは，GSへの武器輸出のリスクを報告書等で強調する一方で，GN（とりわけ欧米諸国）への武器輸出のリスクを軽視する傾向があった．筆者がCAに関与した2003年から2019年までの16年間，GBVに含まれる性暴力についてCAの資料で取り扱ったり，自国から輸出した武器がGBVに使用されるリスクを考慮する旨の文言をATTに盛り込むようCAが求めたりした際に例示したものは，主にコンゴ民主共和国などのGSの事例であった．その一方で，この期間に，例えば2003年からのイラク戦争においてアメリカ軍関係者がアブ・グレイブ刑務所で現地の人々に対して行った凄惨な性暴力の事例をCAが取り上げてアメリカに対する武器輸出を問題視した場面は，管見の限り見られなかった．そしてCAは，2022年2月以前のロシア・ウクライナへの武器輸出や，2023年10月以前のイスラエルへの武器輸出，そして現在に至る欧米諸国への武器輸出も概して問題視してこなかった．

また，ATTの輸出許可基準に基づき個々の輸出に関するリスクを審査して輸出可否を判断するのは輸出国政府だが，ATT採択時の通常兵器輸出国の多くは欧米諸国だった．ATTの形成に批判的な中東地域等の国々は，ATTに基づく輸出可否判断は，輸出能力がある締約国の恣意的・政治的なものにならざるをえず，この条約はそのような判断に「人道的」というお墨付きを与えかねないと論じていた．

そして実際に，近年ロシア，ウクライナやイスラエルなどに通常兵器を輸出してきたATT締約国は，この「人道的軍縮」条約に照らし合わせて通常兵器輸出のリスクを審査した際に，国際人道法の重大な違反の遂行等に使用されるリスクが著しくないと判断したために輸出を許可したのだと論じることも可能である．

なお，ATTの交渉過程で，一部の中東諸国などは，おそらくイスラエル・パレスチナ等の状況を念頭において，「占領の遂行や助長に使用される」リスクが著しい場合には通常兵器の輸出を許可しないといった文言を盛り込むことを求めたが，CAも，交渉を主導した欧米諸国も，この主張を概して無視した．採択されたATTに，そうした文言が盛り込まれることはなかった．

おわりに

2000年のWPS決議以降，軍備管理・軍縮の分野でも「ジェンダー主流化」と称される試みが行われるようになった．もとより，この分野では，それまでの国家中心主義的な安全保障観に基づくアプローチとは異なる「人間の安全保障」の視点を重視したアプローチに基づくとされる合意形成や施策実施が進んでおり，これらを推進したアクターのなかにはこの分野の「ジェンダー主流化」を牽引しようとする動きもみられた．そして，実際に様々な調査が行われ，施策の改善や実施が検討され試みられた．同時に，1990年代以降のこの分野の合意形成を促進したNGOによる「人道的軍縮」キャンペーンには，「グローバル市民社会」として既存の大国中心の世界秩序に抗したり，GSの人々を代弁しエンパワーしたり，女性のエンパワーメントや「人間の安全保障」に貢献したりする可能性が期待された．

しかし，そうしたキャンペーンがしばしば女性を事務局長に掲げて「ジェンダー主流化」や「ジェンダー・バランスの改善」などを論じ，事務局のGN出身の白人女性たちがこの業界において包摂され一定の権限を得た一方で，彼女たちはこの分野の男性中心・GN中心・白人中心的な構造に抗するどころかそれを支えて正当化し，冷戦終結後の欧米中心の世界秩序に抗するというよりもその一部となり，GSの人々をディスエンパワーしてきた可能性は否めない．また，そうした「人道的軍縮」キャンペーンは，各国の軍備拡張や武器貿易の増加傾向に歯止めをかける役割も果たしているとは言い難く，2024年11月現在ロシア・ウクライナやイスラエル・パレスチナで生じている紛争や惨禍を助長する方向に機能してきた可能性も否めない．

この分野における「ジェンダー主流化」については，それがもたらしてきた影響を検証し，それが何を目的にすべきなのかを再考するとともに，よりインターセクショナルな分析（ジェンダー，人種，経済的階層，セクシャリティ，言語能力などの複数の社会的，政治的アイデンティティの組み合わせにより，人々が経験する差別や抑圧，あるいは人々が享受する特権を理解しようとする分析）を行う余地があると言えるだろう．

注

1） UN Document S/RES/1325 (2000), Resolution 1325 (2000), Adopted by the Security Council at its 4213th meeting, on 31 October 2000.
2） 例えば，Enloe [2000].
3） Convention on the Prohibition of the Use, Stockpiling, Production and Transfer of Anti-Personnel Mines and on their Destruction, September 18, 1997.
4） UN Document A/CONF. 192/15, Programme of Action to Prevent, Combat and Eradicate the Illicit Trade in Small Arms and Light Weapons in All Its Aspects.
5） Convention on Cluster Munitions, May 30, 2008.
6） UN Document A/RES/67/234 B, The Arms Trade Treaty..
7） Treaty on the Prohibition of Nuclear Weapons, July 7, 2017.

8） ATT/CSP5/2019/SEC/536/Conf. FinRep. Rev1, Final Report, August 30, 2019, p. 5.

9） 例えば，Article 36［2015］.

10） Christory, V. "'Catching Up with the Curve': The Participation of Women in Disarmament Diplomacy," Humanitarian Law and Policy, August 25, 2022（https://blogs.icrc.org/law-and-policy/2022/08/25/catching-curve-participation-women-disarmament-diplomacy/, 2024年11月18日閲覧）.

11） 例えば，Hurlburt et. al.［2019］.

12） このパラグラフの内容は，当時 SB のメンバーであったフィリピンの NGO 関係者からの筆者の聞き取りによる.

13） このパラグラフの内容は，当時 SB のメンバーであったフィリピンの NGO 関係者からの筆者の聞き取りによる.

14） 例えば，榎本［2020a; 2020b］.

15） Kozlovski, A. "When Algorithms Decide Who is a Target: IDF's Use of AI in Gaza," *Tech Policy Press,* May 13, 2024（https://www.techpolicy.press/when-algorithms-decide-who-is-a-target-idfs-use-of-ai-in-gaza/, 2024年11月18日閲覧）.

16） 以下のデータベースで抽出した2003年以降の世界各国武器輸出データ．SIPRI "SIPRI Arms Transfers Database"（https://www.sipri.org/databases/armstransfers, 2024年１月15日閲覧）.

コラム4

「国際社会」におけるアフリカ
――非国家主体への武器移転規制の事例から――

はじめに

1990年代以降の紛争予防や平和構築に関わる国際的な政策論議においては，国家が自国の人々を保護する能力や意思が懐疑され，国家間の武器貿易の規制が試みられた．同時に，アフリカなどでの武力紛争や組織犯罪，テロ行為等に関与する非国家主体（NSA）に対する武器移転への懸念が高まり，規制方法が検討された．

近年の日本のアフリカ地域研究において，こうした国際的な政策論議については，アフリカの外的存在と位置付けられる「国際社会」が，アフリカに「普遍的で正しい西欧近代の制度や価値観」を導入することにより問題解決を試みてきたものと捉えられる［太田 2016］．それでは，対 NSA 武器移転規制の分野においても，「国際社会」がアフリカに「普遍的で正しい西欧近代の制度や価値観」の導入を試みてきたのだろうか？

本コラムは，まず，対 NSA 武器移転に関する冷戦期以降の問題認識や規制方法の歴史を辿り，次に，とりわけ1990年代以降の合意文書において対 NSA 武器移転問題がいかに扱われたのかを詳説する．この作業を通じて，本コラムでは，対 NSA 武器移転に関して国際社会の主流となった見方や制度が，歴史的に極めて流動的かつ頻繁に変容しており，その変容には国家主権認識の変化が反映されているとともに，近年では「普遍的に正しい」と見なされている制度や価値観を特定することが困難であることを示す．また，独立後のアフリカ諸国が，それまでの「西欧近代の制度や価値観」のうち特定の要素を切り出して主張することにより，対 NSA 武器移転をめぐる国際社会における制度や価値観の形成に関与してきたことを指摘する．そして，1990年代以降の国際社会において，アフリカ諸国が対 NSA 武器移転に関して独自の立場を堅持し続けたことを示し，これが近年の国際社会における規範の多元化ないし断片化の一要因になっていることを論じる．なお，過去も現在も NSA の定義の詳細は論争されているが［Holtom 2012：9-10］，本コラムでは各時代に「国家」と見なされたアクター以外の主体を NSA と呼ぶ．

1　非国家主体への武器移転をめぐる冷戦期の支配的言説

アフリカ諸国が独立を果たしていった冷戦期の対 NSA 武器移転に関する支配的な見方を代表するものとしては，ニカラグア事件に関する国際司法裁判所（ICJ）による1986年の本案判決が挙げられる［ICJ 1986］．この判決は，武力行使禁止原則や内政不干渉原則は国際慣習法を形成しており，他国の反政府集団への武器供与は一般的に武力による威嚇または武力の行使や内政不干渉原則への違反に相当しうるとした．そして，アメリカによるコントラ（ニカラグア国内の反政府武装集団）への武器供与は，ニカラグアに対する武力による威嚇または武力の行使であり，内政不干渉原則への違反だとした．この頃までには，文明的で政府に統治能力があるか否かにかかわらず主権平等や内政不干渉の原則を尊重すべきとの見方が，国際社会において広く共有されるようになった．

もちろん，東西両陣営は，脱植民地運動や宗主国から独立後の国々の反政府集団に武器を供与するなどした［Smith 2008：46］．宗主国から独立したGSの国々は，東西両陣営による反政府集団への武器供与を内政不干渉原則への違反だと批判したが，自らが近隣諸国の反政府集団に武器を供与することもあった［Garcia 2009］．しかし，冷戦期に主権平等や内政不干渉原則は，政府の統治能力の有無や程度にかかわらず全ての国家に対して尊重されるべきものになった．そして，軍備管理・軍縮の政策論議全般を通じて，独立後のアフリカ諸国をはじめとするGSの国々も，この論理を支持し強調することにより，自国の軍備増強を正当化し，自国の軍備や軍事支出の問題への干渉を防ぎ，NSAへの武器移転を批判した．

2 1990年代以降の論争とアフリカ諸国の立場

対NSA武器移転に関する国際的な政策論議は1990年代以降も続いたが，そのなかで提起された問題認識や規制手法は急速に移り変わり，かついずれの問題認識・規制手法に対しても，国際的なコンセンサスを得ることが困難になった．

まず，1990年代から2000年代前半には，国家対国家の形をとらない武力紛争や，組織犯罪，テロ行為などを問題視し，輸入国政府の許可なくNSAに武器を移転することを包括禁止（blanket ban）すべしとの主張が強まった［Smith 2008：45-47］．そして，カナダや欧州諸国などは，移転先政府の許可なくNSAに武器を移転する行為の包括禁止を推進した［Canada 1998；Holtom 2012：7］．

また，実際にNSAによる反政府活動やテロ行為，組織犯罪などの問題に直面していたアジアやアフリカ，中東などの地域では，非国家の集団や個人が通常兵器を濫用することこそが問題であると主張したり，移転先の政府の許可なくNSAに武器を移転することは内政干渉にあたると訴えたりして，同様の包括禁止を強く支持する国が多くみられた[1]．

ただし，1990年代以降の武力紛争に関する政策論議においては，NSAだけでなく国家主体（とりわけGSの国家主体）についてもその暴力の正当性が懐疑され，輸出国による移転可否審査の際に適用される共通基準に合意する方法が検討され，第7章に挙げたような様々な合意が形成された．

さらに，1990年代後半以降は，国連等の場で「保護する責任」論が興隆した［望月 2012］．そして，国家が自国の人々を保護する責任を果たす意思や能力が疑問視され，政府軍や警察への武器移転のリスクを審査する共通基準の形成が進んだと同時に，2000年代のGNの政府，国際機関，NGO，研究者等の議論のなかでは，輸入国政府の許可なくNSAに対して武器を移転することが正当化される「ハード・ケース」（hard cases）もありうるとの論もみられた［Biting the Bullet Project 2006］．つまり，国家による大規模な抑圧やジェノサイドの対象になっている集団が，それに抵抗し自集団の人々を保護すべく武器を入手しようとしており，その武器を適切な抑制をもって正当に使用する意思と能力があり，適切に保管して流出を防ぐ意思と能力もあり，かつその集団の目的が達成される「成功の見込み」が高い場合などには，例外的に武器移転が正当化されるのではないかと論じられた．

以上のように，2000年代前半までは，移転先の政府の許可なくNSAに対して武器を輸出することを包括禁止するアプローチ（以下，ブランケット・バン・アプローチ）が支持を集めたが，2000年代には，移転先の政府の許可がなくても例外的に対NSA武器移転を許可してよい条件を厳格に定めるアプローチ（以下，ハード・ケース・アプローチ）も一定の支持を得て，議論は収束しなかった．そして，2010年代のATT交渉を通じては，移転先が政府軍や警察でもNSAでも，国際人道法の違反に使用されるリスクが高い場合には移転を許可しないといった共通基準に基づいて一律に審査するアプローチ（以下，クライテリア・アプローチ）が登場していくことになる．

それでは，1990年代以降に実際に合意された各国際合意文書には，最終的にいかなる文言が記され，それは各文書でどのアプローチが採られたことを意味するのか？以下では，紙幅の都合に鑑みて合意名を適宜略しつつ，各合意の内容を分析する．

まず，1998年と2002年にEUで合意された「共通行動」には，輸出国が政府に対してのみ小型武器・軽兵器を供給することに対するコミットメントを関連の国際的なフォーラムや適切な地域的な場で実現すべくコンセンサス形成を目指す旨が盛り込まれた[2]．2000年にアフリカ統一機構（OAU）で合意された「バマコ宣言」にも，小型武器・軽兵器の貿易は政府及び許可を受け登録された貿易業者に限定すべきことを国際社会とりわけ武器供給国に強く呼びかける旨が盛り込まれた[3]．これらの合意は，合意参加国が対NSA武器移転の禁止に合意した文書ではないが，ブランケット・バン・アプローチを提唱した文書と言える．

次に，1997年の米州条約や，2004年の東・中部アフリカ諸国による「ナイロビ議定書」では，NSAに対する移転か否かにかかわらず輸出許可の際に輸入国の許可が得られるよう確保することが合意された[4]．2000年にはOSCEでも類似する内容の政治的合意文書が採択された[5]．これらの文書には，対NSA武器移転を明示的に禁ずる文言は含まれていないものの，事実上のブランケット・バン・アプローチが示されたものと解釈できる．

また，アフリカでは，対NSA武器移転禁止を盛り込んだ法的拘束力のある合意が形成された．例えば，2006年の西アフリカ諸国経済共同体（ECOWAS）条約と，2010年の中部アフリカ諸国条約は，対NSA武器移転を明示的に禁止しており，極めて明確にブランケット・バン・アプローチを採用している[6]．

これに対して，2001年の銃器議定書の交渉においては，アフリカ諸国とアメリカの間で議論が紛糾した．アフリカ諸国は，輸入国の許可なくNSAに武器を移転する行為を禁止すべきだと主張したが，この主張に対してアメリカが強硬に反対し，議定書の文言は曖昧になった[7]．つまり，議定書の第10条第2項は，輸入国の輸入許可なく輸出許可を発行することを禁じたが，第4条第2項により，各締約国の裁量次第で，NSA に対する武器移転の全部ないし一部を，議定書の規制の適用範囲外と見なすことが可能となった.

2001年に採択された国連小型武器行動計画の交渉過程においても，対 NSA 武器移転に関する文言が争点の1つとなり，最終的に採択された行動計画には，この問題に関する記述が全く含まれなかった[8]. この会議においても，アフリカ諸国，イスラエル，欧州諸国，中国が，輸入国の許可がない場合の対 NSA 武器移転を禁止すべきだと主張した．しかし，この提案に対してアメリカが強く反対し，議論は決着しなかった.

他方で，欧米・旧共産圏諸国等で構成されるワッセナー・アレンジメントで2002年に合意されたガイドラインは，「参加国は，政府や政府により許可を受けたエージェント以外に対する小型武器・軽兵器の輸出を検討する際には，特別に注意を払う（will take especial care)」としており，これは対 NSA 武器移転の可能性を前提にしていると解釈できる[9].

さらに，先述のように，2000年代を通じては，国際会議の場での議論や，影響力のある報告書などにおいて，欧州諸国の政府，欧米諸国に主要拠点を置く国際 NGO，欧米諸国等の国際法・国際政治・安全保障研究などの研究者らのなかで，ハード・ケース・アプローチが注目された．そして，1990年代にブランケット・バン・アプローチを支持した国々のうち，欧州諸国やカナダなどは，次第に同アプローチを提唱しなくなった．ただし，2000年代半ばから2010年までは，地域の枠組みを超えて関連合意文書を交渉する機会がなかったため，対 NSA 武器移転をめぐる論争は，2010年に本格化した ATT 交渉に持ち越された.

ATT 交渉において，概してアフリカ諸国やイスラエル，中国などは，それ以前と同様に，輸入国の許可なく NSA に武器を移転することを禁止すべきだと訴えた．アメリカがこの主張に反対する姿勢にも変化はなかった．ただし，1990年代から2000年代前半にかけて，輸入国の許可なく NSA に武器を移転する行為の禁止を訴えた欧州諸国には，ATT 交渉においてこの問題に関する議論を避ける傾向がみられた.

ATT 交渉の本格化は，いわゆる「アラブの春」の時期と重複していた．当時の欧州諸国の政府や欧米諸国に主要拠点を置く国際 NGO，欧米諸国等の国際法・国際政治・安全保障研究分野の研究者，メディアによる論調においては，中東・北アフリカの国家が自国の人々の安全や人権を守る意思や能力が強く懐疑され，反政府側に武器を移転することが正当化されうるとの見方が強まった．そして実際に，フランスやイギリスをはじめ，中東・北アフリカの反政府側への武器移転を検討ないし実施する国もみられた．そうした状況で，欧州諸国は，対 NSA 武器移転に関して ATT に盛り込むべき規定について明瞭な立場をとらなかったり，議論を避けたりする傾向がみられた．ATT 推進派の NGO や研究者も，ハード・ケース・アプローチやクライテリア・アプローチを否定しない立場をとったり，明確な立場を示さなかったり，議論を避けたりする傾向がみられた.

最終的に採択された ATT には，対 NSA 武器移転に関する明示的文言が記されなかった一方で，第 2 条に記された例外を除く「すべての移転」が規制対象になった．そして，これは ATT においてクライテリア・アプローチが採用されたことを意味した．つまり，移転先の政府による許可を受けない対 NSA 武器移転は禁止されず，ATT のクライテリア（国際人道法の重大な違反の遂行に使用されるリスクの程度など）に照らし合わせて，移転先が国家主体であるか否かにかかわらず全ての移転の可否を判断する形になった．

ただし，ATT の締約国は2024年11月27日現在116カ国であり，非締約国も多い．例えば，非締約国のアメリカなどは，ATT ではなく自国の独自の規制方針に依拠して対 NSA 武器移転の可否判断を行うだろう．さらに，ATT における事実上のクライテリア・アプローチの採用については，条約採択に棄権・反対した国だけでなく，条約の採択自体には賛成したアフリカ諸国をはじめとする ATT 締約国からも強い批判がみられる．また．ATT は，各締約国が条約規定より厳格な規制を採用することを禁止していない．したがって，ブランケット・バン・アプローチを支持する ATT 締約国が，自国の国内法制で対 NSA 武器移転を禁止することもありうる．また，例えば，ATT 発効にあたり，国連人権理事会特別報告者のベン・エマーソンは，ATT が対 NSA 武器移転を禁止しなかったことを指摘して，禁止に向けてさらなる検討が必要だと主張した［OHCHR 2014］．こうしたことから，ATT のクライテリア・アプローチが現代の国際社会で支配的であるとは言い難い．むしろ，対 NSA 武器移転に関する近年の国際社会における規範は多元化しており，マルティ・コスケニエミらが現代国際法の特徴として指摘する「国際法の断片化」（fragmentation of international law）が生じているとも言える［Koskenniemi and Leino 2002］．とりわけ，アフリカにおいては，2000年のバマコ宣言，2004年のナイロビ議定書，2006年の ECOWAS 条約，2010年の中央アフリカ諸国条約を通じて，全てブランケット・バン・アプローチが採用され続けており，他地域とは明確に一線を画している．

おわりに

1990年代以降の紛争予防や平和構築等に関する国際的な政策論議に関しては，しばしばアフリカの外的存在として想像される「国際社会」が「普遍的で正しい西欧近代の制度や価値観」をアフリカに導入しようとしてきたものと論じられている［太田 2016］．これに対して，1990年代以降に喫緊の国際的課題と見なされた対 NSA 武器移転規制の合意形成過程やその内容，そして冷戦期の規制論議の歴史から明らかになるのは，「西欧近代の制度や価値観」自体の流動性や多元化・断片化，そして独立後のアフリカ諸国が国際的な規範形成にあたり果たした役割の大きさであろう．

まず，アフリカ諸国が独立を果たしていった冷戦期以降に，対 NSA 武器移転に関する見方や制度は極めて流動的に変容しており，その変容には，「西欧近代の制度や価値観」自体の変化が反映されている．例えば，ハード・ケース・アプローチやクライテリア・アプローチは，いわゆるウェストファリア的主権を国家の固有の権利と捉えるのではなく，国家が人々を保護する意思や能力に要件付けられるとする見方が強まり，内政不干渉原則の優越性が侵食されるなかで形成されたとも言えよう．また，このような変容は，時として相互に相反する問題認識や制度すら生み出している．例えば，ブランケット・バン・アプローチとクライテリア・アプローチとの間には，統合した施策に落とし込むことが根本的に不可能なほどの相違がみられる．その結果として，1990年代以降の国際社会において，対NSA武器移転に関する問題認識や規制方法は多元的になり，欧米の政府・非政府のアクターのなかでも問題認識や支持するアプローチが異なる．それゆえ，近年では，何がこの問題に関する「西欧近代の制度や価値観」であると言えるのか，厳密に特定することが困難な状況にある．

また，独立以降のアフリカ諸国を含むGSの国々は，各時代の「西欧近代の制度や価値観」のうち特定の要素を主張したり，国際社会における主流の制度や価値観の形成・確立の過程に関与したりしてきた．例えば，冷戦期には，特定の集団が文明の基準を満たしているか否かにかかわらず，全ての国家の主権が認められた．アフリカ諸国などのGSの国々は，この新たな価値観や制度を訴えることにより，東西双方によるGSのNSAへの武器移転を批判した．そして，GSの国々が強く訴えた価値観やそれに基づく対処法は，当時の国際社会における規範として扱われた（その規範が個別具体的な武器移転の事例において遵守されたか否かは別として）．

1990年代以降の対年代以降の対NSA武器移転に関する論議においても，アフリカ諸国は，アメリカや欧州諸国等と並んで議論に深く関与し，とりわけアメリカと激しい論争を繰り返した．そして，概して自国内に反政府集団などのNSAの問題を抱えていたアフリカ諸国は，主権平等や内政不干渉原則といった論理を強調し，1990年代初期はカナダなども支持したブランケット・バン・アプローチこそが対NSA武器移転に関する国際社会のルールであるべきだと主張し，このアプローチを明瞭に盛り込んだ地域的合意を形成するなどして，「消極的主権」に基づくゲームのルールを維持しようとした．条件付きで対NSA武器移転武器移転を是認するような文言が2001年の銃器議定書や同年の国連小型武器行動計画に盛り込まれなかった一因は，交渉に参加したアフリカ諸国などによる強硬な反対にあったとも言える．

確かに，アフリカの地域的合意文書の形成過程で，欧米諸国や国際機関，国際NGO等は資金的支援を行い，合意文書の起草に際して「専門家」を提供した．しかし，それは，外部者が支持した制度が地域的合意に反映されたことを必ずしも意味しない．むしろ，アフリカの地域的合意には，同時期に欧米諸国や国際諸国や国際NGO等の関係者に注目ないし一定の支持を受けた見方や制度との相違が顕著にみられる．

アフリカ諸国は，特定の「西欧近代の制度や価値観」を切り出して運用し，地域的合意に能動的に反映させてきたとも言えよう（アフリカ諸国自身がその規定を個別具体的な武器移転の事例において遵守してきたか否かは別として）．そして，アフリカ諸国が地域的合意において明瞭にブランケット・バン・アプローチを採用し，国連等での議論において対において対NSA武器移転禁止を求め続けたことも一因となり，現代の国際社会における規範は多元化ないし断片化してきた．

西欧近代とアフリカとの関係を考察するにあたっては，「西欧近代的」とされる制度や価値観の変容や，現代の国際社会における規範の多元化・断片化傾向，それらを生じさせた過程における独立後アフリカ諸国の役割について，より精緻な分析が求められるだろう．

注

1） こうした傾向がみられなかった国としては，パレスチナに武器を輸出していた中東のいくつかの国やイランが挙げられる［Garcia 2009：154；157；Holtom 2012：9］．

2） 1999/34/CFSP, Joint Action of 17 December 1998; 2002/589/CFSP, Council Joint Action of 12 July 2002.

3） Bamako Declaration on an African Common Position on the Illicit Proliferation, Circulation and Trafficking of Small Arms and Light Weapons, 1 December 2000.

4） Inter American Convention against the Illicit Manufacturing and Trafficking in Firearms, Ammunition, Explosives and other Related Materials, 14 November 1997; The Nairobi Protocol for the Prevention, Control and Reduction of Small Arms and Light Weapons in the Great Lakes Region and the Horn of Africa, 21 April 2004.

5） FSC. DOC/1/00/Rev. 1, OSCE Document on Small Arms and Light Weapons, 24 November 2000.

6） ECOWAS Convention on Small Arms and Light Weapons, Their Ammunition and Other Related Materials, 14 June 2006; Central African Convention for the Control of Small Arms and Light Weapons, Their Ammunition, Parts and Components that Can be Used for Their Manufacture, Repair and Assembly, 30 April 2010.

7） UN Doc. A/RES/55/255, Protocol against the Illicit Manufacturing of and Trafficking in Firearms, Their Parts and Components and Ammunition, Supplementing the United Nations Convention against Transnational Organized Crime, 31 May 2001.

8） UN Doc. A/CONF. 192/15, Programme of Action to Prevent, Combat and Eradicate the Illicit Trade in Small Arms and Light Weapons in All Its Aspects.

9） Best Practice Guidelines for Exports of Small Arms and Light Weapons, 11-12 December 2002.

第10章
ロシア・ウクライナ戦争をめぐる言説から

はじめに

2022年2月24日にロシアがウクライナへの侵攻を開始した直後，この問題に関する欧米の報道・政府関係者らの語りには人種主義的な表現が顕著にみられた．そして，彼らの発言や記述はツイッター（現在のX）のスレッドやユーチューブの動画などの形で集成・拡散され，とりわけ非欧米ないし非白人の論者から大きな批判を受けた．本章では，まず，そのような人種主義的な発言や記述を検証し，次に，なぜそうした言説が顕著に表出したのかを考察する．そのうえで，そうした言説が人種主義的思考を助長することにより生じるいくつかの政策・施策上の帰結を指摘する．

第1節　ロシア・ウクライナ戦争をめぐる言説における人種主義

(1) 人種主義的な報道

ロシアによるウクライナ侵攻直後から，欧米各国の報道機関はウクライナや周辺諸国に拠点を構え，報道を繰り広げた．そうしたなかで，彼らの語りには人種主義的な表現が明瞭に盛り込まれていた．例えば，アメリカのテレビ局CBSの特派員チャーリー・ダガタは2022年2月25日，ウクライナの首都キエフから次のように報じた．

> ウクライナは，失礼ながら，紛争が何十年も続くイラクやアフガニスタンのような場所とは違いますよね．ここは比較的文明的で比較的欧州的な（relatively civilized, relatively European）――これらの言葉も注意深く選ばなければいけません――都市であって，こんなことが起こるなんて予期していなかったし望みもしなかった場所ですよね.[1)]

同時期に，フランスのテレビ局BFMTVでジャーナリストのフィリップ・

コーブは，次の発言をした．

> これは重要な問題です．ここで私たちが話しているのは，プーチンに支援されたシリア政権の爆撃から逃れるシリア人のことではなく，自分たちの命を守るために私たちと同じような車で逃げている欧州人のことなのです[2]．

2月26日，イギリスのテレグラフ紙において，コラムニストで政治家出身のダニエル・ハナンは，「ウラジーミル・プーチンによる怪物のような侵略は文明そのものへの攻撃だ」（Vladimir Putin's monstrous invasion is an attack on civilisation itself）と題したコラムの冒頭で，次のように記した．

> 彼らは私たちとそっくりなのだ（They seem so like us）．それがこの事態のショッキングな点なのだ．ウクライナは欧州の国である．その国民は，ネットフリックスを見て，インスタグラムのアカウントを持っており，自由な選挙で投票して，検閲されていない新聞を読んでいる．戦争とは，もはや貧困にあえぐ遠く離れた場所の人々（impoverished and remote populations）に降りかかるものではないのだ[3]．

2月27日，イギリスのテレビ局ITVのルーシー・ワトソンも，ウクライナの人々が集まっていたポーランドの駅から，「全く考えられなかったことが彼らに起こっています．ここは第三世界の発展途上国（developing third world nation）ではありません．ここは欧州なのです（Thisis Europe）」と報じた[4]．同27日，カタールに拠点を置くテレビ局アルジャジーラの英語版でも，過去にイギリスのテレビ局BBCなどで勤務し当時はアルジャジーラ英語版に関与していたピーター・ドビーが次のように述べ，同局は翌日に謝罪した[5]．

> 注目せずにはいられないのは，彼らを見ただけで，彼らの服装を見れば，それがわかるのです．彼らは豊かな（prosperous）――この表現はあまり使いたくないのですが――豊かな，中流階級（middle class）の人々です．彼らは明らかに，いまだに激しい戦争状態にある中東の各地から逃れようとする難民ではないのです．北アフリカの各地から逃れようとする人々でもありません．彼らはまるで私たちの隣に住む欧州人家族のようなのです[6]．

ほぼ時を同じくして，アメリカのテレビ局NBCの番組でポーランドから報道したケリー・コビエラも，ウクライナから逃れる人々をポーランドが積極的に受け入れているのはなぜかという問いかけに対して，「率直に言って，彼らはシリアからの難民ではなく，ウクライナからの難民です．…彼らはキリスト教徒で，白人で，ポーランドに住む人々に非常に似ているのです」と答えた[7)]．スペインのテレビ局ラ・セクスタに登場した人物も，「この子たちは，私たちがテレビで見慣れているような他の苦しむ子たちとは違って，金髪で青い瞳をした子たちなので，とても重要です」と述べた[8)]．

さらに，3月1日にはイギリスのテレビ局ITVでジャーナリストのマシュー・ライトが，ロシアがサーモバリック爆弾を使用した可能性について次のように論じた．

> 真空爆弾であるサーモバリック爆弾が使われたという噂があります．公平を期すために言えば，アメリカもアフガニスタンでこの爆弾を使用しました．しかし，この爆弾が欧州で使用されると考えると本当に胃が痛くなります[9)]．

その後も，3月15日にはアメリカのテレビ局CNNでジャーナリストのジュリア・ヨッフェが，ロシアによる化学兵器使用の可能性について，次の議論を展開した．

> 北大西洋条約機構（NATO）はどう対応するのでしょうか．遠く離れたシリアにおいて，イスラム教徒で文化の違う（in faraway Syria who are Muslim and who are of a different culture）人々にサリンが使われるのとは異なる問題ですよね．欧州の地で欧州人に対してサリンガスが使われたら，欧州はどうするのでしょうか．介入するのでしょうか．それとも，手をこまねいているのでしょうか．介入するとして，どこまでやるつもりなのでしょうか．そして，プーチンが望んでいると思われる，プーチンとの直接対決をする意思があるのでしょうか[10)]．

これらの発言や記述には，戦争とは，文明的でない，非欧州の，非白人の，あるいは第三世界ないし貧しい地域の人々に降りかかることであり，彼らが戦争の惨禍にあえいだり非人道的な兵器の犠牲になったりするのは想定ないし許容の範囲内だが，文明的で豊かな欧州人や金髪で青い瞳をした人々が爆撃を受けたり，戦禍から避難しなければならなくなったり，非人道的な兵器の犠牲になったりするなど想定も許容もできない，といった論理が表出している．このような論理は言うまでもなく人種主義的である．

こうした報道は，当時のツイッター（現在のエックス）のスレッドやユーチューブの動画などに集成され批判された[11]．そして，例えば，2月末にアラブ中東ジャーナリスト連盟（AMEJA）は声明を発表し，全ての報道機関に対し，ウクライナでの戦争を報じるにあたり，暗黙のあるいは明示的な偏見に注意するよう求めるなどした［AMEJA 2022］．

(2) 政府関係者の発言

ウクライナの政府関係者の発言にも，人種主義的な論理が垣間見えた．例えば，2月26日にイギリスのテレビ局BBCに生中継で出演したウクライナのデービッド・サクバレリッゼ前副検事長は，「私の心が痛むのは，青い瞳をしたブロンドの髪の欧州の人々が，子どもたちが，プーチンのミサイルやヘリコプターやロケットによって毎日のように殺されていることなのです」と述べた[12]．なお，この際に番組の司会者は，この発言に疑問を呈することなく，「その気持ちは理解しますし，尊重します」と答えている[13]．3月1日の欧州議会にキエフからオンライン参加したウクライナ最高議会議長のルスラン・ステファンチュークは，「ウクライナは文明的世界の境界（border of the civilized world）を防衛しているのです」と訴えた[14]．また，4月23日にウクライナの外務大臣ドミトロ・クレーバは，ロシアによる攻撃について，「文明と野蛮人との間には壁が必要である」とツイッターで論じた[15]．こうした発言には，ウクライナ人は文明的な欧州の白人であるから戦争で死んでいくべきではないという，人種的ヒエラルキーと白人の特権を前提にした論理が見える．また，ロシアによる行為は非難されてしかるべきであるものの，その行為を非文明的ないし野蛮なものとしてカテゴライズすることは，戦争や侵略といった行為を非文明的ないし野蛮な他者による専売特許と見なす論理に結びつく．

欧州諸国の政府関係者にも，人種主義的な発言がみられた．例えば，2022年2月にブルガリアの首相は，ウクライナ難民について「彼らは私たちがよく知るタイプの難民ではありません．……彼らは欧州人であり，知的で教育を受けた人々であり，なかにはITプログラマーもいます．誰もがそうであるように，私たちは彼らを歓迎します．これはいつものような素性の分からない人々から成る難民の波ではありません．欧州の国はどこも彼らを恐れていません」と論じた[16]．フランス国民議会の議員であるジャン＝ルイ・ブーランジュも，同2月に報道番組に登場した際に，ウクライナから逃れてくる人々を「質の良い移民であり，知識人であり，我々が活用することができるでしょう」と述べた[17]．こうした発言には，「欧州人はより知的で質が高く難民などとして歓待に値する

(しかし非欧州の戦禍などから逃れてくる人々は，質が低く知性が劣り素性も分からないため歓待に値しない恐れるべき存在である)」との前提がみられる．

第2節　人種主義的な発言・記述の背景

欧米諸国の報道関係者や政府関係者による発言・記述に通底する人種主義的な言説を，単に不注意により口が滑ってしまった事故によるものとして片付けることはできない．むしろ，一連の報道は，1990年代以降に戦争や暴力とその被害者に関して欧米諸国を中心に深く根付いてきた言説や想像を炙り出すものであり，政府関係者による発言はそうした言説や想像に基づきつつ特定の意図をもって使用されたレトリックであると考えられる．

まず，一連の報道は，ソビエト連邦崩壊と冷戦終結を経た時代の国際秩序における政策論議のなかで，欧米の政府関係者や研究者，NGO関係者らに共有された言説の延長線上にあると考えられる．

第1章で詳述したように，そうした言説においては，武力紛争を引き起こすリスクを高める要素として，貧困，欠乏，社会的排除，国家の脆弱性・失敗・破綻，エスニック間の対立，資源をめぐる競争，汚職，経済的利益を追求するエリートによる国家の利用や人々の扇動などが挙げられた．そして，この主流化した言説においては，とりわけ貧困や社会的排除，社会規範の弱体化などの諸問題に直面している人々は，ほかに収入の道がないゆえに戦闘集団の誘いに乗ったり，非合法取引を通じて国際犯罪組織の活動に関与したり，不満が集団的闘争心に変化して暴走したり，希望を失い絶望して自暴自棄になったり，扇動されて他者を憎んだり残酷になるなどして，暴力に加担するリスクが高いものとして論じられてきた．GSの武力紛争の背景を，植民地主義の遺産やグローバルな不平等，世界システムにおける搾取といった外的・国際的問題に求める論は影を潜め，代わって貧困状況や政府の統治能力，民主主義の定着度合い，人々の関係性といった内的問題に武力紛争の根本原因を見出す議論が主潮になり，GSの人々を程度の差こそあれ武力紛争を引き起こしたり，それに加担したりするリスクが高い存在として危険視する議論が主流化したのである．

このような言説が，1990年代以降の約30年にわたり国際的な政策論議やそれに関する報道において定着してきたことに鑑みれば，欧米の報道関係者にとって，ロシアのウクライナ侵攻はショッキングであったであろう．つまり，彼らは，武力紛争が引き起こされるリスクが高いのは概して貧困にあえいでいたり，欧米が理想とする民主主義的な制度が定着していなかったりする国々であり，大多数のGSの国々と比べれば経済的に豊かなウクライナで大規模な武力紛争が起きるリスクは比較的小さく，欧州で武力紛争が起きるリスクは極めて低いものと捉えていたからこそ，ウクライナでの惨状を前に「こんなことが起こるなんて予期していなかったし望みもしなかった」といった率直な感想を吐露したと言えよう．

ただし，ここで留意すべきなのは，西欧の言説における東欧やロシアの人々の位置付けは歴史的に曖昧であった点である．この点は，本章冒頭で紹介したCBSのチャーリー・ダガタがウクライナに関して「注意深く」選んだという言葉――「比較的文明的で比較的欧州的な（relatively civilized, relatively European）」にも表出していた．すなわち，歴史的に，西欧的な言説において，東欧やロシアの人々は完全に文明的で欧州的だとは必ずしも捉えられておらず，むしろ比較的遅れた劣った存在ないし「汚れた白人」（dirty whites）としてカテゴライズされたり，その欧州性が疑問視されたりする傾向もあった［Böröcz 2021］.

しかし，ロシアによるウクライナ侵攻後，先述の報道関係者や政府関係者の言説のなかで，ウクライナ人は少なくとも暫定的に欧州性や白人性を付与され，彼らの苦しみはあってはならないものとして論じられ，彼らには欧州人ないし白人が「享受してしかるべき」特権――例えば，後述するように，戦禍を逃れた人々が他国で優先的待遇を受けるなど――が与えられていった．

ウクライナ人に暫定的な欧州性や白人性が付与された背景としては，おそらくウクライナ及び欧米諸国そしてそれらの国々の思惑と共鳴した報道関係者による思考傾向を挙げることができるだろう．まず，ウクライナ政府関係者としては，ロシアの攻撃を文明や欧州との戦いとしてフレーミングし，ロシアを文明や欧州ないし白人世界の外側の野蛮な存在として位置付けることは，欧米諸国からの軍事的・政治的支援を得るためのレトリックとして重要であっただろう．

そして，先述の欧州諸国の政府関係者の発言からは，ウクライナ人を「我々と同じ」白人であり知性が高く他の地域からの難民とは違う文明的な存在として表象することで，ウクライナ人に対する優先的待遇を正当化しようとする意図を垣間見ることができる．そして，ウクライナ政府を支持したり，ウクライナから逃れてきた人々に同情したりした報道関係者も，様々な思惑が絡み合うなかで，ウクライナ人を「汚れた白人」といった曖昧な存在ではなく，「我々と同じ」欧州人であり白人であり文明的な存在として暫定的に表象したと考えられる．

第3節　政策・施策上の危険な帰結

いかなる「善良な意図」や政治的必要性があろうとも，先に挙げた報道関係者や政府関係者の発言や記述は人種主義的である．そして，こうした発言や記述は，過去あるいは現在・未来の人種主義的な政策や実践を正当化する帰結を持ちうる．ここでは，そのいくつかの例を示してみよう．

第1に，ロシアによるウクライナ侵攻以降，中東系やアフリカ系，アジア系などの人々がウクライナを出国しようとしたり，周辺欧州諸国の国境に到着したりしたとき，ウクライナ人ないし白人とは異なる扱いを受けた．ウクライナの人々が周辺国との国境を越える際，ウクライナあるいは周辺国の担当者に迅速に対処されたのに対し，中東系やアフリカ系，アジア系などの学生や住民は，国境周辺で何の助けもなく長時間座らされたり，国境で立ち往生したりしたことが報告された［Euro-Med Monitor 2022］．

これについては，2月28日にアフリカ連合（AU）が，「ウクライナから出国しようとするアフリカ人に対する不当な扱いが報告されたことに関するアフリカ連合の声明」を発表し，ウクライナを出国しようとするアフリカ人が容認し難い異質な扱いを受けていることは，衝撃的な人種差別であり国際法違反であると論じた［African Union 2022］．3月1日には国際移住機関（IOM）も，ウクライナ国境での第三国人に対する差別・暴力・ゼノフォビアにあたる行為が，信頼できる情報に基づき確認されていると発表し，人種・民族・国籍などによる差別は容認できないと訴えた［IOM 2022］．

中東，アフリカ，アジアなどの人々の死と苦しみを想定の範囲内で容認できるものと見なす言説は，人権の保護を欧州人ないし白人にのみ適用し，他のグループを排除する人種主義的な行動に顕れ出ていたと言えるだろう．

第2に，ロシアによるウクライナ侵攻を受けて，多くの欧州諸国は，ウクライナから出国する人々を歓迎し，彼らの受け入れと居住を促進する決定を下した．2022年5月までには，ウクライナ人は亡命を申請することなく最長3年間EU諸国に滞在することができたり，EU諸国に逃れてきたウクライナ人には，居住権や住宅・社会福祉支援・医療・教育へのアクセス，労働市場へのアクセスなど，様々な権利を与えられた[18]．

こうした支援自体は望ましいものであるが，このような対応は，それまで欧州諸国が中東や北アフリカなどの武力紛争から逃れてきた人々に対してとってきた拒絶や送還といった行動とは対照的であった．例えば，ハンガリーはウクライナ人を歓迎した一方で，アフリカや中東からの難民が国内に入るのを防ぐために巨大なフェンスを建設済みだった［Tary 2022］．同様にウクライナ人を歓迎したデンマークも，シリアから逃れてきた人々を，抑圧と死に直面する可能性があるにもかかわらずシリアのロシア支配地域へ送り返そうとしてきた［Tary 2022］．欧州委員会のウルスラ・フォン・デア・ライエン委員長は，「欧州はプーチンの爆撃から逃れる全ての人々を歓迎する」と述べたが［Tary 2022］，2020年に彼女は中東や北アフリカなどから逃れてくる人々から欧州を守る「盾」としてギリシャを賞賛し，ギリシャ政府に対し，亡命希望者の取り締まりを継続できるようEUが7億ユーロの資金を提供すると約束したことすらある［European Commission 2020］．

ウクライナに関する報道や発言は，欧州において長年にわたり実行されてきた人種主義的な政策を反映しており，戦禍を逃れてきた人々に対して肌や瞳の色などによって異なる対応をする行為を助長するものであると言えよう．

第3に，ウクライナをめぐる報道関係者や政府関係者の言説においては，欧州が第1次・第2次世界大戦，1998年まで数十年にわたって続いた北アイルランド戦争，1990年代の旧ユーゴスラビアでの武力紛争をはじめとする様々な武力紛争の舞台となってきた事実が忘れ去られている．さらには，2001年以降にアフガニスタンやイラクに侵攻して現在に至る状況を作り出したのも，2015年からイエメンで攻撃を行ったサウジアラビアを軍事的・政治的に支援してきたのも欧米諸国であることや，とりわけアメリカは2015年以降だけでもイエメン，シリア，パキスタン，リビアなどにおいて無人機による攻撃を繰り返してきたという事実[19]も，あたかも存在しなかったことかのように消しされられている．そのうえで，近年の欧米諸国の行為により被害を受けてきた人々の苦しみを，彼ら自身の貧しさや非文明性に起因するのだと責任転嫁すらしているのである．

アメリカン大学の研究者らが2020年に発表した調査結果によれば，2001年以降，北アフリカ，西・中央アジア，アフリカの角で，3700万人以上がアメリカとその同盟国の行為により避難を余儀なくされた［Vine et al., 2020］．欧州ないし白人を，戦争とは無縁の文明的な存在と見なし，戦争を非欧州の，非白人の，あるいは第三世界ないし貧しい地域の人々の専売特許であるかのように論じる言説は，そうした地域から欧州に逃れてくる人々の少なくとも一定数が，欧米諸国自身による侵略や攻撃などの帰結として故郷を追われている事実を，忘却の彼方に押しやっていると言えるだろう．

加えて，こうした言説は，欧州人ないし白人による侵略や攻撃に抵抗しようとする人々の行為を貧しさや非文明性ゆえの暴力行為やテロ行為だと見なす言説と不可分に結びついている．ウクライナの人々が自国の防衛のために武器を手にしたとき，欧米の報道関係者は彼らの抵抗や民族自決の権利を支持した．しかし，アフガニスタン，イエメン，パレスチナなどの人々が，欧米諸国あるいは欧米諸国から政治的・軍事的支援を受けた国による攻撃から自らの故郷を守るべく戦おうとしたとき，欧米の報道関係者は彼らをしばしば暴力的な抵抗者あるいはテロリストとして描いてきた[20)]．肌の白い欧州人が他国による侵略に抵抗すれば，それは崇高で正当な行為として扱われ，有色の非欧州人が同じことを行えば，それは非文明性の兆候であり非難すべき犯罪だと見なされる．ウクライナをめぐる言説は，こうした差別的な見方やそれに基づく政策・実践を反映するとともに，それらを助長するものであると言えるだろう．

第4に，ウクライナの人々に早期に約束されたり，集められたりした巨額の人道援助資金とそれを用いた活動自体は望ましいものである一方で，非欧州の非白人が直面する人道危機に対する支援とは極めて様相を異にしている点に注目せざるをえない．

例えば，イエメンでは，同国の暫定政権と対立するイスラム教シーア派の武装組織フーシに対して，アメリカなどの欧米諸国による政治的・軍事的支援を受けたサウジアラビアを中心とする連合軍（他はカタール，クウェート，バーレーン，アラブ首長国連邦など）が2015年3月に空爆を開始し，2022年に入っても攻撃が続いていた．空爆により住居，学校，病院，市場，食料貯蔵庫，民生用の工場，港湾，国内避難民キャンプ，結婚式会場なども被害を受け，人道援助物資も届きにくい状態が続いた．NGO 等の事務所や倉庫も空爆を受けるなどして人道援助機能も低下し，食料・水・燃料・衛生用品等の欠乏による深刻な飢餓と疾病が蔓延していた．こうした状況について欧米諸国が行ってきたのは，被害者への人道援助というよりも，むしろサウジアラビアに対する政治的な支援や武器の移転であった．

国連難民高等弁務官事務所（UNHCR）による2022年5月25日の報告によると，イエメンで援助を要していたる人々の数は2340万人であった［UNHCR 2022］．同年のイエメンの人口が約3000万人であることを考えれば，住民の3分の2以上が援助を要する事態に陥っていたと言える．同じ UNHCR の報告によれば，

430万人以上が国内避難民となっており，8万3905人が難民となっており，1万3240人の亡命希望者がいた〔UNHCR 2022〕．このように多くの人が家を追われ飢餓や疾病に直面しているイエメンの人道危機に対応するために，UNHCRは2022年に約2億9130万USドルが必要だと推計していたが，同年5月23日時点では，その約18パーセントの約5300万USドルしか資金が集まっていなかった〔UNHCR 2022〕．

人道援助の現場では，ロシア・ウクライナ戦争の副産物として生じた燃料・食料・衛生用品などの価格高騰により，同じ資金額によって提供できる援助内容も目減りしてきた．こうしたなかで，非欧州の，非白人の，あるいは第三世界ないし貧しい地域の人々が人道危機に直面するのは想定ないし許容の範囲内だと見なす言説は，彼らに対する援助を停滞ないし減少させ，彼らの死と苦しみを常態化させかねない．

おわりに

肌や瞳の色や地理的な位置に関係なく，爆弾やミサイルは人間の生活やインフラを破壊する．他国による侵略などにより家を捨てて逃げざるをえない状況は，誰にとっても悲劇であろう．しかし，ロシア・ウクライナ戦争をめぐる報道や発言は，避難した人々が歓待と援助に値すると見なされるか否か，侵略への抵抗が正当と見なされるか否か，人道危機に対して必要な援助金額が充足されるか否かが，その対象者の人種的背景などによって大きく左右されることを示唆している．

「適切」な肌や瞳の色をしていて一定の生活水準を享受していたウクライナの人々の苦しみは欧米や日本などで怒りと同情，共感を呼び起こし，フェイスブックのアカウントの画像はウクライナ国旗の色に変わり，彼らによる抵抗は称賛され，政治的支持や人道援助物資から武器や機密情報に至るまで様々な支援が提供された．その一方で，非欧州の，非白人の，あるいは第三世界ないし貧しい地域の人々の死と苦しみは軽視され，看過され，彼らが欧州に逃れようとすれば危険視され追い返される憂き目にすらあい，彼らによる抵抗は「テロ活動」と見なされ，彼らがウクライナから逃れようとする際にも差別的待遇に苦しめられてきた．そして，冷戦終結後の国際秩序における政策論議のなかで主流化した開発・安全保障言説は，こうした差別を助長する機能を果たしてきたし，2022年以降のロシア・ウクライナ戦争の文脈でも同様の作用を及ぼしたと言えるだろう．

注

1）Alan MacLeod（https://twitter.com/AlanRMacLeod/status/149797 4911566061571, 2022年6月9日閲覧）.

2）Rayane Moussallem（https://twitter.com/RioMoussallem/status/1497535170450231301,, 2022年6月9日閲覧）.

3）Hannan, D. “Vladimir Putin's Monstrous Invasiois is an Attack on Civilisation,” *The Telegraph,* February 26, 2022（https://www.telegraph.co.uk/news/2022/02/26/vladimir-putins-monstrous-invasion-attack-civilisation/, 2022年11月8日閲覧）.

4）Alan MacLeod（https://twitter.com/AlanRMacLeod/status/1497981855764824065, 2022年6月9日閲覧）.

5）Al Jazeera PR（https://twitter.com/AlJazeera/status/1497986094289367044, 2022年6月9日閲覧）.

6）Alan MacLeod（https://twitter.com/AlanRMacLeod/status/1497976546170216448, 2022年6月9日閲覧）.

7）Dr. Malinda S. Smith（https://twitter.com/MalindaSmith/status/1498032183113515011, 2022年6月9日閲覧）.

8）Alan MacLeod（https://twitter.com/AlanRMacLeod/status/1498785652330180617, 2022年6月9日閲覧）.

9）Alan MacLeod（https://twitter.com/AlanRMacLeod/status/1499880226922319873, 2022年6月9日閲覧）.

10）CNN “New Day, aired March 15, 2022-08：30 ET,” *CNN Transcripts,* March 15, 2022（https://transcripts.cnn.com/show/nday/date/2022-03-15/segment/06, 2022年6月9日閲覧）.

11）例えば，Bayoumi, M.［2022］“They are ‘Civilized’ and ‘Look Like Us’: the Racist Coverage of Ukraine, *The Guardian,* March 2, 2022.

12）Alan MacLeod（https://twitter.com/AlanRMacLeod/status/1497974245737050120, 2022年6月9日閲覧）.

13）前掲注12.

14）The Diplomat “Zelensky Calls in the European Parliament for Ukraine's Accession to the EU: ‘Show That You Are on Our Side’,” *The Diplomat,* March 22, 2022（https://thediplomatinspain.com/en/2022/03/02/zelensky-calls-in-the-european-parliament-for-ukraines-accession-to-the-eu-show-that-you-are-on-our-side/, 2024年11月18日閲覧）.

15）Dmytro Kuleba（https://twitter.com/DmytroKuleba/status/1517850557926580224,

2022年６月９日閲覧).

16) European Commission, "Bulgaria Takes First Steps to Welcome Those Fleeing Ukraine," March 10, 2022 (https://migrant-integration.ec.europa.eu/news/bulgaria-takes-first-steps-welcome-those-fleeing-ukraine_en, 2024年11月８日閲覧).

17) David Bertho (https://twitter.com/dbertho/status/1497733050985328640, 2022 年６月９日閲覧).

18) Tary, A. [2022] "The Media, Refugees, and Racism: The Double Standard of Western Responses to the Ukraine Crisis," *Chicago Monitor,* May 27, 2022.

19) Benjamin, M. and Davies, N. J. S. 'The U. S. Drops an Average of 46 Bombs a Day: Why Should the World See Us as a Force for Peace ?," *Salon,* January 11, 2022 (https://www.salon.com/2022/01/11/the-us-drops-an-average-of-46-bombs-a-day-why-should-the-world-see-us-as-a-force-for-peace/, 2024年11月８日閲覧).

20) Asbali, N. "Why is Ukrainian Resistance Celebrated but Palestinians' Condemned ?," *Middle East Eye,* May 5, 2022 (https://www.middleeasteye.net/opinion/why-resistance-valourised-ukraine-and-condemned-palestine, 2024年11月27日閲覧).

第11章
開発・安全保障業界内の再考（rethinking）の動向と構造的問題

はじめに

2020年にブラック・ライヴズ・マター（BLM）運動が大陸や業界を超えて広がっていくなかで，開発・人道援助や関連アドボカシーの業界に埋め込まれた人種差別を問い直そうという動きがみられた．本章では，開発・人道援助などの業界における2020年以降の議論を紹介したうえで，いまだに人種主義の問題を表立って議論しにくい「人道的軍縮」分野の問題をいま一度指摘する．そして，そうした問題を踏まえたうえで「人道的軍縮」分野における日本のNGOの立ち位置を分析し，2024年の日本被団協に対するノーベル平和賞授与が意味しうるものを考察する．

第１節　Me Too 運動後，ブラック・ライヴズ・マター運動後の再考（rethinking）

2020年５月末にBLM 運動が盛り上がった当初，開発・人道援助や関連アドボカシー関連の組織は団体は，BLM 運動を支持し，一般市民に人種差別について教育・啓発するという立場からの声明や記事を発表した．しかしすぐに，彼ら自身のセクターに蔓延している人種差別についての批判が業界内部から噴出した．すなわち，BLM 運動により明らかになった，人種主義のシステミックかつ広範な性質を踏まえて論理的に考えれば，開発・人道関連業界だけ人種主義的でないなどありえないのではないか，そして実際に開発・人道関連業界には人種主義，白人至上主義，不平等，男性優越主義が根深く蔓延っているのだから，これに取り組むべきではないかという声が，コロナ禍の只中の2020年５月末以降，ツイッター（当時の名称）をはじめとするソーシャル・ネットワーク・サービス（SNS）中心にした場で次々と表明されていった

例えば，この業界では，白人を指導的地位に置く傾向や，有色人種よりも白

人を優遇する傾向があることは，それ以前からデータで示されていた．例えば，2018年にイギリスのチャリティ・セクターについて行われた調査では，英国では14%の人々が黒人・アジア系・少数民族（BAME）の背景を持つが，このセクターの従業員でそのような背景を持つ者は10人に 1 人未満であり，さらにこのセクターの指導者層約2000人を対象とした2018年の調査では，BAME はわずか5.3%だったことも示されていた[1]．類似の調査で調査対象となったイギリスのこのセクターの約500人の BAME 職員のうち約70%が，このセクターで人種差別を目撃したことがあるか，聞いたことがあると回答した[2]．そして，多くの BAME の業界関係者は，この業界において支配的な政策，慣行，文化により疎外される状況を語っていた[3]．その後，2020年に BLM 運動が盛り上がるなかで，この業界における構造的な人種主義や，この業界で見過ごされていた人種差別的な行動や態度について，#Aid Too，#DecolonizeAid，#DecolonizeDeveloipment，#RethinkingHumanitarianism をはじめとするハッシュタグを使って，SNS で広く問題提起され，こうした動きは再考（rethinking）ないし反省（reckoning）などと呼ばれるようになった．

そして，援助団体やアドボカシー団体が公然と名指しで批判されていった．例えば，国境なき医師団（MSF）については，2020年当時の元職員と現職員あわせて1000人以上が，この組織が「特権階級の白人」によって運営されており，「職員か患者かを問わず，有色人種の人々を裏切っていた」と論じる痛烈な公開書簡にサインしてインターネットで公開した[4]．そのほかにも，ウィメン・デリバー，オックスファム，ノーベル女性イニシアティブ，カソリック・リリーフ・サービスなど，他の組織の元スタッフや現役スタッフも，自分たちの組織やセクター全体で，人種主義，排除，白人至上主義が蔓延し，根強く存在していることについて，声明や証言を投稿していった．

例えば，被援助国において，現地のスタッフが，援助組織によって短期契約で雇われ，安全な雇用環境や安心な住居へのアクセスが制限されるケースがみられるが，援助国からのスタッフには安全な住居や資源へのアクセスが与えられる傾向があることについて，被援助国の援助関係者から多くの批判が集まった．そして，そうした組織において，これまで不平等な待遇や不正の内部報告が無視され，あるいは告発や要請をした人が脅迫されたり解雇されたりしてきたことも指摘された．

そして，このセクターにおける人種主義，経済的格差，男性優越主義，女性への差別といった様々な要素が折り重なることにより，援助関係者らによる性的虐待や性的搾取の温床を生み出してきたことも，あらためて議論がなされた．この問題は，ハイチでのOxfam職員による性的虐待や搾取を明らかにした2018年2月の報道をきっかけに，BLM運動前から報道され議論がなされてきた問題だが，BLM後にあらためて人種を含むインターセクショナルかつ構造的問題として議論されるようになった．

なお，この問題については日本語での報道も少ないため解説しておく．2018年2月9日，イギリスの主要新聞メディアであるタイムズ紙（The Times）は，一面トップ記事として「オックスファム上層部職員がハイチのサバイバーたちに金銭を払ってセックスした」（Top Oxfam staff paid Haiti survivors for sex）という記事を発表した[5]．この報道によれば，2010年にハイチで大地震が発生した後に，人道援助組織として現地に入ったOxfamイギリスの少なくとも7名の職員（ハイチ事務所の事務局長ローランド・ファンハウエルマイレンを含む）が，大地震の後の惨状のなかで，お金や食糧が必要な人々（未成年を含むとも言われる）を相手に金銭や支援と引き換えに性的行為を要求し，豪華な寮でセックスパーティーを繰り返していた．これについてオックスファムのなかで内部告発が行われ，ハイチ事務所の内部調査が行われたが，調査をしていた期間に，問題の職員のうち3人が目撃者などを身体的に威嚇，脅迫していた．また，問題となった7名のうち4名に対しては解雇措置がとられたが，事務局長を含む3名は自主退職（phased and dignified exit: 段階的に名誉を傷つけずに退職）のかたちをとり，退職した事務局長は国際NGO「アクション・アゲインスト・ハンガー」のバングラデシュ事務所の責任者に転職しており，転職に際してはオックスファム関係者から推薦状すら発行されていた．そして，行われた行為はハイチの法律において違法だったが，オックスファムは現地当局に報告しなかった．

こうした報道がなされた数日以内には，ファンハウエルマイレンの過去の経歴も明らかになった[6]．2004年にはリベリアで他の人道援助組織メルリン（Merlin）で働いていたが，その際もハイチで行ったことと同様の行為をして退職していた．しかし，その後オックスファムに転職し，まずはオックスファムのチャド・オフィスに配属され，ここでも同様の行為をしていたが，その後ハイチ・オフィスに転属されていた．ファンハウエルマイレンがオックスファムのチャド・オフィスにいることに気付いた元メルリンの職員（2004年にリベリアで彼を告発者した女性職員）は，当時オックスファムのチャド事業に資金を提供していたスウェーデン政府に警告したが，スウェーデン政府はこの警告にもかかわらずオックスファムのチャド事業に資金を提供し続けた．この元メルリンの職員は，2018年２月の報道を受けて，「彼はただシステムを巡り回るだけだった」，「誰かがまともにチェックすべきだった」と指摘した.[7)]

さらに2018年２月13日には，2012年からオックスファムの「グローバル・ヘッド・オブ・セーフガーディング」を務めたヘレン・エヴァンズがインタビューに答えるかたちで告発を行った.[8)] エヴァンズによれば，ハイチでの内部告発の後，オックスファム内部でセクシャル・ハラスメントなどの告発を受けて対応する「セーフガーディング」部門を作り，エヴァンズがその担当になった．そして，彼女は担当になった直後から，職員による他の職員に対する性的暴行やセクシャル・ハラスメント，人道援助の条件として性的行為を要求する行為，オックスファムのイギリス国内のチャリティー・ショップにおける未成年のボランティアに対する成人男性職員による性的暴行をはじめ，数多くの告発や相談を受けた．エヴァンズは，そうした告発や相談に対応するための人員やリソースが不足していると上層部に訴えたが，必要な人員は得られなかった．そこで，彼女は報告書を作成して，上層部の前で報告する機会を得たが，報告予定時刻の１時間前に報告は必要ないと言われ，その後も対応を幾度となくプッシュしたが，何も得られなかった.

こうした報道に対して，オックスファムのチーフ・エグゼクティブであったマーク・ゴールドリングはメディアのインタビューに次のように答えた.

> オックスファムが受けている攻撃の激しさと獰猛さに，私たちは一体何をしたのだろうと思ってしまう．私たちが赤ん坊をベビーベッドで殺したとでもいうのか？　私たちの罪の重さに比べて，あまりにも攻撃の規模が大きく激しすぎるのだ．私には理解しかねるね．なんてことだ，何かおかしなことが起こっている，という感じだ.[9)]

つまり，ハイチの事例に関するオックスファムに対する「攻撃」は理解不能であり，オックスファムはここまで非難されるほど悪いことをしていない，という反応であった.

オックスファム上層部がメディアにこのような対応をしている傍らで，同時に他の業界関係者に関しても次々に告発がなされた．例えば，最初のタイムズ紙の報道の翌日２月９日には，イギリスのブレンダン・コックスに関する報道がなされた.[10)] 彼は2003年から2006年までオックスファムで働き，2006年から2009年まで国際 NGO のクライシス・アクションに勤め，2009年から2010年まではイギリス首相特別顧問を務め，2011年から2015年までは国際 NGO のセーブ・ザ・チルドレンに勤務し，その後は自身のNGOを立ち上げたり，インフルエンサーとしてツイッター（現在のX）で人権，人道，女性の権利などについて発信したりしてマスメディアにも度々登場していた人物であった．この報道によれば，彼はセーブ・ザ・チルドレンに在職していた際にハラスメントや不適切な性的行為で内部告発を受けたが，内部調査が入ると退職していったとのことだった［The Mail 2018］．なおかつ，この報道では当時のコックスの上司であったジャスティン・フォーサイスについても同時に告発がなされた．フォーサイスもまたオックスファムに勤務した後にセーブ・ザ・チルドレンで働いていたが，コックスと同様にハラスメントや性的行為で内部告発され，内部調査が入ると退職していった［The Mail 2018］．しかもフォーサイスはその後，国連児童基金（UNICEF）の事務局次長（つまりナンバー２）に転職ないしキャリアアップしていた．なお，UNICEF事務局次長になった後，フォーサイスは日本にも来日して外務省関係者や議員などと会ったり，子どもの権利について講演をしたりしていた．

そして，こうした一連の報道をきっかけに，数多くのNGOや国連機関について類似の問題を告発する報道や，SNSなどでの#MeTooあるいは#AidTooハッシュタグを使った告発がなされた．そうした告発においては，援助の現場だけでなく本国のオフィスやチャリティーショップ内の性的暴行等も告発された．そして概して，団体内の性的暴行やハラスメント，人道援助を条件にした性行為の強要などが発生したときに，内部の告発者は脅迫されるなどした．被害者自身が告発した場合に，加害者に対しては何の措置もなされず，被害者に解雇通知が渡された（通知を渡したのは加害者である上司であった）事例も挙げられた．そして，性的搾取等の被害者は女性だけでなく男性（とりわけ男児）もいることが指摘されたり，加害者は団体から団体へと転職（ないしキャリアアップ）していく傾向が問題視されるなどした．

なお，2018年２月以降の一連の報道を受けて，筆者及び筆者の周囲の元オックスファム関係者の反応は，概して「残念ながら驚かない」といったものだった．報道に対するゴールドリングによる対応の仕方にも，驚くべき点はなかった．なぜなら，同様のことはオックスファムの様々な現場で生じていたからである．例えば，日本のオックスファムでも2010年代前半にマネージメント層による資金乱用や寄付金詐欺の可能性，パワーハラスメントや労働基準法違反などについて職員が内部告発をした際に，オックスファム内の「協議」や内部調査が行われたものの，告発するなどした職員（筆者を含む）には退職が促され，問題は隠蔽され，関連公機関には報告がなされず，事務局長は責任を問われないままに退職して他の援助組織に転職していた．もちろん，同時期に起きていたハイチ事務所での内部告発については日本の事務所にいた筆者にも知らされていなかったし，「セーフガーディング」部門が設けられたことも伝えられていなかった．

また，筆者の周囲の開発・人道業界関係者も，概して一連の報道について驚いてはいなかった．そもそも，GS の人道支援の現場では，お金を持った GN の援助関係者の男性と現地の若い女性の姿はほぼ日常的にみられる現象であった．さらに，GS の現地女性に金銭や援助と引き換えに（あるいは金銭や援助をちらつかせて）性的行為をすることは，日本の援助組織関係者や研究者についてもしばしば業界内で指摘される行為であった．2018年 2 月以降に報道された事象は，開発援助・人道援助業界における諸問題の氷山の一角にすぎなかった．

ただし，2018年当時の議論は，開発援助・人道援助業界のなかのセクシャル・ハラスメントや性的搾取，性的暴行の問題として論じられる傾向があった．これについて，2020年に BLM 運動が盛り上がって以降は，このような行為を可能にして隠蔽を容易にしてきた組織内・業界内のインターセクショナルな構造的・制度的・文化的問題を議論すべきだと，議論が再燃した．つまり，誰の専門性が評価され，誰の声が聞かれ，誰が決定権を得ている業界ゆえにこのような問題が起きるのかを複眼的に再検討すべきだとの議論が盛り上がった．

そして，被援助国の人々や援助従事者は，この業界において自分たちの考えや提案，知識がことごとく矮小化され，無視されてきたことを，ツイッターや他のプラットフォームで指摘するようになった．例えばある論者は，この業界には GS の人々が自分たちの仕事を遂行することを信頼できないという考えが根強く，それゆえに白人の「エクスパット」たちが海外渡航を繰り返してプロジェクトをマネージする必要があるという考えが根強いのだと論じた[11)]．

また，例えば2016年にトルコのイスタンブールで180カ国から約9000人もの参加者を得て開催された「世界人道サミット」で援助ドナー国政府・国連機関・NGO 等が署名した合意文書である「グランド・バーゲン[12)]」の達成状況が芳しくないことも指摘された．この文書には，2020年までに世界の人道援助資金の少なくとも25パーセントを現地あるいは国内のレスポンダーに可能な限り直接提供することが盛り込まれていた．しかし，2019年の現地・国内のレスポンダーに直接に供与された人道援助資金の割合は，「少なくとも25パーセント」どころか2.1パーセントであった．つまり，援助資金のほぼ全てはドナー国の援助組織，国際機関，国際 NGO にまずは流れ，「現地」でも資金の多くは国際 NGO の現地事務所に流れ，そこから「下請け，孫請け，ひ孫請け」的に現地 NGO に配分されることもある．このような状況では，外部アクターの利益や優先事項などが援助資金の配分を左右することになるのは当然である．こうした数字をもとに，この業界は巨額の資金を費やして「世界人道サミット」といった大規模な会議を開催して口先だけの話をしているだけで，実際には合意したことにすら取り組んでおらず，人道的資金のほとんどは国際的な大手 NGO や国連機関などに流れ続けていることが問題視された．

そして，2020年に BLM 運動が盛り上がるなかで，この援助の「現地化」の試みが結局レトリックだけに終わっていることの根深い理由の1つは，人種主義なのではないかという指摘が，人道援助論に関する研究業界で著名なイギリスの白人男性研究者のヒューゴ・スリムからも提起された[13]．そして，現地の援助組織関係者がプロジェクトを計画し管理しその資金をマネージする能力については懐疑の眼差しが向けられ，彼らが直面する紛争状況について政治的見解を示すと人道援助を政治化させるリスクがあるなどと言われる一方で，大手国際 NGO や国連機関には，そうした組織の職員による性犯罪や資金の不正使用を防ぐことができていないにもかかわらず，巨額の人道援助資金が流れている背景には，この業界で権力を有している GN の人々による人種主義的なまなざし（racist gaze）があるのではないかといった議論が盛んになった．

開発・人道援助業界において2020年より前に人種差別の問題について公に声を挙げにくかった背景として，この業界が援助という「善いことをしている」から「善い」存在だと見なされがちだった点が指摘されている[14]．しかし，とりわけ2020年に BLM 運動が盛り上がって以降，開発・人道援助や関連アドボカシーに携わる業界については，様々な議論が行われてきた．そして，こうした議論は，開発・人道援助や関連アドボカシーにおける人種主義的な構造，システム，用語，概念，実践，態度に今後どう対処すべきか，という難問をつきつけている．もちろん，このような議論が可能になったことが，実際の個々の現場における状況の改善をただちに意味するものではない．2024年11月現在も，この業界における人種主義や援助の現場等での性的搾取・性的暴行等に関する新たな訴えは続いている．この議論が人種主義を含むインターセクショナルな問題の解消に結び付くか否かは，今後の同業界における動向次第だろう．

第２節　続く人種主義
――ガザの人々への連帯を示した有色人種職員の解雇事例――

前節で紹介したように，2020年以降，開発・人道援助や関連アドボカシーの業界において自らの業界内部の人種主義問題に関して議論が展開されている．また，この業界においては，自らの業界を「援助業界」（aid industry）などと呼ぶことに大きな躊躇いはみられない[15]．

これに対して，「人道的軍縮」関係者のなかで，2020年以降にこの業界の人種主義・GN 中心主義・男性優越主義に関して表立った言論活動はほとんどなされてこなかった．そして，筆者の経験上ではあるが，この業界の関係者には，自らを「業界」（industry）と呼ぶことに程度の差こそあれ忌避感を示す傾向が見られ，これはあたかも，自らを商業的な利益や金銭的な俗世間の物事とはかけ離れた存在と位置付けているかのようである――実際にはとりわけ GN の NGO や国連関連機関に毎年相当額の資金が流れ込み，全世界で毎年何百億円あるいはそれ以上の資金を費やして様々な国際会議が開催され，兵器産業・防衛産業関係者を含むアクターが交流し，多くの人々が雇用されキャリアを築いている業界であるにも関わらず．そのような「人道的軍縮」業界においても，次に示すように2023年10月以降には，業界内における GS のあるいは有色人種の人々への差別問題が表面化した事件が「キラーロボット反対キャンペーン」（SKR）で生じた．しかし，結局2024年11月現在のところは，問題提起をした人々が疎外される状況が続いていると言える．

SKR は，それまでの「人道的軍縮」キャンペーンに関与した NGO に加えて人口知能（AI）関連の NGO・研究者も参加して，2013年に設立された．そして，人間の関与なしに殺傷の可否を判断するような兵器システムの開発や使用等を禁止する条約を求めるとともに，国際人道法の遵守等を唱えて活動を展開し，2023年10月には70カ国以上の NGO250 団体以上が加盟していた．

しかし，同月に SKR で問題が生じた．順を追って説明しよう．まず，2020年９月に SKR の事務局職員になったオスマン・ヌアは，2023年10月14日に，パレスチナの人々に対するアパルトヘイトに終止符を打つこと等を求める個人的見解を，ヌア個人の X（旧ツイッター）アカウントに投稿し[16]，他の SNS でも主に友人宛てに同様の個人的投稿を行なった．その直後の10月27日，ヌアは SKR との契約終了（解雇）を通知された．

解雇通知には，ヌアとの契約を2024年1月末に終了するが，ヌアには11月22日までの再審理請求権があると記されていた．また，ヌアによれば，解雇の場合は退職3カ月前に本人に通知するとのルールになっていた．にもかかわらず，10月27日時点でSKRの業務用メールアドレスと業務用データに対するヌアのアクセス権限は停止され，その直後には，SKRウェブサイトのスタッフ紹介ページからもヌアの名前や写真が削除された．10月30日には，当時のSKR事務局長（イギリス出身白人男性のリチャード・モイーズ）が，ヌアについて「すでに事務局を退職した」と過去完了形で周知するメールを関係各方面に発信した．送信先には，SKR加盟団体関係者やその他支持者数百人が入っているメーリングリスト（以下，ML）も含まれていた．

SKR加盟団体関係者から連絡を受けて問題を認識したヌアは，10月31日に関係各方面にメールを送付し，実際には自身はまだ退職していないことや，彼に渡された解雇通知の内容（彼のイスラエル・パレスチナに関するコミュニケーションが解雇理由であることを示唆した文面）などを明らかにした．これを受け，一部のSKR加盟NGO関係者――とりわけGSないし有色人種のNGO関係者――からの批判や質問のメールがMLに送信された．

これに対して，SKRの運営委員会（Steering Committee, SKRの重要な意思決定や事務局の監督等を行う委員会，以下SC）を代表して，マインズ・アクション・カナダ（MAC）に所属する白人女性が，ヌアの解雇理由は彼がイスラエル・パレスチナに関する個人的見解を表明したことが理由ではなく彼の「別の問題」によるものであるが詳細は共有できないという趣旨のメールをMLに送付した．

さらに，SKRはヌアに対して，11月末から12月初旬に2回の「ヒアリング」を行うことを通知したが，ヌアは彼のSKR業務用メールアドレスにも彼自身の個人情報が含まれるSKR業務用データにもアクセス権限が停止されたままであった．つまり，解雇通知に至るまでのメールのやりとりなどの記録にヌア本人がアクセスできず，ヒアリングにあたってヌアが自身の証拠を示すことが困難な状態になっていた．ヌアはメールアドレスや業務用データへのアクセスを求め，SKR加盟NGO関係者（とりわけGSのNGO関係者や有色人種のNGO関係者）のなかにはこれを支持する人々もいたが，結局ヌアには業務用データへのアクセス権が与えられないまま「ヒアリング」が実施された．

この状況を前に，ヌアは2023年11月上旬に自身のウェブサイトを立ち上げ，そこで反論を展開した[17]．それによれば，10月14日よりも前にSKRがヌアの言動や勤務状況について問題視したり警告したりしたことはなかった．また，

SKR 加盟 NGO 関係者からの情報によれば，2023年12月には，SKR 事務局長以外の事務局職員らが，ヌアの解雇決定に自分たちは関与していないとのメールを ML に送っていた．つまり，当時の SKR 事務局長以外の事務局職員がヌアの解雇を求めたわけでもなかった．加えて，SKR 関係者のなかには，それまで様々なセンシティブな問題について個人的な見解を SNS 等で発信してきた者もみられるが，彼らの行為は問題視されていなかった．

それでは，なぜヌアに解雇通知が渡されたのか．ヌアは先述のウェブサイトにおいて，オーストリア政府の影響を指摘している．ヌアに解雇通知が渡された2023年10月27日に開催されていた第10回国際連合緊急特別総会では，パレスチナとイスラエルの状況を踏まえ，敵対行為の停止につながる即時かつ持続的な人道的休戦や国際人道法・人権法等の遵守，ガザ地区への人道援助の確保などを盛り込んだ決議「民間人の保護と法的・人道的義務の遵守」が採択された[18]．そして，この際に反対票を投じたオーストリアは，2018年に政府として最初に SKR に資金を提供し始めたドナー国であり SKR の重要な協働国であった．

実際に，2023年の国連総会第 1 委員会では，決議「自律型致死兵器システム」がオーストリアを筆頭とする国々により SKR と協働しつつ提案され，11月 2 日に採択された[19]．この決議は，国連事務総長に対して，自律型致死兵器システムに関する国連加盟国・オブザーバー国・その他アクターの見解を取り纏めて2024年の国連総会に提出することを求めるものであり，自律型致死兵器システムに関する国連での条約交渉プロセスに向けた第一歩になりうるものだった．

2023年12月までには，SKR 加盟 NGO が，SC 構成団体の各代表者は具体的に誰でどのように意思決定を行なっているのか，SKR はどのドナーから資金を得てきたのか，といった質問を ML に投げかけた．なお，同年12月13日・14日にフィリピンのマニラで開催された自律型兵器に関する地域会議に参加した主にアジア地域の SKR 加盟 NGO 関係者（2013年の SKR 設立時期から参加していた人物も含む）6 名ほどに，現地で筆者が聞き取りを行なったところ，彼らも SC の名簿や意思決定方法，SKR の財源などを把握していなかった．そして，この地域会議に参加した SKR 加盟 NGO 関係者の有志は，ヌアに公正な審理プロセスが確保されることや SC の透明性・説明責任を確保すること，SKR の運営体制・方法を見直すこと等を求める共同見解メールを12月後半に ML に送付した．12月後半には，ヌアを支持するオンライン署名が開始され，2024年 1 月 9 日までに約1330団体・個人が署名した．ただし，SKR 内部においては，SC に批判的な SKR 加盟 NGO に対して「過激だ」「平和的ではない」といったレッテルが貼られ，結局はヌアに対する解雇決定も覆らなかった．

なお，2023年10月時点で，SKR の SC は，アーティクル36（当時の SKR 事務局長であったモイーズが所属していたイギリスの NGO），アムネスティ・インターナショナル，国際ロボット兵器規制委員会（ICRAC），パックス（PAX），ヒューマン・ライツ・ウォッチ（HRW），婦人国際平和自由連盟（WILPF），MAC という欧米を主拠点とする７団体と，「ラテンアメリカ・カリブ海の人間の安全保障」（SEHLAC）及び日本の「難民を助ける会」（AAR）の計９団体で構成されていた．SC は SKR 加盟団体による選挙により選ばれるわけではなく，先述のように，具体的な SC 関係者名簿すら加盟団体に周知されていなかった．

第３節　「人道的軍縮」キャンペーンの構造的問題

筆者が知りうる限りでは，「人道的軍縮」の様々なキャンペーンに比較的長く（目安としては10年以上）関与してきた人々には，SKR の一連の出来事を「よくあることがまた起きている」と捉えている者も多かった．筆者は SKR に関与しておらず，SC や事務局長によるオーストリア政府に対する配慮・付度が今回の解雇決定に及ぼした影響の有無を判断するための情報を有していない．しかし，そうした影響が現実に存在したか否かにかかわらず，ヌアが自身のウェブサイトに時系列で詳細に示した過程・経験自体は，筆者にも馴染みのある状況であった．なぜなら，第９章第３節で一例を示したように，1990年代以降の「人道的軍縮」の様々なキャンペーンでは，類似の事例が繰り返し起きていたためである．

「人道的軍縮」については，カナダ，ノルウェー，イギリス，オーストリア，アメリカなどの欧米諸国が合意形成プロセスを主導したり，議論の中心を占めたりしてきた．そして「人道的軍縮」キャンペーンも，GS の市民社会を代弁することを謳いつつ，欧米（とりわけ英語圏）の白人の NGO 関係者が意思決定を担い，その事務局も白人職員が占める傾向があった．例えば2020年５月末時点で，SKR の事務局職員は全員白人であった．そして，同月末以降にブラック・ライヴズ・マター運動が盛り上がり，SKR の人々が白人ばかりの事務局構成に問題意識を持つなかで同年９月に新規採用した人物こそが，イギリスで生まれ育ちロンドン大学とオックスフォード大学で学んだ人権弁護士であり両親が南アジア出身（つまり，イギリス人エリート男性だが見た目が南アジア系の）のヌアであった.

そもそも，1つの「人道的軍縮」キャンペーンの意思決定に深く関与するためには，軍縮・軍備管理や国際人道法等の専門知識を有する有給職員を可能な限り複数名かつ長期間（条約交渉前の議論や交渉中及び条約採択後の期間）にわたり雇用する必要があるが，それが可能な組織は国際的にも限定される．それゆえ，GNに拠点を置き資金力が高く安定した大手国際NGOや軍縮・安全保障系に特化したGNの大手NGOといった少数の団体が，複数の「人道的軍縮」キャンペーンの意思決定に深く関与する現象がみられる．例えば，ヌアの解雇決定が行なわれた際にSKRのSC構成団体を代表していた人々について筆者が2023年12月から2024年1月まで調査を行い1人ひとり特定していったところ，特定できた13名のうち少なくとも約半数は，第9章で例示したCAにおいて，差別や不透明な意思決定などに関するGSのNGOによる告発や改善要求を抑え込む役割を果たしていたり，そうした告発を前に沈黙したりしていた人物たちであった.

2024年1月末日に，ヌアは解雇された．彼を支持したり，SKRに透明性と説明責任を求めたり，軍事的有用性がほぼないLAWSの禁止を求めるだけではなくイスラエルなどによって実際に使用されている完全自律型でないAI兵器もSKRとして問題視すべきだとSKR内で訴えたりしていたGSのNGO数団体も，2月までにはSKRからの脱退を余儀なくされた．非白人のNGO関係者が運営するアメリカのNGOは，脱退せずにSRK内にとどまって問題提起し続ける選択をしたが，この団体に対しては，SKRは何の予告もなくSKRのメンバーリストからもメーリングリストからも排除する対応をとったという.

この頃にSKRのSCは，ヌアが2023年10月にイスラエルとガザに関する個人的見解をXに投稿した時期に同じ趣旨のメッセージを様々なSNSのメッセージリストに送っていたが，そのなかに，過去の国際会議の参加者の一部（NGOや政府関係者など）がその旅程などを確認するために比較的インフォーマルに作成されたリストが含まれており，それはSKRの公式なリストだと言えなくもないため，ヌアはこの公式なリストに組織の了解なく個人的見解を送付したのであり，これが解雇理由なのだといった説明をし始めた．しかし，これは解雇理由としては不十分であると言わざるをえない．なぜなら，例えばこれまで「人道的軍縮」キャンペーンにおいて，キャンペーンの関係者や政府関係者などが含まれたメーリングリストなどでGNの白人NGO関係者が個人的見解を送ることはむしろ日常的な行動であり，「人道的軍縮」キャンペーンの白人 NGO 関係者が GS の加盟 NGO の了承なく彼らの国々に関する提言をキャンペーンの公式 SNS で述べることも日常的な行動だからである．さらに，SC の「解雇理由」は，10月27日時点でヌアに対して SKR の業務用メールアドレスと業務用データへのアクセス権限を即座に停止してヌアが解雇決定に対して反論することすら困難にするなどといった，彼の労働者としての権利を侵害した一連の行為を正当化できるものとは言い難い．

第 9 章で述べたように，1990年代以降，「人道的軍縮」キャンペーンでは，関連資金が比較的少数の GN の NGO やキャンペーン事務局に流れ，GN で主に白人の人材が育成され，彼らに意思決定権が集中する一方で，彼らに従順でない GS あるいは有色人種の NGO 関係者は困難に直面してきた．そして，GS では GN の NGO に対して従順で「わきまえている」NGO が生き残りやすくなり，専門性のある（それゆえに持論があり必ずしも「従順」ではない）人材は生き残りにくくなり，ますます GN の NGO 主導の体制になる状態が，約30年にわたって続いてきた．

ヌアの事例について業界関係者のなかで「また起きている」といった会話が飛び交うほど，「人道的軍縮」キャンペーンで差別や排除が常態化しているという構造的問題について，私たちは明確に認識すべきではないだろうか．そして，人種主義・GN 中心主義・男性優越主義的な「人道的軍縮」キャンペーンの言説や活動の限界に目を向け，今後の軍備管理・軍縮の方向性や業界のありかたを再考する作業が必要な時期に差し掛かっているのではないだろうか．

おわりに
――日本被団協へのノーベル平和賞授与が意味するもの――

1990年代以降の NGO による「人道的軍縮」キャンペーンには，「グローバル市民社会」として既存の大国中心の世界秩序に抗したり，GS の人々を代弁しエンパワーしたり，「人間の安全保障」に貢献したりする可能性が期待された．しかし，そうしたキャンペーンがしばしば女性をコーディネーターや事務局長に掲げて活動を展開し，1997年に ICBL とその事務局長のウィリアムズが連名でノーベル平和賞を受賞し，さらに2017年に ICAN がノーベル平和賞を受賞したことは，「人道的軍縮」キャンペーンの男性中心・GN 中心・白人中心的な構造をノーベル平和賞という権威により覆い隠し，冷戦終結後の欧米中心の世界秩序に抗するというよりもその一部となり，GS の人々をディスエンパワーする方向に作用してきた可能性は否めない．また，第9章第4節で詳述したように，そうした「人道的軍縮」キャンペーンは，各国の軍備拡張や武器貿易の増加傾向に歯止めをかける役割も果たしているとは言い難く，2024年11月現在ロシア・ウクライナやイスラエル・パレスチナで生じている紛争や惨禍を助長する方向に機能してきた可能性すら否めない．

そのような「人道的軍縮」キャンペーンにおいて，日本のNGO関係者の立ち位置は必ずしも一定ではない．日本の「人道的軍縮」NGOは，欧米の関連NGOほど自己資金が潤沢ではないものの，GSのNGOに比べれば比較的自己資金があり，GSのNGOに比べればGNのNGOの機嫌を取りながら活動する必要はやや少ない．なかでも，核兵器関連のキャンペーンの文脈では，日本人の「ヒバクシャ」や被爆国である日本のNGO関係者は，非白人で英語ネイティブでない者も優遇される傾向にある．

また，核兵器以外のテーマ（例えば通常兵器）の場合には，「人道的軍縮」キャンペーン内部での日本のNGOの影響力や発言力は比較的弱く，資金力や専門性も高いとは言い難く，むしろ欧米NGOの意向に沿って動きつつ「人道的軍縮」キャンペーンというバンドワゴンに乗ってその威光を活用して活動する傾向がみられる．また，第8章で明らかにしたように，欧米の（主に白人の）研究者やNGO，メディア関係者が独占する傾向がある英語での言論空間において，「日本の武器所持規制の事例」については，事実とは全く異なる神話が「真実」として語られるような状況にある．そして，前者の核兵器分野の日本のNGOの優遇された立ち位置からも，後者の核兵器以外のテーマの場合の「従順」な日本のNGOの立ち位置からも，GSのNGOの窮状は見えにくいだろう．

そして，2003年に報告者がこの業界に関与し始めて以降，管見の限りにおいて，実際に「人道的軍縮」キャンペーン内部においてGSないし非白人のNGO関係者に対する差別や排除が行われようとしたないし行われていた際に，日本のNGOには，本書第9章第3節で言及した少数の例外を除けば，概してGSのNGOの力になろうとするというよりはむしろ沈黙することによりGNないし白人のNGOに利するか，あるいはGNないし白人のNGOの側につく選択を行う傾向が見うけられる．

例えば，先述のようにSRKにおいてはヌアに解雇が通知され，彼にはこの解雇に異を唱えるための公正な手続きすら与えられなかった．さらに，ヌアを支持したり，ヌアへの公正な手続きを求めたりしたいくつかのGSないし有色人種のSKR加盟団体は同キャンペーンを去らざるをえなくなった．そして，こうした元SKR元加盟団体や現加盟団体の当事者およびヌアからの情報によれば，こうした一連の出来事が生じていた期間に，2023年10月時点でSKRの運営委員会（SC）メンバーであった難民を助ける会（AAR）にも，他の日本に主拠点を置くSKR加盟団体のヒューマンライツ・ナウ，創価学会インターナショナル，国際学生会議にも，SKR加盟団体の「科学と世界の諸問題に関するパグウォッシュ会議」（通称「パグウォッシュ会議」）の日本のメンバーにも，ヌアの解雇問題に異を唱えたりGSないし非白人の排除を止めようとしたりといった動きは見られなかった．

2024年11月27日現在まで，SKRや他の「人道的軍縮」キャンペーンでGSあるいは非白人のNGOが排除されていた際に沈黙していた日本のNGO関係者の多くは，10月11日に発表された日本被団協へのノーベル平和賞受賞について次々に喜びと称賛の声をあげている．もちろん，日本被団協で活動してきた人々の努力が何らかの形で評価されたこと自体は祝福に値するだろう．しかし，一方で様々な「人道的軍縮」国際キャンペーンの内部で人種主義・GN中心主義・男性優越主義の問題が燻って GS や有色人種の NGO のなかには強い遺恨を持つ人々もおり，他方でGSの軍備管理・軍縮系のNGOは過去30年にわたって弱体化させられておりノーベル平和賞を受賞するほどの目立った活動を展開することが困難になっている状況において，非白人だが白人に従順な傾向のある日本人による組織であり，かつノーベル平和賞委員会が授与発表にあたり「草の根」（grassroots）の「サバイバー」（survivors）組織と呼びうる組織を選択したことは[20)21)]，2024年のこの業界内において「安全な選択肢」（safe choice）であったことは否めない．日本被団協の受賞については，パレスチナに関連する組織にノーベル平和賞を授与することを避けるという意味で「安全な選択肢」であった点は，すでに中東の報道関係者によって指摘されているが[22)]，軍備管理・軍縮業界のなかでも，現段階でこの組織を選ぶことは安全な選択であったと言えるだろう．

こうした状況において，日本の「人道的軍縮」業界関係者には，日本被団協のノーベル平和賞受賞を喜び称え彼らと協働してきた自らを誇るだけではなく，現在の「人道的軍縮」業界における自らの立ち位置を振り返り再考し，今後のありかたを検討することが求められているのではないだろうか．

注

1） Batchelor-Hunt, N. "Breaking Down Barriers To Black Leadership In The Charity Sector," *Each Other,* August 20, 2020（https://eachother.org.uk/black-down-barriers-to-black-leadership-in-charity-sector/, 2024年11月22日閲覧).

2） 前掲注1.

3） 前掲注1.

4） Foulkes, I［2020］"Humanitarians Soul-Search Over 'Institutional Racism'," *Swissinfo. ch,* 1 September 2020（https://www.swissinfo.ch/eng/society/humanitarians-soul-search-over-institutional-racism/46002208, 2024年11月22日閲覧).

5） O'Neill S. "Top Oxfam Staff Paid Haiti Survivors for Sex," *The Times,* February 9, 2018.

6） Ratcliffe, R. "Oxfam's Disgraced Haiti Official Left Earlier Post Over 'Sex Parties'," *The Guardian,* February 13, 2018（https://www.theguardian.com/global-development/2018/feb/13/oxfam-disgraced-haiti-official-liberia-post-roland-van-hauwermeiren, 2024年11月22日閲覧).

7） 前掲注6.

8） Channel 4 News "Oxfam Whistleblower: Allegations of Rape and Sex in Exchange for Aid," February 13, 2018（https://www.youtube.com/watch?v=wUJ--w7nTww&t=8s, 2024年11月22日閲覧).

9） Aitkenheard, D. "Oxfam boss Mark Goldring: 'Anything We Say is Being Manipulated. We've been Savaged'," *The Guadian,* February 16, 2018（https://www.theguardian.com/world/2018/feb/16/oxfam-boss-mark-goldring-anything-we-say-is-being-manipulated-weve-been-savaged, 2024年11月11日閲覧).

10） Walters, S. ""He Grabbed Her Hips, Pulled Her Hair and Forced His Thumb into Her Mouth in a Sexual Way': Murdered MP Jo Cox's Husband Was Reported to Police over Sex Assault Claim in Harvard Bar – Nine Months before His Wife's Death," *The Mail on Sunday,* February 10, 2018（https://www.dailymail.co.uk/news/article-5376593/Jo-Coxs-husband-grope-claim.html, 2024年11月27日閲覧).

11） Haghamed, N.［2020］"Opinion: Building a Movement in the Aid Sector against Racism and Islamophobia, *Devex,* July 2, 2020（https://www.devex.com/news/opinion-building-a-movement-in-the-aid-sector-against-racism-and-islamophobia-97613, 2024年11月22日閲覧).

12） The Grand Bargain: A Shared Commitment to Better Serve People in Need, May 23, 2016.

13） Slim, H.［2020］"Is Racism Part of our Reluctance to Localise Humanitarian Action?," *Humanitarian Practice Network,* June 5, 2020（https://odihpn.org/publication/is-racism-part-of-our-reluctance-to-localise-humanitarian-action/, 2024年11月22日閲覧).

14） Gray, C. [2020] "Doing Good and Being Racist: 'We Do Good, Therefore We Believe We are Good'," *The New Humanitarian,* June 15, 2020（https://www.thenewhumanitarian.org/opinion/2020/06/15/United-Nations-racism-black-lives-matter, 2020年11月22日閲覧）.

15） 例えば，Currion, P. "Decolonising Aid, Again: 'The Unfinished Business of Decolonisation is the Original Sin of the Modern Aid Industry'," *The New Humanitarian,* July 13, 2020（https://www.thenewhumanitarian.org/opinion/2020/07/13/decolonisation-aid-humanitarian-development-racism-black-lives-matter, 2024年11月22日閲覧）.

16） Ousman Noor（https://twitter.com/ousmannoor/status/1713207764816691208, 2024年11月25日閲覧）.

17） Noor, O. "Grounds of Appeal Against Termination of Employment by Stop Killer Robots," *OusmanNoor,* November 8, 2023（https://www.ousmannoor.com/, 2024年11月22日閲覧）.

18） UN Doc. A/ES-10/L. 25, Protection of Civilians and Upholding Legal and Humanitarian Obligations.

19） UN Doc. A/C. 1/78/L. 56 Lethal Autonomous Weapons Systems.

20） The Nobel Peace Prize "Press Release: Announcement", The Nobel Peace Prize, October 11, 2024.（https://www.nobelprize.org/prizes/peace/2024/press-release/, 2024年11月22日閲覧）.

21） 以下の声明冒頭より．"The Norwegian Nobel Committee has decided to award the Nobel Peace Prize for 2024 to the Japanese organisation Nihon Hidankyo. This grassroots movement of atomic bomb survivors from Hiroshima and Nagasaki, also known as Hibakusha, is receiving the Peace Prize for its efforts to achieve a world free of nuclear weapons and for demonstrating through witness testimony that nuclear weapons must never be used again."

22） Al Jazeera "Japanese Atomic Bomb Survivors' Group Nihon Hidankyo Wins Nobel Peace Prize", October 11, 2024（https://www.aljazeera.com/news/2024/10/11/japanese-organisation-nihon-hidankyo-wins-2024-nobel-peace-prize, 2024年11月22日閲覧）.

おわりに

1990年代以降の国際政治学や国連等での政策論議においては，「人間の安全保障」といった概念が提示されるとともに，主にGSにおける「新しい戦争」や暴力が問題視され，開発上の諸問題は戦争や暴力の発生リスクを高める要因と見なされた．研究や政策論議における開発と紛争予防や平和構築との境界線は曖昧化し，開発問題と安全保障問題は不可分のものと見なされていった．そして，GSの個人の心や社会的関係から政府の統治能力に至るまでに懐疑の眼差しが向けられ，それらに対する介入が正当化され，そのための様々なアクターによる調整と協働が必要だと論じられた．人道援助についても，それまでの古典的人道主義が批判されて新人道主義が提起され，人道援助とは「良い結果」をもたらすべく調整されたものでなければいけないという主張が人道援助業界の主流となった．こうした変容に伴い，開発援助や人道援助などに携わるNGOや国連機関なども，GSの人々の状況の悲惨さを示すイメージではなく，GSの人々がいかに開発と安全保障のためのパートナーになり「良い結果」に資する潜在能力を秘めているかを表すイメージを多用するようになっていった．

ただし，この開発・安全保障言説においては，GSの人々の心や社会的関係性にまで介入して癒し導く必要性が論じられるものの，その導くべき方向や，そのための手法については明確ではなく，追求すべき目的を設定する「人間」がいることは前提になっていない．第3章で示したように，この言説が形成された背景には，「自律した理性的な人間」像から，自らの利益や幸福が何であるかを必ずしも判断することができない「脆弱な人間」像への変化があったと考えられる．そして，21世紀に入ってからの「人新世」という問題提起は，一見して「人間の安全保障」という概念から距離があるかのように見えるかもしれないが，実際には近代的人間像や世界観への懐疑が両者の基盤となっていると言える．そして，開発・安全保障言説においては，「脆弱な人間」像に依拠した上で，GSの人々や国家の「リスクの高さ」や「より脆弱であること」が問題視され，自律した理性的な主体を前提にした主権国家の内政に対する不干渉という原則が軽視され，多様な外部アクターが浸食的な介入を行うことが正当化される．

ただし，開発・安全保障言説に基づいて必要性が論じられるような施策——

「心理社会的活動」や「移行期正義」――が試みられ，「脆弱な人間」像に依拠した施策の知が土着の実践に投影された北部ウガンダ・アチョリ地域においては，この言説における介入の論理――個人の心や社会的関係のレベルから社会全体を変容させるための広範な介入が必要であり，そのために諸アクターが有機的に連携すべきだという論理――は実践と乖離していた．この言説においては，GS の人々を癒し導く必要性が論じられるものの，その導くべき方向や，そのための手法については明確ではなく，追求すべき目的を設定する「人間」がいることは前提になっていない．それゆえに，何を優先してどのように資源を配分すべきかが自明ではなく，施策の必要性の有無や施策の「適切さ」の判断は，個々の現場に委ねられることになる．アチョリ地域の事例においても，外部アクターのなかで，どのような心理社会的活動や移行期正義の手法が「適切」なのかをめぐって認識に大きな幅がみられた．この事例において優先順位を明確にすべき局面が生じた際に，多くの外部アクターは混乱し，明確な答えを出すことができなかった．しかも，アチョリ地域のアクターも一枚岩ではなく，外部アクターの心理学的な概念や紛争理解を，それぞれの観点から解釈し，利用し，飼い慣らそうとした．結局，アチョリ地域の状況は，批判的安全保障研究（CSS）の第3世代の一部論者が想定するような，統治の主体を創り出し社会全体を変容させるべく調整された介入が行われるような「グローバルな統治」が試みられるような事態とは程遠かった．

また，1990年代以降，NGO キャンペーンが軍備管理・軍縮分野の国際的な政策論議において果たす役割が注目され，国家安全保障よりも「人道性」や「人間の安瀬保障」に重点を置くといわれる「人道的軍縮」キャンペーンには，「グローバル市民社会」としてアメリカをはじめとする大国中心の世界秩序に抗したり，GS の「声なき」人々を代弁しエンパワーしたり，平和や「人間の安全保障」に貢献したりする可能性が期待された．ただし，例えば対人地雷問題は NGO がキャンペーンを立ち上げる直前の1990年代初頭にすでに国際問題化しており，しかも率先して「地雷危機」を喫緊の国際的課題だと訴えて対応を検討したアクターの1つは，当時に唯一の「超大国」になったアメリカであった．第6章で明らかにしたように，1990年代前半から半ばの「地雷危機」認識の構築とそれを可能にした文脈を分析すれば，国際的な構造変容のもとで，「超大国」アメリカを含む欧米諸国・国際機関・NGO などの多様なアクターが GS の人々の「リスクの高さ」を問題視するなかで「地雷危機」が脅威として語られ，この認識が地雷をめぐるその後の議論を形作った側面が見えてくる．

そして，彼らの主張は，GNの社会で自明だと見なされるようになった「脆弱な人間」像に支えられていたと考えられる．

地雷問題に取り組んだNGOが続いて扱った武器貿易問題もまた，1990年代初頭以降に欧米諸国がすでに合意形成を行っていたテーマであった．そうした議論においては，GSへの武器移転の「リスクの高さ」が懸念され，次第に欧米諸国だけの合意ではなく「グローバル」な合意の形成が目指され，最終的には国連総会でATTが採択された．しかしながら，この条約は抜け道が多く，かつATT採択前の欧米諸国による規制よりも強い規制内容ではなく，締約国の通常兵器移転規制の法制度に大きな変容を生じさせるものとは言い難い．また，そもそも，ATTには，共通の目的や利益を見定め，それに照らし合わせて武器の入手を阻止ないし抑制すべき特定の国や集団に関する共通認識を形成するという前提がないため，条約の目的達成の成否判断や条約の実効性の測定すら困難である．

また，こうした合意を推進した軍備管理・軍縮の業界において，2000年のWPS決議以降，「ジェンダー主流化」と称される試みが行われ，調査や施策実施が検討されたり試みられたりした．そして，とりわけこの分野の「人道的軍縮」キャンペーンには，女性やGSの人々を代弁しエンパワーする可能性が期待された．しかし，そうしたキャンペーンがしばしばGN出身の白人女性を事務局長に掲げて「ジェンダー主流化」や「ジェンダー・バランスの改善」などを論じ，事務局の白人女性たちがこの業界において包摂され一定の権限を得た一方で，彼女たちについてはこの分野の男性中心・GN中心・白人中心的な構造に抗するどころかそれを支えて正当化し，GSの人々の影響力を弱める役割を果たしてきた側面を指摘することができる．また，1990年代以降の「人道的軍縮」キャンペーンは，各国の軍備拡張や武器貿易の増加傾向を抑制するような要求をしておらず，2022年以降にロシア・ウクライナやイスラエル・パレスチナで生じている紛争や惨禍をどちらかというと助長する方向に作用してきた側面も否めない．

2020年5月以降，開発・人道援助や関連アドボカシーの業界関係者は，自らの業界に実際に根強くはびこっている人種主義・GN中心主義・男性優越主義を克服することや実質的な「脱植民地化」を求める議論を盛んに行い，コロナ過のなか数多くのオンライン・イベントを開催し，その後も議論を続けている．その一方で，ロシア・ウクライナ戦争をめぐる報道などを通じては，この業界や関連する報道機関に根深く残っている人種主義的な眼差しが露呈した．さらに，軍備管理・軍縮の分野では業界内部の人種主義やGN中心主義などの問題について問題提起することすら困難な状況が続いている．そのような業界において，第4～5章で扱った北部ウガンダ・アチョリ地域の人々と同様に日本人も，英語での研究や政策議論において語り手にとって都合の良い神話（第8章で紹介）が語られる対象である．その一方で，GSのNGOと比べれば資金力がある日本のNGOには，「人道的軍縮」業界における人種主義やGN中心主義に関する問題提起を軽視したり無視したりする傾向がみられている．

2024年現在，「人新世」といった概念が徐々に浸透し，「ヒトだけを見れば済む時代の終焉」，「ノン・ヒューマンとの平和」〔前田 2023〕といった問題提起がなされている．同時に，現実の「人間の安全保障」を謳う業界やその施策の根本には，政治的主体としての人間を根本的に懐疑し否定する見方とともに，人間を平等な人間として扱うことすらできない陰惨な人種主義が蔓延っている．「人間の安全保障」を謳いつつ「人間すら平等に見ていない時代」，「人間との平和すら保てない時代」をいかに乗り越えられるのか，果たして乗り越えることが可能なのだろうか．1990年代以降の「人間の安全保障」をめぐる主流の言説やそれに基づくとされる諸施策に潜んでいる差別的思考や西洋中心主義，そのような言説における遠大な介入の論理と個々の実践との間に見られる解離，「人間の安全保障」等を謳う業界に根強く残る構造的人種主義を詳細に書き記すことが，この時代を再考する一助になることを願う．

あとがき

本書の執筆に至る過程では，多くの方々にご指導・ご助言を賜った．

2015年に博士号を取得した東京大学大学院総合文化研究科においては，主査の遠藤貢先生，副査の森山工先生・石田淳先生にご指導いただいた．筆者が2007年5月に設立した「武器と市民社会」研究会では，その後15年以上にわたり，数多くの研究会やセミナー，シンポジウムを開催し，報告や討論を行ってきた．この研究会メンバーの方々からは，研究会での議論を通じて様々なご指摘や激励をいただいた．

筆者が2015年から2023年まで勤務した明治大学国際武器移転史研究所では，初代所長の横井勝彦先生をはじめとするメンバーの先生方から多くのご指導とご高配を賜った．この研究所の在籍期間中に共同研究を行ったオスロ国際平和研究所のニコラス・マーシュ氏，ジュネーヴ国際開発高等研究所のキース・クラウス氏，スモール・アームズ・サーヴェイのポール・ホルトン氏，ブラッドフォード大学のオーウェン・グリーン氏には，本書に至る過程で執筆した英文論文の作成にあたり，多くのご指摘をいただいた．

日本国際政治学会，国際安全保障学会，日本軍縮学会，軍事史学会，日本政治経済学・経済史学会，日本安全保障貿易学会，日本文化人類学会，京都大学大学院アジア・アフリカ地域研究研究科，アジア経済研究所の先生方にも，執筆や報告の機会を賜り，数々の貴重なコメントをいただいた．筆者が登壇した研究会・セミナー・シンポジウムや学会パネルなどにご出席・ご登壇くださり，ご助言をくださった多くの方々にも，感謝の意を表したい．

本書は，2020年以降のコロナ禍とブラック・ライヴズ・マター運動，ロシア・ウクライナ戦争，イスラエルとパレスチナ問題が生じるなかで，筆者がそれまで直接的な言葉を用いて明確に向き合ってこなかったものに対峙しようと試みるなかで執筆が進んだ．例えば筆者は，拙著『武器貿易条約：人間・国家主権・武器移転規制』［榎本 2020a］や『禁忌の兵器：パーリア・ウェポンの系譜学』［榎本編 2020］のなかで，19世紀以降の軍備管理・軍縮の概念や思考枠組み，合意内容や実施方法がいかに西洋中心主義的であり続けたのかを論じており，1990年代以降の「人道的軍縮」国際キャンペーンについても，その主張がいかに西洋中心主義的で差別的な思考に基づいているのかは論じてはいたものの，そうした主張及び彼らのキャンペーン運営に顕れ出ていた人種主義を，この「人種主義」という用語を用いて明確にあからさまに論じてはいなかった．2020年のブラック・ライヴズ・マター運動の盛り上がりは，より直接的に，より明確に，開発と安全保障の業界における人種主義的概念・思考・行動を論じる必要性を筆者に感じさせるものであった．

また，コロナ禍の時期は，筆者がそれまで直接に論じていなかったもう１つのテーマ――ジェンダー――をめぐる諸論点を整理し，明確に取り組む必要性を認識させることになった．本書で述べたように，筆者が2020年に晃洋書房より刊行した上記図書で取り扱った武器貿易条約は，「ジェンダーに基づく暴力」という文言が盛り込まれた歴史上初の軍備管理・軍縮条約であった．そして，この文言が盛り込まれた過程の議論には筆者も関与していた．しかし，上記の図書ではこの点については触れていなかった．

長らくジェンダーをめぐる議論は，筆者にとって痛みを伴うものだった．保守的な風潮が根強かった静岡で高校時代までを過ごした筆者は，母から「女の子なのだからそんなに勉強しなくてよい」と言われ続けた．父は母に度々暴力を振るい，ほぼ毎晩のように洗面所の片隅で筆者を虐待した．夜中にどれだけ大きな声で叫んでも，筆者を助けにくる家族はいなかった．また，両親にとって，「男の子」である弟を比較的大手の塾に通わせ，多くの私立大学を受験させ，そのいずれかに合格させ卒業させることに実家の資金を費やす必要があるだろうことを考えれば，筆者の教育に費やせる資金は少なかった．中高生時代に図書館で手にした様々な学術書に触れて大学に進むことを希望した筆者にとって，大学に進学しかつ暴力から逃れるために唯一ありえた方法は，大手の塾に通わず，基本的に県立高校で得た教材で勉強し，日本で最も優れていると見なされていた東京大学のみを一校だけ受験して現役合格してみせ，多くのアルバイトをこなしながら大学に通い続けることだった．しかし，東京大学の文科３類から教養学部総合社会科学科国際関係論コースに進んだ筆者が直面したのは，筆者には膨大な量に思えた課題を軽々とこなしていく非常に頭が良くかつ裕福で時間の余裕がある同級生たちと，週30時間以上のアルバイトに明け暮れていた筆者との，どうにも埋めようもない格差だった．ジェンダーをめぐるテーマについて考えることは，こうした一連の物事を思い出させるものだった．

大学卒業後，母がそれ以前に立ち上げた会社の経営が軌道に乗ったことにより，２年間にわたりイギリスの大学院（修士課程コースを２回）で勉強させてもらえた時期は，素晴らしい先行研究の営みに日々触れることができた非常に幸福な期間だった．本書のタイトルは，母が筆者の留学を支持し多大な支援をしてくれたこの時期に，リーズ大学で筆者が学んでいた2つ目の修士過程コース「紛争・開発・安全保障」（Conflict, Development and Security）――本書で度々引用しているマーク・ダフィールド先生がディレクターを務めていた――に由来しており，本書の内容もこの時期に学んだことから多くの示唆を得ている．

しかし，帰国後に12年間勤務した国際NGO（オックスファム）では，筆者の仕事の多くは当初は年上の男性上司の功績とされ，組織としての立場や見解を決めるのはイギリスやアメリカのオフィスで働く白人職員たちであり，さらに筆者は男性が圧倒的に多い軍備管理・軍縮業界にこのNGOの人道部門の職員として参入することになった．東京大学博士課程（後期）に在籍し学術研究を行いながらの勤務となったが，オックスファムには，筆者個人としての学術・言論活動の内容・方向性とオックスファムの主張が軌を一にしていないことは「リスク」だと見なされた．結局，オックスファムからは，個人的見解と組織の主張を一般の人々に混同させないように偽名で業務にあたるよう要請され，筆者は「夏木碧（なつきみどり）」という別名・別人格で約12年間勤務することになった．このような要求は，例えば，同じように大学院に通い研究・言論活動をしながら勤務していたオックスファムの欧米オフィスの白人職員にはなされていなかった．

存在しない架空の人物としてオックスファムで業務を行った12年間，日々やり過ごさなければいけないマイクロ・アグレッション，雇用契約書が存在せず雇用保険にすら加入しない労働基準法違反状態を「当たり前」と見なす職場環境，プロジェクトを組むとなぜか筆者が担当になる「銃後」の事務と庶務の山，イギリスやアメリカの白人職員たちがオックスファムや「人道的軍縮」国際キャンペーンのポジションや戦略を決めて筆者には日本語訳して政策提言を行うことが要請され，それに少しでも口を挟めば排除されうる環境，「ジェンダー・バランスの改善」を掲げて「人道的軍縮」国際キャンペーンの中枢に入り込んだうえで有色人種の関係者を差別するオックスファム・イギリスなどの白人女性たちの存在，さらにプライベートでは子どもが欲しくない者同士で結婚した新しい家庭に対して実家の家族から度々投げかけられ続けた叱責や疑問の声（子どもを作らないのはおかしいとの趣旨），加えて「結婚した女性研究者は夫に養ってもらえるから職を紹介するときには男性研究者を優先せざるをえない」といった年上の日本人男性研究者からの「アドバイス」．こういった様々な状況は，筆者にとって人種やジェンダーをめぐる論点について考えることをさらに気が重いものにさせた．

国際 NGO で12年間勤務したのちに2015年に職を得た明治大学の国際武器移転史研究所では，約25名の所属研究者のなかで学内の女性研究者が筆者のみの期間が長かった．ここでは初代所長の支援を得て潤沢な研究資金をいただいた半面，やはり引き続き「銃後」の仕事に追われた．研究所のプロジェクトを企画して編著を出版しようとすれば自然に男性ばかりのプロジェクトになり，執筆陣の男性研究者たちから送られてくる「原稿」を修正し論文に仕上げていた（もちろんそれらの論文の著者名は筆者にはならなかった）．そんななか，2019年 8 月に開催された武器貿易条約の第 5 回締約国会議のテーマに「ジェンダー，及びジェンダーに基づく暴力」が選ばれ，武器とジェンダーに基づく暴力との関係や，この分野の国際的及び各国内の研究や政策形成・実施におけるジェンダー不平等の問題が議論の焦点になった．しかし，そうした動きや，2017年以降の Me Too 運動に触発された筆者を待ち受けていたのは，日本の軍備管理・軍縮業界での，職場での，そして新しい家庭内での，極めて冷ややかな眼差しや嘲りだった．

そうした状況において，2020年 9 月23日にオンライン・シンポジウム「ジェンダーと軍備管理・安全保障」を女性 4 名・男性 2 名のパネルで企画し開催にこぎつけたものの，日本の男性研究者・実務者たちからは多くの辛辣なコメント（「登壇者に男性が少ない」というものも含む）が筆者に届くなど，男性たちからのバックラッシュに直面した時期もあった．この時期に，軍備管理・軍縮業界における「ジェンダー主流化」や様々なパネルの女性比率を高めようとする動きを「女性に下駄を履かせてあげなければいけない時代になった」などと評していた日本の男性研究者・実務者たちは，筆者と同等かそれ以上のハンデを負い，大学に進学して教育を受けるための 1 度きりの機会に縋り付き，逆風と障害物のなかを一歩ずつ這い上がるように業績を積む道程を歩んできたのだろうか．

他方で，この時期には新しい家庭内での諸問題が顕在化したが，「立派に働いている男性」の夫ではなく筆者の言葉に耳を傾けようとする実家の家族はいなかった．諸問題から距離を置くために自宅を出てビジネスホテルを転々とせざるをえなかった筆者を次々に強く責める実家からの声や，「専業主婦になって子どもを作って居心地の良い家にすることをせずに仕事なんかをしていることが原因で」筆者が諸問題に悩まされるのだといった弟からの言葉は，すでに限界を感じていた筆者の心身を決定的に蝕ませるのに十分なものだった．そうしたなかで，新しい家庭内での問題解決を試みたり，居住不能な状態になっていた自宅をリフォームしたりする過程をやり過ごし，専任の職を求めて転職活動を行い，幸運なことに採用いただいた明治学院大学で新たな任に慣れつつ，人種主義とジェンダーという，思考し語ることに痛みを伴いかつ実行すれば冷笑と攻撃の対象になりうる研究活動を，日本語・英語の公開オンライン・イベントを開催しつつ遂行したこの4年ほどは，非常に辛い期間だった．

しかし，この期間に多くの方々からの支えを得た．明治大学の水戸部由枝氏・重田園江氏・碇陽子氏・前田更子氏，武器取引反対キャンペーンの杉原浩司氏，東洋英和女学院大学の田中極子氏，四天王寺大学の田原範子氏，横浜国立大学の中村雪子氏，同志社大学の三牧聖子氏，アフリカ研究者の船田クラーセンさやか氏，東京大学「人間の安全保障」プログラムの松井たまき氏，テラ・ルネッサンスの吉田真衣氏・小川真吾氏・鬼丸昌也氏，学部時代の友人である林嘉書氏，毎日新聞の草野和彦氏・大治朋子氏をはじめ，多くの先輩方や友人たちに励まされた．甲南大学の井野瀬久美惠氏，明星大学の土野瑞穂氏，津田塾大学の大島美穂氏，上智大学の辻上奈美江氏，拓殖大学の佐藤丙午氏，神戸大学の梅屋潔氏，静岡県立大学の湖中真哉氏，『世界』編集部の中山永基氏，公明新聞の森山隆氏からは，本書につながる執筆・報告・討論・イベントの機会を賜った．恩師の遠藤貢先生と兄弟子の阪本拓人氏には，東京大学教養学部前期課程での講座と後期課程・大学院合併講座で筆者の後輩たちを相手に教鞭をとる機会をいただき，これらの講座が本書の骨組みを作ることになった．

海外からも，アメリカのナタリー・ゴールドリング氏，イギリスのサラ・ジェリ氏やマイケル・ボーン氏，インドのビナラクシュミ・ネプラム氏，ウガンダのアリン・フローラ氏とその子ども・友人たち，同じくウガンダのジャッキー・バタンダ氏，ポーリーン・アコット氏，サラ・ラティム氏，南アフリカのシヴ・グレイソン氏，メキシコのワンダ・ムニョス氏，ノルウェーのニック・マーシュ氏をはじめ，ここに書ききれないほどの方々から応援を受けた．2023年4月に着任した明治学院大学国際学部での上司や同僚の教職員の方々には，数多くのアドバイスと精神的なサポートをいただき続けている．静岡県立大学の湖中真哉氏，京都大学学術出版会の鈴木哲也氏，米国陸軍士官学校の那須仁氏，ケント州立大学のニール・クーパー氏をはじめ，心身の不調により依頼いただいた原稿の執筆作業が遅れ続けた筆者を支えたり，プロジェクトに入れ続けてくださったりした方々には，感謝とお詫びのしようもない．時として音信不通になった筆者を支えてくださった多くの方々に，ここであらためて深謝申し上げたい．

なにより，本書の刊行は，晃洋書房の丸井清泰氏と徳重伸氏をはじめとする職員の皆様のお力添えとご指導なくしては実現しえなかった．度々連絡が途絶え入稿が遅れ続ける筆者を常に寛容に激励してくださり，刊行に向けてご尽力くださったことに，あらためて心より御礼申し上げる．

2020年以降の本書の企画時期に，筆者に親類の訃報が届いた．幼少期から筆者を優しく支え，中高生時代の筆者の拙い国際政治論議につきあい深淵な学術の世界を垣間見せ，筆者が達成する学業や仕事のひとつひとつを大げさなほどに誇り喜び支持してくれた大叔父の村松一成（2023年４月永眠）にも，本書の刊行をまた報告したかった．ここに深い感謝と哀悼の意を表する．

2025年２月

榎本珠良

参考文献

〈邦文献〉

青山和佳［2008］「開発援助を眺める――経済学から人類学的実践への旅――」『国際開発研究』17(2).
荒敬［1991］「占領期における非軍事化と武装解除――特に『占領軍の刀狩り』を中心として――」『史苑』51(2).
――――［1994］『日本占領史研究序説』柏書房.
安藤優一郎［1998］「百姓一揆における鉄砲相互不使用原則の崩壊」『歴史学研究』713.
イザンベール真美［2011］「ヴェトナム帰還兵のPTSD（心的外傷後ストレス障害）の形成――トラウマと兵役をめぐる言説――」『九州国際大学法学論集』17(3).
石田淳［2004］「内政干渉の国際政治学――冷戦終結と内戦――」，藤原帰一・李鍾元・古城佳子・石田淳編『国際政治講座4――国際秩序の変動――』東京大学出版会.
――――［2007］「国内秩序と国際秩序の《二重の再編》――政治的共存の秩序設計――」『国際法外交雑誌』105(4).
――――［2009］「人権と人道の時代における強制外交――権力政治の逆説――」，大芝亮・古城佳子・石田淳編『日本の国際政治学第2巻――国境なき国際政治――』有斐閣.
井上淳［2006］「途上国におけるグッド・ガバナンス，汚職対策と国連システム，EU――貧困とのたたかい――」『慶応法学』4.
榎本珠良［2006a］「ライブ・エイドからライブ8へ――20年後のアフリカ・イメージ――」『アフリカレポート』42.
――――［2006b］「北部ウガンダ紛争とアチョリ地域における共同体浄化儀式」『アジ研ワールド・トレンド』134.
――――［2007a］「北部ウガンダ紛争とアチョリの『伝統的』儀礼――可能性と限界――」『アジ研ワールド・トレンド』137.
――――［2020a］『武器貿易条約――人間・国家主権・武器移転規制――』晃洋書房.
――――［2020b］「パーリア・ウェポンの系譜学」，榎本珠良編『禁忌の兵器――パーリア・ウェポンの系譜学――』日本経済評論社.
榎本珠良編［2020］『禁忌の兵器――パーリア・ウェポンの系譜学――』日本経済評論社.
遠藤貢［2007］「内と外の論理からみたアフリカ国家とその変容」『アフリカ研究』71.
エンロー，シンシア［2006］『策略――性を軍事化する国際政治――』（上野千鶴子監訳・佐藤文香訳），岩波書店.
大島美穂［2017］「序論――地域研究と国際政治の間――」『国際政治』189.
太田至［2016］「『アフリカ潜在力』に関する研究プロジェクトの成果と展望」『アフリカ研究』90.
大森与利子［2005］『「臨床心理学」という近代――その両義性とアポリア――』雲母書房.

岡村正幸［2013］「ポスト脱施設・制度化社会の行方――システムの「人間化」をめぐって――」『佛教大学社会福祉学部論集』 9.
沖田陽介［2009］「『災害主権』の二面性――自然災害に対する国際支援への提言――」『国際公共政策研究』13(2).
小椋喜一郎［1993］「百姓一揆における鉄砲のあり方」『歴史評論』519.
奥田太郎［2013］「人道支援を支えるのは博愛か偏愛か」『社会と倫理』28.
奥野克巳［2006］『帝国医療と人類学』春風社.
長有紀枝［2017］「人道支援における『独立』概念に関する一考察」『人道研究ジャーナル』6.
大浪和弥［2016］「幕末・維新期における延岡藩の軍備と兵制」『明治大学博物館研究報告』21.
小沢牧子・中島浩籌［2004］『心を商品化する社会――「心のケア」の危うさを問う――』洋泉社.
小野塚知二［2011］「日本の社会政策の目的合理性と人間観――政策思想史の視点から――」『社会政策』3(1).
――――［2012a］「兵器はいかに容易に広まったのか」，横井勝彦・小野塚知二編『軍拡と武器移転の世界史――兵器はなぜ容易に広まったのか――』日本経済評論社.
――――［2012b］「兵器はいかに正当化されたか――実態と規範――」，横井勝彦・小野塚知二編『軍拡と武器移転の世界史――兵器はなぜ容易に広まったのか――』日本経済評論社.
重田（米谷）園江［1997］「19世紀の社会統制における〈社会防衛〉と〈リスク〉」『現代思想』25(3).
外務省［2006］「国連改革――日本の優先事項――」(http://www.mofa.go.jp/mofaj/gaiko/un_kaikaku/j_yusen.html, 2024年11月 3 日閲覧).
――――［2014］「武器貿易条約」(http://www.mofa.go.jp/mofaj/files/000029746.pdf, 2024年11月21日閲覧).
カバナー，ポール［1996］「地雷に関する公開講演」，国際連合広報センター編『国際連合と地雷』国際連合広報センター.
川西晶大［2007］「『保護する責任』とは何か」『レファレンス』674.
川勝平太［1991］「訳者あとがき」，ノエル・ペリン『鉄砲を捨てた日本人――日本に学ぶ軍縮――』(川勝平太訳)，中央公論新社.
喜多悦子［2001］「地域の精神衛生（Community Mental Health）と心的外傷後ストレス症候群（PTSD）――紛争における二つの精神衛生問題――」，高橋一生・武者小路公秀編『紛争の再発予防――紛争と開発――』国際開発高等教育機構.
吉川元［2004］「国内統治を問う国際規範の形成過程」『社会科学研究』55(5/6).
クラウス，キース［2017］「戦間期武器貿易規制交渉の帰結と遺産」，榎本珠良編『国際武器移転史における軍縮と軍備管理』日本経済評論社.
厚生労働省［2004］『心の健康問題の正しい理解のための普及啓発検討会報告書――精神疾

患を正しく理解し，新しい一歩を踏み出すために――』厚生労働省.
小池靖［2007］『セラピー文化の社会学――ネットワークビジネス・自己啓発・トラウマ――』勁草書房.
国際協力機構課題別指針作成チーム［2003］『課題別指針――平和構築――』.
小菅信子［2002］「〈戦死体〉の発見――人道主義と愛国主義を抱擁させた身体――」，石塚久郎・鈴木晃仁編『身体医文化論――感覚と欲望――』慶應義塾大学出版会.
湖中真哉・太田至・孫暁剛編［2018］『地域研究からみた人道支援――アフリカ遊牧民の現場から問い直す――』昭和堂.
斎藤環［2003］『心理学化する社会――なぜ，トラウマと癒しが求められるのか――』PHP研究所.
佐藤章［2007］「いまなぜアフリカの統治者を研究するのか」，佐藤章編『統治者と国家――アフリカの個人支配再考――』アジア経済研究所.
佐藤丙午［2010］「オバマ政権の輸出管理改革」『海外事情』58(5).
酒井隆史・市野川容孝［2007］「討議――社会的なものの潜勢力――」『現代思想』35(11).
佐藤雅浩［2007］「『心の病』の戦後史――狂気の隔離からメンタルヘルスの啓蒙へ――」，芹沢一也編『時代がつくる「狂気」――精神医療と社会――』朝日新聞社.
重政公一［2006］「批判的国際理論」，吉川直人・野口和彦編『国際関係理論』勁草書房.
篠田英朗［2007］「国際秩序と国内秩序の共時性――価値規範をめぐる社会秩序構想モデルの歴史的分析――」『国際政治』147.
清水耕介［2011］「『人間の安全保障』論――構造的暴力との関係において――」，小田川大典・五野井郁夫・高橋良輔編『国際政治哲学』ナカニシヤ出版.
清水奈名子［2009］「『保護する責任』概念をめぐる錯綜」『社会と倫理』23.
杉浦功一［2007］「国際的な民主化支援活動の変遷に関する考察」『国際公共政策研究』11(2).
鈴木国弘［2003］『日本中世の私戦世界と親族』吉川弘文館.
芹沢一也［2007］「司法と医療のはざまで――精神医療をめぐるアポリア――」，芹沢一也編『時代がつくる「狂気」――精神医療と社会――』朝日新聞社.
武井弘一［2010］『鉄砲を手放さなかった百姓たち――刀狩りから幕末まで――』朝日新聞出版.
――――［2014］「日本人は銃とどのように向き合ってきたのか」，萱野稔人編『現在知 Vol. 2――日本とは何か――』NHK 出版.
武内進一［2008］「アフリカの紛争と国際社会」，武内進一編『戦争と平和の間――紛争勃発後のアフリカと国際社会――』アジア経済研究所.
――――［2008］「紛争と難民――国際社会の支援をめぐって――」『アジ研ワールド・トレンド』158.
――――［2020］「アフリカ研究者の紛争研究――日本の国際政治学と地域研究――」『国際政治』200.
――――［2021］「日本の国際政治学におけるアフリカ」『国際政治』204.

竹沢尚一郎［2001］『表象の植民地帝国——近代フランスと人文諸科学——』世界思想社.
津田みわ［2003］「ケニア的複数政党制——その軌跡と機能変化する法制度——」，津田みわ編『アフリカ諸国の「民主化」再考——共同研究会中間報告——』アジア経済研究所.
窪田文子［2005］「日本における PTSD 対策」『予防時報』223.
土佐弘之［2012］『野生のデモクラシー——不正義に抗する政治について——』青土社.
内務省警保局［1946］『警察統計資料』内務省警保局.
長谷川一年［1997］「ソレルとル・ボン——群衆と社会主義をめぐって——」『同志社法学』49(1).
浜田道夫［2009］「冷戦後の人道援助——『国境なき医師団』と『世界の医療団』をめぐって——」『商大論集』60(4).
廣野美和［2019］「中国の国際人道活動と外交政策のリンケージ」『法学研究』92(1).
深谷克己［1993］『百姓成立』塙書房.
福島亜紀子［2007］「いま新たに人間の安全保障を考える——「人間の安全保障」は21世紀のグローバル・ガヴァナンスの理念になるか——」『慶応法学』8.
堀江正伸［2018］『人道支援は誰のためか——スーダン・ダルフールの国内避難民社会に見る人道支援政策と実践の交差——』晃洋書房.
中島浩籌［2008］「『心理主義』と，その教育への浸透」，日本社会臨床学会編『心理主義化する社会』現代書館.
新沼剛［2012］「『保護する責任』とその軍事介入正当化要件の適用をめぐる課題」『人道研究ジャーナル』1.
日本社会臨床学会編［2008］『心理主義化する社会』現代書館.
人間の安全保障委員会［2003］『安全保障の今日的課題』朝日新聞社.
野崎孝弘［2002］「安全保障の政治学——国家から人間への視座の転換を問う——」『現代思想』30(1).
福田毅［2008］「国際人道法における兵器の規制とクラスター弾規制交渉」『レファレンス』687.
————［2011］『アメリカの国防政策——冷戦後の再編と戦略文化——』昭和堂.
藤井譲治［2010］「「惣無事」はあれど，「惣無事令」はなし」『史林』93(3).
藤木久志［2005］『刀狩り——武器を封印した民衆——』岩波書店.
————［2012］『豊臣平和令と戦国社会』東京大学出版会.
前田幸男［2023］『「人新世」の惑星政治学——ヒトだけを見れば済む時代の終焉——』青土社.
南山淳・前田幸男編［2022］『批判的安全保障論——アプローチとイシューを理解する——』法律文化社.
村橋勲［2021］『南スーダンの独立・内戦・難民——希望と絶望のあいだ——』昭和堂.
目加田説子［2003］『国境を超える市民ネットワーク——トランスナショナル・シビルソサエティ——』東洋経済新報社.
望月康恵［2012］「『保護する責任』の適用における国連の活動の展開と課題」『法と政治』

63(3).
森真一［2000］『自己コントロールの檻――感情マネジメント社会の現実――』講談社.
矢部健太郎［2005］「東国『惣無事』政策の展開と家康・景勝――『私戦』の禁止と『公戦』の遂行――」『日本史研究』509.
山下光［2014］「新人道主義とポスト冷戦期の世界政治――人道援助の危機を契機として――」『国際政治』175.
山辺恵理子［2010］「修復的司法から『修復的実践』へ――『修復的』であることの教育的意義の探求――」『研究室紀要』（東京大学大学院教育学研究科基礎教育学研究室）36.
横井勝彦［1997］『大英帝国の〈死の商人〉』講談社.
横田喜三郎［1957］『国際法 II』有斐閣.
吉田昌夫［2012a］「イギリスによるウガンダ統治の始まり――帝国イギリス東アフリカ会社の進出――」, 吉田昌夫・白石壮一郎編『ウガンダを知るための53章』明石書店.
――――［2012b］「イギリスの間接統治――独立運動がおこった素地――」, 吉田昌夫・白石壮一郎編『ウガンダを知るための53章』明石書店.

〈欧文献〉
Abrahamsen, R. [2004] "The Power of Partnerships in Global Governance," *Third World Quarterly*, 25(8).
Acheson, R., Moyes R. and Nash, T. [2014] *Sex and Drone Strikes: Gender and Identity in Targeting and Casualty Analysis,* Article 36 and Reaching Critical Will.
Acharya, A. and Buzan, B. eds. [2010] *Non-Western International Relations Theory: Perspectives on and beyond Asia,* London and New York: Routledge.
Afako, B. [2003] *Pursuing Peace in Northern Uganda: Lessons from Peace Initiatives,* Kampala: Civil Society Organisations for Peace in Northern Uganda (CSOPNU).
African Union [2022] *Statement of the African Union on the Reported Ill Treatment of Africans Trying to Leave Ukraine,* February 28, 2022.
Agamben, G. [1996] "Beyond Human Rights," in P. Virno and M. Hardt eds., *Radical Thought in Italy: A Potential Politics,* Minneapolis: University of Minnesota Press（岡田温司訳「人権の彼岸」『現代思想』27：5, 1999年）.
Aghion, P. and Bolton, P. [1997] "A Theory of Trickle-Down Growth and Development," *Review of Economic Studies*, 64(2).
AI USA (Amnesty International USA) [2005] "Uganda: Years of Conflict Threaten Progress toward Justice," *AI Alert,* July 2005.
Allen, T. [2005] *War and Justice in Northern Uganda: An Assessment of the International Criminal Court's Intervention,* London: Crisis States Research Centre, Development Studies Institute, London School of Economics.
―――― [2008] "Ritual (Ab) Use?: Problems with Traditional Justice in Northern Uganda," in N. Waddel and P. Clark eds., *Courting Conflict?: Justice, Peace and*

the ICC in Africa, London: The Royal African Society.

Altheimer, I. and Boswell, M. [2012] "Reassessing the Association Between Gun Availability and Homicide at the Cross-National Level," *American journal of Criminal justice,* 37.

Althusser, L. P. [1970] Idéologie et appareils idéologiques d'état (Notes pour une recherche). *La Pensée,* 151 (西川長夫訳「イデオロギーと国家のイデオロギー装置――探求のためのノート（上）――」『思想』577, 1972年；西川長夫訳「イデオロギーと国家のイデオロギー装置――探求のためのノート（下）――」『思想』578, 1972年［分載］).

AMEJA (The Arab and Middle Eastern Journalists Association) [2022] *Statement in Response to Coverage of the Ukraine Crisis,* February 2022.

American Psychiatric Association [1980] *Diagnostic and Statistical Manual of Mental Disorders,* 3rd ed., Washington DC: American Psychiatric Association.

Anderson, D. G. [1992] "The International Arms Trade: Regulating Conventional Arms Transfers in the Aftermath of the Gulf War," *American University International Law Review,* 7(4).

——— [1994] "British Rearmament and the 'Merchants of Death': The 1935-36 Royal Commission on the Manufacture of and Trade in Armaments," *Journal of Contemporary History,* 29(1).

Anderson, M. [1996] *Do No Harm: Supporting Local Capacities for Peace Through Aid,* Cambridge: Local Capacities for Peace Project, The Collaborative for Development Action, Inc.

Anthony, I. [1991] "Introduction," in I. Anthony ed., *Arms Export Regulations,* Oxford and New York: Oxford University Press.

Arms Project of Human Rights Watch and Physicians for Human Rights [1993] *Landmines: A Deadly Legacy,* New York: Arms Project of Human Rights Watch and Physicians for Human Rights.

Article 36 [2015] *Women and Multilateral Disarmament Forums: Patterns of Underrepresentation,* Article 36.

Ashkenazi, M. [2011] "What Do the Natives Know?: Societal Mechanisms for Controlling Small Arms," in O. Greene and N. Marsh eds., *Small Arms, Crime and Conflict: Global Governance and the Threat of Armed Violence,* London and New York: Routledge.

Ashley, R. [1986] "The Poverty of Neorealism," in R. Keohane ed., *Neorealism and Its Critics,* New York: Columbia University Press.

Astroth, A [2013] 'The Decline of Japanese Firearm Manufacturing and Proliferation in the Seventeenth Century," *Emory Endeavors in World History,* 5.

Atmore, A., Chirenje J. M. and Mudenge, S. I. [1971] "Firearms in South Central Africa," *Journal of African History*, 12(4).

Atmore, A. and Sanders, P. [1971] "Sotho Arms and Ammunition in the Nineteenth Century," *Journal of African History*, 12(4).

Atwater, E. [1939] "British Control Over the Export of War Materials," *American Journal of International Law*, 33.

Atwood, D. C. [1999] "Implementing Ottawa: Continuity and Change in the Roles of NGOs," *Disarmament Forum*, 4.

Bain, W. [2003] *Between Anarchy and Society: Trusteeship and the Obligations of Power*, Oxford: Oxford University Press.

Barnett, M. [2011] *Empire of Humanity: A History of Humanitarianism*, Ithaca: Cornell University Press.

Barnett, M. and Raymond, D. eds. [2005] *Power in Global Governance*, Cambridge: Cambridge University Press.

Barsalou, J. [2005] "Trauma and Transitional Justice in Divided Societies," *United States Institute of Peace (USIP) Special Report*, 135.

Baudrillard, J. [1970] *La société de consommation: Ses mythes, ses structures*, Paris: SGPP（今村仁司・塚原史訳『消費社会の神話と構造』紀伊國屋書店，1979年）.

Bayart, J. F., Ellis, S. and Hibou, B. [1999] *The Criminalization of the State in Africa*, Oxford: James Currey.

Beachey, R. W. [1962] "The Arms Trade in East Africa in the Late Nineteenth Century," *Journal of African History*, 3(3).

Behnke, A. [2007] "Presence and Creation: A Few (Meta-) Critical Comments on the C. A. S. E. Manifesto," *Security Dialogue*, 38(1).

Behrend, H. [1991] "Is Alice Lakwena a Witch?: The Holy Spirit Movement and its Fight against Evil in the North," in H. B. Hansen and M. Twaddle eds., *Changing Uganda*, Kampala: Fountain Publishers.

——— [1995] "The Holy Spirit Movement and the Forces of Nature in the North of Uganda: 1985-1987," in H. B. Hansen and M. Twaddle eds., *Religion and Politics in East Africa: The Period since Independence*, London: James Currey.

——— [1998] "The Holy Spirit Movement's New World: Discourse and Development in the North of Uganda," in H. B. Hansen and M. Twaddle eds., *Developing Uganda*, Kampala: Fountain Publishers.

——— [1999] *Alice Lakwena and the Holy Spirits: War in Northern Uganda 1986-97*, Kampala: Fountain Publishers.

Bellamy, A. J. [2004] "The 'Next Stage' in Peace Operations Theory?," *International Peacekeeping*, 11(1).

Bellamy, A. J. and Williams, P. [2004] "Introduction: Thinking Anew About Peace Operations," *International Peacekeeping*, 11(1).

Benthall, J. [1993] *Disasters, Relief and the Media,* London: I. B. Tauris & Co. Ltd.

Berlioux, E. F. [1872] *Slave Trade in Africa in 1872: Principally Carried on for the Supply of Turkey, Egypt, Persia and Zanzibar,* London: Edward Marsh (with a preface by Joseph Cooper)

Bernays, E. [1928] *Propaganda,* New York: Horace Liveright.

Biccum, A. [2005] "Development and the 'New' Imperialism: A Reinvention of Colonial Discourse in DFID Promotional Literature," *Third World Quarterly*, 26(6).

Biccum, A. [2009] "Theorising Continuities between Empire & Development: Toward a New Theory of History," in M. Duffield and V. Hewitt eds., *Development and Colonialism: The Past in the Present,* Woodbridge and Rochester: James Currey.

Bigo, D. [2000] "When Two Become One: Internal and External Securitisations," in M. Kelstrup and M. C. Williams eds., *International Relations Theory and the Politics of European Integration: Power, Security and Community,* London: Routledge.

——— [2002] "Security and Immigration: Toward a Critique of the Governmentality of Unease," *Alternatives*, 27 (1, suppl).

Biting the Bullet Project [2006] *Developing International Norms to Restrict SALW Transfers to Non-State Actors,* London: International Alert, Saferworld and University of Bradford.

Blattman, C. and Annan, J. [2006] "The Consequences of Child Soldiering," *Households in Conflict Network (HiCN) Working Paper*, 22.

Blumenson, E. [2006] "The Challenge of a Global Standard of Justice: Peace, Pluralism, and Punishment at the International Criminal Court," *Columbia Journal of Transnational Law*, 44(3).

Booth, K. [1991] "Security and Emancipation," *Review of International Studies*, 17(4).

——— [1997] "Security and Self: Reflections of a Fallen Realist," in K. Krause and M. Williams eds., *Critical Security Studies: Concepts and Cases,* Minneapolis: University of Minnesota Press.

——— [2007] *Theory of World Security,* Cambridge: Cambridge University Press.

Böröcz, J. [2021] "'Eurowhite' Conceit, 'Dirty White' Ressentment: 'Race' in Europe," *Sociological Forum*, 36(1).

Bouta, T., Frerks, G. and Bannon, I. [2005] *Gender, Conflict, and Development,* Washington DC: World Bank.

Boutros-Ghali, B. [1994] "The Land Mine Crisis: A Humanitarian Disaster," *Foreign Affairs*, 73(5).

Bradbury, M. [1999] *An Overview of Initiatives for Peace in Acholi, Northern Uganda,* Cambridge: The Collaborative for Development Action.

Browning, C. S. and McDonald, M. [2011] "The Future of Critical Security Studies: Ethics and the Politics of Security," *European Journal of International Relations*, 19

(2).

Buo, S. K. [1993] "Africa," in R. D. Burns ed., *Encyclopedia of Arms Control and Disarmament Vol. I,* New York: Charles Scribner's Sons.

Burchill, S. and Linklater, A. [2005] "Introduction," in S. Burchill, A. Linklater, R. Devetak, J. Donnelly, M. Paterson, C. Reus-Smit and J. True, *Theories of International Relations*, 3rd ed. Basingstoke and New York: Palgrave Macmillan.

Burr, V. [1995] *An Introduction to Social Constructionism,* London: Routledge.

Buzan, B. [1991] *People, States and Fear: An Agenda for International Security Studies in the Post-Cold War Era,* Hemel Hempstead: Harvester Wheatsheaf.

Cameron, M. A., Lawson, R. J. and Tomlin, B. W. eds. [1998] *To Walk Without Fear: The Global Movement to Ban Landmines,* Toronto: Oxford University Press.

Canada [1998] *Discussion Paper: A Proposed Global Convention Prohibiting the International Transfer of Military Small Arms and Light Weapons to Non-State Actors,* Canadian Mission to the UN in New York.

Canadian Physicians for Aid and Relief [2001] *Evaluation of the Reintegration and Conflict Resolution Programme for Northern Uganda,* Unpublished document, Canadian Physicians for Aid and Relief.

Casati, G. [1891] *Ten Years in Equatoria and the Return with Emin Pasha, Vol. 2,* London and New York: Frederick Warne & Co.

C. A. S. E. Collective [2006] "Critical Approaches to Security in Europe: A Networked Manifesto," *Security Dialogue*, 37(4).

Carnegie Commission on Preventing Deadly Conflict [1997] *Preventing Deadly Conflict: Final Report,* Washington DC: Carnegie Commission on Preventing Deadly Conflict.

Carson, R. [1962] *Silent Spring,* Boston: Houghton Mifflin.

Chandler, D. [2007a] "Hollow Hegemony: Theorising the Shift from Interest-Based to Value-Based International Policy-Making," *Millennium*, 35(3).

——— [2007b] "The Security-Development Nexus and the Rise of 'Anti-Foreign Policy,'" *Journal of International Relations and Development*, 10(4).

——— [2008] "Theorising the Shift from Security to Insecurity: Kaldor, Duffield and Furedi," *Conflict, Security & Development*, 8(2).

——— [2009] *Hollow Hegemony: Rethinking Global Politics, Power and Resistance,* London and New York: Pluto Press.

——— [2010a] "Neither International nor Global: Rethinking the Problematic Subject of Security," *Journal of Critical Globalisation Studies*, 3.

——— [2010b] "Race, Culture and Civil Society: Peacebuilding Discourse and the Understanding of Difference," *Security Dialogue*, 41(4).

——— [2010c] "The Uncritical Critique of 'Liberal Peace'," *Review of International Studies,* 36 (S1).

——— [2011a] *Where is the Human in Human-Centred Approaches to Development?: A Foucauldian Critique of Amartya Sen's "Development as Freedom,"* Draft Paper for Reading Michel Foucault in the Postcolonial Present: A Symposium, University of Bologna, Italy, March 3-4.

——— [2011b] "Rethinking Global Discourses of Security," in D. Chandler and N. Hynek eds., *Critical Perspectives on Human Security: Rethinking Emancipation and Power in International Relations,* Abingdon and New York: Routledge.

——— [2012] "Resilience and Human Security: The Post-Interventionist Paradigm," *Security Dialogue*, 43(3).

——— [2013a] "Peacebuilding and the Politics of Non-Linearity: Rethinking 'Hidden' Agency and 'Resistance'," *Peacebuilding*, 1(1).

——— [2013b] "'Human-Centred' Development? Rethinking 'Freedom' and 'Agency' in Discourses of International Development," *Millennium*, 42(1).

——— [2014a] *Resilience: The Governance of Complexity,* Abingdon and New York: Routledge.

——— [2014b] "International Statebuilding and Agency: The Rise of Society-Based Approaches to Intervention," *Spectrum: Journal of Global Studies*, 5(1).

Chrastil, R. [2008] "The French Red Cross, War Readiness, and Civil Society, 1866-1914," *French Historical Studies*, 31(3).

Citizens for Global Solutions [2004] *... And Justice for All: How to Talk about the International Criminal Court in the U. S,* Washington DC: Citizens for Global Solutions.

Clancy, M. A. C. and Hamber, B. [2008] *Trauma, Peacebuilding, and Development: An Overview of Key Positions and Critical Questions,* Paper Presented at the Trauma, Development and Peacebuilding Conference, New Delhi, India, 9-11 September.

Clark, D. J. [2003] "The New Openings II Survey," *Pictures for Change* (http://www.djclark.com/change/newopen.html, 2024年11月5日閲覧).

Clark, H. [2012] *Beyond GDP: Measuring the Future We Want,* Opening Statement at UNDP Event on Measurement of Sustainable Development at Rio+20, Rio Centro, Brazil, June 20.

Clarke, R. F. [1889] *Cardinal Lavigerie and the African Slave Trade,* London: Longmans, Green, & Co.

Cliffe, L. and Luckham, R. [1999] "Complex Political Emergencies and the State: Failure and the Fate of the State," *Third World Quarterly*, 20(1).

Clinton, W. [1994] "Remarks to the 49th Session of the United Nations General Assembly in New York City, September 26, 1994," *Public Papers of the Presidents of the United States,* Washington DC.

Coalition for Peace and Justice in Northern Uganda [2004] *Report of the International*

Delegation of Civil Society: 25 January–5 February 2004, Vancouver: Liu Institute for Global Issues.

Collier, P. [2009] *Wars, Guns, and Votes: Democracy in Dangerous Places,* New York: Harper Collins.

Collier, P. and Hoeffler, A. [2000] "Greed and Grievance in Civil War," *Policy Research Working Paper*, 2355.

Commission for Africa [2005] *Our Common Interest: Report of the Commission for Africa,* London: Commission for Africa.

Commission on Global Governance [1995] *Our Global Neighbourhood,* Oxford: Oxford University Press.

Conrad, J. [1899] "The Heart of Darkness," *Blackwood's Edinburgh Magazine*, 165, February 1899, March 1899, April 1899.（中野好夫訳『闇の奥』岩波書店，1958年）.

Cooke, J. J. [1974] "Anglo-French Diplomacy and the Contraband Arms Trade in Colonial Africa, 1894-1897," *African Studies Review*, 17(1).

Cornia, G. A., Jolly, R. and Stewart, F. eds. [1987] *Adjustment with a Human Face, Volume 1: Protecting the Vulnerable and Promoting Growth,* Oxford: Oxford University Press.

——— [1988] *Adjustment with a Human Face, Volume II: Ten Country Case Studies,* Oxford: Oxford University Press.

Cornish, P. [2007] *An International Arms Trade Treaty: Building Consensus and Making It Work, Proceedings of a Conference Held at the Royal College of Defence Studies Seaford House. Chatham House, London, United Kingdom, June 5.*

Cortright, D. [2008] *Peace: A History of Movements and Ideas,* Cambridge: Cambridge University Press.

Coulter, M. W. [2001] "FDR and the Nye Committee: A Reassessment," in T. P. Wolfe, W. D. Peterson and B. W. Daynes eds., *Franklin D. Roosevelt and Congress: The New Deal and Its Aftermath,* Armonk: M. E. Sharpe.

Cox, R. [1981] "Social Forces, States, and World Orders: Beyond International Relations Theory," *Millennium*, 10(2).

CSOPNU (Civil Society Organisations for Peace in Northern Uganda) [2006] *Counting the Cost: Twenty Years of War in Northern Uganda,* Kampala: CSOPNU.

Curtis, D. [2001] "Politics and Humanitarian Aid: Debates, Dilemmas and Dissension, Report of a Conference Organised by ODI, POLIS at the University of Leeds, & CAFOD, London, February 1, 2001," *Humanitarian Policy Group (HPG) Report*, 10. London: Overseas Development Institute.

De Larrinaga, M. and Doucet, M. G. [2008] "Sovereign Power and the Biopolitics of Human Security," *Security Dialogue*, 39(5).

Deleuze, G. and Guattari, F. [1980] *Mille plateau: Capitalisme et schizophrénie,* Paris:

Éditions de Minuit（宇野邦一ほか訳『千のプラトー――資本主義と分裂症――』河出書房新社，1994年）.

Delgado, C. L. [1995] "Africa's Changing Agricultural Development Strategies: Past and Present Paradigms as a Guide to the Future," *Food, Agriculture, and the Environment Discussion Paper*, 3.

Dembinski, M. and Joachim, J. [2006] *From an Intergovernmental to a Governance System ?: Non-Governmental Organizations and the EU's Common Foreign and Security Policy,* Paper Prepared for the ECPR-SGEU Third Pan-European Conference on European Politics. Istanbul, Turkey, September 20-23.

Department for Disarmament Affairs [1986] *The United Nations Disarmament Yearbook,* Vol. 10, New York: United Nations.

——— [1989] *The United Nations Disarmament Yearbook,* Vol. 13, New York: United Nations.

Devetak, R. [2005] "Critical Theory," in S. Burchill, A. Linklater, R. Devetak, J. Donnelly, M. Paterson, C. Reus-Smit and J. True. *Theories of International Relations*, 3rd ed. Basingstoke and New York: Palgrave Macmillan.

DFID (Department for International Development) [1997] *Eliminating World Poverty: A Challenge for the 21st Century: White Paper on International Development,* London: DFID.

——— [2005]. *Why We Need to Work More Effectively in Fragile States,* London: DFID.

Diaz, T., Lucke, F. V. and Wellmann, Z. [2016] *The Securitization of Climate Change: Actors, Processes and Consequences,* London and New York: Routledge.

Dillon, M. [2004] "The Security of Sovernance," in W. Larner and W. Walters eds., *Global Governmentality: Governing International Spaces,* London and New York: Routledge.

——— [2007] "Governing Terror: The State of Emergency of Biopolitical Emergence," *International Political Sociology*, 1(1).

Dillon, M. and Reid, J. [2009] *The Liberal Way of War: Killing to Make Life Live,* Abingdon and New York: Routledge.

Dolan, C. [2000] "Views on the Northern Uganda Conflict from Inside the War Zone: Report on COPE Fieldwork Findings, Northern Uganda," *COPE Working Paper*, 35.

——— [2007] *Uganda Strategic Conflict Analysis,* Stockholm: Swedish International Development Cooperation Agency.

——— [2014] *Into the Mainstream: Addressing Sexual Violence Against Men and Boys in Conflict,* A Briefng Paper Prepared for the Workshop Held at the Overseas Development Institute, London, May 14, 2014.

Doucet, M. G. [2017] *Reforming 21st Century Peacekeeping Operations: Governmentalities of Security, Protection, and Police,* London and New York: Routledge.

Drury, J. and Stott, C. [2011] "Contextualising the Crowd in Contemporary Social Science," *Contemporary Social Science,* 6(3).

Duffield, M. [2001] *Global Governance and the New Wars: The Merging of Development and Security,* London and New York: Zed Books.

――― [2005a] "Getting Savages to Fight Barbarians: Development, Security and the Colonial Present," Conflict, *Security and Development,* 5(2).

――― [2005b] "Human Security: Development, Containment and Re-Territorialization," *ISP/NSC Briefing Paper,* 05/02.

――― [2007] *Development, Security and Unending War: Governing the World of Peoples,* Cambridge and Malden: Polity Press.

――― [2009] "Liberal Internationalism and the Fragile State: Linked by Design?," in M. Duffield and V. Hewitt eds., *Development and Colonialism: The Past in the Present,* Woodbridge and Rochester: James Currey.

――― [2010] "The Liberal Way of Development and the Development-Security Impasse: Exploring the Global Life-Chance Divide," *Security Dialogue,* 41(1).

――― [2019] *Post-Humanitarianism: Governing Precarity in the Digital World,* Cambridge and Medford: Polity Press.

Duffield, M. and Waddell N. [2004] *Human Security and Global Danger: Exploring a Governmental Assemblage,* Report Completed with a Grant from the Economic and Social Science Research Council's (ESRC) New Security Challenges Programme. Lancaster: Department of Politics and International Relations, University of Lancaster.

――― [2006] "Securing Humans in a Dangerous World," *International Politics,* 43(1).

Edkins, J., Pin-Fat, V. and Shapiro, M. J. eds. [2004] *Sovereign Lives: Power in Global Politics,* New York and Abingdon: Routledge.

Enlow, C. [2000] *Maneuvers: The International Politics of Militarizing Women's Lives,* Berkeley: University of California Press.

Euro-Med Monitor [2022] *Europe's Official, Media Handling of Ukrainian Crisis Exposes Deep-Rooted, Racist Policy Against Non-Europeans* (Press Release), March 2, 2022.

European Commission [2020] *Remarks by President Von Der Leyen at the Joint Press Conference with Kyriakos Mitsotakis, Prime Minister of Greece, Andrej Plenkovic, Prime Minister of Croatia, President Sassoli and President Michel,* March 3, 2020.

Fanon, F. [1961] *Les damnés de la terre,* Paris: François Maspero (鈴木道彦・浦野衣子訳『地に呪われたる者』みすず書房，1969年).

Fassin, D. and Rechtman, R. [2009] *The Empire of Trauma: An Inquiry into the Condition of Victimhood,* Princeton: Princeton University Press.

Festo, O. [2000] *Acholi for Beginners: Grammar, Acholi-English, English-Acholi,* Pilato: London.

Fierke, K. M. [2015] *Critical Approaches to International Security, Second Edition,* Cambridge and Malden: Polity Press.

Florini, A. ed. [2000] *The Third Force: The Rise of Transnational Civil Society,* Tokyo and Washington DC: Japan Center for International Exchange and Carnegie Endowment for International Peace.

——— [2003] *The Coming Democracy: New Rules for Running a New World,* Washington DC: Island Press.

Floyd, R. [2007] "Human Security and the Copenhagen School's Securitization Approach: Conceptualizing Human Security as a Securitizing Move," *Human Security Journal,* 5.

Furedi, F. [2007] *Invitation to Terror: The Expanding Empire of the Unknown,* London and New York: Continuum.

Foucault, M. [1961] F*olie et déraison: Histoire de la folie à l'âge classique,* Paris: Plon（田村俶訳『狂気の歴史――古典主義時代における――』新潮社，1975年）.

——— [1966] *Les mots et les choses: une archéologie des sciences humaines,* Paris: Gallimard（渡辺一民・佐々木明訳『言葉と物』新潮社，2000年）.

——— [1976] *La volonté de savoir,* Paris: Gallimard（渡辺守章訳『知への意志』新潮社，1986年）.

——— [1978a] La governamentalità (La gouvernementalité; cours du Collège de France, année 1977-1978: Sécurité, territoire et population, 4e leçon, 1er février 1978), *Aut-Aut,* 167-168（石田英敬訳「統治性」，小林康夫・石田英敬・松浦寿輝編『ミシェル・フーコー思考集成Ⅶ知／身体』筑摩書房，2000年）.

——— [1978b] "About the Concept of the "Dangerous Individual" in 19th-Century Legal Psychiatry," *International Journal of Law and Psychiatry,* 1(1)（上田和彦訳「19世紀司法精神医学における「危険人物」という迎年の進展（講演）」，小林康夫・石田英敬・松浦寿輝編『ミシェル・フーコー思考集成Ⅶ知／身体』筑摩書房，2000年）.

——— [2004a] *Society Must be Defended: Lectures at the Collège de France, 1975-76.* (Translated by D. Macey), London: Penguin Books (Original work published in 1997).

——— [2004b] Securité, territoire, population: cours au Collège de France, 1977-1978, Paris: Gallimard/Le Seuil（高桑和巳訳『安全・領土・人口：コレージュ・ド・フランス講義1977-1978年度』筑摩書房，2007年）.

Fox, F. [2001] "New Humanitarianism: Does It Prove a Moral Banner for the 21st Century ?," *Disasters,* 25(4).

Frank, A. [2005] "The Remission Society," in P. Conrad ed., *The Sociology of Health and Illness; Critical Perspectives,* New York: Worth Publishers.

Garcia, D. [2009] "Arms Transfers Beyond the State-to-State Realm," *International Studies Perspectives,* 10(2).

Geary, C. [2003] *In and Out of Focus: Images from Central Africa, 1885-1960,* London: Philip Wilson Publishers.

Geuter U. [1984] *Die Professionalisierungder deutschen Psychologie im Nationalsozialismus,* Frankfurt: Suhrkamp Verlag (Translated by R. J. Holmes, [1992] *The Professionalization of Psychology in Nazi Germany,* Cambridge: Cambridge University Press).

Gilman, N. [2003] "Modernization Theory, the Highest Stage of American Intellectual History," in D. C. Engerman, N. Gilman, M. Haefele and M. E. Latham eds., *Staging Growth: Modernization, Development, and the Global Cold War,* Amherst: University of Massachusetts Press.

Ginty, R. M. [2011] *International Peacebuilding and Local Resistance: Hybrid Forms of Peace,* Basingstoke: Palgrave Macmillan.

——— [2016] "What Do We Mean When We Use the Term "Local"? Imagining and Framing the Local and the International in Relation to Peace and Order," in T. Debiel, T. Held and U. Schneckener eds., *Peacebuilding in Cricis: Rethinking Paradigms and Practicies of Transnational Cooperation,* Abingdon: Routledge.

——— [2021] *Everyday Peace: How So-Called Ordinary People Can Disrupt Violent Conflict,* Oxford: Oxford University Press.

Girling, F. K. [1960] *The Acholi of Uganda,* London: Her Majesty's Stationery Office.

Global Protection Cluster Working Group [2010] *Handbook for the Protection of Internally Displaced Persons,* Global Protection Cluster.

Goldblat, J. [2002] *Arms Control: The New Guide to Negotiations and Agreement,* London: Sage Publications.

Goodhand, J. and Hulme, D. [1999] "From Wars to Complex Political Emergencies: Understanding Conflict and Peace-Building in the New World Disorder," *Third World Quarterly,* 20(1).

Grant, K. [2005] *A Civilised Savagery: Britain and the New Slaveries in Africa, 1885-1926,* New York and Abingdon: Routledge.

Graham, S. [2011] *Cities under Siege: The New Military Urbanism,* New Yor: Verso Books.

Gramsci, A. [1971] *Selections from the Prison Notebook* (Translated and edited by Q. Hoare and G. N. Smith), London: Lawrence and Wishart.

Greenawalt, A. K. A. [2009] "Complementarity in Crisis: Uganda, Alternative Justice, and the International Criminal Court," *Virginia Journal of International Law,* 50(1).

Greene O. and Marsh, N. [2011a] "Conclusions and Priorities for Further Research," in O. Greene and N. Marsh eds., *Small Arms, Crime and Conflict: Global Governance and the Threat of Armed Violence,* London and New York: Routledge.

——— [2011b] "Armed Violence within Societies," in O. Greene and N. Marsh eds., *Small Arms, Crime and Conflict: Global Governance and the Threat of Armed Violence,* London and New York: Routledge.

Guy, J. J. [1971] "A Note on Firearms in the Zulu Kingdom with Special Reference to the Anglo-Zulu War, 1879," *Journal of African History,* 12(4).

Habermas, J. [1968] *Knowledge and Human Interests,* Boston: Bacon Press.

Hammond, C. I. [2005] "Reforming Architecture, Defending Empire: Florence Nightingale and the Pavilion Hospital," *The Journal of Sociology, Special Issue: Un/Healthy Interiors,* 38.

Hardt, J. D., Harrington, C., Lucke, F. V., Estève, A. and Simpson, N. P. eds, [2023] *Climate Security in the Anthropocene: Exploring the Approaches of United Nations Security Council Member-States,* Cham: Springer.

Harkavy, R. E. [1975] *The Arms Trade and International Systems,* Cambridge: Ballinger Publishing Company.

Harlacher, T. and Obonyo, A. C. [2005] *"Psychosocial Work" and "Trauma Work" in Northern Uganda, A Contribution to the "Seminar on Psychosocial and Trauma Work," Köln, Germany, November 29-December 5.*

Harrington, C. [2010] *Politicization of Sexual Violence: From Abolitionism to Peacekeeping,* Farnham and Burlington: Ashgate.

Harrison, E. [2002] "'The Problem with the Locals': Partnership and Participation in Ethiopia," *Development and Change,* 33(4).

Harrison, G. [2004] *The World Bank and Africa: The Construction of Governance States,* Abingdon and New York: Routledge.

Harrison, M. [2004] *Disease and the Modern World: 1500 to the Present Day,* Cambridge and Malden: Polity Press.

Hessmann, R., Egeland, D. K. and Hugo, T. G. [2019] *Still Behind the Curve: Gender Balance in Arms Control, Non-Proliferation and Disarmament Diplomacy,* United Nations Institute for Disarmament Research.

Held, D. [1980] *Introduction to Critical Theory: Horkheimer to Habermas,* Berkeley and Los Angeles: University of California Press.

——— [2004] *Global Covenant: The Social Democratic Alternative to the Washington Consensus,* Cambridge and Malden: Polity Press.

Helliwell, J., Layard, R. and Sachs, J. eds. [2012] *World Happiness Report,* New York: Earth Institute at Columbia University.

Helman, G. B. and Ratner, S. R. [1992] "Saving Failed States," *Foreign Policy,* 89.

Hewitt, V. [2009] "Empire, International Development & the Concept of Good Government," in M. Duffield and V. Hewitt eds., *Development and Colonialism: The Past in the Present,* Woodbridge & Rochester: James Currey.

Hilhorst, D. [2004] *A Living Document ?: The Code of Conduct of the Red Cross and Red Crescent Movement and NGOs in Disaster Relief,* Research Paper Produced for the Conference Ten Years Code of Conduct: Principles in Practice. Hague, Netherlands, September 20, 2004.

Hindess, B. [2004] "Liberalism – What's in a Name ?," In W. Larner and W. Walters eds., *Global Governmentality: Governing International Spaces,* London and New York: Routledge.

Hoffman, L. E. [1992] "American Psychologists and Wartime Research on Germany, 1941-1945," *American Psychologist,* 47(2).

Hoggart, R. [1978] *An Idea and Its Servants: UNESCO from Within,* London: Chatto and Windus.

Holtom, P. [2012] "Prohibiting Arms Transfers to Non-State Actors and the Arms Trade Treaty," *UNIDIR Resources.*

Hout, W. [2007] *The Politics of Aid Selectivity: Good Governance Criteria in World Bank, U. S. and Dutch Development Assistance,* Abingdon and New York: Routledge.

Horkheimer, M. and Adorno, T. W. [1947] *Dialektik der Aufklärung: Philosophische fragmente,* Amsterdam: Querido（徳永恂訳『啓蒙の弁証法』岩波書店, 1990年）.

Hovil, L. and Lomo, Z. [2005] "Whose Justice ? Perceptions of Uganda's Amnesty Act 2000 : The Potential for Conflict Resolution and Long-Term Reconciliation," *Refugee Law Project Working Paper,* 15.

Hovil, L. and Quinn, J. [2005] "Peace First, Justice Later: Traditional Justice in Northern Uganda," *Refugee Law Project Working Paper,* 17.

Howard-Ellis, C. [1929] (reprinted in 2003) *The Origin, Structure & Working of the League of Nations,* Clark: The Lawbook Exchange, Ltd.

Howarth, D. [2000] *Discourse,* Buckingham: Open University Press.

Howell, D. L. [2009] "The Social Life of Firearms in Tokugawa Japan," *Japanese Studies,* 29(1).

HRW (Human Rights Watch) [2003] *Abducted and Abused: Renewed Conflict in Northern Uganda,* HRW.

——— [2005] *Uprooted and Forgotten: Impunity and Human Rights Abuses in Northern Uganda,* HRW.

Human Rights and Peace Centre and Liu Institute for Global Issues [2003] *The Hidden War, the Forgotten People: War in Acholiland and Its Ramifications for Peace and Security in Uganda,* Kampala & Vancouver: Human Rights and Peace Centre

& Liu Institute for Global Issues.

Human Rights Focus [2007] *Fostering the Transition in Acholiland: From War to Peace, from Camps to Home,* Gulu: Human Rights Focus.

Human Security Centre [2005] *Human Security Report 2005: War and Peace in the 21st Century,* New York: Oxford University Press.

Human Security Study Group [2004] *A Human Security Doctrine for Europe: The Barcelona Report of the Study Group on Europe's Security Capabilities* (http://www.consilium.europa.eu/uedocs/cms_data/docs/pressdata/solana/040915CapBar.pdf, 2024年11月15日閲覧).

Hunt, R. [2007] *Project Camelot and Military Sponsorship of Social Science Research: A Critical Discourse Analysis* (Doctoral dissertation, Duquesne University).

Huntington, S. [1968] *Political Order in Changing Societies,* New Haven and London: Yale University Press (内山秀夫訳『変革期社会の政治秩序（上・下）』サイマル出版会, 1972年).

Hurlbурt, H. Weingarten, E., Stark, A. and Souris, E. [2019] "The 'Consensual Strait-jacket': Four Decades of Women in Nuclear Security," *New America,* March 5, 2019.

Husbands, J. L. and Cahn, A. H. [1988] "The Conventional Arms Transfer Talks: An Experiment in Mutual Arms Trade Restrain," T. Ohlson ed., *Arms Transfer Limitations and Third World Security,* Oxford and New York: Oxford University Press.

Hutchinson, J. F. [1989] "Rethinking the Origins of the Red Cross," *Bulletin of the History of Medicine,* 63(4).

Huysmans, J. [2006] *The Politics of Insecurity: Fear, Migration and Asylum in the EU,* Abingdon and New York: Routledge.

Huzzey, R. [2012] *Freedom Burning: Anti-Slavery and Empire in Victorian Britain,* Ithaca and London: Cornell University Press.

Hynek, N. [2011] "Rethinking Human Security: History, Economy, Governmentality," in D. Chandler and N. Hynek eds., Critical *Perspectives on Human Security: Rethinking Emancipation and Power in International Relations,* Abingdon and New York: Routledge.

Hynek, N. and Chandler, D. [2013] "No Emancipatory Alternative, No Critical Security Studies," *Critical Studies on Security,* 1(1).

ICBL (International Campaign to Ban Landmines) [1999] *Landmine Monitor Report 1999: Toward a Mine-Free World.*

——— [2004] *Landmine Monitor Report 2004: Toward a Mine-Free World.*

——— [2012] *Timeline of the International Campaign to Ban Landmines.*

ICIDI (Independent Commission on International Development Issues) [1980] *North-*

South: A Programme for Survival, London and Sydney: Pan Books.

ICJ (International Court of Justice) [1986] Military and Paramilitary Activities in and Against Nicaragua (Nicaragua v. United States of America), Merits, Judgment, *I. C. J Reports 1986*.

ICRC (International Committee of the Red Cross) [1975] *Conference of Government Experts on the Use of Certain Conventional Weapons (Lucerne, 24. 9-18. 10. 1974) Report*, Geneva: ICRC.

——— [1996] *Anti-Personnel Landmines: Friend or Foe ?, A Study of the Military Use and Effectiveness of Anti-Personnel Mines*, Geneva: ICRC.

Independent Commission on Disarmament and Security Issues [1982] *Common Security: A Programme for Disarmament*, London and Sydney: Simon and Schuster.

International Campaign to Ban Landmines-Cluster Munition Coalition [2014] "*Stigma: The Political Costs of Using Cluster Munitions*," *Global CWD Repository*, 1506 (https://commons.lib.jmu.edu/cisr-globalcwd/1506, 2024年11月22日閲覧).

International Rescue Committee [1999] *Kosovo Psychosocial Needs Assessment: Report of the Delegation Visit, September 7-13*, International Rescue Committee.

——— [2002] *Ritual Report for Lamwaka Florence and Lalam Jennifer of Omiya Anyima, 18th February 2002*. Unpublished document, International Rescue Committee.

IOM [2022] *Discrimination and Racism Against Third Country Nationals Fleeing Ukraine Must End: IOM Director General*, March 3, 2022.

ISDR (International Strategy for Disaster Reduction) [2002] *Living with Risk: A Global Review of Disaster Reduction Initiatives, Preliminary Version*, Geneva: ISDR.

——— [2004a] *Living with Risk: A Global Review of Disaster Reduction Initiatives, 2004 Version, Volume I*, Geneva: ISDR.

——— [2004b] *Living with Risk: A Global Review of Disaster Reduction Initiatives, 2004 Version, Volume II*, Geneva: ISDR.

Jackson, R. H. [1998] *Quasi-States: Sovereignty, International Relations and the Third World*, Cambridge, New York and Melbourne: Cambridge University Press.

Jahn, B. [2007a] "The Tragedy of Liberal Diplomacy: Democratization, Intervention, Statebuilding (Part I)," *Journal of Intervention and Statebuilding*, 1(1).

——— [2007b] "The Tragedy of Liberal Diplomacy: Democratization, Intervention, statebuilding (Part II)," *Journal of Intervention and Statebuilding*, 1(2).

Jay, M. [1973] *The Dialectical Imagination: A History of the Frankfurt School and the Institute of Social Research, 1923-1950*, Boston: Little, Brown, & Co.（荒川幾男訳『弁証法的想像力――フランクフルト学派と社会研究所の歴史1923-1950――』みすず書房，1975年）.

Jones, E. and Wessely, S. [2010] "British Prisoners-of-War: From Resilience to Psychological Vulnerability: Reality or Perception," *Twentieth Century British History*, 21 (2).

Kakar, F. [1995] *Direct and Indirect Consequences of Landmines on Public Health*, Geneva: World Health Organization.

Kaldor, M. [1999] *New and Old Wars: Organized Violence in a Global Era*, Stanford: Stanford University Press.

——— [2003a] "The Idea of Global Civil Society," *International Affairs*, 79(3).

——— [2003b] *Global Civil Society: An Answer to Aar*, Cambridge: Polity Press.

——— [2007] *Human Security: Reflections on Globalization and Intervention*, Cambridge and Malden: Polity Press.

Kaplan, R. D. [1994] "The Coming Anarchy," *Atlantic Monthly*, 273(2).

Kapoor, I. [2008] *The Postcolonial Politics of Development*, Abindgon and New York: Routledge.

Keene, J. D. [1994] "Intelligence and Morale in the Army of a Democracy: The Genesis of Military Psychology During the First World War," *Military Psychology*, 6(4).

KKA (Ker Kwaro Acholi) [2001] *Law to Declare the Acholi Customary Law*, Gulu: KKA.

Komakech, L. and Shef, A. [2009] "Tradition in Transition: Drawing on the Old to Develop a New Jurisprudence for Dealing with Uganda's Legacy of Violence," *Working Paper*, 1, Kampala: Faculty of Law, Makerere University, Refugee Law Project and Human Rights & Peace Centre.

Kontya, M. and Schaeferb, B. [2012] "Small Arms Mortality: Access to Firearms and Lethal Violence," *Sociological Spectrum*, 32(6).

Kopel, D. [1993] "Japanese Gun Control," *Asia-Pacific Law Review*, 2(2).

Kopel, D., Gallant P. and Eisen, J. [2001] "A World Without Guns," *National Review Online*, December 5, 2001 (https://davekopel.org/NRO/2001/A-World-Without-Guns.htm, 2024年11月20日閲覧).

Koskenniemi, M. [2001] *The Gentle Civilizer of Nations: The Rise and Fall of International Law 1870-1960*, Cambridge: Cambridge University Press.

Koskenniemi, M. and Päivi L. [2002] "Fragmentation of International Law? Postmodern Anxieties," *Leiden Journal of International Law*, 15.

Krasner, S. [2001] "Rethinking the Sovereign State Model," *Review of International Studies*, 27(5).

——— [2004] "Sharing Sovereignty: New Institutions for Collapsed and Failing States," *International Security*, 29(2).

——— [2005] "The Case for Shared Sovereignty: Building Democracy after Conflict," *Journal of Democracy*, 16(1).

Krause, K. and Latham, A. [1999] "Constructing Non-Proliferation and Arms Control:

The Norms of Western Practice," in K. Krause ed., *Culture and Security: Multilateralism, Arms Control, and Security Building,* Abingdon: Routledge.

Krause, K. and MacDonald, M. K. [1993] "Regulating Arms Sales Through World War II," in R. D. Burns ed., *Encyclopedia of Arms Control and Disarmament, Vol. II,* New York: Charles Scribner's Sons.

Krause, K. and Williams, M. C. [1996] "Broadening the Agenda of Security Studies: Politics and Methods," *Mershon International Studies Review*, 40(2).

——— [1997a] "Preface: Toward Critical Security Studies," in K. Krause and M. Williams eds., *Critical Security Studies,* Minneapolis: University of Minnesota Press.

——— [1997b] "From Strategy to Security: Foundations of Critical Security Studies," in K. Krause and M. Williams eds., *Critical Security Studies,* Minneapolis: University of Minnesota Press.

Lahood, G. [2010] "Relational Spirituality, Part 1: Paradise Unbound: Cosmic Hybridity and Spiritual Narcissism in the 'One Truth' of New Age Transpersonalism," *International Journal of Transpersonal Studies*, 29(1).

Landmine and Cluster Munition Monitor [2024] "Mine Ban Policy," *Landmine and Cluster Munition Monitor* (https://the-monitor.org/country-profile/ukraine/mine-ban-policy?year=2023, 2024年11月22日閲覧).

Larner, W. and Walters, W. eds. [2004] *Global Governmentality: Governing International Spaces,* London and New York: Routledge.

Lasch, C. [1978] *The Culture of Narcissism: American Life in an Age of Diminishing Expectations.* New York: W. W. Norton & Company (石川弘義訳『ナルシシズムの時代』ナツメ社, 1981年).

——— [1984] *The Minimal Self: Psychic Survival in Troubled Times,* New York: W. W. Norton & Company (石川弘義・山根三沙・岩佐祥子訳『ミニマルセルフ——生きにくい時代の精神的サバイバル——』時事通信社, 1986年).

Latham, A. [2002] "Theorizing the Landmine Campaign: Ethics, Global Cultural Scripts, and the Laws of War," in R. Irwin ed., *Ethics and Security in Canadian Foreign Policy,* Vancouver: University of British Columbia Press.]

Laurance, E. [2011] "1991 Arms Trade Control Efforts and Their Echoes," *Arms Control Today*, 41(6).

Laurance, E., Wezeman, S. T. and Wulf, H. [1993] "Arms Watch: SIPRI Report on the First Year of the UN Register of Conventional Arms," *SIPRI Research Report*, 6.

Law Library of Congress [2013] *Firearms-Control Legislation and Policy,* Law Library of Congress.

Le Bon, G. [1895] *Psychologie des foules,* Paris: Félix Alcan (櫻井成夫訳『群衆心理』講談社, 1993年).

Lévi-Strauss, C. [1962] *La pensée sauvage,* Paris: Plon (大橋保夫訳『野生の思考』みす

ず書房，1976年）.

Lidén, K. [2009] "Building Peace between Global and Local Politics: The Cosmopolitical Ethics of Liberal Peacebuilding," *International Peacekeeping*, 16(5).

Linklater, A. [1982] *Men and Citizens in the Theory of International Relations*, London: Macmillan.

——— [1998] *The Transformation of Political Community: Ethical Foundations of the Post-Westphalian Era*, Columbia: University of South Carolina Press.

Lipschutz, R. D. and Rowe, J. K. [2005] *Globalization, Governmentality and Global Politics: Regulation for the Rest of Us?*, Abingdon and New York: Routledge.

Liu Institute for Global Issues, Gulu District NGO Forum and KKA [2005] *Roco Wat i Acoli: Restoring Relationships in Acholi-Land: Traditional Approaches to Justice and Reintegration*, Vancouver: Liu Institute for Global Issues.

Locke, P. [2012] "Appropriating Trauma: Legacies of Humanitarian Psychiatry in Postwar Bosnia-Herzegovina," *Intergraph: Journal of Dialogic Anthropology*, 3(2).

Lucke, F. V. [2020] *The Securitisation of Climate Change and the Governmentalisation of Security*, London: Palgrave Macmillan.

Lwanga-Lunyiigo, S. [1987] *The Colonial Roots of Internal Conflict in Uganda*, Paper Presented to the International Seminar on Internal Conflict, Kampala, Uganda, September 21-25.

Lyons, M. [1988] "Sleeping Sickness Epidemics and Public Health in the Belgian Congo," in D. Arnold ed., *Imperial Medicine and Indigenous Societies*, Manchester and New York: Manchester University Press.

Lyotard, J. F. [1979] *La condition postmoderne: Rapport sur le savoir*, Paris: Minuit (Translated by G. Bennington and B. Massumi [1984] *The Postmodern Condition: A Report on Knowledge*, Minneapolis: University of Minnesota Press.)

MacFarlane, N. and Foong Khong, Y. [2006] *Human Security and the UN: A Critical History*, Bloomington: Indiana University Press.

Mamdani, M. [2010] "Responsibility to Protect or Right to Punish?," *Journal of Intervention and Statebuilding*, 4(1).

Marsh, N. [2018] "The Availability Puzzle: Considering the Relationship Between Arms and Violence Taking Place within States,"『国際武器移転史』6.

Maslen, S. [2010] *Commentaries on Arms Control Treaties, Volume 1, The Convention on the Prohibition of the Use, Stockpiling, Production, and Transfer of Anti-Personnel Mines and on Their Destruction, Second Edition*, Oxford: Oxford University Press.

Mathur, R. [2011] "Humanitarian Practices of Arms Control and Disarmament," *Contemporary Security Policy*, 32(1).

Marks, S. and Atmore, A. [1971] "Firearms in Southern Africa: A Survey," *Journal of*

African History, 12(4).
Matthews, J. [1959] "Free Trade and the Congo Basin Treaties," *South African Journal of Economics*, 27(4).
McCormack, T. [2008] "Power and Agency in the Human Security Framework," *Cambridge Review of International Affairs*, 1(21).
McDonald, B., Matthew, R. A. and Rutherford, K. R. eds. [2004] *Landmines and Human Security: International Politics and War's Hidden Legacy*, Albany: State University of New York Press.
McDonald, M. [2008] "Securitization and the Construction of Security," *European Journal of International Relations*, 14(4).
Miers, S. [1971] "Notes on the Arms Trade and Government Policy in Southern Africa Between 1870 and 1890," *Journal of African History*, 12(4).
——— [1975] *Britain and the Ending of the Slave Trade*, London: Longman.
——— [1999] "Slavery and the Slave Trade as International Issues 1890-1939," in S. Miers and M. A. Klein eds., *Slavery and Colonial Rule in Africa*, London: Frank Cass.
Moeller, S [1999] *Compassion Fatigue: How the Media Sell Disease, Famine, War and Death*, New York: Routledge.
Mulligan, W. [2013] "The Anti-Slave Trade Campaign in Europe, 1888-90," in W. Mulligan and M. Bric eds., *A Global History of Anti-Slavery Politics in the Nineteenth Century*, Basingstoke and New York: Palgrave Macmillan.
Narayan, D., Chambers, R., Shah, M. K. and Petesch, P. [2000] *Voices of the Poor: Crying Out for Change*, New York: Oxford University Press.
National Commission on the Causes and Prevention of Violence [1969] *To Establish Justice, to Insure Domestic Tranquility: Final Report of the National Commission on the Causes and Prevention of Violence*, Washington DC: U. S. Government Printing Office.
Navarro, J. J. [2011] "Cold War in Latin America: The Camelot Project (1964-1965) and the Political and Academic Reactions of the Chilean Left," *Comparative Sociology*, 10.
Nielsen, T. [2008]. "The International Criminal Court and the 'Peace Versus Justice' Dichotomy," *Australian Journal of Peace Studies*, 3.
North, D. C., Wallis, J. J. and Weingast, B. R. [2009] *Violence and Social Orders: A Conceptual Framework for Interpreting Recorded Human History*, Cambridge: Cambridge University Press.
Norwegian Refugee Council/Global IDP Project [2005] *Global IDP Database: Profile of Internal Displacement: Uganda, Compilation of the Information Available in the Global IDP Database of the Norwegian Refugee Council (as of 10 August, 2005)*,

Geneva: Norwegian Refugee Council/Global IDP Project.

Nowak, M. "Lethal Violence Update," in A. A. D. Frate, K Krause and M. Nowak, eds., *Global Burden of Armed Violence 2015: Every Body Counts,* Cambridge University Press, 2015.

O'Callaghan S. and Gilbride, K. [2008] *From the Grass-Roots to the Security Council: Oxfam's Humanitarian Advocacy in Darfur, the Democratic Republic of Congo and Uganda,* London: Humanitarian Policy Group, Overseas Development Institute.

O'Connell, J. [2005] "Gambling with the Psyche: Does Prosecuting Human Rights Violators Console Their Victims ?," *Harvard International Law Journal,* 46(2).

OECD (Organisation for Economic Cooperation and Development) [2011] *How's Life ?: Measuring Well-Being,* Paris: OECD.

OECD DAC (Organisation for Economic Cooperation and Development, Development Assistance Committee) [*1996*] *Shaping the 21st Century: The Contribution of Development Co-operation,* Paris: OECD.

——— [1997] *Conflict, Peace and Development Cooperation on the Threshold of the 21st Century,* Paris: OECD.

Office for Disarmament Affairs [2018] *Securing Our Common Future: An Agenda for Disarmament,* United Nations.

OHCHR (Office of the United Nations High Commissioner for Human Rights) [2014] *Arms Trade Treaty: UN Human Rights Experts Urge All States to Ratify It and Consider Disarmament.*

OI (Oxfam International) [2005a] *Press Release: Recent Killings of Aid Workers Leave Hundreds of Thousands Without Help and Living in Fear in Northern Uganda,* October 26, 2005.

——— [2005b] *Press Release: UN Security Council Must Act to Protect Civilians in Northern Uganda as Conflict Kills 1,000 People Every Week,* November 9, 2005.

——— [2005c] *Press Release: UN Security Council Appears Ignorant and Apathetic about Suffering in Northern Uganda,* November 10, 2005.

——— [2005d] *Press Release: Northern Uganda: Children Paying with Their Lives for UN Security Council Inaction,* December 19, 2005.

Okumu, C. [2000] "Acholi Orality," in E. Breitinger ed., *Uganda: The cultural Landscape,* Kampala: Fountain Publishers.

Okumu, J. [2005] "The Acholi People's Rites of Reconciliation," *Caritas Gulu Archdiocese Working Paper,* 6.

Omara-Otunnu, A. [1987] *Politics and the Military in Uganda, 1890-1985,* Basingstoke: Macmillan.

Onyango-ku-Odongo, J. M. and Webster, J. B. eds. [1976] *The Central Lwo during the Aconya,* Nairobi: East Africa Literature Bureau.

Oxfam [2013] "Saving Lives with Common Sense: The Case for Continued US Support for the Arms Trade Treaty," *Oxfam Briefing Paper*, 175

Oywa, R. and Dolan, C. [2000] "Key Findings from Research on the 'Roles of Traditional and Modern Leadership Structures," *COPE Working Paper*, 32.

Pain, D. [1997] *The Bending of the Spears: Producing Consensus for Peace & Development in Northern Uganda,* London: International Alert and Kacoke Madit.

Paloni, A. and Zanardi, M. [2006] "The IMF, World Bank and Policy Reform: Introduction and Overview," in A. Paloni and M. Zanardi eds., *The IMF, the World Bank and Policy Reforms,* Abingdon and New York: Routledge.

Paris, R. [2011a] "Critiques of Liberal Peace," in S. Campbell, D. Chandler and M. Sabaratnam eds., *A Liberal Peace ?: The Problems and Practices of Peacebuilding,* London and New York: Zed Books.

——— [2011b] "Alternatives to Liberal Peace ?," in S. Campbell, D. Chandler and M. Sabaratnam eds., *A Liberal Peace ?: The Problems and Practices of Peacebuilding,* London and New York: Zed Books.

Paris, R. and Sisk, T. [2009a] "Introduction: Understanding the Contradiction of Postwar Statebuilding," in R. Paris and T. D. Sisk eds., *The Dilemmas of Statebuilding: Confronting the Contradictions of Postwar Peace Operations,* Abingdon and New York: Routledge.

——— [2009b] "Conclusion: Confronting the Contradictions," in R. Paris and T. D. Sisk eds., *The Dilemmas of Statebuilding: Confronting the Contradictions of Postwar Peace Operations,* Abingdon and New York: Routledge.

Pash, S. L. [2003] "Economics," in M. E. Page and P. M. Sonnenburg eds., *Colonialism: An International Social, Cultural, and Political Encyclopedia,* Santa Barbara: ABC-CILO, Inc.

Pasha, R. G. [1892] *Seven Years in the Soudan: Beinga Record of Explorations, Adventures, and Campaigns Against the Arab Slave Trade,* London: Sampson Low, Marston, & Co.

p'Bitek, O. [1971] *Religion of the Central Luo,* Nairobi: East African Literature Bureau.

Peoples, C. and Vaughan-Williams, N. [2010] *Critical Security Studies: An Introduction,* Abingdon and New York: Routledge.

Perrin, N. [1979] *Giving Up the Gun: Japan's Reversion to the Sword, 1543-1879,* Boston: David R. Godine.

Petrarca, A. H. [1996] "An Impetus of Human Wreckage ?: The 1996 Amended Landmine Protocol," *California Western International Law Journal*, 27(1).

Petrova, M. H. [2010] "Banning Obsolete Weapons or Reshaping Perceptions of Military Utility: Discursive Dynamics in Weapons Prohibitions," *IBEI Working Papers*, 2010/31.

Pierre, A. J. [1977] "Toward an International Regime for Conventional Arms Sales," in A. J. Pierre ed., *Cascade of Arms: Controlling Conventional Weapons Proliferation in the 1990s,* Washington DC and Cambridge: Brookings Institution Press and The World Peace Foundation.

Pieterse, J. N. [2009] *Development Theory*, 3rd ed., London, Thousand Oaks, New Delhi and Far East Square: Sage.

Pupavac, V. [2000] *Securing the Community?: An Examination of International Psychosocial Intervention,* Paper Presented at Balkan Security: Visions of the Future Conference, University College London, United Kingdom, 16–17 June.

——— [2001a] "Therapeutic Governance: Psycho-Social Intervention and Trauma Risk Management," *Disasters*, 25(4).

——— [2001b] "Misanthropy Without Borders: The International Children's Rights Regime," *Disasters*, 25(2).

——— [2001c] *The End of Politics?: Therapy Against Politics,* Paper for the 51st Political Studies Association Conference, University of Manchester, United Kingdom, 10–12 April.

——— [2002] "Therapeutising Refugees, Pathologising Populations: International Psycho-Social Programmes in Kosovo," *New Issues in Refugee Research, Working Paper,* 59.

——— [2004a] "Psychosocial Interventions and the Demoralization of Humanitarianism," *Journal of Biosocial Science*, 36.

——— [2004b] "War on the Couch: The Emotionology of the New International Security Paradigm," *European Journal of Social Theory*, 7(2).

——— [2005] "Human Security and the Rise of Global Therapeutic Governance," *Conflict, Security and Development*, 5(2).

——— [2006] "Refugees in the 'Sick Role': Stereotyping Refugees and Eroding Refugee Rights," *New Issues in Refugee Research, Working Paper,* 128.

——— [2008] "Changing Concepts of International Health," in D. Wainwright ed., *A Sociology of Health,* London, Thousand Oaks, New Delhi and Far East Square: Sage.

——— [2010] "The Consumerism-Development-Security Nexus," *Security Dialogue*, 41(6).

——— [2012] "Global Disaster Management and Therapeutic Governance of Communities," *Development Dialogue*, 58.

Pupavac, V. and Pupavac, M. [2020] *Changing European Visions of Disaster and Development: Rekindling Faust's Humanism,* London and New York: Rowman & Littlefield.

Ranger, T. [1983] "The Invention of Tradition in Colonial Africa," in E. Hobsbawn and

T. Ranger eds., *The Invention of Tradition,* Cambridge, New York and Oakleigh: Cambridge University Press.

Reid, J. [2005] "The Biopolitics of the War on Terror: A Critique of the 'Return of Imperialism' Thesis in International Relations," *Third World Quarterly*, 26(2).

——— [2012] "The Disastrous and Politically Debased Subject of Resilience," *Development Dialogue*, 58.

——— [2024] "Resilience: Towards an Interdisciplinary Synthesis?" *Studi di sociologia*, 2024(1).

Republic of Uganda Ministry of Health (in collaboration with IRC, UNFPA, UNICEF, WFP, and WHO) [2005] *Health and Mortality Survey among Internally Displaced Persons in Gulu, Kitgum and Pader Districts, Northern Uganda.*

Richmond, O. P. [2006] "The Problem of Peace: Understanding the 'Liberal Peace'," *Conflict, Security and Development,* 6(3).

——— [2007] "Emancipatory Forms of Human Security and Liberal Peacebuilding," *International Journal*, 62(3).

——— [2008] *Peace in International Relations,* Abingdon and New York: Routledge.

——— [2009] "The Romanticisation of the Local: Welfare, Culture and Peacebuilding," *International Spectator*, 44(1).

——— [2010] "Resistance and the Post-Liberal Peace," *Millennium*, 38(3).

——— [2011] "Critical Agency, Resistance and a Post-Colonial Civil Society," *Cooperation and Conflict*, 46(4).

——— [2022] "Artpeace: Validating Power, Mobilising Resistance, and Imagining Emancipation," *Journal of Resistance Studies*, 8(2).

Richmond, O. P. and Mitchell, A. [2012] "Introduction: Towards a Post-Liberal Peace: Exploring Hybridity via Everyday Forms of Resistance, Agency and Autonomy," in O. Richmond. and A. Mitchell eds., *Hybrid Forms of Peace: From Everyday Agency to Post-Liberalism,* Basingstoke and New York: Palgrave Macmillan.

Roberts, D. [2011] "Post-Conflict Peacebuilding, Liberal Irrelevance and the Locus of Legitimacy," *International Peacekeeping*, 18(4).

Rojas, C. [2004] "Governing Through the Social: Representations of Poverty and Global Governmentality," in W. Larner and W. Walters eds., *Global Governmentality: Governing International Spaces,* London and New York: Routledge.

Rose, C. [2008] "Looking Beyond Amnesty and Traditional Justice and Reconciliation Mechanisms in Northern Uganda: A Proposal for Truth-Telling and Reparations," *Boston College Third World Law Journal*, 28(2).

Rose, H., Sattarzadeh, I. and Baines, E. [2005] *Northern Uganda - Human Security Update: Pursuing Peace and Justice: International and Local Initiatives,* Vancouver: Liu Institute for Global Issues.

——— [1990] *Governing the Soul: The Shaping of the Private Self,* London and New York: Routledge.

——— [1999] *Powers of Freedom: Reframing Political Thought,* Cambridge and New York: Cambridge University Press.

Rose, N. [2007] *The Politics of Life Itself: Biomedicine, Power, and Subjectivity in the Twenty-First Century,* Princeton and Woodstock: Princeton University Press.

Rotberg, R. I. ed. [2003] *State Failure and State Weakness in a Time of Terror,* Washington DC: Brookings Institution Press.

Rutherford, K. R. [2000] "The Evolving Arms Control Agenda: Implications of The Role of NGOs in Banning Antipersonnel Landmines," *World Politics*, 53(1).

Ryngaert, C. and Rating, L. G. [2011] "International Criminal Justice and Jus post Bellum: The Challenge of ICC Complementarity: A Case-Study of the Situation in Uganda," *Revue Belge de Droit International* (*Belgian Review of International Law*), 44(1-2).

Salter, M. B. [2007] "On Exactitude in Disciplinary Science: A Response to the Network Manifesto," *Security Dialogue*, 38(1).

Saferworld [1999] "Memorandum from Saferworld," in *Sixth Report of the International Development Committee: Conflict Prevention and Post-Conflict Reconstruction, Vol. II, Minutes of Evidence and Appendices,* London: The Stationery Office.

Schumacher, E. F. [1973] *Small is Beautiful: Economics as if People Mattered,* London: Blond & Briggs.

Sen, A. [1992] *Inequality Re-examined,* Oxford: Clarendon Press.

Sennett, R. [1977] *The Fall of Public Man,* New York: Alfred A. Knopf.（北川克彦・高階悟訳『公共性の喪失』晶文社，1991年）.

Shani, G. [2008] "Toward a Post-Western IR: The Umma, Khalsa Panth, and Critical International Relations Theory," *International Studies Review*, 10(4).

——— [2012] "Empowering the Disposable? Biopolitics, Race and Human Development," *Development Dialogue*, 58.

Sikkink, K. and Walling, C. B. [2007] "The Impact of Human Rights Trials in Latin America," *Journal of Peace Research*, 44(4).

Silken, T. and Hughes, S. [1992] *Food Security and Food Aid: A Study from the Horn of Africa,* London: CAFOD/Christian Aid.

Simonse, S. [1998] *Steps Towards Peace and Reconciliation in Northern Uganda: An Analysis of Initiatives to End the Armed Conflict Between the Government of Uganda and the Lord's Resistance Army 1987-1998,* Utrecht: Pax Christi.

Singer, H. W. [1994] "Aid Conditionality," *IDS* (*Institute of Development Studies*) *Discussion Paper*, 346.

SIPRI (Stockholm International Peace Research Institute) [1971] *The Arms Trade with the Third World,* Stockholm: Almqvist and Wiksel.

Smith, C. [2008] "Weapon Transfers to Non-State Armed Groups," *Disarmament Forum*, 2008(1).

Smith, N. B. [1995] "A Plea for the Total Ban of Land Mines by International Treaty," *Loyola of Los Angeles International and Comparative Law Review*, 17(507).

Solovey, M. [2001] "Project Camelot and the 1960s Epistemological Revolution: Rethinking the Politics-Patronage-Social Science Nexus," *Social Studies of Science*, 31(2).

Somasundaram, D. J. and Renol, K. K. [1998] "The Psychosocial Effects of Landmines in Cambodia," *Medicine, Conflict and Survival*, 14.

Sörensen, J. S. [2012] "The Failure of State-Building: Changing Biopolitics and the Splintering of Societies," *Development Dialogue*, 58.

Sörensen, J. S. and Söderbaum, F. [2012] "The End of the Development-Security Nexus?: The Rise of Global Disaster Management," *Development Dialogue*, 58.

Sphere Project [2011] *Humanitarian Charter and Minimum Standards in Humanitarian Response,* Rugby: Practical Action Publishing.

Springer, S. [2009] "Culture of Violence or Violent Orientalism?: Neoliberalisation and Imagining the 'Savage Other' in Post-Transitional Cambodia," *Transactions of the Institute of British Geographers*, 34(3).

Stiglitz, J. E. [1998] *Towards a New Paradigm for Development Strategies, Policies, and Processes,* Paper Given at the 1998 Prebisch Lecture at United Nations Conference on Trade and Development (UNCTAD), Geneva, Switzerland, October 19.

Stockton, N. [1998] "In Defense of Humanitarianism," *Disasters,* 22(4).

Stoler, A. L. [1995] *Race and the Education of Desire: Foucault's History of Sexuality and the Colonial Order of Things,* Durham: Duke University Press.

Stoler, A. L. and Cooper, F. [1997] "Between Metropole and Colony: Rethinking a Research Agenda," in F. Cooper and A. L. Stoler eds., *Tensions of Empire: Colonial Cultures in a Bourgeois World,* Berkeley, Los Angeles and London: University of California Press.

Stone, D. [2000] "Imperialism and Sovereignty: The League of Nations' Drive to Control the Global Arms Trade," *Journal of Contemporary History*, 35(2).

Stritzel, H. [2007] "Towards a Theory of Securitization: Copenhagen and Beyond," *European Journal of International Relations*, 13(3).

Stoddard, A. [2003] "With Us or Against Us?: NGO Neutrality on the Line," *Humanitarian Exchange*, 25.

Summerfield, D. [1999] "A Critique of Seven Assumptions Behind Psychological Trauma Programmes in War-Affected Areas," *Social Science & Medicine*, 48(10).

——— [2001] "The Invention of Post-Traumatic Stress Disorder and the Social Usefulness of a Psychiatric Category," *British Medical Journal*, 322.

Sylvester, C. [2007] "Anatomy of a Footnote," Security Dialogue, 38(4).

Taithe, B. [1998] "The Red Cross flag in the Franco-Prussian War: Civilians, Humanitarians and War in the 'Modern Age'," in R. Cooter, M. Harrison and S. Sturdy eds., *War, Medicine and Modernity,* Stroud: Sutten Publishing Limited.

Tammen, M. S. [1990] "The Precarious Nature of Sovereign Lending: Implications for the Brady Plan," *Cato Journal,* 10(1).

Terry, F. [2000] *The Principle of Neutrality : Is It Relevant to MSF ?,* Discussion Paper for 2001 MINI-AGES, Médecins Sans Frontières (https://www.msf.fr/sites/default/files/2000-12-01-Terry.pdf, 2024年11月21日閲覧).

Thomas, C. [2000] *Global Governance, Development and Human Security: The Challenge of Poverty and Inequality,* London: Pluto Press.

Trotter, W. [1908] "Herd Instinct and Its Bearing on the Psychology of the Civilized Man," *Sociological Review,* 1(3).

——— [1909] "Sociological Applications of the Psychology of the Herd," *Sociological Review,* 2(1).

Trump, D. J. [2019] Remarks at the National Rifle Association Institute for Legislative Action Leadership Forum in Indianapolis, Indiana, April 26, 2019, *Daily Compilation of Presidential Documents,* DCPD201900243.

Turner, M., Cooper, N. and Pugh, M. [2011] "Institutionalised and Co-Opted: Why Human Security Has Lost Its Way," in D. Chandler and N. Hynek eds., *Critical Perspectives on Human Security: Rethinking Emancipation and Power in International Relations,* Abingdon: Routledge.

UNDP (United Nations Development Programme) [1990] *Human Development Report 1990,* New York and Oxford: Oxford University Press.

——— [1994] *Human Development Report 1994: New Dimensions of Human Security,* New York and Oxford: Oxford UniversityPress.

——— [2004] *Human Development Report 2004: Cultural Liberty in Today's Diverse World,* New York and Oxford: Oxford University Press.

——— [2014] Human Development Report 2014: *Sustaining Human Progress: Reducing Vulnerabilities and Building Resilience,* New York: UNDP.

UNESCO (United Nations Educational, Scientific and Cultural Organization) [1945] *Constitution of the United Nations Educational, Scientific and Cultural Organization.*

UNHCR [2022] Yemen Operational Update, May 25, 2022.

UNICEF (United Nations Children's Fund) [1991] *UNICEF Annual Report 1991,* New York: UNICEF.

——— [1992] *UNICEF Annual Report 1992,* New York: UNICEF.

——— [1993] *UNICEF Annual Report 1993,* New York: UNICEF.

United Nations Institute for Disarmament Research [2012] *Supporting the Arms Trade*

Treaty Negotiations through Regional Discussions and Expertise Sharing: Regional Seminar for Countries in Wider Europe, 18–20 April 2012, Belgrade, Serbia: Summary Report.

United Nations Office on Drugs and Crime [2019] *Global Study on Homicide,* United Nations.

United Nations Secretary-General's High-Level Panel on Global Sustainability [2012] *Resilient People, Resilient Planet: A Future Worth Choosing,* United Nations.

United States Department of State [1994] *Hidden Killers: The Global Landmine Crisis,* Washington D. C.

USDOS (United States Department of State) [1935a] "The Secretary of State to the Ambassador in France (Straus), Washington, June 27, 1935," *Foreign Relations of the United States Diplomatic Papers*, 1935, 1.

——— [1935b] "The Secretary of State to the Ambassador in France (Straus), Washington, July 30, 1936," *Foreign Relations of the United States Diplomatic Papers*, 1935, 1.

Van Acker, F. [2004] "Uganda and the Lord's Resistance Army: The New Order No One Ordered," *African Affairs*, 103(412).

Vaux, T. [2001] *The Selfish Altruist: Relief Work in Famine and War,* London: Earthscan.

Vine, D. et al. [2020] *Creating Refugees: Displacement Caused by the United States' Post-9/11 Wars,* September 21, 2020 (https://watson.brown.edu/costsofwar/files/cow/imce/papers/2021/Costs%20of%20War_Vine%20et%20al_Displacement%20Update%20August%202021.pdf, 2024年11月8日閲覧).

Wakefield, S., Grove, K. and Chandler, D. [2020] "Introduction: The Power of Life," in D. Chandler, K. Grove and S. Wakefield [2020] *Resilience in the Anthropocene: Governance and Politics at the End of the World,* London and New York: Routledge.

Waldorf, L. [2009] "Linking DDR and Transitional Justice," in A. C. Patel, P. de Greiff and L. Waldorf eds., *Disarming the Past: Transitional Justice and Ex-Combatants,* New York: Social Science Research Council.

Walker, R. B. J. [1993] *Inside/Outside: International Relations as Political Theory,* Cambridge, New York and Oakleigh: Cambridge University Press.

——— [1997] "The Subject of Security," in K. Krause and M. Williams eds., *Critical Security Studies,* Minneapolis: University of Minnesota Press.

——— [2007] "Security, Critique, Europe," *Security Dialogue,* 38(1).

Wapner, P. [2000] "The Normative Promise of Nonstate Actors: A Theoretical Account of Global Civil Society," in P. Wapner and L. E. J. Ruiz eds., *Principled World Politics: The Challenge of Normative International Relations,* Lanham: Rowman & Littlefields Publishers.

Wareham, M. [1998] "Rhetoric and Policy Realities in the United States," in M. A. Cameron, R. J. Lawson and B. W. Tomlin eds., *To Walk Without Fear: The Global Movement to Ban Landmines,* Don Mills: Oxford University Press Canada.

Wæver, O. [1995] "Securitization and Desecuritization," in R. D. Lipschutz ed., *On Security,* New York: Columbia University Press.

——— [2000] "The EU as a Security Actor: Reflections from a Pessimistic Constructivist on Post-Sovereign Security Orders," in M. Kelstrup and M. C. Williams eds., *International Relations Theory and the Politics of European integration: Power, Security and Community,* London and New York: Routledge.

——— [2004] *Aberystwyth, Paris, Copenhagen: New 'Schools' in Security Theory and Their Origins Between Core and Periphery,* Paper Presented at Annual Meeting of International Studies Association, Montreal, 17-20 March.

Webster, A. [2012] "The League of Nations and Grand Strategy: A Contradiction in Terms?," in J. W. Taliaferro, N. M. Ripsman and S. E. Lobell eds., *The Challenge of Grand Strategy: The Great Powers and the Broken Balance,* Cambridge and New York: Cambridge University Press.

Wheeler, N. J. and Dunne, T. [1998] "Good International Citizenship: A Third Way for British Foreign Policy," *International Affairs*, 74(4).

——— [2004] *Moral Britannia?: Evaluatingthe Ethical Dimension in Labour's Foreign Policy,* London: Foreign Policy Centre.

White, F. [1934] *Traffic in Arms,* London: League of Nations Union.

WHO (World Health Organization) [1946] *Constitution of the World Health Organization* (http://apps.who.int/gb/bd/PDF/bd47/EN/constitution-en.pdf, 2024年12月3日閲覧).

——— [1978] "The Promotion and Development of Traditional Medicine: Report of a WHO Meeting," *World Health Organization Technical Report Series*, 622.

WHO and UNICEF (World Health Organization and United Nations Children's Fund) [1978] *Primary Health Care: Report of the International Conference on Primary Health Care, Alma-Ata, USSR, 6-12 September 1978.* Geneva: World Health Organization.

Williams, J. [1995] "Landmines and Measures to Eliminate Them," *International Review of the Red Cross*, 307.

Williams, J. and Goose, S. [1998] "The International Campaign to Ban Landmines," in M. A. Cameron, R. J. Lawson and B. W. Tomlin eds., *To Walk Without Fear: The Global Movement to Ban Landmines,* Don Mills: Oxford University Press Canada.

Williams, J., Goose, S. D. and Wareham, M. eds. [2008] *Banning Landmines: Disarmament, Citizen Diplomacy, and Human Security,* Lanham: Rowman & Littlefield

Publishers.

Williams, D. and Young, T. [2009] "The International Politics of Social Transformation: Trusteeship and Intervention in Historical Perspective," in M. Duffield and V. Hewitt eds., *Development and Colonialism: The Past in the Present,* Woodbridge and Rochester: James Currey.

Woodhouse, T. [2010] "Adam Curle: Radical Peacemaker and Pioneer of Peace Studies," *Journal of Conflictology,* 1(1).

Wolf, A., Gray, G. and Fazela, S. [2014] "Violence as a Public Health Problem: An Ecological Study of 169 Countries," *Social Science & Medicine,* 104.

Wolfensohn, J. [1998] *The Other Crisis,* Address to the Board of Governors at the Annual Meetings of the World Bank and the International Monetary Fund, Washington DC.

World Bank [1990] *World Development Report 1990: Poverty,* New York: Oxford University Press.

——— [1992] *Governance and Development,* Washington DC: World Bank.

——— [1997a] *Helping Countries Combat Corruption: The Role of the World Bank,* Washington DC: World Bank.

——— [1997b] *World Development Report 1997: The State in a Changing World,* New York: Oxford University Press.

——— [2000a] *Reforming Public Institutions and Strengthening Governance: A World Bank Strategy,* Washington DC: World Bank.

——— [2000b] *World Development Report 2000/2001: Attacking Poverty,* New York: Oxford University Press.

——— [2002] *World Development Report 2002: Building Institutions for Markets,* New York: Oxford University Press.

World Bank and Carter Center [1997] *From Civil War to Civil Society: The Transition from War to Peace in Guatemala and Liberia,* Washington DC and Atlanta: World Bank and Carter Center.

World Commission on Environment and Development [1987] *Our Common Future,* Oxford: Oxford University Press.

Wyn Jones, R. [1999] *Security, Strategy, and Critical Theory,* Boulder and London: Lynne Rienner.

Wright, Q. [1942] *A Study of War,* Chicago: University of Chicago Press.

Xu, J., Murphy, S. L., Kochanek, K. D. and Bastian, B. A. [2016] "Deaths: Final Data for 2013," *National Vital Statistics Reports,* 64(2).

Young, A. (1995). *The Harmony of Illusions: Inventing Post-Traumatic Stress Disorder.* Princeton and Chichester: Princeton University Press（中井久夫・大月康義・下地明友ほか訳『PTSDの医療人類学』みすず書房，2001年）.

Zartman, W. ed. [1995] *Collapsed States: The Disintegration and Restoration of Legitimate Authority,* Boulder and London: Lynne Rienner.

Zehr, H. [1990] *Changing Lenses: A New Focus on Crime and Justice,* Scottsdale: Herald Press.

Žižek, S. [2005] "The Subject Supposed to Loot and Rape: Reality and Fantasy in New Orleans," *These Times,* October 20（長原豊訳「略奪し強姦せねばならない（と見做されている）主体――ニューオリンズにおける現実とファンタジー――」『現代思想』34：1，2006年）．

人名索引

事項索引

〈ア　行〉

〈カ　行〉

〈サ　行〉

〈タ・ナ行〉

〈ハ・マ行〉

〈ラ　行〉

《著者紹介》

榎 本 珠 良（えのもと　たまら）

2015年　東京大学大学院総合文化研究科国際社会科学専攻「人間の安全保障」プログラム博士課程修了

現　在　明治学院大学国際学部准教授

主要業績

『国際政治史における軍縮と軍備管理——19世紀から現代まで——』（編著，日本経済評論社，2017年）

『禁忌の兵器——パーリア・ウェポンの系譜学——』（編著，日本経済評論社，2020年）

『武器貿易条約——人間・国家主権・武器移転規制——』（晃洋書房，2020年）

Bouncing Back: Critical Reflections on the Resilience Concept in Japan and South Africa（共編著，Langaa RPCIG, 2022）

紛争・開発・安全保障

——人新世の「人間の安全保障」を再考する——

2025年３月20日　初版第１刷発行　　＊定価はカバーに表示してあります

著　者　榎　本　珠　良

発行者　萩　原　淳　平

印刷者　江　戸　孝　典

発行所　株式会社　晃　洋　書　房

〒615-0026　京都市右京区西院北矢掛町７番地

電話　075（312）0788番㈹

振替口座　01040-6-32280

装丁　㈱クオリアデザイン事務所　　印刷・製本　共同印刷工業㈱

ISBN978-4-7710-3952-0